长篇小说的
冷与热

吴义勤 著

陕西师范大学出版总社

图书代号　WX22N1037

图书在版编目(CIP)数据

长篇小说的冷与热／吴义勤著. —西安：陕西师范大学出版总社有限公司，2022.8
ISBN 978-7-5695-2922-7

Ⅰ.①长… Ⅱ.①吴… Ⅲ.①长篇小说—小说评论—中国—当代—文集 Ⅳ.①I207.425-53

中国版本图书馆CIP数据核字（2022）第071052号

长篇小说的冷与热
CHANGPIAN XIAOSHUO DE LENG YU RE

吴义勤　著

出版统筹	刘东风　郭永新
责任编辑	郑若萍　穆语彤
责任校对	舒　敏　彭　燕
封面设计	蒋宏工作室
出版发行	陕西师范大学出版总社
	（西安市长安南路199号　邮编 710062）
网　址	http：//www.snupg.com
印　刷	西安市建明工贸有限责任公司
开　本	787 mm×1092 mm　1/16
印　张	30.75
插　页	1
字　数	450千
版　次	2022年8月第1版
印　次	2022年8月第1次印刷
书　号	ISBN 978-7-5695-2922-7
定　价	89.00元

读者购书、书店添货或发现印装质量问题，请与本公司营销部联系、调换。
电话：（029）85307864　85303629　　　传真：（029）85303879

关于文学评论,有许多说法其实都是伪命题

(代序)

吴义勤　舒晋瑜

自2009年5月起,吴义勤由山东师范大学文学院踏入中国现代文学馆的大门,从此投入文学梦想的守护之中。2013年,他作为中国现代文学馆常务副馆长接受《中华读书报》采访时曾谈道:"不管担任什么职务,我对文学馆的敬畏之心始终没变,无论是从事学术研究,还是处理各种繁杂事务,我始终秉持着一颗敬畏之心,我希望我们所做的一切都能为文学添光增彩。"

四年后的吴义勤虽然职务有所变化——中国作家协会党组成员、书记处书记,中国作家出版集团管委会主任,作家出版社社长,但他对文学的追求和理想没变,"传承文学流脉,守护文学经典,弘扬人文精神,培育诗性情怀"的期望没变。

在主席台就座的吴义勤,常不苟言笑,睿智的目光藏在镜片后;然到了台下,他乐呵呵一脸童真,谈笑风生,未及接触便先让人觉出三分亲近。作为著名的评论家,他拥有很多知心的作家朋友,因为他的文章既有对文本出

色的感悟和阐释,又有对作家劳动的基本尊重与理解。即使外行也能与他的作品一见如故,大约是因为他的文章既有学理的逻辑,又有深入浅出的表达;既有善意的体贴,又不乏深刻的见识。

谈苏童,未见面时猜他一定"仙风道骨"

舒晋瑜:您是从什么时候进入评论界的?

吴义勤:在大学读研究生时。80年代的扬州师范学院(90年代后才更名为扬州大学)中文系有很好的人文氛围,词曲学大师任中敏(半塘)以及曾华鹏、顾黄初、李廷先、叶橹、李关元等都是知名教授。曾华鹏是中文系主任,贾植芳先生的学生,他的现代文学课极受同学欢迎,鲁迅的《狂人日记》《孔乙己》《祝福》《药》等小说,他每一篇作品都可讲几个半天,非中文系的同学也都跑去听课,台前窗后挤满了人。同学们听得如痴如醉,对曾华鹏先生可谓无限崇拜。而作为中文系的学生,我们那时很有优越感和自豪感。在那个年代,所有的人对文学、对学术都充满了敬畏与狂热。这种氛围,激发和培养了我对文学的热情与兴趣。1988年大学毕业,我自然而然地就报考了曾华鹏教授的研究生。而读研究生的第一年,我在《艺术百家》发表了一篇评扬剧《皮五辣子》的评论,这是我的第一篇评论文章。后来又写了一篇评论苏童小说的文章,发表在《当代作家评论》。

舒晋瑜:为什么选择苏童?

吴义勤:我们上大学读中文系时,正是中国文学的黄金时代,几乎所有的人都有文学情怀,所有的人都有作家梦。文学实际上已经成为一种价值观,影响着我们对人和世界的看法。那时候读《绿化树》等当代小说的幸福感,现在的人很难体会。我研究生跟曾华鹏教授读中国现代文学,但其实从1985年开始,中国当代先锋小说就开始风靡文学界。我算是先锋文学的第一批粉丝,对先锋作家之作品的追踪阅读堪称疯狂。尤其是苏童、余华的作品,总让我眼前一亮,也极大地改变了我对中国现代文学经典的阅读感觉,使现代文学经典作品在我文学阅读中的地位有所下降。我的审美趣味天然地更亲近苏童、余华所代表的先锋小说。我对苏童的小说很着迷，只要他有新的作品，总是第一时间追着读。作为一名学生，我还曾经像现在年轻人追星一样跑到南京，去《钟山》编辑部追过苏童。

舒晋瑜：对苏童是什么印象？你们谈了些什么？

吴义勤：在80年代，作为一个纯粹的文学读者，其实很少有机会看到作家本人，作家对读者来说始终有一种神秘感，这使得我们对作家有非常真切的崇拜，并在心中不自觉地将作家崇高化、理想化。读苏童的小说时，我想象他一定是仙风道骨、风流倜傥的。看到他本人，老实说，我有点吃惊——他长得很敦实，甚至有点粗犷，和普通人并没有什么不同，远不是我想象中的那么空灵。但我心里提心吊胆的压迫感也小了点，觉得这个更真实的作家才是有可能跟我们发生现实关系的人。当时苏童正和王干下围棋，也没心思搭理我，只是有一搭没一搭跟我讲两句。我想他们两个当时肯定烦死我了——你知道，两个全心全意下棋的人是最不愿被人打扰的。具体讲了什么我现在也记不清了，跟追星族一样，跟偶像见过了、说过话了就心满意足了。

舒晋瑜：去见苏童的时候是带着问题准备讨论吗？

吴义勤：完全是凭冲动去南京的，并没有刻意地准备什么问题。但那时，我特别喜欢他的"枫杨树系列"小说，他把人物、故事、地域、文化、风景写得活灵活现，那种如诗如幻的审美情境完全使文学脱离了传统社会学的范畴。因为受当时的文学史教育，以及根深蒂固的文学地理学和文学社会学思维的影响，我那时坚定地认为"枫杨树"乡村一定是实有其地的，因此很想到"枫杨树"实地感受一下。但苏童告诉我"枫杨树"乡村是子虚乌有的，是他编的，他一句话就把我关于"枫杨树"的想象和渴望消解掉了。

舒晋瑜：认识苏童前后，写关于他的评论文章会有不同的心态吗？

吴义勤：见与不见其实并没有什么不同。见苏童之前我读了他很多作品，已有自己的基本判断和印象。见过之后，尤其后来接触多了，心态平和，作家本人对我阅读和评论文本的干扰和影响几乎可以忽略不计了。现在反思起来，那时的评论和心态确实与见不见作家没关系，那时候，因为对文学本身的狂热以及对于新生的文学事物近乎本能的喜爱，自己的评论文章总是以崇拜的视角去评论作家的，仰慕的、夸赞的、激赏的成分居多，批判的视角运用得很少。是的，喜欢还来不及，怎么可能去批判、去否定他们呢？在那个文学时代，作家的缺点有时也会被视为优点而被热爱的。先锋小说的晦涩难懂是人所共知的，可那时哪个读者会埋怨作家使他读不懂呢？只会更崇拜这个作家——他太高深伟大了，我们因为自己太渺小所以读不懂。不敢说这个毛病我现在就完全克服了，但想想，这种文学心态有时也是有其合理性的。

舒晋瑜：苏童看到您的评论文章会和您有交流吗？

吴义勤：我们有时通信，有时也通通电话，但苏童从来不会对别人的文章观点发表意见。从这点来看，我觉得苏童是一个真正的文学化的作家，这还不是低调不低调的问题，也不是对批评家尊重不尊重的问题，而是一个观点的平等与民主的问题，是作家在自己作品发表后的话语权的问题——我想说的是，他确实是我见过的最不自恋的作家——现在自恋过头的作家实在是太多了。我觉得，苏童对待自己作品的态度是值得欣赏的，作家相较于读者和批评者并没有优先的话语权，放手，有时恰恰是对自己作品的最大爱护。

舒晋瑜：您怎么评价苏童？

吴义勤：我们是不是说了太多的苏童啦？好像成了对苏童的访谈。苏童的丰富和深厚绝不是一句两句话能说清楚的。如果要说印象，其一，想象力、创造力旺盛，创作极富韧性和弹性，个体审美风格几十年来一直保持得完整；其二，众体皆备，是文体大家，短篇、中篇、长篇诸体皆长，是文体平衡的绝顶高手。2000年以后，他的创作有一点变化：前期的"枫杨树系列""红粉系列"及《离婚指南》，从容丰腴；后来的《蛇为什么会飞》，正面表现现实，稍有局促之感；《碧奴》是"重述神话系列"的一种，但想象单一了些。《妻妾成群》《河岸》《黄雀记》等小说把对于特定历史时期人心和人性深远而沧桑的呈现、挖掘延伸到了整个历史、民族、文化层面，充分展现了个体生命与文化生命之间的辩证关系。

谈评论，好的批评家首先要有对文学的信仰与热爱

舒晋瑜：您认为评论家和作家的关系怎样才是健康的？

吴义勤：作家和评论家应该是两个平行的文学主体间平等对话的关系——在文学的轨道上，互相张望，互相尊重。我不认为作家和批评家的关系是有人所说的"皮和毛"的关系，或"鸡与蛋"的关系，但也不认为作家与批评家之间就或是油腻的"闺蜜"关系或是紧张的敌对关系，实际上，作家和评论家是文学命运共同体不可分割的两个部分，让我来描述二者的关系，我觉得"工作关系"才是最好的定位。当然，作家和批评家如何对话确实是一个难题。我觉得不突破文学的边界是对话的最重要的前提，有了这个前提，批评家对作家的批判和赞美就不会世俗化和庸俗化，就能够在文学世界里剑拔弩张，在生活世界里相敬如宾，因而，也就不会出现我们常见的因为对一部作品的评价而彼此妖魔化对方的情况了。

舒晋瑜：怎样理解"批评"这两个字？批评家面对作家、作品是应该以肯定其文学价值为主，还是以否定其局限为主呢？

吴义勤：这有点像个伪命题。我觉得，批评本身就是因人而异的，没有那么绝对，肯定或者否定也只能视其合理性而做出，并不存在谁更重要的问题。就我个人而言，我批评的出发点是去发现、阐释和肯定作品的正面价值，也会指出其局限性，但着眼点不在局限和缺点这个层面。我自知这是我批评的弱点，我从来不想掩饰，也受到了很多同人的批评。这可能与我的性格有关，也与我对文学批评功能的理解有关。首先，我觉得，一个时代的文学批评，它最大的功能仍然是对一个时代文学价值的正面发现和阐释。批评的使命，是要知道我们这个时代文学的价值在哪里，要把这种价值发掘出来，阐释出来。如果说文学创作要向真，向善，向美，那么，文学批评就要发掘蕴藏在其中的真、善、美，并阐释其何以为真，何以为善，何以为美。尤其是今天，我们正在进入一个全媒体的时代，信息爆炸，文学被淹没、遮蔽、覆盖的

程度超过了以往任何一个时代，文学批评就应该让文学的声音、价值在众声喧哗中突显出来。其次，我觉得，文学批评应该让一个时代的读者更亲近文学，更喜爱文学。如果文学批评传导给读者的信息都是负面和否定的声音，如果一部作品出来，批评界关注的全部是其缺陷，那读者就只会远离文学，文学的阅读危机只会加剧。

当然，虽不能至，心向往之。我对中国当代文学批评界那些敢于发出尖锐批评声音的批评家，总是心存敬意，而且非常喜欢——他们代表了中国当代文学批评的一个十分珍贵的维度。陈冲、韩石山、王彬彬、李建军、洪治纲、刘川鄂、杨光祖、唐小林等，他们的文章读来确实解气过瘾，他们的胆识、勇气和才华，总是令我很欣赏和佩服。正是出于对他们的敬意，作家出版社刚刚推出了"剜烂苹果·锐批评"书系，集中推出他们的批评著作，以特殊的方式向这一股宝贵的批评力量致敬。我个人觉得，就今天的文学界来说，不仅作家和批评家之间缺少有效的对话，批评家之间也缺少真正的对话。这套书的目的其实就是希望把对话引到阳光下，把所有的话题、所有的问题、所有的困惑，全部敞开，公开谈论。当所有人都可以坦然面对时，问题就不是问题了，大家就都不会有心理阴影，好的文学生态也就有可能创建了。

舒晋瑜：对于"剜烂苹果·锐批评"书系，文学界很关注，也很期待，能谈谈这套书的出版原委吗？

吴义勤："剜烂苹果"一词最早出自鲁迅的《准风月谈·翻译（下）》。习近平总书记在文艺工作座谈会讲话中引用了鲁迅先生的话，并号召广大文艺评论工作者做"剜烂苹果"的工作。编辑出版这套书就是中国作家协会贯彻落实习近平总书记文艺工作座谈会重要讲话以及在中国文联十大、中国作协九大开幕式重要讲话精神的一个重要举措，也是中国作协巡视整改工作的阶段性成果。推出这套书也作为中国作协改进文学批评工作、营造良好文学生态的重要举措，被列入中国作协巡视整改工作任务清单。我们希望通过这套书，一方面对当代文学批评力量进行一次重新地梳理与检视，以便全社会能更客观、更全面、更科学地看待和认识当代文学批评界，从而消除对文学批评界只有赞扬没有批评的误解。另一方面，则是要更鲜明地倡导敢于说真话、讲道理，有锐气、有力量、有风骨的文学批评，增强文学批评的针对性、原则性、战斗性。这套书之所以引起广泛关注，我觉得主要有三方面的原因：一是丛书名"剜烂苹果"——"剜烂苹果"直接作为丛书名，是不是太尖锐了？书中被批评的作家是不是就成了"烂苹果"了？但实际上，这存在着对"剜烂苹果"本意的一些误解。鲁迅和总书记讲的"剜烂苹果"并不是对苹果本身价值或对苹果整体的否定，"剜烂苹果"只是"剜除苹果中坏了的、不好的部分"，实际上"剜烂苹果"是以对苹果的尊重、重视和厚爱为前提的，不是因为苹果有了烂的部分就将苹果整体扔掉。因此，"剜烂苹果"其实只是文学批评的一种"具体动作"。之所以有误解和恐惧，说穿了是由于长期以来，我们不愿正视和面对这个词，导致了对其的神秘化和过度阐释。我们直接使用其作为丛书名，就是为了给这个词"去魅"，从而将其还原为一个可以公开谈论的、日常化的普通词语。二是名家名作被批评的问题。总书记在文艺工作座谈会讲话中说："金无足赤，人无完人，天下哪有十全十美的东西呢？"可以说，文学史上从来就没有哪个作家、哪部作品是十全十美、没有局限和缺点的，因此，也就没有任何作家、任何作品有批评的豁免权。文学界有时候对于名家名作被批评甚至被否定有些敏感，但这里面同样存在认识和心理的误区。首先，名家名作被尖锐批评甚至否定，不能简单地视为对名家名作的敌视，实际上，这体现的恰是批评者对名家名作的看重和尊敬，在这个问题上，可以说整个文学界都有一个心理的调适过程。其次，名家名作被批评和否定并不意味着他们的价值和地位由此就被否定了，他们的文学形象就受损了。我觉得，实际上，名家名作被批评，不但不会使他们的价值和形象减小或受损，而且会让读者看待他们的眼光、谈论他们的话语变得更丰富，作家看待自己的角度也会更全面，这是文学价值的增加而不是减少——"众口一词"并不是文学价值的证明。在这套丛书里，许多我所喜爱的作家、评论家都被尖锐批评了，但他们的成就和地位仍然在那儿。喜欢他们的仍然会喜欢，崇拜他们的仍然会崇拜，不会因为听到批判他们的声音就轻易改变。拿莫言和贾平凹这样的作家来说，赞美不会给他们增加什么，批判也不会给他们减少什么，但从文学场来说，"一千个读者有一千个哈姆雷特"的气氛变浓了，作家们被阅读的维度确实增加了。三是批评的姿态问题。我们通常讲批评家应该比作家站得更高，但这个"高"是指学养、学识的高，而不是姿态、声调和道德感的高。越是尖锐的批评，越要有一个正确的姿态。作家作品有问题有局限，不是罪过，不应被妖魔化批评。对作家作品的批评，不能有罪推定，不能比音量，比极端，比姿态。因此，在"剜烂苹果"的问题上，不仅作家与批评家需要真正的对话，批评家与批评家之间也有一个对话的真实性、有效性和真诚度问题。

舒晋瑜：关于否定性的批评，文学界好像也有不同的看法？

吴义勤：文学批评其实是个体性、主观化的文学评价行为，没有固定的模式，不同模式之间其实只是互文和互补的关系，并不存在高下优劣之分，不能互相替代，更不能把某种批评模式绝对化、真理化。我们欣赏否定性批评的话语力量、尖锐性和批判精神，但我们同样欣赏肯定性的批评对作家作品细致入微的解析和感同身受的理解与阐释。我们提倡讲真话，我觉得两种批评模式都是"讲真话"。这些年，社会舆论层面对尖锐的、否定当代文学的批评姿态和声音期待较高，赞赏这类批评讲真话的勇气。但社会中也确实存在一种偏颇，那就是简单地把"讲真话"与否定当代作家作品画等号，同时，把"讲真话"与肯定当代作家作品的价值对立起来，认为肯定当代作家作品就是"讲假话"。这其实是对文学批评的讲真话伦理的一种扭曲，客观上造成了一种不好的现象：否定当代作家作品时理直气壮，肯定当代作家作品时则变得小心翼翼，很不自信。

在这个问题上，我们首先要解决的就是批评家的主体定位问题。批评家首先应该做一个合格称职的普通读者——批评家的话语权力不是先天赋予的，如果不是一个合格的称职的读者，又怎能是一个合格的批评家？批评家要勇于表达自己作为一个普通读者和观众的最真实的感受。这种感受带有批评家个体的体温，基于批评家个体的专业修养、审美趣味、思想倾向与情感状态，既不可避免地有个人化的倾向性甚至包含个人的局限与偏见，也必然会通向对作品的共性的体验与共鸣。从这个角度来说，所谓说真话就是说出自己真实的感受，而不是去违背自己的感受，有意迎合媒体、大众或者外在因素，说些言不由衷、似是而非或者貌似"正确"和"有高度"的话，更不是掩藏自我，充当代言人，代替历史、时代、公众发言。任何一个批评家都首先是一个个体的文学读者，他所有文学批评的基础应该是他作为一个读者的文学感受。但我们今天的文学批评家常常把自己打扮成公共的知识者、公共的批评家，忽略或掩盖了自己作为一个普通读者的真实文学感受。因此，文学批评最大的问题就是没有个体的审美体温，变成了冷冰冰的新闻发言人和法官式代言人的发言，这就没有了感染力，没有了可信性。批评家要有思想，要有真知灼见，要有独立的对于文艺作品的真实的价值判断。这种判断的真实就体现在"好处说好，坏处说坏"，不掩饰，不伪饰，不顾左右而言他。对一部文艺作品的判断并没有固定不变的"标准答案"，说一部作品"好"，可以是真实的判断，说一部作品"不好"同样可以是真实的判断，关键是要看批评家是否忠实于自己的艺术感觉，是否忠实于文艺本身，是否出卖了自己的艺术良知。在这个问题上，对审美差异性的尊重和宽容是关键中的关键，不能唯自己的判断为尊，唯自己的判断为真理，将自己真理化、崇高化，不允许相反的判断和不同的判断存在，甚至造成文学判断的等级化和道德化。有时候，在文学评论界，保持文学观点的平等与学术的民主会异常困难。在我们否定一个作品的时候，是否可以对那些肯定这个作品的声音持尊敬的态度呢？当你否定一个作品的时候，那些肯定这个作品的评论者是否就在道德、学识、水平上低你一等呢？对同一部作品，夸赞它的人和否定它的人，存在真假、优劣、高下、善恶之分吗？说穿了，允许不允许别人持与你完全不同的观点，在任何时候都是一个问题。

我们当然不反对对作家作品的尖锐批评甚至全盘否定，但是这种否定应该建立在几个底线或前提下：一是否定的判断应该建立在对文学本身标准的坚持上，不能以道德批判取代审美分析，不能以世俗问题取代文学问题。二是否定的判断应该以对文学和作家劳动的尊重为前提，作家的创作存在这样那样的问题是正常的，但我们应该相信他的初衷一定是想创作出优秀的作品的，评论家应该从善意的批评出发，不能从根本上否定作家的劳动。三是我们的否定应该是具体的、说理的、从文本出发的，而不是抽象的、极端的、高高在上的。说理很重要，既要具体的、从文本出发的，又要使情绪化的宣判让位于和声细气、春风化雨的说理，不比音量，不比极端，不比姿态。四是尊重审美的差异性，坚持学术民主和文学观点平等的原则，不将自己观点真理化、绝对化、道德化。观点没有等级，不能在表达对一个作品的好恶时上升到人品、道德、水平差异的高度。学会欣赏与自己观点完全不同的人并与其和平相处，也是当今文学批评界的一个重要课题。我想，如果偏离了这些前提和底线，否定性的评论就有可能会引起争议甚至引发问题。

舒晋瑜：关于《极花》的争论到现在也没有停止，舆论多是对作家贾平凹的讨伐，认为他是在"为拐卖妇女辩护"。这样的结论看上去并没有理解作家的本意，但类似的评论不在少数，您怎么看这种现象？

吴义勤：这些年来，贾平凹一直饱受争议，每部作品出来都会引起争论。这其实是好事，从另一个方面证明了贾平凹的文学活力与话语价值。等有一天，如果没有人争论他和他的作品了，那才是真正的危险。我一直比较肯定贾平凹的创作，尤其是他旺盛的创造力和对文学的坚定信仰。我也承认贾平凹的创作存在这样那样的问题与不足，但我始终不能同意对贾平凹作品的彻底否定。贾平凹至今仍用笔写长篇小说，每次想起他写完一部长篇后几纸篓子的废笔，再看那些彻底否定他的言论，我就感到文坛有时也真是很残忍。对于《极花》也是这样。总体上我仍然高度肯定这部作品的文学价值，它固然不是一部十全十美的作品，但那些从"拐卖妇女"角度对作品的讨伐，我个人认为是比较无聊的。我主要从三对关系来理解《极花》：

第一，坚硬与柔软。今天的作家处理的中国现实都是非常坚硬的现实，各种苦难、农村荒芜的现实、城乡冲突的现实等，这些现实很沉重很坚硬。《极花》主人公胡蝶的命运也是很坚硬的，从乡下到城里再到农村，何等鲜血淋漓的坚硬的现实啊。胡蝶的内心也是很坚硬的，她被拐卖到乡下去以后，冷到冰也要有硬度，破到碎了也要像玻璃一样扎破轮胎。贾平凹对现实的批判性也非常强，对村长的批判，对整个中国当今乡土衰败现实的批判，都是很深刻和尖锐的。但小说本质上又很柔软，这个柔软来自对底层人物深刻的同情和怜悯——贾平凹是真正走进了这些人物的内心。胡蝶的形象，我认为实际上是"五四"时代娜拉在当下时代的新变体。娜拉走后怎样？这个在中国已经被思考了一个多世纪的问题，贾平凹在新世纪再次提了出来。娜拉走后怎样？胡蝶从乡村到城市再到乡村的历程，实际上给了我们一个很残酷的答案。只不过，贾平凹是以很柔软的同情和理解来面对胡蝶的。

第二，简单与丰富。贾平凹在后记里说得很清楚，这个小说来源很简单，就是一个妇女被拐卖的新闻事件，这么多年来，这个事件一直在他心里发酵。但小说并不是简单的问题小说，其蕴含的内涵是很丰富的，不仅仅有风俗、乡土、人的命运等层面的内容，更有着自然、人性、现代性、城乡冲突等复杂的思考。新闻事件已经完全文学化了，文化的、哲学的、人性的、社会学的意蕴赋予小说兼具形而下和形而上双重内涵的丰富面相。

第三，现实与文学。贾平凹是一个对现实有超强敏感性的人，我觉得他有非常好的现实触角，每天都像雷达一样搜寻着各种信息，因此他的小说总是有着很强的现实性与时代性。贾平凹的高明在于，现实再强大，都不可能覆盖文学本身，对诗性和文学性的追求永远是其小说的核心。比如，《极花》本来面对的是一个充满苦难、很残酷的题材，但是"极花"这个题目本身却充满了诗意和象征性。看星星、望星空，胡蝶心理的变化本身就是很有文学性的。从最初的仇恨、诅咒到后来对黑亮、对孩子产生感情等，非常符合人性发展逻辑。面对人性和诗性，胡蝶究竟会不会回来这样简单的现实问题已经变得没有意义。因此，对贾平凹的《极花》也好，对他的其他任何作品也好，首要的仍然是把其作为文学作品来对待，现实固然是作家思考问题的出发点，但作品一经完成，内涵就会远远大于现实、超越现实，再局限于现实的角度看问题就不可避免地会陷入对作品的误读。

舒晋瑜：您刚才谈到的讲真话和正面评论的问题，是一个比较普遍的问题。大家普遍觉得，只有敢于批评的文章才更有力量。

吴义勤：我也认同敢于批评的文章更有力量，我自己也喜欢读这样的文章，只可惜自己写不了这样的文章。批评名家名作需要勇气，更需要能力，不能只有批评的姿态。我的研究生有的也追求写这样的批评文章，往往把名作家骂得一文不值。其实，批评有没有力量不是说看你的情绪有多强烈，姿态有多强悍，嗓门有多大，调门有多高，关键是要看你有没有说服力，有没有本领让读的人服气。我个人最喜爱王彬彬和李建军这两位批评家，但不是每个人都能成为王彬彬和李建军，他们的学养、他们的阅读量、他们的才情都不是一般人可企及的。他们以自己多年的文学研究和广博学识积累为基础，以自己的思想、能力和功力为基础，他们不是一天就能成为王彬彬和李建军的，他们在到达罗马的路上付出了不知多少汗水。正因为他们能从文本出发把作家作品读透、吃透，正因为他们有自己的思想、知识和学养的高度，他们对作家作品的批判，才让人读了没话说，不能不服。

现在有些学者，特别是青年学生，邯郸学步，步子还没走稳，就想跑，只有姿态、情绪而没有学理。有的批评文章，谈到作家的不足和局限就咬牙切齿，像面对阶级敌人或审判罪犯，好像作家罪恶滔天、罪大恶极。他们可能忽视了一个根本问题：作家有不足、局限恰是正常的，有局限和不足才真实。如果批评一个作家的局限时，我们能换一种方式，不是咬牙切齿、义愤填膺，而是和风细雨、娓娓道来、令人信服地指出问题，这样的批评也许反而会更有力量。说到底，学会说理，学会进行说理式的批评是至关重要的，越是尖锐否定性的批评，越需要解决"怎么说理"的问题，要说服别人，首先要说服自己。

舒晋瑜：您的文章总是比较体贴作家。这是否与您比较温和的性格有关？

吴义勤：作家写一部作品，点灯熬油，写出来肯定希望作品的价值得到认可和肯定。人的写作水平有高低，低是一种不足，但不是罪过。前面说过，我曾经多次去贾平凹的家里,每次看他书桌前几纸篓用秃了的废笔,我就很感动,很感慨。这个时候,我不会去计较他的作品究竟好不好,他对文学本身的狂热追求和热爱就令我尊敬。从我的角度来说,我是绝对不忍心去贬低和伤害他的这种伟大的劳动本身的。这也许就是我性格的局限,面对文学我总是"心很软",我总是愿意去发现和寻找一部作品打动我、感染我的地方。我想,一部作品有我需要的哪怕一点东西就足够了,我们读一部作品肯定是想从精神上得到正面的、美好的享受的,肯定不是为了去寻不痛快,不是为了受罪。所以,我看作品确实不是着眼于缺点和不足的。

舒晋瑜:这种与人为善的心态,会不会使文章的个性和锋芒受到影响?

吴义勤:也许吧。我的性格确实比较柔软,与人打交道总是怕伤了别人。小时候,小朋友间打架,我内心总怕把别人打伤了,其实自己并没有伤了别人的力量。但我想与人为善,相信别人的善意,相信作家创作的好的出发点,与文章的个性和锋芒并不矛盾。我觉得,在面对文学批评的时候,社会上是有许多认识误区的。难道只有批评作家作品缺点和局限的文章才有个性和锋芒?为什么对一个作家正面价值进行深入浅出、有理有据地分析而令人豁然开朗的文章就不是有个性和锋芒的呢?我觉得,一篇评论有没有个性和锋芒,关键并不在于观点和姿态本身,而在于有没有说服力,有没有对作品进行文本细读,甚至下很大的功夫去细读,有没有对文本进行分析的耐心和能力。我觉得,对作品的认真阅读才是对作家作品最大的尊重。有的时候,要谈出一部作品不同的正面价值和意义其实比指出其缺点更难。一个苹果上有疤,普通读者很容易就能看到和发现,但这只有疤的苹果的营养价值在哪里、美在哪里就不是那么容易说清楚的了。前些年,我主编《中国现代文学研究丛刊》时,也收到很多批判贾平凹、莫言等名家的评论文章,但我很困惑,为什么不同的文章指出的问题都是一样的呢?怎么都是性描写、语言的脏、描写拖沓、趣味不高这些话题呢?篇篇一样,看多了,你甚至会怀疑这样的文章究竟是深刻、尖锐呢,还是简单、平常、一般。

舒晋瑜:能否以具体作家为例,谈谈您的评论方式?比如苏童。

吴义勤：关于苏童的评论文章我确实写得比较多。苏童的《米》《我的帝王生涯》《碧奴》《河岸》等作品，我都写过评论。我的评论方式用一句话说就是跟踪阅读、跟踪评论，用研究现代作家的方式研究当代作家。作家论和作品论是我主要的评论。写作家论之前，我追求读完一个作家已有的全部作品。写作品论，我一般要求将一部作品读三遍。第一遍阅读，边读边在书上记下最初的印象和感受，做很多注解。我特别珍惜对一部作品的第一印象，总希望把那些印象保留得越久越好。第二遍阅读，对某些感受做再进一步的思考，同时构思文章。在动笔前再进行第三遍阅读，验证自己关于作品的思考和观点。我的评论不追求先验的理论框架，完全是就作品论作品，阐释和感受往往大于理论的总结与升华。我自知自己的评论是比较浅显的，缺少理论深度和高度，也几乎不引用理论，不够"高大上"，但好的方面是紧贴作品发声，有助于读者进入与理解作品。苏童的第一部长篇小说《米》发表后，评论家有不同的意见，《当代作家评论》组织大家写评论文章，我也写了一篇。我的文章就是对《米》本身情节和人物的细致梳理和阐释，没有什么深奥的地方，但确实是对小说的细读。

我搞评论最反对对作品进行抽象化、简单化的评判——把一部作品抽象为某一个特定的话题，这种抽象化有时会把对象莫名其妙地定位到一个"高点"或"低点"，这不仅偏离了文学的丰富性，也远离了对象本身。

舒晋瑜：那么您认为自己的评论，于作家创作而言是跟踪还是引导？

吴义勤：作家和评论家，面对文学的方式是完全不同的。批评家不比作家高明，没有高高在上的资本。作家也没必要瞧不起评论家，评论家以自己的方式表达对于文学的热爱，评论家热爱的这个文学是抽象的，不是针对哪一个作家、哪一部作品的，评论家真的不是靠作家吃饭。作家和评论家不是友或敌的关系，而是一种对话的关系。评论家需要比作家站得高，站得高是评论家对自己的学养、知识和能力的要求，是为了和作家深入对话，是为了看到作家创作时也许意识不到的东西，也是为了能更有效地延伸和阐释作家作品的意义。批评文章对作家当然是有意义的，但既没有想象的那么重要,也不是无足轻重、可有可无的。批评家的阐释与作家的创作初衷相通时就会有会心的共鸣与快意,有高山流水觅得知音的舒畅。当然,批评家的肯定对作家是一种鼓舞,批评家的否定也会使作家产生负面的情绪,不过通常,批评对作家的影响都是潜移默化的,不会直接影响和改变作家的创作走向。

"评论家指导作家"是个伪命题。一千个读者眼里有一千个哈姆雷特。没有哪个作家会根据评论家的指点去写作。评论家有时会说某个作品不能这么写不能那么写,作家会觉得很搞笑,会反问:凭什么不能这么写?我就要这么写。但批评家的某一句话、某一个判断、某一个认识会对作家产生深刻的触动或启发是可能的,这其实就是批评的最大意义。

舒晋瑜:您的批评是否有一套行之有效的方式?

吴义勤:这个话题,前面已说到了。一是一定要从文本出发,把阅读视为对作家作品最大的尊重。二是不掉书袋。我的批评文章追求日常化的、通畅的、明白如话的风格,不想写得很玄、很晦涩。有时,人们不满我们的评论文章,说本来看一篇小说的评论是为了更好地看懂小说,但读了评论后本来还能看懂一点的小说,反而一点也看不懂了。我想,评论文章本来就是研究别人文章的,就不应再让读者研究来研究去的,看不懂了。我写文章是能不引用就不引用,即使是理论,也力求变成自己的话,比较浅显直白。用别人懂的语言、用自己的语言讲自己的道理,就是我的追求。

舒晋瑜:怎么看理论书?实际上很多理论著作,是很艰涩的。

吴义勤:批评家不可能不读理论书,肯定要读。但是读的目的,不应该是功利主义的,不是为了使用而读,更不是为了引用而读。理论修养,对每个批评家都是一等一的重要,读理论书的最大的用途就是增强批评家的理论修养,而这个过程是潜移默化的,一直进行的。所以,你不可能幻想一劳永逸地靠一两本理论书就完成"理论武装"。理论说穿了,不应该是一种外在的工具,而应是内在的修为。解构主义、新批评、叙事学、结构主义、符号学……很多理论著作,我都读过,但说实话,其中很多书,是似是而非地读,没读懂。但我的导师曾华鹏先生在我读研究生时就对我说,理论书读不懂也没关系，关键是读了，因此一定要硬着头皮去读、去啃，也许读完了什么也没得到，但潜移默化的影响一定发生了，不知道什么时候你读到的某一本你当时也许没读懂的理论书就会深刻地影响你。我一直牢记曾老师的这段话，并深以为然。

谈经典，应该有我们这个时代的大师和文学经典

舒晋瑜：您有一个关于"中国当代文学经典化"的论断，文学界有些不同看法。

吴义勤：这个话题我说得太多，也听到了很多不同意见和批评，我已不想再说了。中国当代文学该不该经典化，文学界一直有争论。在当代文学的经典化问题上可以说存在很多误区。在整个文学界，轻视当代文学的观点很有市场，这其实可以理解：一是当代文学没法和辉煌灿烂的中国古典文学比；二是当代文学没法和大师云集的中国现代文学比；三是当代文学也无法和作为模本和学习对象的外国文学比。在这"三座大山"面前，当代文学好像什么都不是。但我认为，即使如此，当代文学也不应自卑，仍有着经典化的必要和理由。

中国现代文学总共30年，我们命名了多少现代文学的大师？当代文学已经70年了，我们什么也不能给后代留下吗？无论从什么角度来说，我们都应该有自己时代的经典，自己时代的大师。这么说的前提，就是要走出关于经典认识的误区，打破文学经典和文学大师的神话。我们要明确，经典和大师都是不可测量的象征性的说法，文学经典不是十全十美、至高无上的神话，文学大师也不是不食人间烟火的神和英雄，而是普通人。中国现代文学史上有"鲁郭茅巴老曹"，当代文学也应有这样的作家。当代文学为什么不可以有大师？"大师"本来应该是用来对高尚的精神活动表达敬意的称谓，但今天的"大师"已经世俗化了，社会上做碗的、做茶壶的大师满天飞，文学反而没有了大师，这不正常。另外，好像人活着就不可能成为大师，只有等人去世了才可追认为大师，这也不正常。

所以说，在这个问题上首先要祛魅，把经典和大师这两个词变成日常化、生活化的词。我们应该强化好作品的价值，把当代的优秀作品推向经典。当下整个社会处于一个有阅读危机的时代，如果我们再不将当代文学作品经典化，当代文学只能自生自灭，整个文学都会被淹没，被遮蔽。我们文学评论、文学研究的工作，应该让当代读者喜欢当代文学，而不是给读者提供一个又一个否定当代文学的理由，让他们逃离文学。不能不承认，某种意义上，文学评论造成的否定当代文学的倾向和舆论氛围一定程度上也在加剧日益严重的全民阅读危机。

舒晋瑜：一般认为，经典作品是需要时间检验和筛选的。

吴义勤：这是在经典问题上的另一个伪命题。我们总是习惯于把一切交给时间。但时间是万能的吗？面对时间，我们自己的承担和责任又在哪里呢？很多时候，时间也不过是一种托词，一个借口。时间是一条不能割断的河流，过去、现在、未来都是有意义的，都是平等的，都是同样重要的，现在的时间也是时间，不能把一切都推给未来。时间当然是公正的，但时间也是主观的，比如，人们对历史的认识和叙述，从来就不会一成不变。

事实上，当代人对当代经典的评判比后代更为重要，也更有发言权。当代经典首先是为当代人创造的。当代读者更能理解当代作家所处理的生活与经验，如果当代人不读当代作品，如果当代人不承认、不珍惜、不发现、不确立自己时代的经典，当代人写作的意义又何在呢？难道要等到多年后，90后、00后或者更晚的时代的读者以考古的方式来挖掘我们这个时代的经典，来证明我们写作的意义？在经典的问题上，我们也应该有当代自信和文学自信，我们要理直气壮地呼唤我们时代的经典，确立我们时代的经典。如果我们这个时代没有经典、没有大师，什么也没有，当代文学不就成了一片荒芜？这难道不是对当代文学的虚无主义态度吗？

另一方面，我们也要对文学经典的相对性有充分的认识。高峰和高原也是相对的，高峰针对什么而言？是针对一个时代的文学读者的欣赏水平而言的。在某种意义上，读者的高度也就是文学的高度。如果一个时代的文学作品都没人阅读了，高峰何在呢？阅读才是文学最大的根基，最深厚的土壤。文学研究、文学评论应助力社会阅读热情的提高，这也是其职责和使命。阅读危机是最大的危机，我们这个时代，是迫切需要重新培养读者、发现读者的。读者为什么不愿读当代文学？当代文学被污名化以及经典化的滞后也是重要原因。

谈出版，向大众传播并推广当代经典

舒晋瑜：您说"阅读危机是最大的危机"，那么您担任作家出版社社长，是否感触更深？您如何看待当下出版社的优势和面临的危机？

吴义勤：过去我们总是说，我们的精品力作太少，还不能满足人民群众的需求，现在我觉得说这样的话就得慎重。现在不仅不是"一个作家，一部小说，八部样板戏"的时代，而且已是文学作品数量过于巨大的时代了——一年里，长篇小说就能出四五千部。不是文学作品不能满足人民的需要，而是人民感到审美疲劳，不愿读，不想读了。很多作品出来了，真不知有几个人在读。也有人说，现在是写的人比读的人多。对文学来说，这是一个严峻的问题，没有需求，又怎么能发展？所以，我说现在首要的问题是读者问题，是阅读问题。现在的关键不在出版作品的数量，而在怎么让读者喜欢，让读者去读。对出版社来说也是这样——有阅读的需要才有购买力。

作家出版社有很好的基础和传统，把最好的作家的最好的作品提供给读者，一直是我们的追求。我们最大的优势是作家资源丰富，编辑的激励机制也比较成熟，但面临的挑战是，整个出版行业的出版方式发生巨变，民营出版资本雄厚，在版税等方面对传统出版社造成了很大的冲击。另外，图书营销方式也发生了巨大变化，传统的新华书店销售量下滑，网店成为销售主体，但网店霸王条款太多，折扣太低，有的书看上去销量很大，但根本没利润，对出版社来说，只能算是虚假繁荣。

舒晋瑜：面对这样的情况，作家出版社将采取怎样的措施？

吴义勤：作家出版社面临的问题，一是需要清理很多历史遗留问题，还历史的旧账，二是要创新体制机制，全力推进出版社的全方位改革，三是要重建高素质的编辑队伍，全面提高编辑的基本功。20世纪80年代对编辑的专业性要求很高，编辑是作家的好老师、好朋友，是文学繁荣的重要主导力量。但现在的年轻编辑，专业素养下降，不但进入文学现场的能力不足，和作家有隔膜，无法展开对话，而且更重要的是缺乏对文学本身的信仰、理解与热爱，对文学的理想更是无从谈起。在这方面，我们希望在对优秀老编辑精神的学习传承上下功夫，通过各种培训，通过老编辑的传帮带作用提高编辑队伍整体水平。同时，我们希望加大选题论证的力度，着力培养编辑进入文学现场参与、影响文学进程的能力。作家出版社近期将推出的"网络文学作品导读"丛书、"剜烂苹果·锐批评"书系、"中国当代作家论"丛书、"走向高峰长篇小说"丛书、"'一带一路'沿线国家经典诗歌文库"、"精典中篇小说文库"等，应该都是值得期待的。

目录 CONTENTS

001　《云中记》　艺术辩证法与"伟大的传统"

023　《笑的风》　"小说黄金时代"与面向时代的小说

043　《暂坐》　"传统"何为？

063　《蛙》　原罪与救赎

071　《主角》　作为民族精神与美学的现实主义

089　《人，或所有的士兵》　历史、暴力与诗的必要性

109　《修改过程》　过去与未来之间的思想诗学

131　《女工绘》　声音里的世界

151　《生死守护》　人民性与现实主义崇高美学

167　《唇典》　历史的光影与现代的"幽灵"

191　《他乡》　他乡即故乡

219　《篡改的命》　篡改与拯救

231　《回响》　探寻生活和自我的"真相"

247　《山本》　历史叙事与写意山水

271　《山本》　抒情话语的再造

293　《装台》　俗世人心　自有庄严

313　《重新生活》　照亮被遗忘的角落

321　《喜剧》　日常性语境里的中国故事

341　《西京故事》　如何守住我们的"尊严"？

351　《秦腔》　乡土经验与"中国之心"

367　《古炉》　阅读札记

383　《带灯》　"贴地"与"飞翔"

391　《麦河》　新乡土史诗的建构

401　《日落庄园》和《逃跑的老板》

文学的现实性与现实的文学性

415　《穿心莲》　当爱已成往事

421　《莉莉姨妈的细小南方》　大时代的"小生活"

429　《南方》　抽象地理学与具象伦理学

437　《山川记》　为游荡在山川大地上的精灵立传

447　《碧奴》　"戴着镣铐跳舞"

459　《后羿》　世俗语境里的"神话"

《云中记》艺术辩证法与『伟大的传统』

阿来要通过《云中记》写出灵魂的力量、信仰的力量、生命的力量,写出一种由微弱到光亮的人性之光,借以照亮地震带来的『至暗时刻』,照亮这个广阔的世界和自己对这个时刻、这个世界的书写。

我一直相信，阿来是中国当代文学的一个奇迹，是对我们这个时代的文学馈赠，没有阿来，中国当代文学的精神成色会降低很多，拥有阿来是中国当代文学的幸运和福分。从《尘埃落定》开始，阿来与生俱来的文学气质，他的世界观、人生观、生命观、自然观，他书写灵魂、宗教、历史、文化、自然时独一无二的小说品质，就一直给我们带来惊喜。长篇新作《云中记》又是一部中国当代文学的"神来之笔"，是一部只有他才能写出来的、足以标示我们这个时代文学高度的优秀作品。阿来要通过《云中记》写出灵魂的力量、信仰的力量、生命的力量，写出一种由微弱到光亮的人性之光，借以照亮地震带来的"至暗时刻"，照亮这个广阔的世界和自己对这个时刻、这个世界的书写。他要写出一种基于人性的光亮，"即便这光芒难以照亮现实世界，至少也要把我自己创造的那个世界照亮。要写出这种光明，惟一可以仰仗的是语言。必须雅正庄重。必须使情感充溢饱满，同时节制而含蓄。必须使语言在呈现事物的同时，发出声音，如颂诗般吟唱"。[①] 阿来从语言入手自述《云中记》的创作，无疑是独辟蹊径却又切中肯綮的，其中涉及两个颇有意味的问题。其一，情感质地与语言的表情品质的关系：充溢饱满／含蓄节制。其二，语言的表现功能及其内在"形式"的关系：呈现事物／发出声音（诵诗般吟唱）。从文本叙述上看，这两个"语言"问题大体关联着简与繁、动与静的辩证。

一、简／繁的交错共生：生命的细节聚焦

从某种意义上说，文学就是处理简与繁的艺术。所谓简与繁的问题，不仅仅是指描述（情感和事物）文字的多少，它还直接关系到文字所包含的情思内容、质地与描述的方式、风格之间的相应程度。简笔与繁墨只具有相对的意义，一切都关乎意义、意思或意味的表达。在言与意的关系上，笔墨简

---

① 阿来：《关于〈云中记〉，谈谈语言》，《扬子江评论》2019年第6期。

练而意义丰赡，谓之言约意丰；行文繁复而内涵寡淡，谓之言辞空洞、无病呻吟。因此，简与繁并非只是字数和篇幅问题，不能脱离内容或作者的情思做抽象论断。从作家如何根据"意"之传达需要，以合宜的方式处理叙述、描写、结构、修辞等，可以看出作家的艺术修养、文学能力、思想能力乃至根本的精神境界，可以窥见作家的能力、涵养和境界究竟达到何种境地和层次。《云中记》就是一篇在简与繁关系的思考和处理上，给人深刻印象的、蕴含作家的强大审美能力的长篇杰作。

首先，小说有着化繁为简、化简为繁的独特构思。它将一个围绕着大地震灾害展开的具有极强的社会性、主题性，牵涉面极为广泛的宏大题材，进行了艺术构思上的巧妙处理，将关注焦点从社会、现实转移到人。此可谓化繁为简。从故事情节上看，《云中记》写的是祭师阿巴在地震发生五年，他和劫后余生的云中村村民迁移到移民村四年多以后，他又孤身一人返回已在地震中成为废墟的云中村祭山、安魂的故事。小说主体情节，就围绕着阿巴返乡、祭祀山神、抚慰鬼魂展开，最终，不愿离开云中村的阿巴，与整个村庄一起滑入大江之中。小说的故事情节并不复杂，叙事线索也比较集中甚至单一，远远谈不上繁复驳杂。

与此形成对照的是，阿来在这个围绕着一个人的经历和命运展开的看似极简的故事中，储存了大量的信息，将丰富的、需要细读才能体会和发现的细腻的生活经历和生命体验，融入情节发展和对社会风俗、风景风情的描述中，使一个简洁的故事复杂化，变得极富蕴涵和情致。作为有着自己历史与现实的复杂生命体，主人公阿巴的行为与心理、情感世界，尤其是他在震后的村庄废墟和广阔的自然世界中，对于已逝的和正在生长的一切生命的体验、困惑、思考和感悟，成为小说叙述的中心。此可谓化简为繁。

小说追随阿巴返乡祭山和安魂的行迹，通过他的心与眼，移动叙述视角，观照人、事、景、物；通过他由眼前景、物和人、事引发的回忆、联想和想象，将自己、家人、村庄以及与此相关的历史、文化、宗教、风俗，以及更为广阔的中国社会现实，纳入其中。简容纳也融化了繁，繁化入也丰满了简。在这番描述中,予人印象最深、感悟最深的是,小说借助阿巴重新"发现"了生命并将其转化为对山、川、草、木、花、动物等自然之物和云中村每家每户的院落、庄稼的观察和体味。《云中记》将这种萦绕不去的生命感,呈现在细腻入微的既繁复又精细、透明的描述中。于是,一个情节简洁明晰、几乎没有多少故事性可言的、关于一个村庄——云中村的故事,一个最后的祭师或唯一的震后返乡村民——阿巴的故事,一个赈灾、救灾和移民安置的故事,因为无数"生命"的被发现和触摸、被感受和体味,拒绝化约为简单的模式化讲述,在阿来的笔下获得饱满的弥漫性的诗性意味,并附身在我们可以直接触摸到的语言上,在一种平静、朴素而又绚烂、明净的语言中,慢慢地萌芽、生长和绽放。地震灾害意味着震区生命的摧毁、消失或迁移,但在人的生命从震区消失后,更多的生命却在此时此地悄然而蓬勃地生长出来。于是,语言就有了生命,它通情,达意。《云中记》叙述意义的产生,就来自这种语言作为文本的完成性和未完成性之间的张力,产生于虚与实、简与繁、动与静以及生与死的深隐的紧张关系之中。

从"社会"回到"自然"(震后的云中村实际上已经重归自然、大地,或者说已经"自然化"了),"一个人",是一个"简化"的艺术选择;以"一个人"面对村庄和自然,则是另一层面上对"繁复"的回归。《云中记》体现出作者化繁为简、以简驭繁的超强艺术功力。

尽管小说以阿巴的经历、见闻、观感为中心叙述,情节单纯,但小说却围绕着阿巴关联了诸多人物和事件。从内容上看,小说实际上是一个繁复的文本,它之所以经得起多重解读,如从文学类型上它有"地震文学"、"抗灾文学"、"灾难文学"、"环保文学"("绿色文学")乃至"地域小说""边地小说"等命名,与其包含的丰富内容、涉及的诸多问题,有直接关系。

一方面,《云中记》包含很多故事和社会性、风俗性内容。比如阿巴和父母、妹妹一家人的故事,阿巴和仁钦舅甥的故事以及他们之间情、理、法的冲突,阿巴从少年到青年的成长经历;地震的发生、经过、场景和震后的"一方有难八方支援"的抗震救灾故事;云中村历史由来和时代变迁的故事,老喇嘛的故事，谢巴一家人的生活和命运，"电视的孩子"的故事，央金姑娘的故事，祥巴一家尤其是祥巴三兄弟的故事，阿巴和给他输送给养的朋友云丹的故事；云中村旅游开发和经济发展的问题，政府安置移民和发生在移民村的故事；等等。小说通过这些故事关联传统与现代的关系问题，关联贫困地区经济发展的问题，关联自然保护、抗震救灾、非物质文化遗产的传承与保护、灾民安置、灾民创伤心理的救助、"消费苦难"等问题，从多方面透露了当代中国意识形态和商业文化、消费文化对"传统"社会、伦理秩序的渗透和侵蚀，并通过仁钦的遭遇触及官场人物和官场文化，通过文化公司包装央金、中祥巴策划旅游观光项目，批判无孔不入的市场逻辑对苦难和不幸的消费。

另一方面，阿来化繁为简，以简驭繁，将叙述聚焦在一个村庄和与它生死不离的一个人上。关于云中村由来的神话、传说，以及云中村与周围村庄因宗教信仰发生的复杂关系，使一个终将消失的村庄，获得了一种被风情习俗、宗教文化等紧密包裹着的"在地性"，成为独特的、无法被取代的"这一个"。进而言之，祭师阿巴返回已经是废墟的云中村祭祀山神、安抚鬼魂以及最后与云中村一起滑入江中的过程，才是小说叙述的重中之重。早在返乡之前，阿巴就决意留在云中村，与村庄一起消失。小说写了阿巴七天和六个月的按部就班的生活，他一丝不苟地做一个祭师需要做的事，做与村庄共同沉江前的一切准备。每时每刻、每天每月，阿巴都在按照自己的意愿沉静地走向那个可知却不可改变的结局。小说以一个人和一个村庄的废墟以及二者之关系作为核心架构，这就决定了小说在绝大多数时间和篇幅内，都在这一"简洁"的关系中展开叙述——孤身一人的阿巴，"与世隔绝"的村庄……这些似乎注定了小说只能描述"沉默"，描写阿巴——一个祭师、一个人的世界，和他所进入的村庄、自然，描写他与鬼魂、动物、植物的"关系"与对话。

小说以"第一天""第二天和第三天""第四天""第五天和第六天""第七天""第一月"……"第六月""那一天"，作为章节的标题，鲜明地以时序讲述阿巴每日每月的行踪和作为，并借此记录一个人、一个村庄如何从人世消失的过程。但小说并不就此做一番"抽象的概括和归纳"，而是要在这看似单调或纯粹的时间标志后，写出一个世间万物变与不变、生成与成长、萌发与死亡的实有的具体"过程"，写出生命一体相牵的根本关系及其内在的少为人知的律动。小说从纵向上看，是在写时间的延展中生命的滋生、化育、繁衍、强旺、消逝、重生，是写有与无、荣与衰。云中村由神话传说而来，最终又成为"传说"；死去的老柏树，荒芜的田园和土地，阿巴和他的妹妹，黑蹄和白额，那盆花苞绽放的鸢尾，亦是如此。从横向角度看，世间人事万物，花草庄稼、动物、人乃至"鬼魂""神灵"，阴阳互荡，彼摄互通，构成自然、自在的生命秩序。地震的死难者，云中村和随之消失的阿巴，都被庞大无边的生命节律所拥抱，成为包含着丰富而神秘的生命内容的宇宙大化的一部分，连同时令、节气、物候、世事、人情，在进与退、消与长的节奏和秩序中，经历着由滋生、萌发、健壮、盛大到衰落、消亡、腐朽，再到新生的过程。伴随着时间的平静流淌而不是一切皆逝、无可挽回的"流逝"，《云中记》的叙述渐渐化为与时间节律相呼应的、富有生命节奏的吟唱，小说中音乐和诗的韵味更多了，仿佛阿巴祭祀山神、抚慰亡魂的动作步伐和神秘咒语，进入了一种与万物生命节奏相契合的情思状态，人的情感律动、生命气息的脉动、小说的叙述节奏与诗歌、音乐，获得了自然而内在的统一。

于是，小说在"聚焦"中开始展现出细腻繁复的一面，大量与人和生命有关的描写开始弥散并布满叙述空间。如对孤身一人的阿巴内心活动、情感世界的描写；如通过废墟现场的阿巴的视角，对他离开四年后的村庄及周边自然环境和景物的观察、体验，对五年前及更早的村庄历史和村民生活的回忆等。

云中村由此被"细节"打开了，不再是满目疮痍、杂乱无序的废墟，阿巴也被"打开"了，他的过去、现在和将来，他的心灵、情感，他的眼睛、耳朵、鼻子……在双重打开中，我们看到了这个村庄和这个人生命的深层融合，我们闻到了各种气味：云中村的味道、阿巴的味道、马匹和马鞍的味道、祭师行头的味道、熏香的味道、木柴燃烧的味道、尘土的味道，庄稼的香气、糌粑和麦子的香气、草和花的香气，废弃发电站蓄水池中水的气味、水草和绿藻的不新鲜的气味……我们听到了各种声音：鸟鸣声，风吹声，溪水激溅声，残墙和石碉的回声……而这些声音的接受者或发出者，都是一个"人"——阿巴：阿巴拍打袍子上的尘土的声音，击鼓摇铃声，阿巴一个人唱古歌的声音，在阿巴耳边回响的记忆中的歌唱声，还有回到云中村才几天、原本不爱说话的阿巴喋喋不休地饶舌，情不自禁就和自己说话，和鬼魂、草木、岩石说话……于是就有了动／静的关系。

二、动／静的相反相成：生命意识的重构

简与繁同步共生，动与静亦是如此，且动／静与简／繁始终彼此缠绕互相生发。动／静不是通常所说的动态描写和静态描写的机械分类，这种分类与主体情思的传达并无太大关系。如果不把"动静相宜"做表面理解，则二者庶几近乎艺术和美的真意：大象无形，大音希声。

《云中记》的叙述始于一片寂静："阿巴一个人在山道上攀爬。"独句，独行，独段，仿佛写尽了小说的全部内容，奠定了小说叙述的气质和基调。陡峭、粗粝的山壁，稀疏的植被，裸露的石骨，从雪山顶上刮来的带着寒意的风，被风吹起的马鬃……"咕吱咕吱"的"好像是耸起又落下的马的肩胛发出的声响"，还有马出汗发出的令阿巴感到心安的浓烈腥膻味。这种味道是阿巴曾经的故乡、现在的废墟云中村的味道。这气味和寂静属于现在的云中村和阿巴。味道的消失和寂静的来临，根源在大地深处的那一场剧烈错动：仿佛亘古沉寂的大地骤然撕扯、开裂，深沉的轰鸣声从一道道裂隙中透出，它狂暴地颠覆和吞噬一切，留下的只是无边的死寂。当这一切处于一个短暂的间歇期时，阿巴一个人翻山越岭走进了已经千疮百孔的破败村落。在无边的寂静中，他发现了一个人的寂寞、孤独和恐惧，也发现了一群人的寂寞、孤独和恐惧。他发现了许多人的沉默和他们的声音。阿巴感觉"周围实在是太安静了。风拂过树和草的声音不算，鸟在枝头的叫声不算。阿巴觉得除了这些声音，还得弄出些声响"[1]，于是，他一个人喋喋不休，于是他和马说话，他取

---

[1] 阿来：《云中记》，北京十月文艺出版社2019年版，第26页。

出作法用的法器铜铃系在马脖子上，让它们发出叮当的响声，于是他挨家挨户击鼓摇铃，和死去的人说话。

《云中记》倾听大地之上的喧嚣和沉寂，在大地自身的律动与由此引发的自然与人世变动之间建立了生命的深沉联系。

小说在动中发现静，将动捕捉和凝定为静，写出了寂静的深度。大地以摧毁性的动打破偏僻村庄和人们生活秩序的稳定，使安静祥和的大地陷入无可遏止的动——对它承载的一切的摧毁中。作家写出了这种致命的动，同时以沉静低回的笔调，将之定格为生命的瞬间，将人类无法控制的自然、大地之动凝练为生命的痛苦呻吟，凝结为生命遭受困厄和死亡威胁时肃穆、悲悯的目光。《云中记》将永恒之动捕捉和凝定为瞬间之静，深刻、别致地写出了生命的悲剧感、命运感。阿巴在妹妹葬身其下的巨石旁，听到鸢尾一朵一朵绽放的声音，在寂静中写出了生命的绽放。生命的绽放来自亲人之间的诉说、倾听和回应，这是亲情的关联、生命的沟通。独自完成祭祀山神的仪式后，疲惫的阿巴一个人"坐在那里，回想着以前的热烈与喧闹，眼前的寂静让他倍感凄凉与哀伤"[①]。静，是生命无可挽回的消逝，是一切生命的宿命。静，也是肃穆的大地的面目，它残忍也悲悯。

声音是动的现身形式，打破寂静并衬托寂静的也是声音。小说写云中村下坠之前的景致时，各种声音交错成一曲音响的合奏：鸟儿鸣叫，风在吹拂，断壁残垣静静地立在阳光下，石碉静静地站在那里，死了的老柏树依然站在那里，两匹马站在分崩离析的大地上，发出低沉的嘶鸣，马脖子上的铃铛发出清脆的声响，马嘴里"还发出细细的鸟鸣一样的声音"，大地深处裂开发生低沉的轰鸣声，惊飞的红嘴鸦凄厉地鸣叫，石碉倒塌发生轰然巨响，鸽群翅膀扇动空气"发出风的呼啸"，而一弯新月寂然挂在天上。

动是生命的声音，静亦如此。生命以静默的形式显现自身另一种存在。《云中记》对静的思考和表现，在两个层面上展开。其一，对静的发现。总体来说，小说并不着眼于动，尤其是常谓之动——历史的发展、时代的变换等。

---

① 阿来：《云中记》，北京十月文艺出版社2019年版，第168页。

虽然写到了抗震救灾,但这并非小说描述重点。面对灾难的发生和后果,作者只是步步为营,缜密沉稳、踏踏实实地围绕灾难写出人的生命情态和人性本身。其二,震后大地陷入无边的死寂,幸存者在平原上的移民村过上了平静的生活,失去亲人和家园的痛苦被埋在心里;云中村最终滑落江中,重回沉静的大地怀抱。大地和它承载的一切,仿佛又一次回到往常的平静。但平静之下,自然和人类的一切生命都以自己的方式悄然运行。大地如常,永远是平静与暗流涌动,像田野里兀自生长的油菜、麦子、玉米、柳树、绣线菊、荒草等,和那些鸣叫着翻飞的红嘴鸦、野鸽子、画眉、云雀等。

歌声是人这一独特生命存在的独特声音,它是动的,也是静的。缓缓下沉的云中村,冉冉升起的热气球,古老的悲歌和颂歌,草原,夕阳,闪闪发光的河流,它们都在为云中村、为阿巴送行,也都在迎接他们。"没有太大的声音,只有来自大地深处的低沉轰鸣,"小说特别写道,"在大地深处发出的低沉的轰鸣声中,整个瓦约乡都悚然不动"——真正的瓦约乡里很少有人去看这场地质奇观,"他们只是在听。他们甚至不在听。他们只是端坐不动。云丹端坐不动。他觉得阿巴并肩和他坐在一起。仁钦端坐不动。他忍不住泪流满面"——于无声处听惊雷,于大动中写出大静,于大静中写出大悲大痛。小说完整、清晰地捕捉了云中村的滑落过程。在一片寂静中,仁钦听得见一块石头翻滚着跌向江流的声音。深受舅舅阿巴影响的仁钦,也变成了一个阿巴式的生命的倾听者和发现者:他理解了舅舅的选择,看到了作为母亲幻身的鸢尾的悄然开放和母亲灵魂的飞翔。

中国古典美学和艺术中的静内涵丰富:既指环境的安静,与喧嚣相对;又指内心的宁静,不为纷扰世事所扰;还指没有生灭变化的绝对平和的静,无生无灭、无古无今,是一种心灵彻底宁静的"大道"之径(静),是一种超越时空的永恒的宇宙精神。《云中记》在静的前两种内涵的表现上颇有中国古典美学和诗学的气韵,但作为当代作家书写的当代人事、情思之作,《云中记》的现代观念意识是无可回避的存在,尽管小说不以社会性主题指涉为主。这主要体现在小说在静的绵密衍生和铺张中,始终没有遗忘历史之动和永恒的生命之动。

首先，是历史之动。《云中记》以地震灾害发生的现实场景和灾后援救、移民安置等为主线，此为小说对社会事件的动态叙述，是小说的简笔部分。小说以阿巴从移民村返回人去村空的云中村安魂的经历为核心，这可以说是心理（精神）事件的动态叙述，是繁墨部分。社会事件以动态叙述为主，聚焦政府和社会各方的救援；心理（精神）事件则以静态叙述为主，聚焦人物的内心，包括阿巴的心理和情感活动，以及他对家庭和自身经历的回忆。

阿巴的回忆构成小说中的倒叙部分。这部分的主要内容是20世纪50年代至今的当代历史对云中村的进入，对村庄及其历史和文化的改造。历史的进入和改造打破了云中村的平静，将有着自己神话起源、宗教信仰和文化脉络的村落，纳入历史唯物主义话语范畴，改造为现代意义上的"农村"。在激进的革命年代，阿巴的父亲由职业祭师转变为村民，他从此只能偷偷地在深夜安抚游鬼。村里建起了水电站、装上了电灯，并逐渐开始因旅游业而开放。云中村由传统进入了现代，并进入当代市场经济情境中。这些讲述历史和社会之动态发展的内容，被纳入回村祭祀、安魂的阿巴面对破败、无人村落的回想之中，静谧包容了历史的骚动。此谓纳动于静，以静溶动。

其次，是永恒的生命之动。相比历史、时代、思想情感、观念意识和伦理道德之动的易为人感知，我们称为自然的变动却呈静态展现，从四季轮回、落雨飞雪到犬吠鸟鸣、叶落花开，仿佛只是自然之本质的自在呈现，我们并不以动视之，"蝉噪林愈静，鸟鸣山更幽"便是这动与静的辩证法。静却出之以动，这种反衬的修辞，在一个更大更开阔的文学空间中，往往在深层体现为一种艺术哲学或美学辩证法，一种深沉悠远的诗意由此生发并氤氲出一个天地无言的境界。

震前的云中村人感觉不到自己和村庄周边更广阔的自然环境的变动，周围的一切仿佛那座肃穆的雪山，只是无言地伫立。震后的云中村变为一片废墟，人们或被埋于废墟之下，或远走他乡异地，世俗生命的远离留出了自然生命的空间。返乡的阿巴以祭师身份沟通了神灵，也沟通了自然生命。自然界的一切,按照自己的节律和方式生长,阿巴只是这生命的发现者和观察者、体验者。他初到云中村的孤独,是他作为人初离人群、历史和社会的后天性反应。人作为社会分子,为社会之动塑造,自然会以动来衡量周边事物,渴望与人交流。但当真正进入祭师身份和招魂状态之后,阿巴开始超离人的思想观念,并感觉和发现了自然万物的生命存在,进而将自己融入自然生命之中。正如岳雯指出的:"在与鬼和神的沟通过程中,阿巴不知不觉发生了变化,实现了从普普通通的人到神的飞跃。这是小说隐而不现的主题。阿巴这一形象,是文学史中非常有意味的形象,是一个兼具人性与神性的形象。成为神,意味着发现自然的美,与自然融为一体。"① 阿巴告诉朋友云丹:"我喜欢云中村现在的样子,没有死亡,只有生长。什么东西都在生长。瞧,连这么多年埋在地下的种子,只要松一松土,再来一点雨水,就又发芽生长了。伙计,我喜欢云中村现在的样子。"② 小说最后,写云中村的消失并非社会和历史之动,如同地震是地壳释放能量的方式,是地壳板块内部和板块之间的错动和破裂一样,村庄的沉江也是自然的生命存在方式和现身方式。阿巴最终选择与村庄同沉江底,也说明了他已经将自己视为自然生命的一部分,起于尘土,归于尘土。就此而言,小说写的是一个人的生命体验,一个超越了人的思维、体验的人的生命体验和对生命的重新发现。

我们通常见到的相近题材的文学作品,要么聚焦于历史板块的错动后所引发的喧嚣,书写时代风潮下的心理躁动、强烈的情感冲动,甚至标语口号的喧哗与热闹,要么描写死水微澜、杯水风波,殊难在平静与不安、犀利与平和、尖锐与柔软、痛苦与幸福、波涛澎湃与暗流涌动、绚烂与平淡之间保持一种充满内在张力的微妙平衡。而《云中记》在艺术和精神层面上做到了这一点。阿来认为:"文学从来不是一个自由的命题。托妮·莫里森、马尔克斯,有时在自由的环境中写作,有时也是受打压的。他们在写作时,非常注意语言的边界,非常注意用什么样的方式说话。文学并非像新闻那样揭露矛盾。

---

① 岳雯:《安魂——读阿来长篇小说〈云中记〉》,《中国当代文学研究》2019年第2期。
② 阿来:《云中记》,北京十月文艺出版社2019年版,第245—246页。

很多作家，像左拉，参加政治活动很积极，但在作品中却很冷静，并不声嘶力竭地大吵大闹。作为作家，他的内心不虚弱，而是充满勇气。"①所谓"语言的边界"，就是如何用审美眼光重新照亮矛盾、斗争、苦难和灾难等现实，如何用更具审美力量的方式来表现那些社会性、政治性的主题、内容。基于这种对文学"语言"和"发声"位置、方式的理解，在对地震灾害的发生、抗灾救灾和灾后重建等问题的反映上，《云中记》没有客观再现赈灾和救灾的过程、场景，而是由作家将事实和问题一一分解、打碎之后，通过感同身受地融入和想象，在内心加以重建。《云中记》是重建内心经历的结晶，它要通过生与死的哲思，发掘生者的情感、心理，寻找事实背后的精神蕴涵，写出一份深怀肃穆的敬意和彻骨痛楚的怀念、纪念和悼念，告慰死者亦启示生者，照亮来路亦照亮前路。

三、生／死的沟通：生命世界的再敞开

生／死通常与宗教有关，但我们的文学作品却常常缺乏真正的宗教感，有时还会谈宗教而色变，原因就在于我们习惯于把抽象的宗教问题具体化、现实化。阿来给我们呈现了一种与终极、灵魂、救赎有关的真正的宗教感，一种打通宇宙万物、沟连现实与超验、超越生死边界的宗教感。地震画出了生与死的界限。阿巴的祭师身份，决定了他是生者与死者沟通的中介，他是阿来思考和表现生／死问题的关键人物。《云中记》就是以生者阿巴来见证和言说死者，思考生／死的。

小说通过阿巴父子的现代遭遇揭示了以祭师为代表的传统被现代化——历史唯物主义去除合法性，并对其进行"反封建迷信"的现代改造过程。阿巴是一个"不合格"的、无法通神的"祭师"。他的父亲原本是一个从祖祖辈辈传袭下来的祭师，在"政府还号召不信鬼神，禁止祭师活动的时候"，只能在夜深无人时给鬼施食、安抚鬼魂，最终在修机耕道的爆破任务中沉江而死。作为在现代性语境成长起来的人物，阿巴徒然传承了由父亲沿袭下来

---

① 阿来、吴道毅：《文学是温暖人心的东西》，《上海文学》2014 年第 9 期。

的"祭师"身份,而并未掌握相关的程序和技能,他只是在黑夜里偷偷看到过父亲给鬼施食的场面。他接受了现代知识和理念的改造,成为一名"现代人"——农业技术员和云中村有史以来第一个水利发电站的发电员。

在地震发生之前,阿巴再次接受现代对他的命名,被现代召唤为传统的代表,成为一个非物质文化遗产传承人,参加了政府组织的非遗培训班,并由此学习和掌握了祭神仪式。非物质文化遗产传承人,是一个他从未接触过的陌生名词,一个他始终难以理解和彻底进入的角色,他甚至不能完整地表述它。他只是在当上非遗传承人后,才开始"笨拙地扮演祭师"。事实上,他已经"成长"为一个"现代人","在有没有鬼魂这件事情上,他并不十分肯定。阿巴已经不是以前那些相信世界上绝对有鬼魂存在的祭师了。他是生活在飞速变化的世界里的阿巴"[①]。地震发生前十天,阿巴和云中村村民一起接受了旅游业等现代产业观念的洗礼。山神节的日子本来是依据地里庄稼生长的情况临时决定的,但为方便旅游推广、推动旅游业发展,副县长要阿巴和云中村人"改变观念","建议云中村最好把山神节的日子固定下来,每年如期举行"。按照"现代观念","等旅游业发展起来,庄稼上的收入就不算什么了。那时的农业是观光农业",山神节、观花节只是"云中村这个旅游目的地"的"重头戏"。当祭神仪式也被改造为一种展示民族特色文化的仪式表演时,其原先崇拜祖先、祭祀神灵、为族人提供心灵寄托和灵魂安慰的初始内涵,也被抽空和改造了。祭神去除了其神秘的灵韵,被从其原来的历史、文化和宗教脉络中抽取出来,被纳入现代商业逻辑的生产和运作,成为旅游行业的一个可以观赏和赚钱的重要元素和手段。现代性对云中村的改造是全方位的,不仅体现在对宗教、文化、民俗的改造上,为了让游客觉得好看,甚至要改变农作物种植的种类和单家独户的劳动方式,让劳动变成一种表演。

当震中余生的村民搬迁至移民村时,阿巴实际上已经失去了非遗传承人身份,不再从政府取得补助,因此当他独自一人返回云中村废墟时,阿巴既不是传统意义上的祭师,也不是现代意义上的非遗传承人。当他把这两种

[①] 阿来:《云中记》,北京十月文艺出版社2019年版,第57页。

不同的身份并置时,也就说明他并不明白两者的差异,或者说,传统/现代的差异并不重要,重要的是"活着的人有政府管",那些死去的人和鬼魂就应该由他"管"。

返乡的阿巴自觉地以祭师自命,担当起祭师的责任。阿巴身份的吊诡转换和"模糊",恰恰是传统/现代之间充满矛盾与悖论的复杂关系的显现。因此,阿巴作为文学人物,其根本特征在于他存在于传统/现代之间的状态。他对祭祀、安魂等"传统知识"几乎一无所知,说明其身在"传统"却又游离于传统;进入新社会后,他除了掌握基本农科技术,对外来的那些"现代知识"——观念意识和名词术语,也所知甚少。相对于这两个知识系统来说,阿巴都是一个异质性存在。他因此而尴尬,也由此而"受益"。他从"现代知识"中习得扮演祭师的程序和方法,从"传统知识"那里懂得了对神鬼和生命的敬畏,他回云中村后的祭山和安魂,都有很强的个人化特征:依照经验性感知,他寻找游魂而不得,这让他既安心又孤独;对人/鬼之不可分关系的理解,使他对"鬼"既有本能的恐惧,又感到哀伤,并有深切的抚慰之心;按照他所学的"现代知识",云中村的来历故事也即阿吾塔毗的故事仅仅是神话传说,但他可以借助这些知识来完成祭祀和安魂。在先后被革命意识形态和当代商业观念改造后,祭祀山神、安抚鬼魂已经被仪式化乃至制度化了,其原初相对于现代性理念的异质性已被去除、被解构,但在以祭师自命的阿巴那里,其抚慰人心和灵魂的功能却在其内心最深处延续下来,成为一种非观念化、非意识形态化、非制度化的生命体认。这种生命体认,是一种象征性的文学潜能,提供了《云中记》写作思想和经验的根本依据和价值核心。

为何恰恰是这一曾在现实中身份尴尬的人物,作为一个象征符号,成为一个经验世界与超验世界、人与鬼、生者与死者的有效沟通者?这是颇有意味的。在阿来的小说脉络中,阿巴近似《尘埃落定》中的傻子少爷。他们都没有复杂的头脑和思想,都生活得非常简单,但也能用最简单的方式发现和解决在常人看来非常复杂的难题,他们都是庸常和智慧的统一,在他们身上都有民间智慧的闪光。他们在与历史、时代的关系上尤为相似。一方面,他们置身浩浩荡荡不可阻止的历史进程和时代潮流中,生活在历史、时代和习俗、文化乃至宗教的笼罩下,在外部历史和内部习俗的双重压力下,被动地接受历史、习俗对他们生活和命运的影响。历史在改变和塑造着他们,他们在其中随波逐流。另一方面,他们又有超历史、超时代的一面,或者说,他们时或能置身历史和时代之外,以超然物外的眼光看取世界。傻子少爷自始至终都凭借其"傻"、简单和灵光闪现穿透世界的复杂,获得了事物的本质、事实或本相,阿巴却是在重返云中村后,才开始发现事物的本质或真理的。如上所述,此时的他既非现代意义上的非遗传承人,亦非传统宗教文化意义上的祭师,他只是一个"人",一个以祭师自命的人,一个摆脱了历史和时代影响的超然物外的人。在荒芜的村落旧址和不见人烟的广阔空间里,他的生活、思想和心理活动都变得极为简单,他在最简单的地方用最简单的方式,接近了世界、自然和人的本质。

借助阿巴这样一个有效的隐喻性中介,《云中记》发现了一个无法被传统／现代二元性框架有效阐释(既非反传统的启蒙主义和发展主义,亦非反现代的"返传统",甚至也不揭示传统／现代的复杂纠葛),也并未被强大的主流话语和宗教话语所淹没和遮蔽的"新世界",进而敞开了一个新的人性空间、情感空间、精神空间和意义空间。小说摆脱了现实主义、魔幻现实主义和超现实主义等文学信条的束缚,创造了一个既与经验化生活书写及其意义模式相疏离,又与神秘主义信仰及其意义空间相区隔的新的文学世界。这一世界关联着社会现实经验,更无所不在地渗透着一个艺术家的个人生命体验,是一个有着强烈生命体验的独特的经验化世界。当"祭师"不再直接作为某种宗教信仰或区域文化的象征存在时,以其为视点和依据建立起来的诗学世界,便可以将更多的"个人"的非先享或无法共享的经验,加以吸收、同化,融入一个"共同体"的眼光和视野中。这个"共同体"从"个人"阿巴那里无声地生长出来,蔓延到村落、城镇、民族聚居区,渗透到更广阔的民族和人类世界,乃至世间一切生命机体构成的神秘世界。

如果说,开发云中村旅游资源尚属政府主导下的脱贫致富之举,那么中祥巴开发热气球旅游观光项目,乘坐热气球直播已成废墟的云中村,"旁观他人痛苦,消费苦难",拿云中村人的苦难赚钱,则是突破道德底线的遭到网友义正词严的责难"没有良心"的行为。意图通过策划和包装在地震中失去了一条腿的央金姑娘,把她推向舞台,"表演,表演,你必须学会表演"的文化公司,同样是为了评奖、赚钱。当苦难变为以赚钱为目的的表演时,苦难连同良心、道义一起消失了,这只会带来更大的灾难。拒绝表演、展示苦难的央金,虽然再也"跳不出任何激情和感觉",但当她唱起家乡古老的歌谣时,得到了移民村乡亲们的低沉应和。她坐在轮椅上翩然起舞,"但不再是那种激烈的反抗,她的舞姿变得柔和了,柔和中又带着更深沉的坚韧和倔强",她最终在一位老者苍老的古歌声中"找到了自己生命之舞的节奏"。

  小说以死写生,通过死亡表现人性的善良、高贵和生命的尊严。这集中体现在阿巴挨家挨户安魂的过程中。小说细致地描述了这个过程中阿巴的心理活动和情感体验——每一次安魂都是对逝者生前人事的回忆,都是一次深切的生命体认,都意味着生命的重新发现和升华,即便是对那些生前有恶行的人,亦是如此。在村里蛮横霸道、好勇斗狠的祥巴三兄弟,进城后加入了黑社会,回到村里私自加盖楼层,因此地震发生时他家的房子最先坍塌,全家人除了中祥巴以外,都被埋葬在沉重的花岗岩废墟底下。面对祥巴家的房屋废墟,"阿巴心情复杂。但他还是摇铃击鼓。人一死,以前的好与不好,都一笔勾销了。……阿巴听见自己的喊声带着哭腔"。小说写了阿巴复杂微妙的心理:"他高兴自己没有幸灾乐祸,但他也不满意自己动了这么大的恻隐之心。他是祭师,他现在要做的就是超越恩怨替他们招魂。"招魂实为安魂,召唤的是鬼魂,告慰的却是逝者连同生者。等待与云中村一起消失的日子里,"充满阿巴心中的不是恐惧,而是对于那些记挂着云中村的人的温柔情感"①。即便面对着文化公司的无人机和摄像机,他也视若不见,按照自己的心愿把祝福送给央金。阿巴孤身一人照顾鬼魂,便是为活下来的人好好活着。以前

---

① 阿来:《云中记》,北京十月文艺出版社2019年版,第377页。

阿巴认为只要他和云中村一起消失，世界就消失了，后来他的想法改变了，"只要有一个人在，世界就没有消失。只要有一个云中村的人在，只要这个人还会想起云中村，那云中村就没有消失"[①]。云中村和阿巴最终的结局，既令人惊心动魄，倍感痛惜，却又在沉默中透出爱的广阔无边和生命的执着与豁达。

四、诗／音乐／小说的交融："伟大传统"的再生

从美学基质上看，《云中记》是诗-歌与小说，渲抒、吟唱与叙事、描写的融合。"前诗人"阿来附身"小说家"阿来发声，"小说家"阿来，通过他的人物阿巴发声。最能将充溢饱满的情感以含蓄节制的形式表达出来的是诗-歌，是"诵诗般吟唱"。对《云中记》来说，形式（语言）就是内容，内容就是形式（语言）。

事实上，阿来曾特别谈到创作《云中记》时，中国古典文学尤其是诗词而非侧重人际关系和世道人心的古典小说，带给他的启发："在中国古典诗歌中，有许多一个人的生命与周遭生命相遇相契，物我相融的伟大时刻。……中国诗歌中那些伟大的启示性召唤性的经验，正是我所需要的……我发现，中国文学在诗歌中达到的巅峰时刻，手段并不复杂：赋、比、兴，加上有形状，有声音，有隐而不显的多重意味的语词。更重要的支撑，是对美的信仰。至美至善，至善至美。……我要沿着一条语词开辟的美学大道护送我的主人公一路向上。"[②]将阿来的现身说法和《云中记》的文学世界结合起来，我们会发现，小说中情节叙述、景物描写和情感抒写都在生命感知的层面上相契相融相生了。

阿来在成为小说家之前曾是一位诗人。不过，那时的他似乎并没有流露对中国古典诗歌的兴趣。当时他最喜爱惠特曼、聂鲁达的诗，后来，他将这两位伟大诗人的作品中的"兴味"带入了小说创作，从《尘埃落定》、"山珍三部"到《云中记》，我们都可以看到阿来的诗人气质和"兴味关怀"。在这些作

---

① 阿来：《云中记》，北京十月文艺出版社2019年版，第358页。
② 阿来：《关于〈云中记〉，谈谈语言》，《扬子江评论》2019年第6期。

品中，阿来通过对人物、事件、风景、风俗的描写，尤其是对人的心理、情感世界和精神状况的一以贯之的热切瞩目，在完整紧凑的情节、生动传神的对话和细腻舒缓的社会风俗之外，写出了人物"内心最深处的东西"。《云中记》所写的就是作家、人物的"内心"，诉诸读者的也是"内心"。阿来的"内心"并不是封闭的，它"具有个人一己问题的迫切性"，但又超出了个人意义的范畴，具有更加广阔而深刻的道德关怀和人类情怀；它从现实中取材，生活气息浓郁，却不止于写实，不黏着于对社会、现实和风俗风情的描画，而是将形形色色的素材加以筛选和限定，从中淬炼"内心最深处"的结晶，并加上明晰而客观的想象，"当他似乎拿给我们一部社会风俗小说时，他给予我们的实不止于此，他的'诗'才是主要的东西"①。

阿来曾撰文回忆自己早年的音乐和阅读生活。在中学教书时，"我沉溺于阅读，沉溺于音乐，愤怒有力的贝多芬，忧郁敏感的舒伯特。现在，当我回忆起这一切，更愿意回想的就是那些黄昏里的音乐生活"。在音乐声中的阅读使阿来"遭逢一个个伟大而自由的灵魂"。倾听贝多芬的《春天》，"我发现了另一个贝多芬，一个柔声吟咏，而不是震雷一样轰响着的贝多芬！这个新发现的贝多芬，在那一刻，让我突然泪流满面！那个深情描画的人其实也是很寂寞很孤独的吧，那个热切倾吐着的人其实有很真很深的东西无人可以言说的吧，包括他发现的那种美也是沉寂千载，除他之外便无人发现的吧"②。阿来谈到，使他走向文学的因素，除了长达二十多年的"艰难困窘、缺少尊严"的生活，便是"孤独时的音乐"。他之爱音乐在文学之前，"我在音乐声中，开始欣赏，然后，有一天，好像是从乌云裂开的一道缝隙中，看到了天启式的光芒，从中看到了表达的可能，并理解行动，开始了分行的表达"。由音乐而诗，"我从辛弃疾，从聂鲁达，从惠特曼开始，由这些诗人打开了诗歌王国金

---

① ［英］F.R.利维斯：《伟大的传统》，袁伟译，生活·读书·新知三联书店2002年版，第214页。

② 阿来：《音乐与诗歌，我的早年——阿来〈阿来文集·诗集〉后记》，《阿来散文精选》，长江文艺出版社2017年版，第241—242页。

色的大门"①。音乐和诗,这两类被视为最纯粹的文学和艺术,使阿来获得了最纯粹的灵魂震动,使他在现实、时代的冲撞与个人内心世界之间找到了一种极为个人化、极具个性色彩的精神和美学空间。

《云中记》更为鲜明地体现了音乐、诗对阿来小说的深刻影响。《云中记》实现了更深更高层次的艺术融入和辩证,它以小说的形式传递了诗的自由品质,这种自由不仅存在于它所开启和拓展的艺术想象空间和灾难书写模式,也在于其中所潜含的无限广大的灵魂世界和精神境界。这对于我们反思中国文学与(后)现代性的渊源和纠葛,无疑是一个颇有启示和警醒意义的重要视点。

《云中记》提供了一种新的灾难书写的方式,而谈论《云中记》,似乎很难避开莫扎特的《安魂曲》。在小说篇首,作家即表明这是一部"向莫扎特致敬"的作品,"写作这本书时,我心中总回想着《安魂曲》庄重而悲悯的吟唱"。在小说出版后的一次访谈中,他又说:"莫扎特写《安魂曲》时,他知道自己快死了,面对死亡之期,却那么温暖,那么美。"②莫扎特带给阿来的启示是,死亡并不丑陋、可怕,它同样可以是美的,死亡也可以用美的方式来表现:"我觉得其实我们面对死亡,也可以采用一种美好的方式。这种美好其实更有尊严,或者用我们中国人的话说,更体面。"③或许,莫扎特对阿来的影响不止于此。著名翻译家和艺术鉴赏家傅雷认为:莫扎特"不声不响地忍受鞭挞,只凭着坚定的信仰,像殉道的使徒一般唱着温馨甘美的乐句安慰自己,安慰别人"④,"他的作品从不透露他的痛苦的消息,非但没有愤怒与反抗的呼号,连挣扎的气息都找不到"⑤——莫扎特的音乐让人无法想象他的遭遇而只

---

① 阿来:《音乐与诗歌,我的早年——阿来〈阿来文集·诗集〉后记》,《阿来散文精选》,长江文艺出版社2017年版,第243页。

② 童方:《阿来:我等这本书等了十年》,《新华每日电讯》2019年12月13日。

③ 童方:《阿来:我等这本书等了十年》,《新华每日电讯》2019年12月13日。

④ 傅雷:《独一无二的艺术家莫扎特》,《傅雷艺术随笔》,金梅编,上海文艺出版社2012年版,第99页。

⑤ 傅雷:《独一无二的艺术家莫扎特》,《傅雷艺术随笔》,金梅编,上海文艺出版社2012年版,第100页。

能认识他"明智""高贵""纯洁"的心灵。但我们没有必要也不可能在文本叙述技术层面上寻找《云中记》与《安魂曲》的内部"对位因素",因为莫扎特对阿来的影响既不止于《安魂曲》,也不止于手法、技巧。莫扎特"朴实而又典雅的艺术""永远乐观、始终积极的精神"和"追求人类最高理想的人间性",使他成为人类"忠实的、亲爱的、永远给人安慰的朋友"[①],《云中记》充实、饱满地体现了这种艺术品质、精神品质和普遍人类理想,阿来与莫扎特在更高的精神和灵魂层面相遇相知相通了。《云中记》写震灾发生的经过,呈现了一些场景和细节,其中难免有混乱、残损和死亡,但作家同时以舒缓、低回的笔调召唤生命的尊严、肃穆,写出了生命在经历黑暗和惨烈后的真诚与敬谨、洁净与澄澈。阿来以自己的艺术创造征服和超越苦难,以情感和理性的平衡、精神的健康和积极豁然的心情应对残酷,以内心的光明驱逐和消灭黑暗。小说以一个人、一个祭师的内心与行动的自主选择,写出了生死之与人、自然、世界、天地万物的息息相关。

如果说,阿巴返回他生命的血地,在那里他找到了生命的根本,超越了此前对生命的无自觉感知,获得了生命的通透与达观,那么,阿来也通过写作返回了文学的根本,返回了文学之为审美活动的根基,这一为语言,"美的语言";二为与"美的语言"紧密关联的"美",这首先是经过作家确认且读者也确信的"美好、高尚的东西"。现实事物写出来后,未必具有真实感和美感,但后者关乎作者和读者的主体感受,这首先需要作家个体内心的真诚和"相信",如此文学才有"意义"。"意义"并非外在的附加或强加,它同样源于作家内心的"诚与真":"其实到今天为止,我们没有一个真正成立的关于灾难的书写。中国经历了这么多伟大的战争,但是还没有像西方那样伟大的战争文学。我们还是局限于基本的事实、行为,没有更深的理解,还在就事论事。由事情本身,强制性地寻找意义、附加意义。因为我们不太相信呈现事情本身。不把意义直截了当地说出来,就怕人家不明白,也怕自己不深

---

① 傅雷:《独一无二的艺术家莫扎特》,《傅雷艺术随笔》,金梅编,上海文艺出版社2012年版,第102页。

色的大门"①。音乐和诗,这两类被视为最纯粹的文学和艺术,使阿来获得了最纯粹的灵魂震动,使他在现实、时代的冲撞与个人内心世界之间找到了一种极为个人化、极具个性色彩的精神和美学空间。

《云中记》更为鲜明地体现了音乐、诗对阿来小说的深刻影响。《云中记》实现了更深更高层次的艺术融入和辩证,它以小说的形式传递了诗的自由品质,这种自由不仅存在于它所开启和拓展的艺术想象空间和灾难书写模式,也在于其中所潜含的无限广大的灵魂世界和精神境界。这对于我们反思中国文学与(后)现代性的渊源和纠葛,无疑是一个颇有启示和警醒意义的重要视点。

《云中记》提供了一种新的灾难书写的方式,而谈论《云中记》,似乎很难避开莫扎特的《安魂曲》。在小说篇首,作家即表明这是一部"向莫扎特致敬"的作品,"写作这本书时,我心中总回想着《安魂曲》庄重而悲悯的吟唱"。在小说出版后的一次访谈中,他又说:"莫扎特写《安魂曲》时,他知道自己快死了,面对死亡之期,却那么温暖,那么美。"②莫扎特带给阿来的启示是,死亡并不丑陋、可怕,它同样可以是美的,死亡也可以用美的方式来表现:"我觉得其实我们面对死亡,也可以采用一种美好的方式。这种美好其实更有尊严,或者用我们中国人的话说,更体面。"③或许,莫扎特对阿来的影响不止于此。著名翻译家和艺术鉴赏家傅雷认为:莫扎特"不声不响地忍受鞭挞,只凭着坚定的信仰,像殉道的使徒一般唱着温馨甘美的乐句安慰自己,安慰别人"④,"他的作品从不透露他的痛苦的消息,非但没有愤怒与反抗的呼号,连挣扎的气息都找不到"⑤——莫扎特的音乐让人无法想象他的遭遇而只

---

① 阿来:《音乐与诗歌,我的早年——阿来〈阿来文集·诗集〉后记》,《阿来散文精选》,长江文艺出版社2017年版,第243页。

② 童方:《阿来:我等这本书等了十年》,《新华每日电讯》2019年12月13日。

③ 童方:《阿来:我等这本书等了十年》,《新华每日电讯》2019年12月13日。

④ 傅雷:《独一无二的艺术家莫扎特》,《傅雷艺术随笔》,金梅编,上海文艺出版社2012年版,第99页。

⑤ 傅雷:《独一无二的艺术家莫扎特》,《傅雷艺术随笔》,金梅编,上海文艺出版社2012年版,第100页。

能认识他"明智""高贵""纯洁"的心灵。但我们没有必要也不可能在文本叙述技术层面上寻找《云中记》与《安魂曲》的内部"对位因素",因为莫扎特对阿来的影响既不止于《安魂曲》,也不止于手法、技巧。莫扎特"朴实而又典雅的艺术""永远乐观、始终积极的精神"和"追求人类最高理想的人间性",使他成为人类"忠实的、亲爱的、永远给人安慰的朋友"[①],《云中记》充实、饱满地体现了这种艺术品质、精神品质和普遍人类理想,阿来与莫扎特在更高的精神和灵魂层面相遇相知相通了。《云中记》写震灾发生的经过,呈现了一些场景和细节,其中难免有混乱、残损和死亡,但作家同时以舒缓、低回的笔调召唤生命的尊严、肃穆,写出了生命在经历黑暗和惨烈后的真诚与敬谨、洁净与澄澈。阿来以自己的艺术创造征服和超越苦难,以情感和理性的平衡、精神的健康和积极豁然的心情应对残酷,以内心的光明驱逐和消灭黑暗。小说以一个人、一个祭师的内心与行动的自主选择,写出了生死之与人、自然、世界、天地万物的息息相关。

如果说,阿巴返回他生命的血地,在那里他找到了生命的根本,超越了此前对生命的无自觉感知,获得了生命的通透与达观,那么,阿来也通过写作返回了文学的根本,返回了文学之为审美活动的根基,这一为语言,"美的语言";二为与"美的语言"紧密关联的"美",这首先是经过作家确认且读者也确信的"美好、高尚的东西"。现实事物写出来后,未必具有真实感和美感,但后者关乎作者和读者的主体感受,这首先需要作家个体内心的真诚和"相信",如此文学才有"意义"。"意义"并非外在的附加或强加,它同样源于作家内心的"诚与真":"其实到今天为止,我们没有一个真正成立的关于灾难的书写。中国经历了这么多伟大的战争,但是还没有像西方那样伟大的战争文学。我们还是局限于基本的事实、行为,没有更深的理解,还在就事论事。由事情本身,强制性地寻找意义、附加意义。因为我们不太相信呈现事情本身。不把意义直截了当地说出来,就怕人家不明白,也怕自己不深

---

① 傅雷:《独一无二的艺术家莫扎特》,《傅雷艺术随笔》,金梅编,上海文艺出版社2012年版,第102页。

刻。"① "意义"不是外部的附加，它是作家内心的"光"。作家的心灵、精神状态，决定了他眼里的现实的模样，决定了他对现实思考的广度、深度、高度和表现的方法、路径、风格，以及所能达到的程度和境界。就此而言，《云中记》更重要的意义或许是，它开启了一种回应灾难的视界，一个文学尤其是长篇小说应该具有的境界。

在一篇回忆音乐、诗歌与早年创作的文章结尾，阿来写道："现在，音响里传出最后一个音符，然后便是意味深长的寂静。而且，我始终相信，这种寂静之后，是更加美丽和丰富的生命体验与表达的开始。"② 寂静既是阿来诗歌和小说创作的先导，也构成其观照生命的独特美学方式，生命和美学、诗、音乐和小说在寂静中融为一体，舒缓而肃穆。《云中记》便是"美丽和丰富的生命体验与表达"，小说最后，那唯一的鸢尾花苞在阳光下悄然开放，便是这忧郁、鲜亮的生命之韧性、圣洁和美丽的表达。

---

① 童方：《阿来：我等这本书等了十年》，《新华每日电讯》2019年12月13日。
② 阿来：《音乐与诗歌，我的早年——阿来〈阿来文集·诗集〉后记》，《阿来散文精选》，长江文艺出版社2017年版，第245页。

《笑的风》"小说黄金时代"与面向时代的小说

《笑的风》呈现了作家与生俱来的语言感觉和成熟老到的文字技艺，写得驾轻就熟、举重若轻，洋洋洒洒、下笔万言。挥洒自如的背后，是王蒙对自己所经历的半个多世纪的历史与现实的总结，是对个人与时代、中国之难分难解的纠缠的感喟和慨叹。

王蒙是一位有着强大思维活性和持续艺术创造力的作家，他的作品以鲜明的时代感和深邃的思想内涵，紧密关联着当代中国历史的发展和美学的变革与创新，成为当代文学史的重要标志，是透视当代中国及其文学言说的一面镜子和一扇窗口。从20世纪50年代开始至新世纪，王蒙创作了《青春万岁》《组织部新来的年轻人》《春之声》《活动变人形》《恋爱的季节》《失态的季节》《踌躇的季节》《狂欢的季节》《这边风景》《闷与狂》等数十部长篇小说，体现了旺盛而持久的创造力。近年来，王蒙"在'青春激情、革命激情、历史激情'的多重激荡中"[1]，展现出更为丰沛的创作活力，奉献了《生死恋》《奇葩奇葩处处哀》《邮事》等一系列新作。2019年9月被授予"人民艺术家"称号的王蒙，年底在《人民文学》发表了他的《笑的风》，进而在2020年将这部中篇以"只重于大于而不是轻于小于夏季原作的力度"修订为"一个真正的新长篇小说"[2]，由作家出版社推出。王蒙于耄耋之年所创作的这部新长篇与其以往的思想和创作有何关系？与其所说的"小说黄金时代"[3]有何关系？本文拟由此入手，对这部小说的叙述基质、美学品格及其在王蒙思想与文学谱系中的位置和意义进行探讨。

一、时代性与历史感的文学表达

《笑的风》以1958年至2019年这六十年间主人公傅大成的人生经历和命运轨迹为主线索，讲述那些围绕着他而发生的生活和情感故事。其中，傅大成与白甜美、杜小娟的婚姻、爱情、家庭生活和遭遇是小说的主要内容。

---

[1] 温奉桥、姜尚：《静拨生命之摆或超越生死之维》，《中国当代文学研究》2019年第3期。

[2] 王蒙：《笑的风·致读者》，作家出版社2020年版。

[3] 王蒙：《笑的风·出小说的黄金时代（跋）》，作家出版社2020年版，第275页。

由于时代、政治和家庭成分等原因,正读高中的傅大成与比他大五岁而又没知识、少文化的渔村女子白甜美结婚成家,并生育了一儿一女。1979年,已具有一定文学影响的傅大成,在北京参加文学创作座谈会时,遇到世家名门出身的作家、诗人杜小娟,与之一见钟情,几经波折,他最终与白甜美离婚,与杜小娟结婚。小说的目的并非讲述一个平庸的"婚外恋"或"始乱终弃"的模式化故事,而是将人物置于时代风云变幻的背景和现实中,通过一个个具体的人的命运,通过他们婚恋、家庭的破裂与重组,透视六十年间中国社会现实生活的沧桑巨变,重新思考和辩证时代与人的关系。

《笑的风》在描述当代中国人的生活伦理和情感,关注其生活、思想、情感和观念意识及其变化着、发展着的形态和状态的同时,也在关注时代,关注中国当代历史与现实的发展着、变化着的形态和状态,所以小说有着将现实与历史相牵连,将个人与时代相牵连的思路设计:作家既在呈现当代中国历史发展和变革的现实,也在表现另一种现实——人的现实,人的情感、心理以及爱情、婚姻、家庭等伦理观念的现实。小说以新世纪新时代的中国为立足点从整体上对一个长时段的历史进行宏观观照,讲述这段历史的沧海桑田和人世与情感的曲折涌动、千回百转。包括夫妻之情,父女、父子、母女、母子之情在内的交错纠缠的情感关系,是小说的主体内容,也是勾连小说脉络、推进小说情节的动力。时代的"外部现实"和人的"内部现实"相互牵连、彼此渗透,前者带给后者何等机遇和命运,后者如何呼应、顺应或感应前者,二者的交互关系、沟通情境如何,正是《笑的风》所要表达和思考的。

《笑的风》呈现了作家与生俱来的语言感觉和成熟老到的文字技艺,写得驾轻就熟、举重若轻,洋洋洒洒、下笔万言。挥洒自如的背后,是王蒙对自己所经历的半个多世纪的历史与现实的总结,是对个人与时代、中国之难分难解的纠缠的感喟和慨叹。在谈到发表、出版于1993、1994、1997和新世纪初年的《恋爱的季节》《失态的季节》《踌躇的季节》《狂欢的季节》等"季节系列"长篇时,王蒙曾说:"它是我的怀念,它是我的辩护,它是我的豪情,它也是我的反思乃至忏悔。它是我的眼泪,它是我的调笑,它是我的游戏也是我心头流淌的血。它更是我的和我们的经验。它是我的过程,它是我的混乱和清明,它是我的寄语和诘难。它是我的纪念和旧梦、新梦、美梦和噩梦。它是我的独语、狂语、呓语、禅语和献词。它是我的软弱和顽强,理智和痴迷。"①《笑的风》固然不似"季节系列"那样具有王蒙自叙传的印迹,没有那么多的"噩梦"和"流淌的血",也不突出"辩护""忏悔""混乱"乃至"诘难",但在"怀念""豪情""眼泪""调笑""游戏""旧梦、新梦、美梦"和"我和我们的经验表达"上,它确是王蒙的或王蒙式的——除此一家,别无分店。这部小说有着与青年时代的王蒙的《青春万岁》《组织部新来的年轻人》相似的青春、爱情、理想、追求,有着与中年时代的王蒙的《杂色》《春之声》《海的梦》相似的斑驳与生机,却少了些《活动变人形》的无法摆脱的压抑和难以克制的尖锐与沉重。

  在更深层更根本的精神气质和思想意识上,《笑的风》接续和发展的是"季节系列",而在修辞造句和语感上,它展现着"新时期王蒙小说"如《闷与狂》的典型风格。这部小说具有突出的语感性,在并不复杂的故事讲述中,作者充分利用汉语的语言、文字特性及其历史文化蕴涵,释放出汉语本身的能量。小说大量引用、化用古典诗词,并对其进行情境化、心境化改造,以契合小说人物的心灵、情感和他们小说家和诗人的身份。大量同义词、近义词甚至反义词等的并置、铺排,在造成滔滔不绝的语流的同时,也揭示了人物或矛盾游移或激昂欢快的心理、情感。这可以说是"新时期王蒙小说"语言表达先锋性探索的延续和发展。《笑的风》的阅读快感和审美体验,首先便来自这一与人物处境、心境和时代生活气息相呼应、相匹配的语言运用。这是对语词稳定内涵和使用规则的少许偏离,通过对语言惯性的游离和词语的陌生化连接,产生语义的扩张,是对人物心境、处境和时代情境、氛围的充满张力的延伸和发掘。正是在语词的灵活自如的调配、使用中,作品展现了作者的情感、体悟和思想的可能性。

---

① 王蒙:《长图裁制血抽丝》,《文艺新观察》第1辑,长江文艺出版社2001年版,第12页。

《笑的风》既是语言的"呈现",也是作家主体形象的"表现"和"展示"。就前者而言,《笑的风》的语言是能指的,语言呈现了其本身的活性和魅力,也是所指的,它指涉着人物、时代和历史;这种语言是自在的,也是自为的,从中可以感受到汉语语言、文学和文化的内蓄力量,也可以感受到创作主体的心境、心态、心灵的状态和力量。小说语言出之以描写,出之于情感抒发,细腻入微,感情丰沛,是叙述中的超级能指,充分扩大了其所指区域。就后者而言,《笑的风》的语言,蕴含作者进入个体深层情思、深入时代氛围和传统文化内部的坚韧,体现着具有一贯先锋性品质的作家对既有言说方式的扬弃和超越。小说展示了一个鲜明的,在当下与历史,在新时期与新世纪、新时代自如穿行的"王蒙语言形象",洋溢着一个正在从事艺术创造的主体的乐观、自豪与自信。

《笑的风》是作家的历史记忆,是作家所处和所理解的"伟大时代"及"小说黄金时代"对历史的言说。个体记忆在言说中,在文字的流淌和激荡中复活,历史在时代的观照下获得新的生命。王蒙仍然是那个青春的、理想的、包容的、先锋的王蒙,他试图通过让汉语的符号的力量从被漠视被压抑中重新生长,在成长中的"个人"和"生活"维度上,对50—70年代和80年代以来的"历史转换",进行自然化、人性化和情感化的链接,获得一种当代中国历史的整体感。在这一历史叙述建构中,当代中国社会和历史内部的差异性,以"发展"和"进步"的形式得到表现。在对50—70年代的处理上,小说主要采用家庭化和社区伦理化的方式,写出了传统文化和民间伦理在激进时代对"共同体"的维系,写出了"动荡年代的平安与幸福",用叙述者的话说,在"政治运动如火如荼,高亢入云"的严峻形势下,傅大成"渐渐意识到他与白甜美的婚配是一件好事",尽管没有古今中外文学中描写的罗曼司的浪漫,没有情话情诗,没有自由的"现代爱情",但他在和白甜美以及一儿一女两个孩子构成的家庭中获得了乱世中难得的安稳和幸福,"他们平安幸福地度过了动荡的年代!"而对八九十年代以来中国的社会和情感,小说主要借助服饰、物件、饮食、节庆聚会、旅游出行乃至家常寒暄、人情礼节等各种写实性、社会性、艺术性、语言性的记忆载体，来进行丰富多样、摇曳多姿的表现。如此一来，小说在傅大成和白甜美、杜小娟这条婚恋、情感和家庭伦理线索之外，又通过各种记忆载体的互相渗透、重叠，揭示了1958年至2019年这六十年间中国社会的价值共识和群体意识。

小说通过富有标志性的事物、事件，在人的情感和家庭状态描述中，建立起小说的时代感，又通过人物情感和命运的悲欢离合写出当代中国历史的起承转合，在长时段叙述中建立更深层的历史感，将个人的生活故事和情感故事，讲述为一个更具庞大品格和世界视野的中国故事。小说写道："到处是生活，到处是时代，到处都撼动着历史趋向的变革与调整，点点滴滴，蓬蓬勃勃，吵吵闹闹，纷纷乱乱。中国人的生活，正在迈上一个新的平台。"这段文字是白甜美、傅大成夫妇创办"乡思"棋牌茶室，无意中与李谷一"乡恋"无缝接轨而引发的感慨和议论，巧妙地把1979年边地小城萌发的新机与京沪大城市、十一届三中全会、港澳台歌曲乃至整个中国正在发生的历史性变迁联系起来，将个人、生活与时代、历史联系起来，将中国与世界联系起来，使傅大成、白甜美"不只是躬逢其盛，而且是趁盛势直冲云天"，"他们的茶室搭对文艺快车，攀上历史巨轮……主要是想定了四个现代化"。总之，"小地方小人物小茶室随着历史的节拍而摇曳多趣"。那"什么叫伟大的时代？那是一个让鱼鳖村的贫农儿子，不但上高中，而且上大学，不但当干部而且写诗，不但坐飞机而且蓬拆拆跳起舞来的时代哟！"小说写中国作家参加西柏林艺术节，有两个细节颇有意味：通过写外国观众观看昆曲演出，写"人情与艺术的共鸣"，接着写到君特·格拉斯家做客，"他的经历相当符合当代中国的人民化理论观点，是社会生活锤炼出了这样的一个怪诞创新、独树一帜的作家"，"用中国的说法，生活是创作的源泉，人民是文学的母亲。格拉斯作证"。作者在这里并未以"人的文学"否定"人民文学"，也未固守"人民文学"的狭义界定，而是在寻找"人情"与"人民"的内在沟通性。这个细节的征候性意义，不仅在于它直接贯穿和连通了50—70年代的"革命中国"与80年代的"改革开放中国"以及90年代的"市场经济中国"，更在于整部小说的叙述都是以此为价值理念基点而展开的。

正是因为有着讲述"大故事"的欲求和意图,《笑的风》便不再局限于讲述"小故事""小悲欢",而是要讲述"大时代""大历史"。如何由小至大,由小见大?如何在有限的篇幅内,容纳中国与世界、社会与文艺、历史与现实?如何处理流动的、多维面的历史与个人及其情感、心理等内心的深层、复杂的关系?小说的处理方式是,通过傅大成、杜小娟等的个人经历和感想,通过他们的人生体验、历练和感悟,连接外部的、动荡的时代风云。这样处理虽然是王蒙的长处和强项,但也面临着诸多艺术上的新难题与新挑战。傅大成、白甜美和他们的儿女,除了在离婚这一事件上的矛盾关系之外,他们的生活和情感片段能否有效地纳入更广大复杂的人物关系中,能否牵连更广阔深厚的中国现实生活?傅大成和杜小娟的爱情、婚姻主要以在北京、上海开会,书信往来,诗歌小说互通心声,世界各地旅游等方式展开,其与傅前妻白甜美和儿女的故事之间是否可以建立起更紧密的情节联系?傅大成的中学同学赵光彩也是与当代中国历史发展密切相关的人物形象,他的相对独立的故事能否更丰满地展开并与傅大成的故事"交叉互补"从而成为复杂历史叙述和"大故事"的一部分?时代改变了人物的命运,使人、事、情和家庭偏离了原有的轨道,王蒙在书写这种种改变带来的刻骨铭心的经验、体悟、思考、慨叹的同时,也试图写出历史与人心的幽深、时代与历史对人的意识和情感结构的深层影响。无疑,《笑的风》以王蒙式的"小说智慧"呈现了个人经历、体验与时代、历史风云之间别有意味的张力或疏离关系。

二、个人体验、中国经验与"世界"视野

如果说,六十年的中国经验和个人体验是《笑的风》所要表达的主要内容,那么将中国经验充分"个人体验"化,则是王蒙一以贯之的美学追求。与其五六十年代和八九十年代的作品相似的是,《笑的风》同样呈现了王蒙式的个人主观性和对时代的敏感,个人的经历、体验强烈地渗透和融贯在他对人、事、情、境的书写中,以个人/历史与体验/判断的融合以及浓郁的抒情、诗

意色彩化解了叙述的沉闷。

有研究者指出,"王蒙是一个历史意识很强的作家,但他笔下的历史却是一部心灵化了的历史"[①],"王蒙的思想是个人体验和历史判断的共同产物"[②]。王蒙的思想并不出之以玄奥的思辨,他刻意回避了某种理念的阐述和传达。《笑的风》蕴含的思想与20世纪中国的历史和文化、现实密切相关,是对自身体验和经验、感知的总结,是一种对这种总结的平和而理性的表达,即便有象征或特别的寓意,也不会让读者被"晦涩难解"带来的沮丧所困扰,陷入"阐释的难度"——如何释读"笑的风"这一时时浮现于文本之流的词组或意象,便是突出一例。不管对这个内涵较为含混的标题作何解读,无论是傅大成如厕之夜偶然听到风中传来的清脆活泼、天真烂漫的笑声,"风因笑而迷人,笑因风而起伏。然后随风而逝,渐行渐远,恋恋不舍",还是傅大成赴京参加创作座谈会,与中文系学生联欢,听到杜小娟唱歌时,联想到曾听过的《哈萨克圆舞曲》的感受——"哈哈,融笑入歌,融歌入笑。歌笑旋风,阵阵吹过",抑或二人在畅游欧洲时所感受的"快乐的风啊,快乐的风啊,大笑的风啊!"的"新时期的新生活"的畅意和幸福感,无论是苏联电影插曲《快乐的风》,还是《人民文学》"卷首"中所写小说"旋起五十余年的时代之风",无论是"风声笑语,青春无限"还是"声如响雷笑如风","笑的风"都以其可触摸的感性、可理解的质朴,让读者在释然、坦然中感受到王蒙不无忧伤、喟叹的喜悦、欣慰、恬淡和悠然,"笑不待风而自御,笑不待诗人而自然成诗。道法自然,诗发自然,笑当然最自然"。《笑的风》是王蒙"最自然"的"笑"的"诗",这首"诗"发自个人的历史记忆和现实体验,来自人心,是时代春风对人心的鼓荡和激发,也是人心对时代的反映和回应。作家不仅是在回忆历史,也是在抒发对生活的生命体验,这种体验不是"逝者如斯夫,不舍昼夜"的已逝或惜时之感,而是新的生命与时代、历史的共同生长感,"新的生命正

---

① 於可训:《〈青春万岁〉的精神现象学——王蒙创作的文化心理阐释之一》,《当代文学:建构与阐释》,武汉大学出版社2005年版,第264页。

② 南帆:《后革命的转移》,北京大学出版社2005年版,第36页。

在萌发,生命永远鲜活纯美",即便笑声会随风而去,"新的笑声多半会无待而自来"。这种心境来自王蒙式的理想主义和乐观主义,来自对当代中国历史进步和发展的认知与信心:"从此改革开放与发展建设疾风含笑,春潮澎湃,富民强国,仰天长啸。"小说"饱满的不仅仅是中国和中国人所经历的历史生活信息,更在于看似随处溜达的视角和活泛如水的语言之上,在主要人物的履迹和奇闻中,旋起五十余年的时代之风"。《人民文学》"卷首"所写,点出了这部小说与中国历史、现实的关系,王蒙的思想和表达襟连着历史与现实中的中国和中国人。正是这一关注和观照,使小说那些先锋性修辞、表述成为整体叙述中的局部,成为"大故事"讲述的某种权宜性策略,以"非典型性先锋"避免了"典型"先锋小说所皈依的"悬浮的所指"的命运。

《笑的风》讲述中国和中国人的故事,兼顾故事、情节、人物形象等传统现实主义要素和叙述语言的情绪性流动(所谓"活泛如水的语言"),既注意叙述对象和表述内容的客观真实性,又浸入叙述者的情感真实、情绪真实和心理真实,不让中国和中国人的故事被朦胧含蓄的主观印象和心理色彩所淹没,不让"怎么写""怎么反映"(即"看似随处溜达的视角")覆盖"写什么""反映什么"(即"中国和中国人所经历的历史生活信息"和"五十余年的时代之风")。小说既要"反映""再现",也要"反应""表现",它要把王蒙的个人性、主体性和心理性内容作为改变"反映""再现"之机械、僵硬弊端的不可或缺的"革命性潜力"因素,在更个人化的更高层面上"反应"历史和时代。

体验是连接经验和符号的关键性介质。在经验、体验和符号之间建立自由、和谐的交流互通关系,让三者共同笼罩在艺术的光辉中,是作家孜孜以求的目标。《笑的风》中体现了强烈的主体介入欲望,这种主体对"时代中国"的介入,使得小说叙述具有了透明化效果。它们往往以抒情性议论的形式中断着也延续和推动着叙述的语流、节奏。"社会主义的古老巨大中国在经过大动乱之后走向新时期。""二十世纪八十年代,青烟家家冒、再再冒、坟坟冒、呼呼地冒。""他正骑在向现代化全球化地球村小康大康富强民主文明疾奔的时代骏马上,冲啊,喔!""这是一个大发展大变化的时代,是一个突然改变了许多,倒塌了许多障碍的时代。""这是一个大开眼界的时代,这是一个怎么新鲜怎么来的时代,这是一个突然明白了那么多,又增加了那么多新的困惑与苦恼的时代。"此类文字,俯拾皆是。甚至生下来就被母亲送养、长达四十一年未曾见过母亲面的立德在见到母亲后,也表示"他理解母亲爱母亲,为自己的母亲骄傲,为改革开放欢呼,改革开放万岁!"并下了"历史性结论性断语":"他有一个伟大的妈妈,伟大中国缺少的正是这样的敢想敢干敢说敢做的妈妈,这样的母亲会使中国人的精神面貌焕然一新,会使中国成为全新的中国。"一个人、一位母亲和一个民族、一个国家,在"伟大"这一点上联系在一起。在小说结尾,傅大成在去看望回家养老的中学同学赵光彩时说:"反正我们没有白活,我们赶上的是高潮再加高潮,前进接着前进,创新接着创新。"跟孔子、李白、柳宗元、王安石、王阳明、曾国藩等古人和李大钊、瞿秋白等今人相比,"我们就算活得有声有色的了。我们比古人差的不是环境也不是运气,是自己的本事、智慧和品质。再说这说那,那是不公正的"。不仅是作为"个人"的"我","我们"同样不能辜负这个伟大的时代。

  不同于此类叙述者不可遏制的直接现身,通过故事情节和人物塑造来体现个人与时代中国之间的感应,则是《笑的风》的更为重要和巧妙的叙述方式。1979年春,傅大成赴京参加作品研讨会的感受——"改革开放,返老还童,重温好梦",不仅属于三十九周岁的傅大成,也属于它的创造者、时年四十五周岁的王蒙——王蒙特意安排自己创造的人物与刘心武、贾大山、陆文夫、方之、邓友梅、张弦、从维熙和王蒙自己等"已经歇菜二十多年已经四五十岁的当年'青年作家'"见面,共同响应"'写吧,加油吧,解放自己吧'的号召"。王蒙还安排傅大成读自己的小说《活动变人形》,让他了解形形色色的"五四"氛围中成长起来的知识分子,感受新与旧的文化冲突,思考包办婚姻与自由恋爱问题。这是2019年的王蒙将自己重新纳入那个鼓荡人心的文学时代的实践,也是王蒙以当下心境、认知重新梳理这个伟大时代的实践。在小说中,王蒙将对中国和世界的观照有意识地纳入个人体验、感受、领悟、思索和想象中,将对历史的社会性摹写转化为"个人化"文学形式,出之于个人化形象体系和符号形态/系统。从横向的叙述语言层面看,《笑的风》包含着作家对六十年中国人世风景的个性化感受与体验,小说叙述的中国的沧桑巨变和历史风云明显打上了王蒙的体验烙印,这些人世风景和表现它们的语言中,涌动着作家的心境、情绪和态度,共同分享着作家的"自由"。

  《笑的风》讲究语言文字趣味,注重从感觉、印象和视角等层面的变化进行讲述,以"笑的风"作为贯穿小说的线索和烘托情绪氛围的意象,从骨子里、整体上有着对生活和人生诗意般的热爱和把握。正是这种对个人、心理和情感真实在叙述中存在和生长权利的确认和坚持,使得这部讲述中国和中国人故事的小说,具有了充分、"响亮"的艺术性。叙述、语言的感觉化,映照出"个人"的影子,成为当代中国历史进程在主体的时代意识和审美意识中投射的"映像"或印痕。这决定了《笑的风》蕴含的既不是纯粹的传统工具论语言—文学观,也不是先锋意义上的语言—文学自足观。作为新时期最早的"展示了一种新的语言形态"并"产生了一种示范作用"[①]的中国式现代主义文学代表作家之一,王蒙对语言的理解可以说无人可比,《笑的风》写出了语言—文学自足乃至能动的一面,现实不再被语言—文学所反映,语言—文学不再被动地反映现实,现实能被语言—文学创造出来,或者说,语言—文学能够领先或引领现实,如小说所写:"生活产生文学,文学要模仿,要书写生活的映象。也有时候文学走在前面,它虚构了事件,而后生活现实模仿了文学。"小说不仅列举了张爱玲的《色戒》和此后上海真实发生的刺杀事件、电视剧《加里森敢死队》播放后中国出现的与此类似的匪徒作案,还通过小说人物傅大成思考了"爱情与爱情文学的关系"——究竟是先有爱情后有爱情文学,还是更多的人通过爱情文学"才学会了去爱恋,去相怜,去怀春,去风流,而不仅仅是配种站的操作呢?"傅大成坚持与白甜美离婚,跟他的文学阅读有很大关系——从鲁迅的作品到巴金的"激流三部曲",从《长恨歌》《钗头凤》《牡丹亭》到《罗密欧与朱丽叶》《安娜·卡列尼娜》《假如生活欺骗了

---

① 张卫中:《新时期小说语言探索的三个维度》,《中国当代文学研究》2020年第1期。

你》……而他与杜小娟由北京到上海再到西柏林的见面、旅行和书信往来,也是文学造就的机遇、情缘和命运,她是与他"共同读过或者听过,感动过或者陶醉过舒曼、克拉拉、勃拉姆斯的音乐"的"艺术的与文学的加外国语的知音与伴侣"。最终"小娟的文学,引领了也创造了他们的生活与命运。生活与命运终于落实了报应,经过文学的路径,落实的结果将带来什么新的文学或者是非文学的契机呢?"在他们看来,文学与爱、生命因自由和创造而紧密牵连。

将傅大成和杜小娟联系起来的是文学。80年代是文学的春天,是"个人"和"生命"意识被发现的时代,而文学是个体生命意识的觉醒的表征,是个人恢复生命感受和中国生命苏醒的标志。小说特别写到对健全"身体"的发现和欣赏、面对与爱恋,是"正常""开朗",是"诚实的生命的颂歌,是古老中华的一个现代性进展"。鲁迅《狂人日记》和郁达夫《沉沦》式的"身体/国族"隐喻在七十年后的新时期得到了奇妙的文学呼应。这是新时期向"五四"的回归,也是"中国(文学)"向"世界(文学)"的再次敞开。从北京到上海再到西柏林,从国内到国外,小说借助主人公和他们的文学同伴们的"文学行旅",见证着中国(文学)的变化,见证着也参与着"中国与世界"关系的刷新与建构。

西柏林是一个"奇点"。它是一座城市,是欧洲也是世界政治地理和文化地理的交汇处,它是一个世界的具体而微的缩影,中国作家和世界作家、中国文学和世界文学在这里碰撞、交融。它也是傅大成与杜小娟爱情发生质变的地点,改革开放的中国和由它催生的新时期文学在这里被世界认识、评价和认可。作为一座城市,西柏林是物质性的存在;作为东西方政治、文化、艺术交融、交错的所在,它是思想与精神的存在。在这里,"中国紧联着世界,世界注视着中国,他傅大成祖宗的坟头,伟大中国人祷告祖先以求保佑的坟头,大冒青烟喽!"尽管与"伟大世界伟大事业伟大人物"相比,傅大成只是一个微不足道的小人物,但他也与闻"大人物大时代大事件"之事之盛,"他正在变成一个越来越个儿大的土豆儿"。置身西柏林,面对夜生活丰富的城市，傅大成的感慨中包含着经由世界对中国的重新发现和认知："与欧洲的资本主义相比，社会主义中国是多么健康与省心啊。"在这个世界中，个人深切体验了个人与世界和中国的同步行进、彼此呼应："世界呀世界，你是多么有意思；中国啊中国，人们是多么有机遇；大成啊大成，古今中外，谁能赶上你这样的八面来风、五月开花、春阳普照、万年不遇、千年不再的了不起的缘分！"个人不仅在中国／世界的空间中确认自我，也使自己在时代／历史中再次获得深度主体生成和存在体验。个人见证了一个时代一个世界的发生之初，感受到无形却有力的历史和生命、文学的创造与发展潜能。

三、"革命的第二天"与"诗情词意"

在王蒙看来，我们所处的时代是一个"到处都有故事、天天都有情节，有人物、有抒情、有思考、有戏的小说黄金时代"，他自问："你的小说对得起你的时代吗？"[①] 既要"如实"书写这个时代，自不能回避那些值得怀恋的"如意"之处。记忆和回味过去的生活和历史经验，会为自己曾经的糊涂、愚蠢、懦弱和无知而感到尴尬、懊悔和遗憾，"多多少少地感觉到悲从心来"。但也正如傅大成在考虑创办一个以甜美命名的中国婚姻博物馆时所想："不必那样强调悲剧，是悲剧也不宜说什么太多的悲呀伤呀哀呀痛呀什么的，小知识分子的悲剧感其实是太廉价了……所有哭天抹泪、怨天尤人的家伙那里，有几个人配说自己的生活是悲剧呢？不是丑剧闹剧已经难能了。""能变成亲切的怀恋的往事，是幸运的往事。能亲切地怀恋往事的人，不但是幸运的，而且是最最善良的人。而最不幸的人是，回首往事的时候只有冤屈和怨怼，只有恶毒和诅咒。""悲剧"是不必强调的，"悲剧感"是廉价的，任谁也不愿做一个"最不幸的人"，那么，接下来的问题是，作为伟大时代伟大历史的"幸运"的见证者和参与者，如何书写"幸运的往事"和时代？

王蒙在《笑的风》中延续了《青春万岁》《组织部新来的年轻人》《春之声》和"季节系列"等小说的抒情、诗意追求。他"往往是以写诗的心情来写

---

① 王蒙：《笑的风·出小说的黄金时代（跋）》，作家出版社2020年版，第275页。

小说的",其作品常饱含"诗情词意"①。他用小说抒写这个时代的革命、变革和改革,这个时代的创新、创意和创造,这个时代人的歌哭欢笑和柔情、温情、激情。

这是一个叙事的时代,也是一个抒情的时代。如果说叙事组织的是对这个时代的本质性认知,那么,抒情的功能则在于对时代进行本质性的吟咏和歌唱。在文学与非文学、诗与散文、此时代和彼时代之间并无截然的界限。生活、时代和历史都是"一种文学的视角",文学可以反映生活,也可以创造生活和历史。风云激荡的革命时期有诗,"后革命"时期同样是一个有诗和抒情的"小说黄金时代"。

早在1982年,评论家吴亮就指出,从艺术表现上看,王蒙"又提供了两个世界:一个是呈现于外的世界——它喧喧攘攘、忙乱变动、光怪陆离、千演万化;另一个是收缩与隐藏其内的世界——它凝定着,有着节律,有着步奏,它恒在,它冥冥中支配和注视着人世的变化。王蒙的前一个世界是开放的,接纳所有的印象,他描写它们的时候几乎是毫无偏心,写得草率而又细致、粗野而又优雅,写得诙谐而又严谨、尖刻而又宽容。王蒙的后一世界则又为自己的观念国土划了疆界,这条疆界使他的思想趋于稳定。他并不随风倒,无原则地接受所有新思潮。相反,他维护民族传统,强调人的和谐,相信进步,提倡谦让、宽容、勤勉和耐心;他厌恶空话而倡导做事,并在精神生活和感情需要的意义上增强我们频遭打击的自信心——我们有很多好的、珍贵的东西和品质,而不应老是悲叹万事不如别人"。"这一切,在王蒙看来,是社会进步的内在条件。进步是缓慢的,但进步仍然是进步。"②尽管吴亮的判断已经过去将近四十年,但仍有助于我们理解《笑的风》。这部小说仍然呈现了王蒙的思想和文学世界中存在的两个世界的矛盾。在前一个世界中,他崇尚革命、理想、青春、激情,希望能用理想主义、浪漫主义和革命热情、青春激情,

---

① 王蒙:《诗情词意》,《王蒙文集》第7卷,华艺出版社1993年版,第648页。
② 吴亮:《王蒙小说思想漫评》,《文学的选择》,华东师范大学出版社2014年版,第153—154页。

来摆脱庸俗的纠缠、世俗的消磨，走出日常的泥淖和失去激情的平庸。《青春万岁》《组织部新来的年轻人》借助共和国初期年轻人的革命、建设与浪漫、爱情、美的紧密关联传达了这一点。在经历了冰冷、严峻的现实和"迷惘、痛苦乃至恐怖"[1]的体验之后，王蒙在更多沧桑感和反思意味的《恋爱的季节》中仍然怀念着那个年代特定的明朗、乐观、积极、昂扬、单纯、快乐的氛围，激动人心的热烈气氛和清新朗健的时代气息。

如果说，"季节系列"是革命历史的深沉反思和怀旧式的伤感的结合，那么《笑的风》则是对历史和现实举重若轻的纯净、流畅叙述和某种略带感伤的温热情感抒发的交融。这其中有王蒙的个性、性格和气质因素，如其自言："我身上有两种倾向或两种走向都非常鲜明，比如一种是幽默，一种是伤感……我非常真实地感受到这两种力量，既有幽默的，讽刺的，解脱的，尖刻的甚至恶毒的情绪，另一方面又有伤感的，温情的，纠缠的，原谅的，永远不能忘却的情怀甚至于自恋。"[2] 此外，还有王蒙的思想因素在起作用，他对俄苏文学如《钢铁是怎样炼成的》《拖拉机站站长和总农艺师》和艾特玛托夫《别了，古利萨雷》《白轮船》《一日长于百年》、契诃夫《草原》的喜爱，使其不仅受到社会主义现实主义影响，也受到人道主义、理想主义、浪漫主义、批判现实主义等思想和美学的影响，他对欧美现实主义和现代主义文学包括意识流、荒诞派小说兼收并蓄，他尤其欣赏契佛"怨而不怒、哀而不伤、乐而不淫、讽而不刺"[3]的作品，这些都从风格、手法等方面影响了其创作，使其作品夸张、变形、亲切、幽默、纯净、清爽、简洁、含蓄、明快、优雅、从容……当然，在与外国作家心会外，王蒙对中国古典诗学也有独特感悟。他认为，"李商隐的诗特别是抒情诗常常是忧伤的，但读他的诗获得的绝对不仅仅是消沉和颓唐的丧气"。王蒙欣赏李诗中"中国式的'乐而不淫，怨而不怒，哀而不

---

[1] 王蒙：《访苏心潮》，《十月》1984年第6期。
[2] 王蒙：《王蒙、王干对话录》，《王蒙文集》第8卷，华艺出版社1993年版，第606页。
[3] 王蒙：《我为什么喜爱契佛》，《王蒙文集》第7卷，华艺出版社1993年版，第440页。

伤'的诗艺、诗美、诗教",在他看来,"真正的艺术(有时还包括学术)是具备一种'免疫力'的,它带来忧愁也带来慰安与超脱,它带来热烈也带来清明与矜持,它带来冷峻也带来宽解与慈和"①。王蒙不仅用中国古典"诗情词意"的优美、飘逸转换了意识流小说的朦胧晦涩、艰深芜杂,也用中国古典"温柔敦厚"的诗教改造了历史记忆和文化反思书写的严峻、激烈,使他的那些反思小说具有别样的精神蕴涵和美学质地。《笑的风》对"温柔敦厚"的诗教有延续也有衍生、发展。从文体上看,它是一部小说,从叙述因素构成和主体精神气质上看,它则是一部寄托着作者历史思索的时代随想录和沉思录,是情感丰沛、激情洋溢的诗、歌、曲。小说文本里镶嵌着杜小娟署名"鸢橙"的诗《只不过是想念你》、解放前学生运动歌曲、丹麦或芬兰的民歌、歌曲《花好月圆》、歌德词舒伯特曲的艺术歌曲、电影《马路天使》插曲、1990年阿凤唱红的歌、Z城人根据苏联赫鲁晓夫时期故事编的民谣、1991年杜小娟为紫丁香女子乐团当红大歌星写的歌……华丽多彩、琳琅满目的诗、歌、曲,成了小说内在情绪和旋律的催化剂。而整部小说也仿佛是一首交响曲,时而激越,时而高亢,时而曲折,时而欢快,时而悲伤,时而舒缓,最后又终归于平静。

不同之处在于,建国后出生的傅大成、杜小娟,没有"季节系列"主人公们参加革命斗争的经历,他们的"革命"主要发生在个人心灵和思想观念层面,小说更多地叙述了其"思想革命"与文学阅读的密切关系。傅大成接受的主要是"五四"新文学的影响,杜小娟则因城市知识分子家庭出身和个性方面的原因,文艺视野更为开阔,叛逆性、革命性也更为突出:"我渴望的是革命、文学、爱情和变革。"她"我行我素,要与男人合力生一个孩子"。她六岁时与父亲讨论要孵一个鸡蛋,"期待孵出生命的伟大神圣"并"绝对不听父亲劝阻,还"以命相争"。她欣赏中日女性作家小说中"女性的革命与献身的急迫,离开自己平平淡淡的丈夫,唾弃了平庸和安宁。她们选择的是背叛与革命"。她瞧不起不会虚构的作家,对生活得狼狈不堪却"虚构得才华横溢"

---

① 王蒙:《雨在义山》,《王蒙文集》第8卷,华艺出版社1993年版,第359、360页。

的作家顶礼膜拜。她会用捷克共产党员作家伏契克的话祷告。她不怕困难不怕麻烦,"如果生下来就一帆风顺,那与安心享受在蜜罐子兼骨灰罐子里的福分又有什么区别?"她将自己十九岁时的"第一个革命行动"生下的儿子送给了别人,二十一年后,她更希望自己的儿子参加了拉美革命家切·格瓦拉的游击队。此时青春的、理想的甚至革命的杜小娟,是傅大成眼里的"神明"。

但二人感情危机的种子并非不存在。在西柏林时,杜小娟对张爱玲《色戒》里的故事和中情局女特工与卡斯特罗的罗曼司咏叹调的热衷,在大成看来是"可怕的八卦",让他感到与以前相比,杜小娟"怎样地大异其趣"。当杜小娟从在《无法投递》中引用安徒生《海的女儿》,到她写出《孵蛋记》而渐渐遗忘"海的女儿",再到她与儿子、儿媳和孪生孙子一家沉醉于祖孙三代的天伦之乐,成为一个"真正的慈祥老奶奶"时,傅大成感到,"那种已经获得了完成了固化为结婚证书了的爱情是多么平庸与乏味","爱情成了眷属以后,永远再追不上写起来唱起来演起来跳起来乃至画起来的美妙与理想","理想实现不了,你宁愿为理想而献身,理想实现了,你永远不会全面与长久地满意再满意,欢呼再欢呼"。与傅大成的自始至终具有"文学情结"不同,杜小娟在与失而复得的儿子相认后,在后辈儿孙面前很难说再"有什么激越的抒情和表演"了,大成觉得,"小娟有了变化,与过去标榜自己的文学、英语、爱情浪漫相比,她现在更大的关注是做妈妈和奶奶,是吃喝、炊事、玩具、儿童医学营养学与教育学"。从50—70年代到80年代,是政治革命、阶级斗争时代到思想解放、文学革命的时代,革命、青春、爱情、生命连同理想主义、浪漫主义,伴随着反叛、变革的激情与梦想,点燃照亮世俗和庸常的火光。当杜小娟由"海的女儿过渡到演变到海的老祖母"时,那个热切向往革命、神往切·格瓦拉和伏契克的林道静般的杜小娟消失了,仿佛曾经高声宣示"我是我自己的,他们谁也没有干涉我的权利"的子君(鲁迅《伤逝》)回归凡俗平庸的日常生活。

这就是"革命的第二天"的生活。它是非文学的、非诗的,傅大成在此时失落了文学的感受和爱情的体验。从80年代到90年代和新世纪,中国文学也经历了这样一个世俗化过程,而这个过程正是傅大成、杜小娟从相识、相恋到结婚成家和杜小娟立德母子相认的过程。个人的、家庭的、时代的诸种内外因素,使得青春、激情、浪漫、诗意、理想主义逐渐远去。但对于傅大成(及王蒙)来说,惶惑带来失落、灰败,也带来更深层的思考:"什么是货真价实的爱情?有没有货真价实的文学?非文学是不是其实也是一种文学的视角呢?"在"革命的第二天",爱情、文学这些理想主义者所牵念的东西能否担当其革命性的召唤和救赎使命?

王蒙的信仰和他在当代历史中的遭遇,使他既看到了革命、理想的崇高和神圣,又看到其中存在着解放性与压抑性、纯净性与芜杂性、秩序性与暴力性、理念性与非理性、自由与束缚等彼此纠缠、无法摆脱的悖谬状态。为此,他呼唤"躲避崇高",对"壮烈"心有疑虑:"中国近百余年来,真是够壮烈的。烈士是伟大的。烈士出得那么多那么频繁,是国家之福人民之福么?"①他在"季节系列"小说对此进行反思,表达对平凡人生状态的认同,如《失态的季节》中的人物钱文所感叹的,"做一个平庸的人是多么幸福呀!"革命是为求得民族解放和人民解放,求得独立、民主、自由和切实的生存生活和生命,这不仅是抽象宏大的信念和信仰,也是最基本最日常甚至庸常却又不可脱离和超越的常识,一种关乎日常生活、情感和伦理的,与高调、抽象不同却又不虚妄、浮夸的生活维度。王蒙意识到,"生活本淡淡,何必怨词人",所以,他会描述这样的细节:杜小娟庄严肃穆地学唱《天伦》主题歌,会让大成落泪,深感"天伦重于泰山,人心深于北海,母子祖孙情撼天地,老老幼幼所愿,慷慨牺牲奉献!"他会让自己心爱的人物在不可挽回的爱情和青春的悲痛、伤感中遗憾却又平和地分手。他会让傅大成对白甜美的突然逝去感到持久愧疚,让傅大成由自己与白甜美婚姻和白甜美的命运遭遇引发对女性与时代、历史关系的反思。这是对女性和那些被历史遗忘的弱者、牺牲者和平凡人物命运的关注。

创作《笑的风》的王蒙,还是那个写出了《青春万岁》《春之声》《躲避崇

---

① 王蒙:《沪上思絮录》,《上海文学》1995年第1期。

高》和"季节系列"的王蒙。《笑的风》是王蒙在宏大的史诗意识、历史意识退场后的"后革命"散文时代,从个人体验出发,立足个人内在主体性,以诗意的感受将日常琐碎的个人感觉和生活感受重新纳入社会人群和整体性想象的美学实践。小说在一个整体性意义和价值被质疑乃至被掏空的世界,捕捉和攫取个体和生活意义的点滴,重构了一个精神超越和意义回归的史诗／抒情诗的世界,为身在散文世界的小说如何面对和言说时代,如何处理小我与大我、抒情与叙事、有情与事功、史与诗、史诗性和抒情性之关系,提供了独特而有益的镜鉴。

《暂坐》"传统"何为?

《暂坐》的"性灵"不是"单纯入世"阶段晶莹剔透、纯美流丽却容不得丝毫杂质的纯净的诗意抒情,而是在经历社会人事的复杂纠葛、人世升降沉浮和世间冷暖炎凉的"复杂处世"之后,进入"单纯出世"境界的本心本性。

自20世纪80年代中期开始,当代文学中出现了"文化寻根"热。在传统文化复兴情势的促动下,中国本土意识、民族意识在新世纪文学中进一步深化。从"商州"系列、《浮躁》到《废都》《高老庄》,再到《秦腔》《老生》《山本》,贾平凹一以贯之地通过他的小说显示了鲜明的传统文化诉求,呈现了发掘民族传统思想底蕴和美学精神的完整脉络。作为延续这一脉络的最新美学实践,《暂坐》在处理当代都市生活与民族传统文化的关系以及展现"传统"在当下的思想和审美有效性方面,进行了意味深长的思考与探索,为当下中国文学如何面对"传统"提供了新的启示。

一、人情、世情与性情:"传统"的贾平凹语境

贾平凹是一个擅长写性情和世情的作家。他表现历史(现代、当代)和现实(改革开放、农村和城市改革)的作品,往往是从世情和人情角度切入、将历史和现实放在复杂的世道人心和世情伦理层面加以观照,极具艺术魅力和成熟度,如"商州系列"与《废都》《秦腔》《山本》。而那些更为直接地表现现实的作品,尽管或因与时代潮流的呼应或因反映问题的切近性而产生影响,如《极花》《怀念狼》《带灯》《高兴》等揭示了一些公共性问题,描述了一些社会性现实场景,却都显得有些局促、坚硬,作家的个性、气质与现实问题有不甚切近之感。

贾平凹善写民风民俗,内含对人情人性的细腻捕捉。作家取法古典诗文和古典小说,又兼顾时代主题和生活潮流,时时参与社会性时代性话题,改革、寻根、风俗乃至乡土社会和传统文化的沦陷、农民工的生活、乡镇女干部的困窘、被拐卖妇女的不幸等都会是他小说的表现对象。这些小说显示出良好的艺术感觉和思想"顿悟",在对现实生活和人物心理、情感的感觉捕捉及其语言表现上尤为出色。

相比之下，作家对历史、社会现实内部复杂性、矛盾性的表现，似乎难以让人尽兴。90年代以来中国现实的复杂性，其内部深层尖锐的矛盾和冲突，受制于作家的现实观、文学观和"自我感"，甚至散文化结构和笔记体的小说文体等的影响，时或得不到强有力的深度揭示。这是一个作家的不足，也是其个性特点，不是作家的偶然失误，而是作家的自觉选择。事实上，这个世界上本就不存在万能或全能的作家，有局限反而更真实。贾平凹自认："我可能不是一个政治性强的作家，或者说不善于表现政治性强的作家，我只有在作品中放诞一切，自在而为。艺术的感受是一种生活的趣味，也是人生态度，情操所致，我必须老老实实生活，不是存心去生活中获取素材，也不是弄到将自身艺术化……只能有意无意地，在生活的浸润感染下，待提笔时自然而然地写出要写的东西。"[1] 贾平凹以自己的生活体验、气质个性和艺术修养、审美趣味，选择了一种能够充分展示自己的方式和进入历史、现实的路径。但在时代感、现实感的深层，被时代、现实包裹着的最核心的东西，仍然是贾平凹的"性情"。不仅书写现实的小说如《废都》《秦腔》《高兴》如此，那些历史写作如《古炉》《老生》《山本》亦是如此。

《暂坐》有《红楼梦》的影响似乎是毫无疑问的。《红楼梦》里的人物，他们的气质、姿态、生活的环境和处境，家族史架构，对20世纪中国文学影响颇深，如巴金、端木蕻良、张爱玲、苏童、叶兆言等的写作就有其遗风流韵。曹雪芹通过《红楼梦》奠定了此后家族小说、世情小说和浪漫故事的形式。《红楼梦》不但为中国文化找到了一种完满的表意形式，也塑造了一种历史的演绎方式。由清而至当下，《红楼梦》所连续、连接的那条线，草蛇灰线地传递给了贾平凹和热爱、熟谙红学传统的人。这一点在《废都》的人物形象塑造、男性女性关系的设置、小说的情感和道德架构等方面均有体现。同样，《暂坐》也在这个传统中。对于作家来说，"传统"的意义在于现代和当代情境下的再造和创造，亦步亦趋是创作的大敌，是对"传统"和"自我"的双

---

[1] 贾平凹：《四十岁说》，《贾平凹散文精选》，人民文学出版社2018年版，第126—127页。

重封闭。"如果将'美'简单地定义为能让我们产生愉悦的形式,那么美就不能被前现代独占。和前现代相联系的'美',只能说是古典美。事实就是这样,所谓'现代'很大程度上是与'古典'相对立的,现代艺术精神就成立于对古典美——崇尚宁静、和谐、均衡、对称的形式美的颠覆和破坏之上。"①如何在古典美学传统中创造作家个人的现代艺术美学,也是贾平凹必然面对的问题。

从贾平凹的创作脉络来看,《暂坐》是《废都》的延续和改写。《废都》以男性人物庄之蝶为主人公,其余男女人物的故事都围绕他展开,突出的是主人公(知识分子)的当代遭遇,映射传统文化在当代的处境和作家的焦虑心境,以及曾经以精英标榜自己的作家、知识分子的困境:迷失、迷乱、迷惘。《暂坐》则以十位女性为中心,男性人物是一个围绕女性,游走于她们之间的角色。这里更能见出《红楼梦》的影响:她们与"金陵十二钗"对应,她们美、智慧、善良,谋求独立,生活态度积极。男性人物则颇似贾宝玉,而非庄之蝶,他对她们的态度是欣赏的、充满善意的,他与她们之间更多的是情感、情谊联系,几乎没有性的成分。即便描写性事,也笔法简洁,并不刻意关注性本身,且无庄之蝶式的文人自恋和女性对男性的仰视,呈现出平等的两情相悦关系。与庄之蝶相比,《暂坐》的主人公有更多超越和通脱而无焦虑和绝望。

作为擅长写"情"的作家,贾平凹有着更深的"性情"渊源。可以说,《红楼梦》、明清小说和古诗文,在贾平凹的"性情小说"中起到了一个不可或缺的中介作用,通过它们,贾平凹进入了一个更久远的脉络中。无论人情还是世情,作家的"性情"才是关键。"诗者,人之性情而已。"(吕祖谦)"诗所以发性情之和也。"(文天祥)"诗者,人之性情也。"(黄庭坚)"诗者,吟咏性情也。"(严羽)进而观之,"性"与"情"又不同,二者之间有深刻的差异。按照荀子的经典论述,"性"在人心深处,"情"浮于人心之表。"情"主外而"性"

---

① 蒋寅、孟繁华:《中国古代文论的当代价值与意义——与中国古代文学研究专家蒋寅先生的对话》,《中国当代文学研究》2019年第1期。

主内,"情"主动而"性"主静。"情"趋向个性张扬、热烈奔放,"性"趋向平淡安谧、物我共泯。贾平凹的文学本性趋向于平淡安谧,他不擅长写那种豪情激昂的文字,豪迈奔放不是其文之风。但这未必是天生秉性,后天的身世经历和文化教养、文学阅读等的影响可能更为重要。有趣的是,贾平凹的散文和小说往往"以我观物",频频见出作家的吟咏之态,但他的文字却是简淡的,有"以物观我"之性。他常常从草木月石天地云等事物中发现"物与我"的感应,在早期创作中多"抒情",个体情感意绪投射于物。在《废都》之后,他则有了极大克制,抒情性大大减弱,在"物我共泯"中,将"情"融入了"理"。①总体上看,无论是早期还是后期,无论是散文还是小说,贾平凹的创作始终有着浓郁的"性灵之言",这在当代作家中可谓独一无二。作家按照自己的想法、趣味,通过人物形象,通过词句的酝酿和浸染,传达自己的心灵之声,流露自己的性情。这在一定程度上克服了"性"的安谧平淡和过于"实"和"理"的一面而发乎自然。

贾平凹创作中的"性灵"与他对明清小说的阅读有关。明清时代以性灵诗学闻名,性灵诗学偏"灵"而轻"性",或者说,它是"灵本体"而非"性本体"的。在袁宏道的"浅近自然"、谭元春的"幽深孤峭"和袁枚"有我""有性情"中对"天机"的看重,都贯穿着对"灵"的推崇。"灵"不单单是"我""性情",它还与"巫"有关。王国维认为:"古之所谓巫,楚人谓之曰灵。"② "灵"是连接人神,飘忽于人神之间的特殊存在,是人通往神的玄奥通道,时人常

---

① 贾平凹大量小说的后记都可以看作以"性"说理、叙述的散文随笔,其中包含的创作经历、体会,现实感受和文学观、历史观等,还时常作为"副文本"和研究资料,成为解读作家作品的材料、依据。如马杰、李继凯对《山本》书名及其易题、题记、题诗、跋、封面图等"副文本"进行了解读(参见《贾平凹长篇小说副文本研究——以〈山本〉为例》,《中国当代文学研究》2019年第4期)。"副文本"是法国文论家热奈特提出的理论,但马杰和李继凯文章中对此理论的运用,与热奈特不尽一致,如将营销广告、报刊电视访谈和《收获》杂志上与《山本》同期刊登的文学评论作为"他跋"等,而普遍性的看法是,这些属于媒体时评或专业批评,而非热奈特原意上的"副文本"。

② 王国维:《宋元戏曲史》,上海古籍出版社2008年版,第2页。

名之"天籁""人籁""天机""灵犀"等。贾平凹成长于秦地,青少年时代生活于陕南商州这一"秦头楚尾"之地,影响他的除了雄浑沉厚的秦文化,还有绮丽灵秀、浪漫诡秘的楚文化。从某种意义上说,楚文化在更大程度上影响了贾平凹,对其创作有更根本的影响。相对于黄土高原、关中平原,陕南山地——秦岭之"山"和丹江之"水"对贾平凹的影响更深。这不仅是说山水之灵秀,也指山水的阻隔和环境的闭塞使得贾平凹在考进大学并在西安工作之前,长期生活在巫风盛行的文化氛围中。有意味的是,即便在专写秦腔的散文《秦腔》中,他也有如此词句:"高音喇叭里传播的秦腔互相交织,冲撞,这秦腔原来是秦川的天籁,地籁,人籁的共鸣啊!"①可见楚文化对其影响之深。由此也可见出贾平凹与明清性灵诗学之间潜隐的脉络。《暂坐》是作家经历"单纯入世""复杂处世"之后,进入"单纯出世"阶段和境界的创作,也可以说,是由"情"而"性""灵"的创作。《暂坐》体现着作家的注重心与神、心与自然、心与天地的融通交流,而交流的关键在"天籁""人籁""天机"也即"性灵"——小说在"自然""幽深"和"天籁""天机"等方面体现出其性灵特质。

但《暂坐》的"性灵"不是"单纯入世"阶段晶莹剔透、纯美流丽却容不得丝毫杂质的纯净的诗意抒情,而是在经历社会人事的复杂纠葛、人世升降沉浮和世间冷暖炎凉的"复杂处世"之后,进入"单纯出世"境界的本心本性。小说对当下西京城天气环境、社会万象、嘈杂生活的表现随心随手,作家心境平淡,内在沉静,把自己所思所想隐含在对人物心理、言语和行为,以及人物之间关系的微妙变化中,并悄无声息地表现出来。未婚和离异的女人们的故事,她们各自生活和工作中的难处,她们的聚与散、哀与乐、生与死,她们的现世生存(现实)与另一世界(超现实)的交错、融合,都以"说话"的形式,自然地表现出一种幽深和天机。"明白了凡是生活,便是生死离别的周而复始的受苦,在随着时空流转过程的善恶行为来感受种种环境和生命的果报。也明白了有众生始有宇宙,众生之相即是文学,写出了这众生相,必然

---

① 贾平凹:《秦腔》,《贾平凹散文精选》,人民文学出版社2018年版,第41页。

会产生对这个世界的'识','识'亦便是文学中的意义、哲理和诗性。"①《暂坐》由情而入性,见心见性,在俗世生活、人世众生、烟火气息、俗常人心中,写出了世道与人心之"变"与"常",写出了生活和人性的沟壑。作家感叹着,平静着,也悲悯着,《暂坐》便是有"识"之后的见"性"文字。

二、传奇体或笔记体:"大传统"的择取与当代生成

中国古代文言小说包括传奇体和笔记体两种基本类型。纪昀将二者分别称为"才子之笔"和"著书者之笔"。相对来说,前者更突出文采风流,后者更具儒雅品格。传奇体小说注重非常之事,传非常之情,飘逸超拔,多写才子佳人浪漫非凡的爱情,张扬不附流俗陈见的狂任之气。笔记体小说能更为平和地看待人间寻常人事,对爱情的描述也较为克制,既无道学气也无才子气,而只是将其视为现实中的一部分,因此笔记体小说往往具有稳定的现实感,情感表现也较为克制、内敛,注重情感的平衡和健全。与传奇体相比,笔记体更有风土人情和百姓家常的内容描述。应该说,贾平凹"商州系列"小说《鸡窝洼的人家》《黑氏》《天狗》等小说,借助商州山野风情思考变革时代的人性问题和文化问题,更具传奇性。《废都》是传奇性写作的顶点,也是作家转向笔记体写作的开始。小说中的猖狂之气,是生命力的张扬,也是生命力的萎缩和困顿。也许就是从《废都》的出版及围绕它展开的争议和批判开始,贾平凹获得了更内在的智慧,地方风俗、民间杂事、市井琐细、现实关怀、人情人性和文化思索,也获得了一种整体性的凝练。如陈晓明指出的:"《废都》在很多方面都表示着终结与开始,它以'有'开始,这个'有'被历史狙击,被历史俘获,恰恰说明历史是多么需要它的给予。贾平凹经历过90年代的磨炼,他要逃离《废都》的记忆和阴影。"《秦腔》的出版,"化解了《废都》留下的历史死结。……那个阉割动作的出现,那是怀恨在心的阉割,那

---

① 贾平凹:《暂坐·后记》,作家出版社2020年版,第275页。

是解开历史的阉割,那是重新开始的美学追寻的阉割"①。论者是从历史理性和乡土叙事美学终结的意义上看待《秦腔》及其与《废都》的关系的(更深层涉及的是贾平凹小说的转型问题)。换一个角度看,这个终结则是从传奇体向笔记体的转换。

自然,终结并不意味着结束,转换也并不是替代。传奇体与笔记体之间的融合是一个极为复杂的文学史和文学理论问题。一个基本事实是,《暂坐》有着简约凝练、虚实相生、似有似无、余韵不断的风格。与贾平凹的众多小说如《秦腔》《古炉》《带灯》《山本》相比,《暂坐》属于"长篇短制"。小说在不到22万字的篇幅内塑造了众多人物,勾画出万千世相,是一部具有"简省诗学"的作品。相比之下,《山本》《老生》更具"搜神"和"博物"神采,从中可见与干宝《搜神记》、刘义庆《幽明录》类似的对神怪传说、神灵感应、物怪变化等元素的表现,以及与《山海经》和张华的《博物志》相似的对地理、物产的地理学、博物学式的记录。这种以"博物洽闻"为表征的写法,无疑使《山本》《老生》具有传奇和志怪小说的特征。《暂坐》则更具笔记特征:更具生活天然之色泽,生活描述和人物神情、形态的勾画,意态自然,笔墨朴素实在,没有刻意之痕。整部小说没有铺张、夸张之笔,情节以生活本身样态展开,不"做意好奇",不把精力放在故事的幻设和意象的繁复经营上,用笔节制、气势平缓。尽管小说仍有少量生活中少见的具有神秘色彩的奇异事相,但整体上并未表现出对奇异传闻和想象的特别迷恋。无论是人物言行、对话,还是故事,小说都没有刻意皴染。人物命运没有戏剧性的变化和转折,相应的情节也是寻常平淡的,不见渲染的痕迹。

《暂坐》的笔墨风格,颇合笔记体小说的品质,尤其是在冲淡简约之美上,更有笔记神采。笔记体成熟于魏晋南北朝时期,其中最著名者当属《世说新语》,其中《德行》《言语》诸篇激赏名士文人旷达舒展的风度及隐逸情调,显示出对生命力的弘扬和雍容气度,被冠以"魏晋风度"。这也为贾平凹

---

① 陈晓明:《众妙之门:重建文本细读的批评方法》,北京大学出版社2015年版,第287页。

所赞赏:"在中国的历史上曾经有一个魏晋,那个魏晋洋溢着智慧,充满着哲学思辨和美性思维,其文学、绘画、书法、音乐在精神层面上张扬着生命意识。……魏晋给我的启示在于当今的时代里如何把持自身的风度。"[①]贾平凹的小说、散文创作,他的绘画、书法,他写秦腔、埙,其实都有某种魏晋风韵。《暂坐》以个人的人世体悟和审美经验为前提和依据,以主体的"性情"舒展为中心,将茶庄和西京城形形色色的人与事,貌似散乱嘈杂的生活场景,凑合为一个具有鲜明个性、气质,气韵笼罩的整体。这个整体性的文学世界,并不由某种观念生产,它没有观念的硬核,看上去,一个个人物、一处处场所、一句句对话言谈——无论是隽言妙语还是日常俗话,或语带讥锋,或然然诺诺,一个个细节——精彩的出彩的,平淡的平常的,基本上都有客观实录的模样。但这是一个"记录"和选择的结果,在这个过程中,不可或缺的是贾平凹这一主体简省素朴美学的引导。于是,仿佛是都市女性日常生活的再现,便都成了表现,客观的叙事因主观情致的浸入也具有了情感抒写性,外在的人生世相便化为作家主体的人生体验。《暂坐》简约、冲淡、素朴的品质,展现了它与《世说新语》等笔记体作品的相通之处,这也是与《秦腔》《古炉》《带灯》等小说的差异之处。小说着墨不多、化繁为简,城市景观、时代风尚和人物的心思、面目却历历在目,是为简约;以平淡文字写出日常生活和平凡人物的深意,文字亦由此显出深意,是为朴素;细大不捐,随手写来,并不刻意为文,无笔墨之痕,意态自然,却有悠长韵味甚或玄远旨趣,是为冲淡。

但贾平凹《暂坐》的文学世界又与"世说"不同,它是一种"当代新语"。《世说新语》点染人物风神,尤重文人名士旷达疏放之风度及隐逸情调,为其作传神勾勒,突出其出人之精神。《暂坐》中的人物,虽不等同于普通市井人物,但其风姿、志向、趣味也在常人层面,换句话说,她们是日常生活中的审美者和艺术家,其个性意识和女性意识较常人突出,因此她们大都有普通市民所缺少的失落感,也更有对流俗的反抗、叛离意向。《暂坐》表现的便是一

---

① 贾平凹:《责任与风度》,《关于小说》,生活·读书·新知三联书店2015年版,第238页。

种常态之美，它淳朴，但它也雍容、博大、和顺。贾平凹在他的小说人物身上，寄托着自己的源自古典文学"大传统"的精神和美学趣味，也传达着同情心、责任感，这种情感的力度和强度不大，却使人觉得温暖、柔和、亲切。

需要特别强调的是《暂坐》的简约之美。简与繁的美学辩证，是作家生命与心灵的形式外化。"真致处言自寡"。当作家对生活、对生命和现实人生有了"真致"的把握和体悟，自然成"简"。"简"不是文字的缩减和删除，"吉人之辞寡，非择言而出也"（刘孝标）。它在"真致"时不期而至，在汰除时代的喧嚣、生活的繁冗和浮泛之物后，便有"洗尽尘滓，独存孤迥"的"清微简远"之美。《暂坐》的简约，主要表现在情节的淡化和背景的虚化上。小说以海若、夏自花、伊娃等为主要人物，围绕她们编织故事，形成叙事线索，但小说并不对其身世、经历做完整连贯的叙述，小说叙述线是随着其行迹和空间展开的，呈现网络状态，她们各自的故事多以片段的形式，漂浮在叙事编织交错的网络中。这并非无心之举，这么安排的审美效果主要有两点：其一，相对于内容和主题而言，形式显示出了独立性，审美意味被凸显出来。作家主体对现实生活经验世界的典型化介入不见了，由典型化形塑的、人为的生活完整性消失了，在一定程度上，情感化、意绪化替代了传统现实主义小说的情节化、故事化处理。如此一来，既有的被现实主义整体性追求和典型化模式以及与之相依附的时代性追求、史诗美学、庄严风格所压抑和窒息的神韵、情致和格调，就被释放出来，形成小说与现实主义文学"意义"不同的独有的"意味"——"'意义'的'意'，是以某种明确的意识为其内容；而'意味'的'意'，则并不包含某种明确意识，而只是流动着的一片感情的朦胧缥缈的情调"[1]。贾平凹小说的"思想"和"意义"不是观念化的，作家将"意义"包含在"意味"中，以"意味"传达了它。其二，淡化情节、虚化背景，更有利于传神。《暂坐》并没有彻底取消现实生活内容和时代因素，而是在对其进行勾勒性、点染性写实的前提下，以淡然通达的笔墨，捕捉、传达出对象之"神"，更重要的则是，破除有／无、实／虚、写实／写意、写实／传神之间的

---

[1] 徐复观：《中国文学论集》，九州出版社2014年版，第106页。

界限，以有、实、写实为前提，传达无、虚、神。写实是为着写意以传神。这是作家主体向外在、客观世界的伸展和舒展。《秦腔》《山本》诸作就体现了这种美学追求。《秦腔》"营造的是一个虚构的完整的世界，它不去印证任何社会历史事件，只是这个虚构的完整的世界所散发的情绪，弥漫的气息。它的色彩和味道，与这个时代暗合"①，"它写得很实……同时以实写虚，大而化之，产生多义，有所寄托"②。篇幅更简短的《暂坐》以更简省的文字有效地实现了这一追求，完成了对生活的审美创造。小说没写怪力乱神，没写荒诞怪诞，没有起承转合，无高潮也无结尾。按照贾平凹的理解，写小说就是写生活，写生老病死柴米油盐，没有演绎没有评说没有戏剧化，不求叙述宛转文采粲然，只是顺着生活的样子自然写来，如友朋谈天，亲切平易，不吊人胃口，不故弄玄虚，却给人"超现实"之感，自然生发天人合一、人我合一的气象。这就是贾平凹的过人之处。

《暂坐》虽仅有 21 万字，作家却四过其稿，整整写了两年，它可能是贾平凹七十岁前的最后一部长篇小说。从某种意义上说，《暂坐》带有"阶段性总结"的意味。贾平凹在后记最后谈到齐白石绘画落款时总是写上让作者感到"这是一种释然，还是一种炫耀？"的年岁，感到自己"不自信""矛盾和分裂"及"疑惑"，其中的关键是，"写作中，常常不是我在写她们，是她们在写我"③。由人而己，写出自己的困惑、不自信，何尝不是坦然和释然。两年四稿，是一个作家与"她们"对话的过程，也是一个作家处理自己与生活、时代，与文学之关系，以重新发现主观与客观之"神"的过程。《暂坐》呈现了简约与繁复、简笔勾画与细腻丰富的艺术辩证法。简省并不意味着简单。艺术理论家阿恩海姆说："在艺术领域里，'简化'往往具有某种对立于'简单'的

---

① 贾平凹：《〈秦腔〉台湾版序》，《关于小说》，生活·读书·新知三联书店2015年版，第144页。
② 贾平凹：《在首届世界华文长篇小说奖"红楼梦奖"上的受奖辞》，《关于小说》，生活·读书·新知三联书店2015年版，第147页。
③ 贾平凹：《暂坐·后记》，作家出版社2020年版，第276页。

另一种特征。……当某件艺术品被誉为具有简化性时,人们总是指这件作品把丰富的意义和多样化的形式组织在一个统一结构中。……由艺术概念的统一所导致的简化性,绝不是与复杂性相对立的性质,只有当它掌握了世界的无限丰富性,而不是逃向贫乏和孤立时,才能显示出简化性的真正优点。"①可见,文学的简省关键不在于"简",正好相反,其价值在于"简"背后的繁与丰,它是一种包含了丰富与复杂的简省:以约存博,以简驭众,以少济多。总体上看,文学简省的极致文体是以语言的"变异"为突出特色的诗,除了白居易等少数诗人,绝大多数诗人是以自我为调遣语言的绝对主体的。而作为叙事文体的小说通用繁法,小说,尤其是现代小说因关注社会政治功能,而将读者纳入创作的期待视野,由此可说,现代小说是一门面向读者、社会、现实和重大社会政治议题的艺术,具有根本上的大众性、通俗性和历史化品格。这是其与古典诗歌乃至部分现代诗歌的文人性、典雅化、个人化的重要区别。与诗相比,小说更直观,更接近形象本身,语言更详尽琐细。而将诗与小说融合一体的便是在20世纪中国文学史中长期居于"支流"乃至"逆流"的诗化小说。

三、抒情、细节与审美:小传统资源的汲取与创造

在中国新文学这一小传统或者说中国文学的现代传统方面,贾平凹与沈从文、张爱玲、孙犁、汪曾祺之间有着不可忽视的牵系和脉络。《暂坐》在叙事的显性层面上,零散的故事,众多的人物和场景,由众多小故事串联而成的写法,对女性穿着、男女情感、家庭亲情的描写零散地夹杂其中,有沈从文《湘西》和张爱玲小说的影子。事实上,在小传统视野中阐释贾平凹,是一个

---

① [美]鲁道夫·阿恩海姆:《艺术与视知觉》,滕守尧等译,四川人民出版社1998年版,第66—68页。

常见的研究思路。① 这里需要注意的是,现代传统和古典传统、民间传统一样,并非孤立的本质化的存在,其价值的实现和意义的存续,来自它在新的现实情境和后继作家那儿的当代性体验和思考:"在与'当代'不断对话的过程中,现实对'历史'提问,'传统'对现实做出回应。由此而言,作为反映或回应现代、当代处境与问题的'现代传统',在其不间断的历史流转中,每每被历史化,成为一个有着浓重的当代(当下)问题意识的重要资源。"② 现代传统是一种历史的存在,其意义在于当代的重新发现和激发。应该看到,尽管贾平凹受到孙犁、汪曾祺小说的影响,但在其小说中却有他们所无的成分,作品的精神气质、文化气息和审美风格也大有差异。他们都有"道心"而无"名心",作品都讲究"天籁"和"天趣""天然",都"近人情",皆具"内""静""平淡"之美,但除了这些,贾平凹尚有"巫"、"灵"、"天机"、幽深孤峭等关乎个人和文化的神秘性因素。就此而言,贾平凹对沈从文的深层认同和欣赏,绝非偶然。

  注重人事的小说毕竟不同于可直抒性灵的诗和散文,在小说中,叙述者的设置、叙述手法技巧的运用,人物形象和人物关系的设计,情节的组织编排,在"我"与"物"之间形成多层"障碍"。自我之情受到抑制,小说的非抒情性造就了抒情小说的文体特性。抒情小说作者之"性""情"往往借由人物之情、风景风情风俗描写得以间接而隐约的表露。贾平凹早期乡土小说有较明显的孙犁抒情小说的影子,即以清新、恬淡、唯美的文字,通过美丽的山

---

① 如李继凯等认为贾平凹"在《商州三录》中向世人展现了在商州这座'希腊小庙'中所供奉的人情人性之美"。(参见李继凯、张瑶:《镜像·乡土·传统——"二贾"新时期小说比较论》,《中国当代文学研究》2019年第1期)此论虽然没有点出沈从文之名,却是将贾平凹与沈从文加以文学史联系的明确看法。在此之前,张新颖已将贾平凹放在"沈从文传统"中对《秦腔》做出有新意的阐述。(参见张新颖:《中国当代文学中沈从文传统的回响——〈活着〉〈秦腔〉〈天香〉和这个传统的不同部分的对话》,《南方文坛》2011年第6期)

② 王金胜、吴义勤:《莫言与中国文学"现代传统"的历史关联性——路径、方法与可能性的探讨》,《小说评论》2018年第4期。

川风物和传统乡村女性,传达细腻情思。80年代中期前后,审丑因素开始出现,其小说走出抒情的偏执,走进驳杂而粗粝的现实,《废都》便是一个标志。在先后挣脱政治和文化符号、观念的束缚后,贾平凹小说形成了生活世俗性、生命本真性和叙述日常性的"反抒情""反诗意"特征,《秦腔》就是一个标志。近年来,贾平凹的《山本》在历史叙事中借助了传统资源,再造了一种独特的抒情话语。《暂坐》既以女性人物为主,又延续作者基本的审美追求,体现着伤感、雅致、温婉的柔性美学。通常说来,"与历史、哲学相比,文学提供的是一种个人化、隐喻化的生活语言。……文学的个人化和生活化性质,为其自身提供了一种反总体性的可能"①。进一步看,诗化小说是一种"非典型化""非历史化"的文体。它游离于现实主义文学主流之外,不注重题材的时代性重大性,更倾向于非重大非时代性题材,其中作家"自我面向"的分量远重于"社会面向""时代面向",这决定了其自在性重于自为性。90年代初,贾平凹在论述孙犁时说:"读孙犁的文章,如读《石门铭》的书帖,其一笔一画,令人舒服,也能像见到书家书时的自在,是没有任何病疾的自在。""他的风格是他生命的外化,只看到他的语言,看不到语言有他的情操的内涵,便把清误认为了浅,把简误认为了少。""孙犁不是个写史诗的人(文坛上常常把史诗作家看得过重,那怎么还要史学家呢?),但他的作品直逼心灵。"②这既是贾平凹对孙犁的解读,又是贾平凹的夫子自道,是两人的心意相通。贾平凹小说的自在心态和清与简的文风、修辞,何尝不是淳朴、纯粹、纯净的生命和心灵的外化。

在中国20世纪的大部分时间里,宏大叙事都是被鼓励和提倡的历史讲述方式。从80年代开始,日常生活的细节比重大事件更能得到作家的青睐。日常生活被认为是生活的常态,而"革命""启蒙"等宏大性主题属于非生活

---

① 王金胜:《总体性的生命质询与伦理重构——论邓一光〈人,或所有的士兵〉》,《小说评论》2020年第3期。

② 贾平凹:《孙犁论》,《贾平凹散文精选》,人民文学出版社2018年版,第134—135页。

非常态的"突发""事件",让位给"常态"和"普遍";细节脱却典型化的深度,它不聚焦于具体象征性普遍意义的表达,不再具有与宏大相关的有机性,而成为一种"生活感"——日常生活的气息、氛围等的工具,而非表达主题的工具。众多作家倾情投入日常生活和细节,他们把摈弃宏大叙事作为自己的目标和骄傲,其作品涵盖的主题也从历史、现实的中心转移到边缘,从现实中的强者转向生活中的弱者和普通人。《暂坐》除了对羿光和伊娃之间的情爱有简洁的描写之外,几乎没有男女情爱内容。作为小说中最主要的男性形象,羿光与十姐妹之间存在的是心心相通、惺惺相惜的朋友情谊,而不存在任何情爱和性爱关系。《暂坐》重在讲述与茶庄有关的一众姐妹之间的故事,她们各自的生活琐事,她们之间的姐妹关系和情感联系,以及由她们延伸出的社会关系。林林总总、拉拉杂杂、琐琐细细,交织在一起便组成了《暂坐》中的现实生活世界。《暂坐》的文学世界和这一生活世界是相应相近甚或相通的。所以,我们在小说中会看到暂坐茶庄的布置,一楼卖茶叶和茶具,二楼为迎接活佛的到来重新装修成禅室,柜子、桌子、椅子、几案等仿明式家具,玉壶、梅瓶、瓷盘、古琴、如意、玛瑙、珊瑚、飞天的壁画、插花、檀香、佛像等,作者逐一写来。茶庄之外更大的城市空间中,街道、咖啡吧、麻将室、火锅店、筒子楼、泡馍馆、医院等,作者也不吝笔墨。人物对话更是无处不在。这些细节描述,来自《金瓶梅》和《红楼梦》,更直接地来自沈从文、张爱玲。通过细节,《暂坐》还原众生百态,写出众生之苦之乐,之聚之散。借助细节的精细描摹,贾平凹突破僵硬的现实主义观念外壳,使现实质感和生活实感落到实处,在更具体更微观的层面上,使中国本土经验——生活经验、生命体验——获得了更为直观更为贴切的审美观照。很多人对贾平凹式的铺天盖地、密不透风的细节描写不以为然,认为这种柴米油盐、家长里短的自然主义流水账式的细节是沉闷、枯燥、不忍卒读的,但其实,贾平凹的细节描写是充满内在戏剧性的,看似平缓不动的细节水面之下是隐含着种种情绪、观念、态度、人性冲突的,从某种意义上说,他的日常生活细节在经验、情感、意识与人性层面实际上是高潮迭起的。

从根本上看，《暂坐》是一种对当下生活的文化性审美性写作。这种写作资源来自沈从文、废名、师陀等作家，是中国文学现代传统的重要构成。这一写作不以宏大历史构想为思想和叙事美学依据，它更关心的是历史和现实之中的生命个体，关注自然时间而非历史中的常人的日常生活、日常情感，以及他们的生活状态和生命状态，思考生命本身的意义。生活中的平凡之人、平常之事，无论如何琐细、轻微和卑微，在他们看来，都是独一无二的存在，平凡个体的生与死、哀与乐，都是独一无二的过程和存在。《暂坐》中无论是西京城的大作家羿光，还是从俄罗斯来的伊娃，无论是西京土著还是都市移民者，他们的生活和生命都与市场、消费和社会、政界、商界人物，与中国的社会和历史，有着密切关联，但他们的生活和生命是个人化的，不为社会历史所拥有和取代。他们拥有的是个人化的经验性时间和空间，而这是由日常生活之流构成，而非宏大历史铸造的。他们关注自然天气，关注周围人的生老病死，关注自己生活中来来往往的人，关注自己生活中的喜怒哀乐和生活环境的变化。他们并非历史的创造者，甚至无力改变现实的压力和生活的窘迫，但他们依旧忠实于自己的生命，执着地生存着，在人的有限性中守护着自己的情感、生活和生命空间。在个体生命的有限性和世界的无限性之下，每个人都是过客、旅人，每个人的生命过程在无限的时间中都只是"暂坐"。夏自花死于疾病，冯迎死于坠机事故，茶庄发生爆炸，海若受政府官员腐败牵连不知能否安然无事，伊娃来而复去，辛起不知何去何从……生命中充满了无法预知无法控制的偶然性。《暂坐》中的人物和他们的命运，如沈从文所说，"生命在发展中，变化是常态，矛盾是常态，毁灭是常态"。但沈从文接着说到了文艺之于生命的重要："生命本身不能凝固，凝固即近于死亡或真正死亡。惟转化为文字，为形象，为音符，为节奏，可望将生命某一种形式，某一种状态，凝固下来，形成生命另外一种存在和延续，通过长长的时间，通过遥遥的空间，让另外一时另外一地生存的人，彼此生命流注无有阻隔。文学艺术的可贵在此。"① 贾平凹在他的小说中呈现着生命的过程——每一个人、

---

① 沈从文：《抽象的抒情》，《抽象的抒情》，重庆大学出版社2011年版，第3—4页。

每一件事、环境中的每一个东西，每一个女性生命中的每一个细节。这些生命在日常生活中自然地本真地流动着，在平凡和简单中，自然地获得了生命的庄严。

四、余论：传统的困境与重生的可能

贾平凹的《废都》和《秦腔》分别在城市和乡土世界的想象中，揭示了以古代典籍和民间艺术为代表的传统文化（古典文化和乡土文化）在现代性情境中的失落。小说对传统在现代冲击下分崩离析的命运的书写，造就了小说的挽歌式情调和苍凉美学。那么，传统能否在现代存活和生长，它如何延续自己的生命，身处困境和绝境的传统能否肩负起拯救同样深陷困境的当代文化的责任，它如何面对世界并在世界中进行有效的自我言说，或者说，如何在世界文学和人类这一更宏阔的空间中立身，如何在这一空间中讲述中国人和中国自己的故事，并且这些故事并非喃喃自语，而是在特殊性/普遍性、本土性/世界性的反复辩证中，进一步发现和确认自己，建构一种开放性的自我认同……这不仅是理论思辨，也是思想和美学实践，或许更是一种信仰、信念和以此为基础的坚韧执着的求索。

传统不仅是自然存在的经验性事物，它同样是一种具体情境下的阐释和建构，它是生活也是知识，是民族、国家建构政治和文化主体性的重要依据，也是作家个体在一个混沌无序的世界中维系自我连续性、同一性甚至合法性的重要资源。我们需要面对世界讲述自己的故事，前提是我们得有故事，"一个对我们很重要的故事，无论是像约伯那样的古老故事，还是像赫尔索格那样的现代故事，都会成为我们用来包裹真理、希望和恐惧的包袱"[①]。一位作家如果失去与祖先、前辈的联系，不能从他们的成就中获得生命的滋养，他就被剥夺了以一种稳定而令人满意的方式进行创造的地形图或者说权利。贾平凹对传统的失却与毁弃深怀不满和痛惜："西方在向东方学习时，比如绘画，

---

① ［加］罗伯特·弗尔福德：《叙事的胜利：在大众文化时代讲故事》，李磊译，南京大学出版社2020年版，第15页。

他们借鉴了日本的浮世绘，创造了印象派，我们在向西方仿效中，已经太多地摒弃了我们的哲学和美学，失去了该有的意韵。""而现在，我们的小说里没见了意象，没见了以虚写实，以实写虚，没见了空白，没见了得意忘形，没见了言外之意，没见了象征，没见了空灵，没见了风气流行，没见了色即是空、空即是色，没见了草蛇灰线，没见了了无痕迹，没见了山川与予神遇而迹化，没见了等等等等。"① 事实上，贾平凹在宣告"传统之死"的同时，也"复活"了传统。传统的魂魄在贾平凹小说中获得了肉身的转世重生。

80年代以来，我们的文学一直走在回归个人主体和文学本体的道路上，贾平凹也伴随着这一潮流逐渐形成了自己的文学思想、历史观念和美学品质，成为新时期文学重要的代表性作家之一。我们需要也应该在这普遍性的潮流性的文学历史发展中，充分地研究贾平凹"这一个"的特殊性、个人化的创造，深入发掘其创作的意义和价值。同时，我们也需要认识到对贾平凹创作之重要性的认知，对他的文学史位置的厘定，需要秉持历史的和审美的原则的统一——"诗人，任何艺术的艺术家，谁也不能单独地具有他完全的意义。他的重要性以及我们对他的鉴赏，就是鉴赏他和以往诗人以及艺术家的关系。你不能把他单独评价，你得把他放在前人之间来对照，来比较"。把当代作家与他的前辈联系起来，放在历史和美学传统中进行学理性观照，不是否定作家的个性和他的创新意义及创造性贡献，而是要给他一个更严格甚至苛刻的鉴定。"如果传统的方式仅限于追随前代，或仅限于盲目地或胆怯地墨守前一代成功的方法，'传统'就微不足道了。""传统是具有广泛得多的意义的东西。它不是继承得到的，你要得到它，你必须用很大的劳力。"艾略特认为，传统"含有历史的意识"，"不但要理解过去的过去性，而且还要理解过去的现存性，历史的意识不但使人写作时有他自己那一代的背景，而且还要感到从荷马以来欧洲整个的文学及其本国整个的文学有一个同时的存在，组成一个同时的局面"。这个"历史的意识""使作家成为传统性的，同时也就是这个意识使一个作家最敏锐地意识到自己在时间中的地位，自己和当代的关

---

① 贾平凹：《我们的小说还有多少中国或东方的意韵》，《当代》2020年第5期。

系。"以传统为资源,是为了当代的创造,作家无须也不可能返回传统,他需要以个体的当代意识,对传统的过去性和现存性深思远虑。因此,一个真正富有创造性的作家,不会拜服于传统脚下,强烈的当代感和世界文学意识,既会使他意识到"他的作品中,不仅最好的部分,就是最个人的部分,也是他的前辈诗人最有力地表明他们的不朽的地方",也会促使他求索如何在传统造就的文学经典秩序中,通过个体创造实践,使这一秩序得到反思,得到重新调整——"诗人若知道这一点,他就会知道重大的艰难和责任了"。艾略特甚至认为:"一个艺术家的前进是不断地牺牲自己,不断地消灭自己的个性。"这一观点与我们通常认为的诗人、作家应该塑造和表现个性大异其趣。艾略特何出此言?他认为,诗人要融入传统,"他必须明了欧洲的心灵,本国的心灵——他到时候自会知道这比他自己私人的心灵更重要几倍——是一种会变化的心灵,而这种变化,是一种发展,这种发展决不会在路上抛弃什么东西,也不会把莎士比亚、荷马或马格德林时期的作画人的石画,都变成老朽"。[①]由此,诗人不是在传统中沉沦,而是带着传统新生了。诗人的新生并不仅仅是其个性的觉醒,也是民族和人类精神的觉醒——诗人的情感与人类的情感融合、统一了。作家以坚实的个人主体性立足深厚民族文化大地,传达的却是融会个人、民族和人类的声音与追求。这应该就是我们对贾平凹的最大期许。

[①] [英]托·斯·艾略特:《传统与个人才能:艾略特文集·论文》,卞之琳、李赋宁等译,上海译文出版社2012年版,第2—3页、第6、4页。

《蛙》原罪与救赎

一位作家能够以一种"魔术气质"呈现于中国文坛,能够把中国式的魔幻主义表现得像魔术一样,能够让自己的作品总是以千变万化摇曳多姿的想象、匪夷所思的炫技和灿烂的思想火花给挑剔的读者们带来意想不到的艺术惊喜,这样的作家还不够经典、不够伟大?

与目前诸多"唱衰"莫言的人不同，我一直是一个坚定的"唱多"莫言者。当然，这种"唱多"的态度不是针对莫言一个人，而是他所代表的一批中国当代作家以及整个中国新时期文学。我不认同顾彬为代表的一些人评价中国当代文学时那种否定一切的虚无主义姿态，更对他们那种以"终极性"的、乌托邦化的文学标准来比照中国当代文学的做法不以为然。我觉得，现在很多人的眼光"永远在别处"，永远看不上眼前的作家与作品，我们已经不知道他们究竟想从文学中得到什么了。一部作品呈现了A，他们会要求B，呈现了B，他们又要求A，如果同时呈现了A或B，他们会要求其他。难道文学领域还真的有十全十美、符合所有期待的"经典"？我不知道，我相信他们也未必知道，只不过很多人需要以保持一种质疑的姿态来证明自己与众不同罢了。在莫言的问题上，我们遭遇的就是这样的语境。一位作家能够以一种"魔术气质"呈现于中国文坛，能够把中国式的魔幻主义表现得像魔术一样，能够让自己的作品总是以千变万化摇曳多姿的想象、匪夷所思的炫技和灿烂的思想火花给挑剔的读者们带来意想不到的艺术惊喜，这样的作家还不够经典、不够伟大？从这个意义上说，顾彬对于莫言的"评论"实在让人匪夷所思——写得快也会成为罪过？难道文学作品的伟大与否是以写作时间长短来衡量的？其实莫言这样的作家早已是刀枪不入了，任何毁誉应该说都已于他无损，更无须别人饶舌去替他辩护、打抱不平，然而，之所以在谈论莫言新作《蛙》之前还是跑题写下了这段文字，主要是因为实在看不懂莫言写的关于顾彬的"呼雷豹"那篇文章——本想看点痛快和热闹的文字，不想却太温良恭俭让了，还有点中庸之道，让人很不过瘾。这哪是莫言啊。不过，回到《蛙》，我不得不说，这确是又一部能代表莫言创造力与想象力的厚重之作，那种强烈的现实批判精神，那种繁复却新颖的艺术创新能力，那种惊心动魄的思想力量，呈现给我们的无疑是莫言不断被刷新的"可能性"。

《蛙》是一部对中国当代乡村的现实看得很深、思考得很透的作品。"蛙"到底象征着什么呢？那些不断鸣叫，有着旺盛的繁殖能力却又是如此"低贱平常"的生物，承载着莫言对于中国计划生育国策以及中国当代农民生命史、精神史的深刻思考。在这些思考的背后，则是对中国现代性命运的深切忧虑和反思——这也是莫言小说的一贯主题。小说的题材有着独特意义和相当的敏感性，计划生育作为基本国策，在中国既具有合法性和必然性，因为虽然人口是一个国家走向繁荣的前提，但控制人口却是后发现代国家实现艰难的现代转型的无奈但必要之举。生育，是人的基本权利，而控制生育，则是人实现理性生存的必要手段——特别是在中国这样的半工业化的农业国家。但实行计划生育、面临着国际上从人权角度而来的种种责难与批评，在具体执行过程中更会由于文化、传统、伦理、政治、权力、金钱等各种因素而变得异常复杂。在新时期以来的文学作品中，计划生育一方面被作为中国现代化进程的"进步事业"得到充分肯定，另一方面，则成为90年代以来作为主旋律的乡土文学突出乡村基层政治尴尬现状和困境的点缀性情节。于是，被不理解、不支持的农村群众撵得到处跑的"乡镇干部"形象，就在几分黑色幽默的喜剧色彩中，将计划生育政策与人性的冲突，轻松地嫁接为"分享艰难"的主旋律阐释。莫言的《蛙》显然不想漫画化、戏剧性地处理这个题材，也并不是要理论性地探讨、评判计划生育本身的功过是非，而是要把计划生育处理成一个精神事件和精神背景，以此来表现其对中国人的生存、生命以及精神和灵魂的影响。

　　在《蛙》中，莫言对计划生育政策的思索是通过几个典型人物来实现的。姑姑、陈鼻、陈眉、王仁美等人物血肉丰满，栩栩如生，堪称新世纪中国乡土小说中不可多得的典型形象。主人公姑姑，是一位复杂的女性形象，她终身未婚，她所有的人生理想和追求，都化为了"一半是海水，一半是火焰"的奇异人生。她是英雄，又似乎是"罪人"，她活人无数，给无数婴儿接生；她又害人无数，用双手强制性地让无数孕妇流产，甚至造成过"一尸两命"的悲剧。小说没有简单地赞扬或者否定计划生育，而是用知识考古学般的勇气和热情,努力挖掘数十年来计划生育政策所呈现出来的历史细节,反思其间沉痛的人性代价与生命代价。如果说,计划生育所带来的生命之痛、人性之痛具有某种原罪性质的话,那这种原罪也是现代性之罪、宏大历史之罪,这正如任何革命与战争都有原罪,都伴随着牺牲。但这种原罪不应由姑姑来承担,它与个人的善恶人性和道德无关,姑姑是将计划生育政策作为一种信仰来执行的,她是高度符号化了的时代英雄,是以忘我的甚至无我的"螺丝钉"精神去服务革命或进步事业的,她没有选择,没有退路,在某种意义上,她不过是制度或事业的一个工具,她其实也是受害者和牺牲者。在那些匪夷所思甚至惨烈的计划生育措施面前,我们惊讶地发现,计划生育已成了某种"战争思维"的替代物,成了姑姑追求人生至善的职业理想。而姑姑本人其实并不是一个内心坚硬的"冷血动物",她内心的柔软与善良在"为牛接生"一章中有生动的表现,正如母亲所说:"人家都说你是菩萨转世,菩萨普度众生,拯救万物,牛虽畜类,也是性命,你不能见死不救吧!"而姑姑与牛相见的一幕更是感人至深:

那母牛一见到姑姑,两条前腿一屈,跪下了。姑姑见母牛下跪,眼泪哗地流了下来。

我们的眼泪也都跟着流了下来。

如此感人的场景、如此温暖的文字在莫言的小说里是少见的,但在姑姑这儿却是水到渠成、自然而然。在作家笔下,姑姑的人性也是单纯、洁净的,即使在"文革"那些荒诞场景里,在县委书记杨林为求生而"变节"的情况下,姑姑依然坚定而崇高地捍卫着自己的清白:

上来一个矮小敦实的女红卫兵,手提两只破鞋子,一只挂在杨林脖子上,一只挂在姑姑脖子上。姑姑后来说,反革命,特务,这些罪名都可以忍受,但绝对不能忍受"破鞋"的称号。这是无中生有,奇耻大辱！姑姑立即把脖子上的破鞋摘下来，用力撇出去。那只破鞋，竟像长了眼似的，落在黄秋雅面前。

　　女红卫兵蹦了一个高，揪住姑姑的头发，使劲往下拉。姑姑昂着头，与那女孩僵持。姑姑，您低头吧，您如果再不低头，只怕您的头发连同头皮都会被揪下来啊！那胖女孩少说也有一百斤重，她双手揪着您的头发，已经悬空吊在您身上了。姑姑猛然一甩头，像一匹摆动鬃毛的烈马——那女孩手里攥着两绺头发，跌落在台子上。姑姑的头上渗出鲜血——姑姑的头上至今还留有两个铜钱大小的疤痕——血流到姑姑额头上，流到姑姑耳朵上。她的身体挺立不弯。台下一片肃静，一匹拉车的毛驴，仰着脖子，发出高亢的叫声。没听到母亲的哭叫声，我心里一片灰白。

　　在那样的岁月里，有姑姑这种感人操守与品格的人能有多少呢？这样洁净而纯粹的人会是罪人吗？然而，王仁美的死、王胆的死都最终成了姑姑内心沉重的枷锁，那些被流掉的孩子，那些死去的孕妇，都化作了复仇的青蛙，让姑姑无处遁藏。姑姑最终嫁给了擅长捏泥娃娃的郝大手，幻想用那些活灵活现的泥娃娃来平息内心的不安，来救赎自己的灵魂。很难说这种赎罪的梦想就能真正安妥她的灵魂，但是她至少在幻象的世界里实现了对历史和现实的某种超越。而且，在我看来，姑姑与其说是赎罪，不如说是表达了一种对生命本身的敬畏与爱，这是对生命本身的一种亲近与怀念。

　　当然，在《蛙》中，莫言对计划生育制度的反思，不仅集中在对该制度造成的人性创伤以及由此而来的现代性焦虑的合法性与合理性的思索上，而且表现在对人物的精神救赎的艰难历程的展示上，有着更强烈的现实批判力量和寓言意味。在对计划生育有关的生命史和精神史进行原生态追问与呈现的同时，小说更以犀利的笔墨对计划生育制度在信仰缺失的当下社会的惊心怵目的尴尬境地与荒诞景象进行了尖锐的批判。在作家笔下，作为人类自身理性约束方式的计划生育现已成了某些别有用心的人的发财工具，成了某些走投无路的穷人的谋生之道，成了某些有权有势的人物的"生育特权"。有钱的破烂王用大笔的罚款就可以不受计划生育的约束,而当代商品经济对人性的控制也到了骇人的地步。袁腮利用代孕谋利,孩子成了可以出卖的商品,而陈眉等女子却因家庭贫困被迫沦为"孕奴",忍受着母子分离的巨大痛苦,那在现代作家柔石《为奴隶的母亲》中出现的"因贫代孕,以替富人传宗接代"的故事情节,竟然荒诞地"再次"出现在了我们当代社会,这是多么令人震惊!

在艺术层面上,《蛙》所创造的"互文对话性文本"也有魔术的光亮。有的批评家曾撰文指出,莫言的小说语言具有极强的"文本可逆性",可以在同一文本中将内在冲突的叙述声音和叙述姿态融会为一体,呈现出一种互文性的"深刻的混沌"。例如,小说《丰乳肥臀》《檀香刑》等,可以将不同的意识形态和人性观念演化成一股泥沙俱下却恢宏无比的"语言流"。不过,这种互文性的处理固然可以更为客观地表述历史,传达细微的人性感受,形成文本的多声部,也容易削弱文本的现实批判力量和叙事的硬度。比如,《檀香刑》中眉娘、赵甲、孙丙等不同人物对同一历史事件的不同描述,具有多声部的"互文"效果,但对酷刑的"过度展示"在某种程度上也导致了"认同酷刑"的心理弱势。这种情况在随后的《四十一炮》《生死疲劳》等小说中有所改变。《四十一炮》中,莫言利用"肉神庙"形成了叙事的"风流眼",不同的叙事时空和叙事线索都在这里互相交涉缠绕,最终强化了肉神庙之于中国现代化进程的象征性。而《生死疲劳》则进一步扩大了感受性的互文范围,小说将奥维德《变形记》式的错位性戏拟拓展成了人类和动物之间"生死轮回"的空间化历史绝望感。而《蛙》则又有创新。小说以解放初期、"文革"、改革开放、新世纪这四个不同的历史空间作为小说展开的背景,围绕计划生育做不同的叙事,努力使这四个时空的计划生育故事产生互文参照性,从而达到历史反思和人性高度的统一。同时,小说中也镶嵌了不同的文体,例如,每个章节都以主人公蝌蚪(万小跑)和日本友人杉谷义人的通信形成对下面故事情节的某种"预叙",从一个比较超然的现在进行时的角度,对这些历史中发生的故事进行审视。这种以书信体和小说形成互文的方式,在莫言的短篇小说

《月光斩》中也有过尝试。而在小说结尾，莫言则用戏剧的形式，对整部小说的某些故事（如陈眉代孕的悲惨经历）做某种程度的"补叙"。可以说，不同的历史场景、不同文体之间的互文性冲突、镶嵌、改写和融合，不但没有产生互相消解的解构作用，使文本呈现出主体间性的交流与对话，反而使得文体狂欢转化成了更为强烈的批判焦虑，强化了潜在的叙述主体的现实批判力量与对人性美的深沉呼唤。小说结尾出现的九幕剧《蛙》更是非常出彩，它不但再现了小说中陈眉和陈鼻的悲惨遭遇，而且让陈眉打破时空限制，打破舞台的限制，以古代人的形象出现在现代派出所，以现代人的身份出现在了电视剧中的民国大堂，在历史痕迹的缠绕互文中，以一种朴素的民间道德姿态，既控诉了袁腮之流不择手段的当代物质崇拜，也反思了中华民族为繁荣和富强所付出的巨大人性牺牲，批判了在中国充满悖论的现代化进程中顽固的国民性痼疾以及由此而来的人性悲剧宿命化的延续性。

《蛙》的叙事和语言对比于莫言过去的作品无疑是干净而内敛的，莫言放弃了他最为擅长的泥沙俱下的描述性语言流，也没有利用众声喧哗的民间口语，而是力求返璞归真，用超然的第三者视角朴素、简洁、干净地讲述催人泪下的故事。这也许是莫言在批判与责疑声中的自我改造与升华吧！小说开篇第一段，家乡孩子把用身体器官命名的"土名"改为"优雅而别致"的"雅名"的举动，在我看来无疑正是莫言本部小说语言风格改变的注脚："先生，我们那地方，曾有一个古老的风气，生下孩子，好以身体部位和人体器官命名。譬如陈鼻、赵眼、吴大肠、孙肩……这风气因何而生，我没有研究，大约是那种以为'贱名者长生'的心理使然，抑或是母亲认为孩子是自己身上一块肉的心理演变。这风气如今已不流行，年轻的父母们，都不愿意以那样古怪的名字来称谓自己的孩子。我们那地方的孩子，如今也大都拥有了与香港台湾甚至与日本韩国的电视连续剧中人物一样优雅而别致的名字。那些曾以人体器官或身体部位命名的孩子，也大都改成雅名，当然也有没改的，譬如陈耳，譬如陈眉。"《蛙》无疑也是一部"雅名化"之作。唯愿莫言不是因顾彬之流以及某些标准很高的批评家"被雅名"了。但说实话，我还是不太习惯一个文质彬彬、西装革履的莫言,我更喜欢那个粗野的、狂放的、不按常规出牌的、充满"土气"的莫言。好在,《蛙》中还是贯穿着嘹亮的具有穿透力的蛙声,在蛙声中我可以不去想象莫言形象的改变,而是专注地触摸其中华丽却锋利的思想刀锋,久久地感动并沉思。

《主角》作为民族精神与美学的现实主义

陈彦有长期从事戏曲工作的经验和体会,这又使他在走向小说创作时,无意或无法忘却对戏曲的深切情感,传统戏曲中包裹的那份沉甸甸的民族智慧、民族文化精神和强大而朴素的道德意识,促使他在这部最新长篇中有意识地思考作为现代文学的现实主义小说与作为传统文艺样式的古典戏曲之间的关联,于是戏曲/小说乃至常谈常新的传统/现代之关系,就又成为他不得不面对的问题。

一、传统戏曲与现实主义叙述重构

与柳青、路遥、陈忠实、贾平凹等秦地作家一样,陈彦也极为崇仰文学的现实主义品格。关于陕西作家突出的忧患意识和现实主义写作传统,陈彦说:"我想这既有作家代际关系的传承,更是这块土地的自然滋养。从司马迁以降,这块土地上的文人似乎都扛着忧患、苦难的十字架,很难轻松。不是不会轻松,而是站在这块土地上的自然思考、体悟使然。……路遥、陈忠实、贾平凹对陕西作家的影响,也将是长期的,我以为他们都在做'书记员'角色。借用艾青的诗句:为什么我的眼里常含泪水,因为我对这土地爱得深沉。"[①]三秦作家就像生活中的普通人,所看到的都是极普通的生活、人情和物事。陈彦在《主角》中仿佛把身之所在、心之所系、极目所见的种种普通——即便是台前风光的主角,在幕后、在台下又何尝没有难与人言的苦痛?——一一做诚实的记录,并在深刻的生活开掘基础上,进行了充满人性热度和文化深度的深挚创造。于是,我们在小说里看到了热气蒸腾、繁蔚杂陈的生活物象和苍然而郁勃的内心。

值得注意的是,陈彦有长期从事戏曲工作的经验和体会,这又使他在走向小说创作时,无意或无法忘却对戏曲的深切情感,传统戏曲中包裹的那份沉甸甸的民族智慧、民族文化精神和强大而朴素的道德意识,促使他在这部最新长篇中有意识地思考作为现代文学的现实主义小说与作为传统文艺样式的古典戏曲之间的关联,于是戏曲/小说乃至常谈常新的传统/现代之关系,就又成为他不得不面对的问题。那么,《主角》是如何衔接、传承传统的?具体来说,就是作为大传统的中国戏曲艺术和美学传统是如何落实在《主角》的创作中的?小说是如何戏曲化的?戏曲乃至传统文化又是如何进入小说叙

---

① 朱强:《"我不想硬立布景一样的时代'背景板'"〈主角〉作者陈彦谈为小人物立传》,《南方周末》2018年1月11日。

述的？这里，需要慎重处理的关键问题是：如果不将《主角》的价值和意义局限于恢复传统，而是将其作为当代文化语境中的美学实践进行讨论，那么其创造性如何？有何当代性意涵？更进一步看，传统的当代创造性转换是如何完成的？

戏曲无疑是《主角》透视现实主义小说的重要美学装置。一个不可忽略的前提和重要事实是，陈彦经历了由戏剧作家向小说家的转型。《主角》是他转型后继《西京故事》《装台》之后的第三部长篇。戏剧家的身份和经历，对理解《主角》的现实主义美学无疑有着极为重要的意义。正是秦腔这一民族传统戏曲的"外部"场域的存在，使陈彦获得了观照现实主义文学的独特视角，正是在戏曲和文学的往返之间，作家发现了重构现实主义美学的方法。

小说以戏曲丰富了现实主义叙述的抒情维度，在反映现实之外，以更为精致流丽的文字形式，重新敞开现实主义达意传情的空间。现实主义强调文学文本与现实生活之间的模仿和反映关系，它以对现实和外部世界的冷静观察，揭示其内外错综复杂的关系，"致力于普遍事实的传达（比如意识形态）以及社会万象百科全书式的展现"[1]，在理性、科学的客观性之外，"类似于悲剧，现实主义在读者的心中也实现了一种情感的仪式化涤荡，尤其是当读者对书中人物满怀同情（怜悯）和为再现的故事唏嘘不已（恐惧）之时。……现实主义所带来的这种美学享受，大部分依赖于对这些情感的唤起和宣泄"[2]。对于现实主义文学的读者来说，他们获得社会历史认知和情感体验是同步的，且都是通过人物及其故事的镜子般的反映而实现的。有趣的是，陈彦也谈到过"戏剧天赋的镜子功能"："戏剧不是宗教，但戏剧有比宗教更广阔而丰沛的生命物象概括能力。……戏曲故事总是企图想把历史演进、朝代兴

---

[1] ［美］安敏成：《现实主义的限制：革命时代的中国小说》，江涛译，江苏人民出版社2001年版，第18页。

[2] ［美］安敏成：《现实主义的限制：革命时代的中国小说》，江涛译，江苏人民出版社2001年版，第21页。

替、人情物理、为人处世要一网打尽。"①同样以镜为喻，其含义却大有不同，"在中国文学中，'镜子'从未暗示作品对真实世界的反映，它隐喻的是一种精神境界，通过深思默想，作家使自己从主体性的遮蔽中摆脱出来，从而向'道'自由地敞开"，论者进而谈道，"在中国文论中，'镜子'意旨的精神状态，不是科学式的客观辨析，而是平和的接受；主体对客体的反应不是纯知性的，而是掺杂着情感的认同"②。

从《主角》文本来看，其"镜子"可以说杂糅了现代小说和古典文艺两方面因素。一方面，小说对1976年直至当下中国城乡生活进行了冷静客观的观察，和如其所是、栩栩如生地反映。四十年间秦地百姓的生活，他们在吃喝拉撒、油盐酱醋的经验世界中的生活情态，他们的形貌、神色、心理、情感和灵魂及其在大时代的阴阳交会中发生的或剧烈或细微的变化，都被作家精确细腻地描摹了出来，忆秦娥、秦八娃、胡三元、胡彩香、苟存忠、古存孝、刘红兵、石怀玉等个性鲜明、心理饱满复杂的人物，和作家以现代人文主义为价值核心与标准对现实和人心的揭发与批判，亦清晰可见。《主角》的主体内容围绕以忆秦娥为中心的秦腔艺人展开，写她们的练功、排演和演出，以及由此而引发的种种矛盾纠葛。小说尤其写了剧团内部的各种明争暗斗：大厨、二厨和伙管之间的矛盾，团长和副团长之间的微妙关系，省剧团内部"地方势力"与"省城势力"之间的斗争，"老戏老演"派和主张音乐舞蹈"现代化"的"改良派"之间的矛盾等。小说还频频写及秦腔人才短缺、后继乏人的窘状：苟存忠累死舞台，以身殉戏；周存仁被地区文化局拉走；忆秦娥在县剧团脱颖而出，并在地区会演中一鸣惊人之后，被省剧团挖走，不仅挫伤了县剧团培养新人的积极性，也使其人心涣散，难以为继；古存孝在省剧团失势后，带业余剧团在西北演出时不幸翻车身亡。作为小说主人公，忆秦娥是连接时代／生活、情感和艺术三部分内容或三条线索的枢纽，对秦腔名伶历经

---

① 陈彦：《主角》，作家出版社2018年版，第895—896页。

② ［美］安敏成：《现实主义的限制：革命时代的中国小说》，江涛译，江苏人民出版社2001年版，第17页。

波折,曲折艰辛却又情感丰沛的人生历程和内心世界进行了饱满而透辟的展现:她跟廖耀辉的"破事",虽属无中生有却被别有用心的人利用;她舅胡三元与胡彩香的婚外情事,时时让她难堪;与封潇潇的感情牵连,让她异常纠结,难以释怀;刘红兵出轨,舞台坍塌死人,为救治傻子儿子刘忆四处奔走求医问药,石怀玉的生命之作,这些都让她陷入流言中伤的旋涡……贯穿始终的是楚嘉禾与忆秦娥之间的主角之争。小说在充分揭示忆秦娥心理和情感世界的同时,完整描述了楚嘉禾的情感发展层次,从得意、失意、失衡到嫉妒、记恨、报复……其他人物,如忆秦娥的母亲、姐姐、姐夫,刘红兵、封潇潇等也有着类似可怜又可恨、可悲又可叹的矛盾情感。这正是对每个人生存状态最写实的呈现。可以说,《主角》对某种独特新异、不可替代的中国现实面貌和生活片段的捕捉和表现,展现了秦地人们的生活风貌和精髓,使小说产生了高度真实的认识效果,使"文本的合法性由此被交付给了外部世界,因而意义框架仿佛不是来自于文本,它们自身就蕴涵在世界之中"[①]。

与此同时,小说包含了丰富甚至繁复的细节——生活的、心理的、情感的,拉拉杂杂,颇有生活流意味。这些细节的描摹致力于还原生活的原初性和本真性,以有品质的具体可感性和无所不在的弥漫性,"再现"了小说世界经验意义上的真实性。小说更以对这些看似无关紧要的细节的包容,形成一种使现实主义内容的特殊性得以表达的方式,使那些教谕性内容和推论式叙述获得细腻丰富的美学救赎。另一方面,安敏成所论通过沉思默想而达致"道"的精神境界,主要限于位居正统的中国古典诗文,对于被视为异端的民间戏曲曲艺,其传情达意的内容和方式则大有不同。《主角》建构传统所选择的资源、路径恰恰来自后者。"戏曲是诗,但又不是一般的诗,而是具有戏剧性的诗,是诗与剧的结合。曲与戏的统一,故名'戏曲',也叫'剧诗'。"[②]在艺术表现上,戏曲"不拘泥于人物活动的表层现象的逻辑真实,而追求人物

[①] [美]安敏成:《现实主义的限制:革命时代的中国小说》,江涛译,江苏人民出版社2001年版,第18页。

[②] 张庚、郭汉城主编:《中国戏曲通论》(上),文化艺术出版社2014年版,第210页。

活动的深层心理的逻辑真实;而在追求人物活动的深层心理的逻辑真实时,又着重捕捉人物活动的情感世界的逻辑真实",它"不排斥对剧中人周围事物的描绘,然而,它绝不单纯为了表现客观生活环境而描绘客观生活环境,它描绘的只是与剧中人的情感体验有关的周围事物,与此无关的其他事物就一概扬弃了"①。因而中国戏曲固然有客观写实性,但"诗人的主体仍然在客体中站出来顽强地表现自己,在客观中时露主观,带有浓郁的'主观诗人'的色彩"②,对展示人物内心意志的强调,形成了"我国剧诗在戏剧动作上的抒情风格"③。

从小说叙述层面来看,《主角》注重俗世人情的表达,它充分汲取戏曲写"情"的特质,围绕母女之情、母子之情、夫妻之情、师生之情、男女之情,深及个人以及人与人之间的爱与恨、生与死、罪与罚:已经演过几本大戏,成为县剧团台柱子的封潇潇,对忆秦娥的呵护、眷顾、信任和关爱——这样的一往情深使他在失去忆秦娥后精神几近崩溃,失去了对生活和艺术的热情;行署副专员公子刘红兵对忆秦娥的死缠烂打和爱恨交织、欲罢不能的爱恋;性格古怪而狂放的画家石怀玉对忆秦娥山崩地裂、雷鸣闪电般的情爱;"刀子嘴豆腐心,心肠真的不坏"的胡彩香和柔婉而坚韧的米兰对忆秦娥长期的悉心呵护与关照;忆秦娥为傻儿子四处求医问药的舐犊之情;"忠孝仁义"、秦八娃等老艺人对忆秦娥的呵护、关爱和倾力指导;等。小说于闲话家常处流露出了真切情义。

就戏曲与小说之间文类的关系而言,《主角》有着更为直接的抒情穿插和渲染。小说写忆秦娥、封潇潇排练《白蛇传》时,较多地引用了秦腔剧本的动作、唱词。这既是二人借助戏曲人物传递心声,曲折达意,是戏内戏外情感的暗度陈仓,又是作家以戏曲形式在现代小说心理与情感刻画的"霸权"下的暗递心事。情爱与恩义,穿过了戏曲的遮掩,借助动作和对白,走出舞台

---

① 张庚、郭汉城主编:《中国戏曲通论》(上),文化艺术出版社2014年版,第202页。
② 张庚、郭汉城主编:《中国戏曲通论》(上),文化艺术出版社2014年版,第213页。
③ 张庚、郭汉城主编:《中国戏曲通论》(上),文化艺术出版社2014年版,第215页。

如梦似幻的轻纱幔帐,降落为人间的实存。另外,县剧团败落后,六十多岁的胡彩香在街头卖凉皮时所唱的秦腔《艳娘传》片段,"奴为你担惊又受怕,/奴为你不顾理和法。/奴为你伤风又败化,/奴为你美玉玷污瑕……"①虽是剧中唱词,却也是人物情思的传神写照,包含着演唱者对自身情感经历和此时此刻情境及心境的深切体会。其作用与上例近似。作者甚至专门为忆秦娥写了两出独幕秦腔戏。第一出戏,写舞台坍塌事故造成单团和三个孩子死亡后,忆秦娥梦见被牛头、马面拘去地府。戏中忆秦娥与牛头、马面有长段秦腔演唱和对白。生活与文学、幽明与晦暗,真实与魅幻、生与死的界限,竟于此变得迷离恍惚起来。第二出戏,运用苦音、欢音,独唱、伴唱,花旦,黑头,二六板、二倒板、双锤带板、黄板、散板、清板、撂板,花彩腔、板胡苦音等秦腔板式、唱腔、行当,融主人公的身世经历、人生体验与思考和戏曲场景于一体,时而慷慨明快,时而深沉凄哀,一波三折,起伏跌宕。小说与戏曲的穿插,带来了叙述节奏上张弛、急缓的变化,叙述方式上的虚实、动静上的调整。《主角》借鉴古典戏曲处理时间的方式,将短时间甚至瞬间的心理活动延展为长时间的人物精彩表演。

二、教谕、化育与朴素的现实主义

《主角》将传统戏曲的伦理意识和道德观念渗透到小说叙述中,延续并实践着现实主义文学的教谕功能,同时,小说以朴素细腻的写实性笔法,将僵硬机械的教谕转换和再造为艺术和审美的化育。

韦勒克在广泛考察欧洲现实主义理论和文学实践后,说:"我们必须承认,在我们最初的定义'当代社会现实的客观再现'中,就已经暗含和隐藏着训谕性。从理论上说,完全真实地再现现实将会排除任何种类的社会目的和社会主张。而显然,现实主义的理论困难,它的矛盾性,恰恰就在这里。……在现实主义中,存在着一种描绘与规范、真实与训谕之间的张力。这种矛盾无法从逻辑上加以解决,但它却构成了我们正在谈论的这种

---

① 陈彦:《主角》,作家出版社2018年版,第818页。

文学的特征。"[1]他进一步谈道:"现实主义的真正危险还不在于它僵化的惯例和排他性,而在于它可能丧失艺术与信息传达和实用劝诫之间的全部区分……当一位小说家试图成为一个社会学家和宣传家的时候,他就只能生产出一些拙劣的、沉闷的艺术,他就只会呆板地展示自己的材料,并将虚构同'新闻报道'和'历史文献'混为一谈",所以即便同样运用现实主义方法创作,作品的美学品质却有云泥之别,"在其低层,现实主义还在退化为新闻报道、论文写作和科学说明,一句话,正在退化为非艺术;而在其最高层,由于有那些伟大的作家们,有巴尔扎克和狄更斯,陀思妥耶夫斯基和托尔斯泰,亨利·詹姆斯和易卜生甚至左拉,它就常常能超越其理论的限制,创造出富有想象的世界"。[2]现实主义自"五四"时期引入中国,便在对现实的观察和表现中蕴含着丰富的道德意味:"观察并非是对世界冷漠的分析性审视(西方人将此种特征与科学的现实主义相联),而是一种观察者的伦理修养阶段。同样,创作也不是对外部世界的技术性处理,而是上述过程的深化,观察中产生的道德体知喷涌而出,自然表现于文字之中。"事实上,"所有着力探索社会的小说家都会提出一个伦理问题"[3]。作家唯有走出个人的自我迷恋,将同情、怜悯等"真诚"的道德感注入作品,才能达到灵魂净化的效果。在这方面,传统戏曲与现实主义小说是相同的,它对普通民众生活和承受苦难命运时表现出来的正义、善良、勇敢、坚韧、乐观和富有仁爱的同情心,有着更为直接的表露,甚至有着更为鲜明激烈的道德评价。而社会变革和政治革命的强烈诉求,放大了小说和戏曲的政治教化功能,使之成为政治宣传、阶级斗争和群众自我教育的工具,戏曲演出的剧目、内容、主题、形式、角色、服装、舞美、音乐伴奏等在全面的政治改造下"脱胎换骨",民间

---

[1] [美]勒内·韦勒克:《批评的诸种概念》,罗钢、王馨钵、杨德友译,曹雷雨校,上海人民出版社2015年版,第228页。

[2] [美]勒内·韦勒克:《批评的诸种概念》,罗钢、王馨钵、杨德友译,曹雷雨校,上海人民出版社2015年版,第239页。

[3] [美]安敏成:《现实主义的限制:革命时代的中国小说》,江涛译,江苏人民出版社2001年版,第44、45页。

伦理、传统道德及其表现模式如才子佳人、善恶果报、鬼魂复仇、大团圆，或被视为封建道德、迷信思想而彻底放逐，或被革命化改造后为其所用，其"形"尚在而"魂"已失。《主角》可谓后革命时代的"寻魂"之作。作者发现秦腔传统戏本"大量都是讲忠义、诚信、侠骨、节孝的，里面确有'吃人'的东西存在，但这类戏已大多不再演出，永不落幕的总是那些正义战胜邪恶，好人斗败恶人，善良终落好报的'团圆戏'"，而将民族戏曲置诸世界文艺之林，"这种'套路'也是不孤单的。更何况给小人物、善良者和好人以希望与出路，恐怕也正是文学艺术所应承担的责任之一"，精英化的小众文学，"尽可以探索人类的黑暗、龌龊和没治，但作为面对大众的戏曲艺术，尤其是面对希望在戏里找到希望的普通观众层，我们恐怕怎么都不能把那点微弱的暖光掐灭了"[1]。

作家以文学形式揭示生活世界中的伦理事实，传达和转化民族传统中具有典范性的道德价值观念。作为一名深谙传统戏曲经验和原则的剧作家，陈彦对戏曲的道德教化功能有着清晰的认识和认同。他认为"民族戏曲始终有一个宗旨，那就是'高台教化'"，作为一种"愉人"的艺术形式，戏曲若只注重娱乐、愉人而放弃谕人、布道之责，是行不通的，因为"传统经典剧目的形成过程，就是一个对受众有多少'教化作用'的筛选过程，更确切地说是一种艺术、思想、宗教、哲学的沉淀过程，还没有哪一曲久演不衰的剧目是纯娱乐化的'耍戏子'作品。……艺术的本质是对人类进行严肃而深入肌理的思考……"[2]陈彦还说："中国传统戏曲的整体价值观，其实就是中华民族几千年来基本的做人处事方式。固然有一定的糟粕，但整体让人向善、向好，具有'高台教化'作用。无论社会怎么变，怎么现代，都得向好、向善。不管西方宗教还是东方宗教，本质上有一致性，都在'善'字上做足了文章。任何历史时代，忠诚、孝敬、仁爱、道义、诚信这些基本的东西，缺失了都会乱象横生。

---

[1] 陈彦：《深厚的根植》，《说秦腔》，上海文艺出版社2017年版，第128—129页。
[2] 陈彦：《深厚的根植》，《说秦腔》，上海文艺出版社2017年版，第124页。

戏曲就始终持守着这些最基本的价值秩序，有种杜鹃啼血般的悲怆。"①基于这种认识，《主角》不仅不回避现实主义小说中习见的教谕和训诫，更将传统戏曲的"高台教化"特点渗透到叙述的方方面面，依据传统戏曲和文化中的善善恶恶、美美丑丑等道德信念和伦理观塑造人物，不仅塑造了忆秦娥、秦八娃、"存字派"艺人等体现传统美德的人物，更以善恶美丑二元判断为基础设置人物关系，通过与忆秦娥等形成对照的楚嘉禾、郝大锤、黄正大、丁至柔等负面道德形象，褒扬嘉言懿行，鞭挞恶德丑行，传达善恶有报观念，且以善恶美丑的冲突构造小说情节。

安敏成认为，现实主义小说对细节的描摹"似乎对训诫性主题无甚贡献"②。从某种程度上看，过多的细节铺陈会妨碍主题传达的直接性和有效性，但丰富而恰当的细节描写也会使训诫性主题的传达变得柔韧含蓄，更有朴素耐久的教谕效果。作为一部现实主义小说，《主角》同样提供了具有真实饱满细节的经验性事实，并在生活世相和普通公众的生活情境中，建立起一个包括戏剧观念、美学观念和道德规范在内的思想体系，把秦腔演员和普通百姓的人事和那些思想体系联系起来，把故事与关于中国传统文化的阐说联系起来，使作家要传达的思想观念不游离于人物和故事，成为人物不断增长的技艺、情感和不断丰富的人生与艺术体验的一部分，内在于鲜活细节和生动故事中，仿佛生活和人物本身的自然显示，"成为经验的令人信服的产物"。面对历史变革、时代风潮和剧团权力更迭，以及权威、信仰、爱情、暴力、名望、地位、艺术修习等宏大的实在，叙述者除了耐心、细致而又具有高度参与性地描述，使之具有具体可感觉的实在性之外，另一关键是艺术处理道德教谕和意识形态询唤等作者的直接介入和"陈述"，使之自然化。"我们并不是在反对作者的议论，而是在反对思想与戏剧化客体之间的一种特殊的不和谐"，

---

① 朱强：《"我不想硬立布景一样的时代'背景板'"〈主角〉作者陈彦谈为小人物立传》，《南方周末》2018年1月11日。
② ［美］安敏成：《现实主义的限制：革命时代的中国小说》，江涛译，江苏人民出版社2001年版，第18页。

布斯认为，"如果小说家们必须努力去建立自己的思想规范，他们常常必须更努力使我们按那些思想规范来精确地判断他们的人物。毕竟在我们中间，对慷慨相对于卑下，或善良相对于残酷的相对价值，是有着一致的尺度"[①]。《主角》在这一点上，将糅合道家纯真自然和儒家重义轻利的思想贯穿叙述，凭借这些紧密关联着民族、传统的"一致的尺度"，使作家的价值和信念得到自然、顺理成章的表达。同时，《主角》依循现实主义叙述成规，追求一种由"一系列文化成见或公认知识"造就的"文化逼真"——"为了理解变化无穷的人类行为，我们还依赖另一种公认知识：文化成见。俗语常言，道德箴言，心理上的经验法则等"。"'文化逼真'在18世纪和19世纪早期作品被作为检验叙事真实性的标准：如果人物符合当时普遍接受的类型和准则，读者就感到它是可信的。俗语和成见反映着共同的文化态度，从而就提供了证据，表明作者如实地再现了这个世界"[②]。关于这一点，《主角》亦有巧妙的艺术表现。首先，在现实生活叙述部分，《主角》以用世道人心折射历史与时代的方式，通过描述人物的现实生活和情感境遇，渗透着民间理想和民间道德——普通百姓在日常生活中表现出来的乐观主义，在对生活困境甚至苦难的体验和承受中表现出来的正义、乐观和富有仁爱的同情心，以及热烈、开朗、粗朴的精神气质和眼明心亮的心性智慧。其次，小说对秦腔戏曲的化用，收到了举重若轻、画龙点睛的效果。秦腔严谨乃至刻板的形式、程式，优美的道白、唱词、唱腔与舞美，是浓郁的草根气息和优雅的文人意味的交错，亦是生命体自然本真的表达和我们这个民族"共同的文化态度"的反映。这深刻影响和浸染着《主角》，小说中的情感内容及其表现亦因此有着清晰的伦理蕴涵和文化指向。

[①] [美]韦恩·布斯：《小说修辞学》，华明、胡晓苏、周宪译，北京大学出版社1987年版，第204—205页。

[②] [美]华莱士·马丁：《当代叙事学》（第2版），伍晓明译，北京大学出版社2005年版，第58—59页。

三、技、道、生命与现实主义的文化含量

现实主义是一个极为开放的美学范畴，它先在地拒绝本质化和非历史化的理解，"现实主义作为一个时代性概念，是一个不断调整的概念，是一种理想的典型，它可能并不能在任何一部作品中得到彻底的实现，而在每一部具体的作品中又肯定会同各种不同的特征、过去时代的遗留、对未来的期望，以及各种独具的特点结合起来"①。20世纪以来，中国现实主义文学在历史的发展中，展示了丰富多元的叙述美学形态，提供了多层次的思想内涵和多向度的艺术价值。仅就新时期小说来看，伤痕小说、反思小说为现实主义提供了清晰的社会学、政治学视野和深广的历史感；风俗小说、寻根小说为之提供了深厚的民族文化根基和较早的文学自觉，前者舒缓的诗性与抒情色彩、后者的现代寓言格调，是引人注目的文学性存在；先锋小说作为文学本体论的重要美学实践，承载着作家们"纯文学"想象的极致，是现实主义美学重构的重要参照甚至"武库"；新写实小说的平视视角和原生态写作，展现了前所未有的世俗生活场景；新生代小说的边缘化立场和边缘性个体生存生命观照，展示了市场化时代个体视域下的生活和情感景观；新现实主义小说以转型期城乡粗粝现实的再现，恢复了文学介入现实并重新组织现实的热情，如此等等无不显示着现实主义的开放姿态、多元形态，以及随着时代而调整、转换主体写作立场和叙述方式的灵活性、能动性。与此同时，我们也要看到，对于包括现实主义在内的文学来说，技术或文学性仍然是个不可回避的重要问题，一切现实均需在文学中获得表现，并在文学性层面上得到意义和价值的评审。但对于文学包括现实主义文学来说，面对广阔、复杂、深厚和变动不居的现实，停留于技术创新或陶醉于纯粹审美幻象，可能是买椟还珠。现实时时敞开着文学空间，亦时时在打开我们对文学的理解。对于作家来说，如何理解现实，是个文学问题；而如何理解文学或文学性，不仅是一个如何

---

① ［美］勒内·韦勒克：《批评的诸种概念》，罗钢、王馨钵、杨德友译，曹雷雨校，上海人民出版社2015年版，第237页。

表述现实的问题,亦是一个更为内在更为根本的思考、把握和阐释现实的问题,或者说是一个如何建构和生产现实的问题。从这个意义上说,"技"关乎"道",尽管在具体文学实践中,这两者之间还时时存在偏离:或重"技"而轻"道",或者相反,重"道"而以"技"为雕虫小技。

从这个意义上看,《主角》显然明确意识到了"技"与"道"的辩证法,并力图将之艺术化地表现出来。除了上述两部分所论,我们再看小说围绕秦腔所展开的思考。

"秦腔"既是小说叙述的技术性装置,亦是民族文化的表征。小说以秦腔之时间性/历史性和空间性/超地域性维度,搭建联系着大历史和小历史的文化桥梁,使处于世俗、日常、生活、情感和艺术中的人物具有了与历史、时代和文化相融合的宏大视域。

在直观叙述层面,《主角》有着丰富的秦腔技术、技巧因素的穿插。这种穿插,有时在具体剧目中出现,如忆秦娥表演《打焦赞》时的"骨碌毛""飞脚""大跳""卧鱼""五龙绞柱""三跌叉""大绷子""刀翻身""棍缠头"等。这是秦腔技术、技巧与戏曲人物、小说人物的合一。秦腔技术的穿插,有时出现在对戏曲行当的叙述中,如"大开场""包大头""打出手""闺阁行""小花旦行"等。此外,还有与戏曲演出、观看有关的名词如"天戏""晃戏""蹭戏""看戏","练灯""对词""排戏""练戏","唱腔""唱段""道白";与演员有关的如"演技""风采""美貌""眉眼""扮相""嗓子""唱功""做功""戏缘""戏德""台缘""神韵""光彩";等。这些技术性因素看似是对秦腔知识的介绍和普及,但其意义不止于此,它们连同秦腔的历史和历代秦腔艺人的掌故、逸闻一起,在不断地"讲述"中被纳入一个历经挫折而百折不回的历史的发展脉络,更被注入传统的记忆链条,是无形传统的承载和显影,镌刻着鲜明的历史和文化价值印痕。

从人物塑造上说,小说注重秦腔艺人个体经验的描绘而又突破其经验的有限性和直接性,将其纳入族群和传统的经验总体和整体性文化价值体系之中。忆秦娥的良善仁厚,平淡天真,没有机心、机巧甚至愚钝痴顽,寄托着儒家"仁""恕"之道和"道法自然""大巧若拙"的道家智慧,而她艺术上的执着精进则是"君子以自强不息""上下与天地同流"的儒家生命精神的体现。忆秦娥的恩师秦八娃,博学多闻却不激不厉,瘦淡又天真烂漫,富有活力,讲究规矩法度却又能超越之而入自由从容之境,是"外枯而中膏""似淡而实浓""绚烂之极,归于平淡"的古典美学思想寄托。《主角》亦有佛禅思想的影子,典型者如作家借秦八娃之口所说:"艺术是通灵的,文字只是表达方式,是工具。在北山,有很厉害的剪纸艺术家,甚至可以叫剪纸大师,他们一字不识,但他们的造型、构图、意象摄取能力,甚至可以跟毕加索媲美。"再如石怀玉对忆秦娥艺术的指点:"艺术贵在体悟、悟妙、率性。贵在用他山之石攻玉。"

不同于某些"文化小说"热衷于拼贴缺乏历史感和生命感的文化景观,制造似是而非的风俗画面,亦不同于寻根小说在偏远蛮荒之地中,将文化抽象为一种疏离和对抗政治化写作的静态文化呈示,《主角》重构了文化与历史的关联,尤其是文化作为生命之智慧创造的原质。陈彦认为:"秦腔最重要的品质就是具有生命的活性与率性,高亢激越处,从不注重外在的矫饰,只完整着生命呐喊的状态。"[①] 在《装台》之后,陈彦再次以极具个人色彩、生活质感和艺术辨识度的文字,发掘出秦腔艺术的生命本真性。小说在生活的朴素细节中,写出生命的本原形态,它的存在和展开,它的隐忍与抗争,它的斑驳五彩和沉静的力量,让我们看到生命的认真、执着、坚忍。生命个体的努力和聚精会神,或许并未使生活变得井井有条,却以幽微而庄严的光芒照亮了生活的细腻之处。《主角》有生活泥土的厚重分量,更有生命火焰内在燃烧的热度。生命是文化的载体,文化源自生命,是个体生命世世代代生生不息薪火相传的创造和积淀。个体生命与文化生命在《主角》中统一了,如同戏曲之"技"与"道"的统一。

---

① 陈彦:《生命的呐喊》,《说秦腔》,上海文艺出版社2017年版,第22页。

四、文化记忆书写与民族共同体建构

以文学方式书写民族文化记忆，有着不同路径和方法。寻根作家基于"五四"割裂了传统文化的认识，有意"跨越文化断裂带"接续传统，求得当代文学的文化立足点，以之为进入世界文学的文化象征资木。这一以返归传统的曲折方式获取世界文学现代品格的实践，终因其内在的矛盾与悖谬而使其叙事具有明显的寓言化体征。启蒙主义视域中的文化记忆书写，往往承载国民性批判的沉重命题，诉之以"文明／愚昧"的对立性价值框架，同样具有了"民族寓言"的性质；风俗小说则更多流露一脉现代性情境下民族文化受到冲击乃至流失殆尽的"乡愁"，是在人性美的田园抒情中对已逝之物的无奈而怅惘的怀旧。无论何种书写，传统——民族文化带给现代人的或者是屈辱的不堪回首的往事，或者是被现代理性驱逐而无法寻回的"旧梦"。正如乡土小说的出现，是现代眼光透视下的风景一样，民族文化记忆作为中国现代境遇和体验的反向书写，时常与乡土想象有关。乡土作为一个区别于城市的空间，内含它在时间和历史中的滞后位置或原初性的本真状态。城市发现了乡土，而以城市为代表的商业文明和大众消费文化，却又使乡土面临冲击而分裂和沦陷。不仅如此，当改革开放将个体之人从传统文化共同体、当代社会主义集体共同体释放出来之后，尤其是当市场化的残酷现实击破了现代化想象共同体，而将个体纳入市场生产、交换和配置的逻辑运转而使其成为"无力的主体"之后，如何重构个体与共同体关系，亦成为现实主义文学需要正面的潜在问题。正如学者所指出的那样："当代中国的个人意识不能不以某种矛盾的形态呈现出来：一方面'个人'努力从各种似乎束缚了'个人意识'发展的'共同体'（集体）中挣脱出来；另一方面从'共同体'中'解放'出来的'个人'，却只能孤零零地暴露在'市场'面前，成为'市场逻辑'所需要的'人力资源'，'个人'的'主体性'被高度地'零散化'，'解放'的结果走向了它的对立面。'个人意识'如此异化的效果，必然造成'个人'产生强烈'认同'需求：个人与共同体的关系在新的市场条件下被如何重新理解，是当代中国文学和文化迫切需要解决的问题。"① 随着中国时代和文化情境的历史转换,应该如何在新的时代情境中,重构传统文化和当代文学的内在关联?如何重塑个体与共同体之间的有效联系,以更好地展现多面立体、流动不居的生活和驳杂繁复的人生,寻索对当下现实生活的深刻理解,并从中汲取重塑个体与现实关系和走向更广阔的意义空间的力量?

对于一些作家来说,这是如何重新处置或安置历史、传统或个体的问题,而对于《主角》来说,则是一个如何从历史、文化的断裂、转型中建立实质性连续和联系的问题。在此,传统及其表意形式之一的戏曲,再次发挥了其强大的文化组织、整合和超越的功能。在中国社会中,戏曲的主要文化功能,体现为对观众和民众生活世界的观念意识世界的组织,以集体伦理意识超越个人化的生活经验,以虚实相生、真幻夹杂的艺术方式扩张日常生活经验世界而进入共同的历史和更为广阔的社会意识结构的言说。

首先,以中国传统群体伦理观念建立在共有、共享和合作、团结基础上的"大家庭"。忆秦娥的出道来自她舅舅胡三元的帮助,她对戏曲技艺修习和古典文化的体悟,来自"存字派"艺人、秦八娃和封子导演等的指点,她演出的成功离不开剧团其他演员、舞美、伴奏、装台等的通力合作。这里不存在交易和交换——一个人将自己交予他人,同时寄予他人亦如此做的期望——这是一个将个我生活汇入更大的群体性生活和文化规划、延续和发展的问题,而不是个人间的平衡和互惠问题。秦八娃视忆秦娥为"世间最好的演员",把自己为忆秦娥写戏看作"历史机缘""写戏人的本分",认为"为演员写戏,为世间最好的演员写戏,这是写戏人的福气"②。此外,其他老艺人、胡彩香、米兰与忆秦娥,忆秦娥与宋雨的关系亦是如此。

其次,将个我献身于他人或更大群体的需要,是"大家庭"的组织原则,也是个我处理与己有关系的通行策略。在此意义上,楚嘉禾、黄正大、郝大

---

① 罗岗、刘丽:《历史开裂处的个人叙述——城乡间的女性与当代文学中个人意识的悖论》,《文学评论》2008年第5期。

② 陈彦:《主角》,作家出版社2018年版,第579页。

锤、丁至柔是未被这一组织原则和道德原则加身的负面典型。小说着力刻画楚嘉禾的功利性、面具性人格。她惟名利是图,为达目的无所不用其极。她处心积虑,多方设计,制造、传播种种流言蜚语,败坏忆秦娥名声,构陷忆秦娥,与丁至柔想方设法压制忆秦娥、抬高自己,结果却因违背"大家庭"组织原则和为人处世的道德原则而事与愿违,狼狈不堪。

再次,对戏曲的热爱是人与人、人与社会建立关系的基础,小说中的正面人物和主要人物,都热爱和依赖戏曲,并投入其中,自觉承担培育、扶植和将之发扬光大的职责。忆秦娥的舅舅胡三元,钟爱敲鼓,视鼓艺为生命,是个为敲鼓而活着的简单的人,因在特殊时期以书为板鼓练习鼓艺而被当作"反革命分子"抓了起来。他与胡彩香之间众人皆知的"爱",亦非通常的灵肉相通,其中亦有秦腔为媒,用后者的话说就是:"胡三元对我好,尤其是在事业上帮助很大。那阵我当主演,几乎每个戏,都是他帮着抠出来的。他最懂戏的节奏,也会欣赏唱腔。"① 二人是热爱秦腔的同道。

《主角》关于秦腔的历史内容和技术因素,不是被当作游离于叙事的知识来渲染和赏玩的,而是暗含并呼应着中国传统伟大复兴的宏大题旨,是作为其内在意韵的发散而一一呈示的。打"传统文化即将复兴的牌"的薛桂生顺利当选省秦剧团团长,薛团长抓业务集训,演员们"才突然感到,戏曲原来是这么有魅力、这么有难度的艺术。那些自豪着能走模特儿步、能跳各种流行舞的人,突然感到了自己脚下的轻飘"。封导提醒忆秦娥:"不管别人怎么胡搞,你恐怕还得朝传统的路子上靠。……唱戏,真是要从老艺人那里继承起呢。"薛桂生认为"省秦从本质上讲,经历了老戏的十几年封杀后,始终没有补上传统这一课"。为此,省秦剧团从大西北旮旯拐角请出来十多个老艺人,狠抓传统、继承,将省秦定位在"拼命向传统的深处勘探","把别人弃之若敝屣的东西,一点点打捞上来,重新擦洗、拨亮"。"中国戏曲的巨大魅力,就来自这苦苦修道者。……戏曲行的萎缩、衰退,有时代挤压的原因,更与从业

---

① 陈彦:《主角》,作家出版社2018年版,第685页。

者已无'大匠'生命形态有关。"①秦腔戏曲及其所代表的传统民族文化,既作为一种当代文学创作的思想和美学资源,也作为一种文化精神内质的外显,回应了当下文学如何思考、介入和表现现实的迫切要求,并提供了一种富有新意的现实主义文学创作范式。

① 陈彦:《主角》,作家出版社2018年版,第895页。

《人，或所有的士兵》
历史、暴力与诗的必要性

在中国当代作家中，邓一光无疑是对战争的思考和表现最为独特的一位，他的《我是太阳》《我是我的神》《父亲是个兵》等战争题材小说都曾因其与众不同的审美追求而带给文学界特别的惊喜，其最新的长篇小说《人，或所有的士兵》则是对战争的反思与表现进入更高美学境界的标志，是一部能够与世界优秀战争文学对话并试图解答我们的疑问、满足我们文学期待的重量级现实主义长篇。

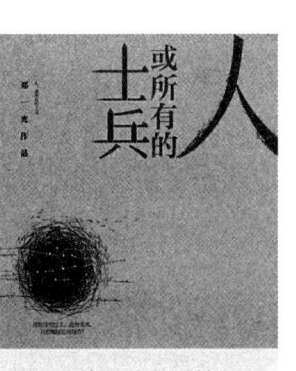

20世纪是一个战争灾难频仍的世纪,其中第一、第二次世界大战可以说给全人类带来了最为惨痛的记忆,而对战争的书写也一直是世界文学的重要母题和重要类型,涌现出了雷马克的《西线无战事》、肖洛霍夫的《静静的顿河》、海明威的《永别了武器》、海勒的《第二十二条军规》等许多光芒四射的经典文本。20世纪的中国,也曾经经历了抗日战争这样巨大的战争,但我们的战争文学却因为思维、视野、思想和审美境界上的局限一直未能产生与我们所经受的战争苦难相匹配,并在视野上、思想上、品质上能与世界优秀战争文学相媲美的优秀文学作品。朱向前在谈到中国当代军旅或战争文学时说:"在整个文学版图上,军旅文学却遭遇到日趋严峻的形势。"① 文学除了为充满战争、暴力和灾难的历史做见证,还有多少突破历史暴力重围的可能?当人道主义被当作陈旧的道德说教弃之不顾时,文学还有多大思想与美学空间承担对具体之人和整体人类的道德关切?在中国当代作家中,邓一光无疑是对战争的思考和表现最为独特的一位,他的《我是太阳》《我是我的神》《父亲是个兵》等战争题材小说都曾因其与众不同的审美追求而带给文学界特别的惊喜,其最新的长篇小说《人,或所有的士兵》则是对战争的反思与表现进入更高美学境界的标志,是一部能够与世界优秀战争文学对话并试图解答我们的疑问、满足我们文学期待的重量级现实主义长篇。小说描述的日本侵略香港引发的香港保卫战及其后续但也是叙述重心的战俘营生活,是二战期间东西方历史整体的一部分,是世界范围内的暴力和人类之恶的重要表现。邓一光在小说中集中思考困扰着人类的根本问题:战争、暴力、历史与生命、人性、人类的关系,历史、暴力与文学的关系,文学如何思考和表现这些关系?人类是如何以历史、正义之名将自身置于战争

---

① 朱向前:《只知诗到苏黄尽,沧海横流却是谁?——军旅文学70年》,《中国当代文学研究》2019年第4期。

的暴力之中，犯下阿伦特所说的"绝对恶"的？

一、形式：还原"历史"中的人

《人，或所有的士兵》是一部形式感很强的小说。这并不是说它的结构如何复杂、形式如何错综、修辞如何繁复，恰恰相反，它的形式看上去非常整饬，非常传统。小说全篇共分七部，每部由法庭陈述、法庭调查及其他、法庭陈述及其他、法庭外调查、法庭外供述及其他、法庭举证、结案报告和遗书等看似极为严谨甚至刻板的章节组成。这是一部建立在严谨客观的资料和历史文献基础上的小说。相应的，小说最后附有作者在中国、英国、美国、日本等国家查阅的档案资料，各国学者编纂的史料、史学著述以及电台电视台录制的影像资料。另外，小说中还配有燊岛示意图、D营战俘示意图、日军进攻香港岛概图等多幅地图。这有助于强化小说的历史感，凸显作者还原历史的意图。但小说虽然有突出的历史写实性，也毕竟不同于注重客观性的历史纪实文学，它从根本上说，是小说，是文学——广义上的诗。

诗可以兴，可以观。《人，或所有的士兵》围绕香港保卫战和战俘营事件，通过大量史料文献还原本事，反映特定历史现实，表达对现代中国和世界历史的所感所思。这使小说具有很强的实录性质，它通过国家之间、政党之间、侵略者与反抗者之间、战俘与日方看守之间的结构性关系，还原了动荡战争中包含的复杂矛盾和多重话语。小说承认、理解和接受这种矛盾性和异质性，并容纳和展现了它们。战争状态下的香港，备受日、英、美等国瞩目，成为一个牵连、汇聚各种眼光的焦点，介入其中的各方势力因此构成一个彼此息息相关的共同体，其中的复杂和混乱难以想象。小说超越褊狭、单质的民族国家视野，既将这段战争历史作为民族集体记忆书写，又深入思考引发战争暴力并将自身置于这种惨无人道的暴力情境中的人类所应承担的责任。小说在对香港保卫战和战俘营之事等核心历史事件的表现上以叙事的内在多质性和杂语性回应了这一复杂交错的历史经验状态，体现了作家对政治、军事、社会以及历史、文明、人性的发展趋势和复杂走向所持的一份强烈的兴趣，并且展示了成熟而出色的驾驭历史事实和人物心理事实的能力。

首先，小说将香港战事和战俘营故事放在二战这一造成人类前所未有的劫难的宏大历史之中，加以整体性观照。二战不仅作为叙事背景，更作为决定着包括主人公郁漱石在内的所有人——士兵、平民百姓、文人——命运的历史事件，成为作者思考整体世界历史和人类整体之关系的根本契机。

小说并不局限于发生在香港一地的一场战争，不是孤立地讲述一个人和一个民族的被侵略和反抗的历史，它从头到尾都有意识地将个人、民族、国家等因素纳入盘根错节的国际关系和世界形势风云变幻的动态发展中，思考个人、人类和历史的关系，思考暴力情境下生命存在和人性展现的状态。苏联与德国媾和，只顾自己捞好处，出卖中国利益，停止对华援助。美国试图援助重庆国民政府，英国却对此不满，担心此举会培养中国的民族主义从而影响到其东亚殖民利益。事实上，美国也出卖中国利益，自《巴黎和约》签订至中华民国成立，它"收着旧中华的老账，做着新中国的买卖"，其对华援助也是出于本国的利益。日本与法、英、葡、德、意等国均有利益的交易、博弈等行为。国力孱弱、国体落后的中国唯有周旋和挣扎于盘根错节的关系中，虎口图存。同时，小说故事的主要发生地香港，是一个关系着中、日、英、美、俄以及加拿大、印度、菲律宾等英联邦国家错综复杂的国家主权、民族利益的场域，是各国间谍汇集之地。香港不仅是一个处于各国权力关系中的战争发生地，关系着中国和世界各国的历史，也牵系着中国和世界的发展走向。小说围绕一个人——郁漱石，一座城——香港，写出了世界、历史的宏伟壮阔，以及在这宏伟图景背后不那么崇高神圣的发生于世界、充斥于历史的暴力——主权争夺、利益博弈、权力逐鹿和生命搏杀。

其次，小说借助档案史料，通过控辩各方陈词，还原香港战事及其前后，中国社会、政治、经济、军事等各方面的历史面目。《人，或所有的士兵》以翔实的历史文献为基础，描述和想象个人史、家国史和战争史。小说以来自各方的陈述、供词、庭内外调查、证人证言、宣判词等形式，通过被告郁漱石，审判官封侯尉，律师冼宗白，郁的养母尹云英，郁的上司梅长治、李明渊，战俘营次官矢尺大介，以及与郁同为战俘和难友的美国军官亚伦等的言说，将香港战事前后的中国形势和现实如其所是地呈现出来：强敌入侵，山河飘絮，人民生活水深火热，"歌舞升平"的香港，在日本军国主义的窥探之下岌岌可危。小说围绕香港战事，以香港为透镜具体而微地描述中国内部的种种复杂现实，描述从中央到地方，从前线战场到重庆后方，从国民政府到南京汪伪政府，乃至国民政府军队内部的种种派系斗争和各路政要达官的言行举措：抗战爆发，最高领袖不断撒谎，部分前线将士一直在贻误战机；前线不少军事将领脚踏两只船，伺机观望；军官克扣军饷，战士食不果腹；下属帮上级料理私家生意；部队走私，军人腐化；国民政府军队内部山头林立，派系斗争激烈；中央与粤系的斗争导致粤系被极大地削弱，也导致粤系抗战溃败，日军完成对中国的最大合围……此外，还有中统与军统的矛盾，军统与汪伪政府的斗争，汪伪政府和国民政府背后的美、日博弈等。国家、政府、军队等各方力量，这些常人眼里宏大却抽象的存在，在根本上决定着香港战事的成败，也决定着人们的生活、生命状态和未来的命运归宿。

小说的主人公、因被指控通敌叛国受到审判的民国第7战区兵站总监部中尉军官、D战俘营战俘郁漱石，以及与他有或远或近、或深或浅关系的相关人物的言辞，提供了对香港、中国、世界和主人公人世经历、个性、心理、行为举措等的多重互文性、互补性视角，形成了一部庞大的多声部交响乐，一部出场人物众多、情节冲突、交错繁杂的多幕历史话剧。这出话剧的编剧、导演，这场历史与人性的交响乐的作曲家和指挥者，也就是这段鲜为人知的历史的思考者和书写者邓一光，展现了一种关于历史、人性和道德的高难度思考和想象。他以历史审判者和灵魂审判者的双重笔触，将这部多层次、多向度的话剧，展现于自己的评价、判断和艺术表现中。他让每一个出场人物，每一个人经历的历史情境，都在历史舞台上得到了言说的机会。通过他们的登台亮相，历史也得到不同个体的颇有差异性的揭示。

随之而来的问题是：在诸多人物提供的关于主人公的不同说法中，真相是否成了扑朔迷离的罗生门？"真实"如何在历史与虚构之间产生？说出历史和人性的真相，是《人，或所有的士兵》强烈而执拗的人道主义诉求的叙事伦理基础。没有"真"的发掘和表现，真正的"善"空洞可疑。这里涉及两个问题：一是文学的历史真实性问题。在后现代历史叙事学出现之前，历史真实性并未进入人们的知识视野。但自新历史小说等从民间史、个人史、欲望史角度提供"还原"式叙述模式之后，历史真实的天然性遭到了质疑并使小说叙述是否真实得到怀疑。《人，或所有的士兵》虽为多声部"个人史"的写作，却与新历史式的戏谑、狂欢性写作不同，它是建立在大量查阅、消化、消融各种历史材料基础上的严肃写作。小说以历史著述为基础，通过对民族历史和世界历史发展过程的理性把握，以冷静客观的态度，力求将人物放在对社会历史和政治、经济、外交、军事、文化的准确描述中进行塑造。《人，或所有的士兵》与革命历史小说也不同，它并不以传达某种规定的政治和意识形态观念为目的，设置对立性人物和矛盾冲突线索，从而简化历史和人性之复杂，它采用"多人发声"与"个人主线"相结合的方式，将更多思考和想象空间让渡给小说人物和读者。这种基于心理和灵魂的选择，是对人性的考掘、发现，也是对人性的确认和信任。二是史实、文学的真实感和虚构的可能性问题。作者通过对历史特定情境下人的生命与人性真相的探索和对历史与人做出深切、理性的真实性论断，获得认识论上的确定性。小说总体上严格尊重史实，让历史本身赋予小说更大的真实感。蒋介石、罗斯福、丘吉尔等各国政要，海明威夫妇、萧红、张爱玲、梁漱溟、陈寅恪等中外作家和文化名人，在特定历史情境中的出现，增强了虚构性历史叙述的真实性、纪实性。但小说并不拘泥于历史事件和人物本身的经验性真实，而是在历史的合理性、可能性限度之内，塑造了郁漱石这一并无直接原型的人物，让他根植于历史生活的土壤，并以这个小人物的命运为中心让众多原先占据叙述中心的历史主角、大人物得到描述。

显而易见，《人，或所有的士兵》的还原性历史叙事具有深厚的伦理性基础和强烈的伦理性诉求。与其说邓一光是试图通过这些形式传达历史本身，提供一种历史学著述式的理性的历史真实，毋宁说他是要通过长篇小说形式的创造，传达一种只有虚构性长篇叙事作品才能传达的关于人、个人和人类的更具体也更具超越性的真实。"有哪一位小说大家对于'形式'的专注不是取决于他对丰富的人性关怀，或复杂多样的关怀，所抱有的一种责任感呢？——那被具体形象所深刻再现了的责任感？这种责任感，在本质上，就包含了富于想象力的同情、道德甄别力和对相关人性价值的判断——试问，有哪一位小说大家不是这样的呢？"①小说以主人公是否犯通敌叛国罪为聚焦点，致力于从不同立场、态度和动机，具体展现不同人物的立场和态度，围绕主人公的人生道路和战争经历，把他的身世、经历和命运结局，他所牵连的各色人物和那些影响其命运的重大事件等做向心式的安排，揭示每一种立场、身份对思考历史、人性和人类生活的整体意义所具有的不可或缺的位置和功能。

历史与人的关系，是小说辩证的核心问题。《人，或所有的士兵》在狭窄逼仄、几无个人容身之地的残酷环境中，在极端历史情境下，表现战争与人、历史与个体的关系，探讨在不损害民族利益、不损害正义的合乎人性的前提下，人有没有选择的权利和自由，人有多少选择的权利和机会。身处无可规避的历史暴力中的个体如何生存？如何选择？他靠什么生存？选择的依据和后果是什么？如何理解和承担这一选择或无可选择的后果？这些作家思考和表现的问题作为驱动力，势必影响到小说形塑人物和历史以及处理二者关系的基本立场和法则。小说体现着"历史的人"的人物塑造法则，突出了人的历史性和客观性，注重把人物放在具体的历史环境和历史事件中加以塑造和刻画。小说建构在二战这一世界历史大背景下，中、美、英、日等国家之间形成了侵略和反侵略等错综复杂的关系，而国际和国内总的情势，对人物、对主人公产生了限制和规约。小说人物无可避免地陷入战

---

① [英]F.R.利维斯：《伟大的传统》，袁伟译，生活·读书·新知三联书店2002年版，第49页。

争，受到其所处的时代、民族、国家、阶层及家庭出身等多种复杂现实关系的限定。小说叙述战争带来的普遍性伤害，郁氏家族的遭遇即为典型一例。作为一个显赫的军人世家，郁家为国家做出了巨大贡献和牺牲：全家六口人除了母亲，其余五人都成了军人，或死或残或下落不明或命运未卜。小说写及众多与港战历史有关的中外名人：通过许地山在香港逝世，写到因欧战而滞留香港的梁漱溟、陈寅恪，以及同样因欧战而就读港大的张爱玲；通过报纸上赵尚志被捕的消息，点出东北抗联活动和战争形势的发展；通过萧红去世的讣告，叙述郁漱石与萧红在日本、重庆等地的交往。这些人物与太宰治、川端康成、吉川幸次郎等日本作家、学者和萧军、端木蕻良、郭沫若等一起，以独特方式描述了战争环境中文化人的生活与命运。值得一提的是，小说用较多篇幅叙述了与主人公密切相关的三个人物：张爱玲和美国战地女记者玛莎·盖尔霍恩及其丈夫、著名作家海明威。小说写张爱玲，既将个人命运与香港战时形势联系起来，更使二人的惺惺相惜互为镜像——他俩是"一路人"，是"在混沌的时代里找不到回家的路，甚至不肯回家的固执孩子"。小说描述海明威夫妇中国之行，不仅通过人物的目光、眼神、语言、动作简洁传神地勾画其性格、脾性，更借此揭示中美两国政府在日本问题上取舍给予的态度，从侧面讽刺性透露了国民党政府的抗战心理、行为。主人公在参与接待的过程中险些因无关紧要问题被掌权者牺牲的遭遇，则是其最终被错误审判命运的预示。所有这些人物，无一例外地受到总的社会现实形势和发展趋势的制约，香港保卫战和战俘营故事等具体历史环境始终围绕人物，促成和限定了人物的选择和具体行动。在抽象、强大的历史法则支配下，"人"或"士兵"很难避免成为历史暴力的承担者或承受者。

小说在历史的总限定下，写出了人物的个性和自身心理的具体性和复杂性，体现着作家对历史中人的命运和价值的关注，凸显了人在无可规避的历史中的灾难性和悲剧性，以及人之为人的受限制的可选择性。这就涉及《人，或所有的士兵》塑造人物的第二个原则，即"人的历史"原则。

二、我／我们：人之于历史

诗可以群，可以怨。《人，或所有的士兵》在还原历史和人的受动性的同时，也突出了人的主观性和丰富、鲜明的个体性，塑造了诸多有着自己的思想、情感、个性、心理和命运的人物。"作为艺术的一种，文学关系到家园而不是人的生存环境：文学存在于一个简单的、以人为中心的世界，通过关联性语言来描述这一世界周围的自然，使其同人类的关切相联系。"弗莱认为，"作为整体的文学并非系上红色和蓝色彩带的展品的集合，不是秀猫大赛，而是可以言说的人类想象的全部范围，从想象的天堂的高度到想象的地狱的深度。文学就是人的启示录，人对人的启示"。以文学见证历史，为历史作证，凭借的是想象和情感的力量，其聚焦点是人，其出发点和终极目标也是人。"文学批评并非裁定团，而是对这一启示、对人类末日审判的意识。"[①] 文学创造、阅读、批评都以人和人类整体为关注重心和价值内核。"所有的士兵"都是"人"而不是战争机器上运转的部件。

《人，或所有的士兵》在晦暗无助的历史中，掘发人性的幽微和光亮。通过书写战俘营非人的悲惨，扩大历史、人性的思想容量。这既是在写历史、写人性，也是在写"主体的利益"和人的内面世界。作者穿行于档案史料中间，既是对具体历史情境的还原，也是对历史之中"人"的"研究"。与其说《人，或所有的士兵》塑造了战争中士兵或人的形象，毋宁说小说蕴含了深沉博大的人性力量和人性光芒。林林总总的历史档案既是对历史的还原，呈现了彼时彼刻历史的客观面目和原初形态，更通过看似客观的史料，揭示了其中的"主观"即"人"的因素，人性的斑驳复杂、晦明交错，人性的幽暗与闪光。小说以宏阔的视野、庞大的容量和对人的细腻体察，以及对人和事、情与境的悉心观照，揭示了人物性格、心理本身的内在有机性，使人物性格和命运在一个连续、完整的历史叙述中得到了饱满、从容的表现。

---

① ［加拿大］诺思罗普·弗莱：《培养想象》，李雪菲译，中国华侨出版社2019年版，第87页。

人既受限于历史，受到必然性和客观情景的规约，又是历史中的偶然性和能动性因素，是抽象之历史的显影，以人为透镜，我们才能看到历史的具体存在，所谓历史发展趋势或规律，终究是通过人的主体力量而形成的。"否认人类普遍价值的存在，将这些价值定义为抽象的东西，讥讽它们是天真甚至虚伪之物，并以封闭的个体性价值取而代之，这个错误是悲剧性的。"①《人，或所有的士兵》是一种指向"我"同时也指向"他人"的"我们"的写作，是有着极大的"我"和"我们"责任感的有强度的写作。小说通过"我们"中的每一个人的陈词，展现了"我们"在这个世界上的存在方式。而我们对"我／我们"的认识就植根于这多种方式中，就存在于我们与他人的共鸣与冲突中。

通过战火中的香港和黑暗的战俘营生活，小说显示了灾难和苦难作为痛苦无法回避的历史真实的切身性。人，不仅是蒙受灾难、承受苦难的不幸者，也是制造灾难和导致苦难的罪者、负罪者。他们中有历史之恶的象征：接到抓到战俘都要杀死命令的日军，在进入香港后大肆抢劫奸淫，以杀人为乐；日军战俘营违反《日内瓦公约》对战俘的人道主义待遇的规定，肆意殴打、处死战俘，饥饿、疾病和自杀造成大批战俘死亡。他们中也有捍卫历史正义的力量：中共游击队的战俘显示了更多的隐忍、智慧和更突出的组织意识和协同能力，他们在越狱的过程中展示了他们的信念、信仰和拯救战友的牺牲精神；国军战俘也能团结一致，泣血吼唱陆军军歌，在日军的严厉监控下勇敢地亮出三色国旗，显示出民族解放战士的战斗勇气，让人动容。但即便作为历史之恶的个体性显影，一部分人也显现着人之复杂性或善的一面，如以郁漱石为研究案例的从事军事人员战场人格研究的日本女学者冈崎小姬，战俘营台籍上等兵阿朗结衣，战俘营雇员桐下旗上，郁漱石的日本朋友、后参加中国派遣军的阿国乃上。

小说并不强调或重塑人的内在精神意志力，并不以展现人物的"力学的崇高"为重心。战俘营的酷刑和毒打，摧毁人的身体甚至精神，小说却没有

---

① ［意］卡洛·安东尼：《历史主义》，黄艳红译，上海人民出版社2010年版，第7页。

让其通向神圣或圣洁的境界。地狱般的惩罚并不构成通向圣殿的路径。人不是崇高的精神性存在,历史暴力的摧残不仅在伤害着人作为历史主体的形象,而且构成对人的精神和人性底线的考验。小说没有根据某种既定的国族话语、正义话语、真理话语,对战俘营非人道反人道的摧残进行重组和升华,肉身之人没有借助精神超越而成为精神的象征,它以强烈的实录色彩,记下战俘和他们的看管者,记下这些暴力的承受者的身体和心理极限以及人、人性的变异或极限,它将对"非崇高的""非人""非人性"的揭示作为历史的见证,也作为人性的见证。

小说中的战俘也并没被塑造为一个意志坚强完整、气势雄浑昂扬的聚合性有机整体。人的精神和身体不是坚不可摧的,他们并没有表现出坚贞、崇高的民族魂或军魂,他们饱受摧残,但没有走向悲壮,更遑论圆满、欢悦和谐。他们长期饱受食物匮乏和疾病困扰。严重的食物匮乏,使树皮、草芽甚至泥土都成了食物,老鼠、蟾蜍、蛾子成了美味佳肴。"失去了自由的人,同时也失去了价值和道德体系"。战俘偷窃抢劫同伴口粮事件时有发生,他们中有人出于泄私愤、剪除异己而相互告发甚至变节投敌。

小说多处揭示国人的内讧行为。民族正义战争竟然成为粤系、川系、桂系、湘系各路军阀谋取私利、扩张势力和地盘的一场买卖。前线将士为国担当,国民政府将领却只顾内地利益的争抢和分配。老咩的游击队和伍副官的孤军有强烈的作战愿望和复仇决心,他们捍卫自己的家园,却遭到政府和军方的拒绝,他们"无法获得信任的情感资源,创造自信的战斗力"。战俘营里,国军仍延续其维持军官及其亲信利益的封建文化军官体制,中国军官从未检讨战役失败的教训。郁漱石对D营的恐惧并不来自寒冷、昆虫、饥饿,而是中国战俘,"这里的每一个人都不是正常人"。

《人,或所有的士兵》对历史及其非人性暴力的思考,对"人"的命运和价值的思考,围绕郁漱石展开。郁漱石既是我们窥见历史的窗口,也是窥见人性之窗口,更是窥见历史与人、与人性矛盾纠缠的窗口。这是一个中国现代历史小说中前所未有的弱者的英雄形象。个人与历史之间的心灵搏斗,使他成为一个特别的甚至另类的英雄。正是有主人公这样的小人物的存在,历史才得以鲜活生动,残酷的历史才会闪耀人性的光芒和力量,更具温暖结实的人性和人间气息。

郁漱石走向战场的自我牺牲行为,并非出于英雄主义信念,他的抗战并不是为了把自己纳入某种外在的思想观念体系中,或为了某种既定的主义。值得注意的是,他没有随着时间和具体情境的变化不断成长,而是在变化的场景——从战场到拘留营、战俘营再到法庭中,始终保留自身一致的个性特征和原有的基本性格。他内心敏感、脆弱、羞涩、矜持,自尊心强,在现实中,他缺少能真正理解并产生深刻精神共鸣的朋友。他没有常见战争历史小说中英雄人物那样坚不可摧的精神意志,却能够排除个人得失,坚守自己的内心和良知,对于自己的选择和为民族所做的牺牲,他并不后悔而是固执以己意行之。作家为何、如何创造主人公这样的人物?小说是运用怎样的叙事策略和机制将一个被审判的"叛徒"短暂的一生建构为一个完整的另类英雄故事的?这是进入小说人之世界的关键。

历史的巨大旋涡与个人命运变动密切地耦合,并构成触目惊心的反差。小说让主人公日益卷入各种矛盾冲突——父子之间个性、性格、观念和认识上的矛盾,男女感情上的矛盾,国家之间的日益尖锐的矛盾,战俘营里日占者与战俘之间、战俘之间的矛盾,他无法主宰自己的命运,只能被迫承受命运的安排、捉弄和践踏,日渐陷入不可逆转的灭顶之灾。

郁漱石先后在日本和美国读书,留日期间,学业出色,想做一名学识渊博的文学家,他与日本女子阿国加代子恋爱,和加代子哥哥阿国也是好友。战争爆发前,他和加藤、千年等日商保持着单纯的朋友关系,彼此心照不宣地为各自国家服务。更为特殊的是,他的生父是中国人,生母是日本人,他出于爱国和战争早点结束的愿望而归国参战,却不想上前线杀战场上的日本人。他感到困惑、彷徨,不知道"该报生父的国,还是生母的国"。他和日本老师、"兴亚论"中的右派浅野夕照教授,以及日本亲华学人、反战派的同情者吉川幸次郎教授,均有良好的师生情谊。但他没有放弃自己的祖国,他完全忠诚于她,并献身于反抗异族侵略、改善她被侵凌处境的事业中。他无法赞成国民政府某些官员的投机和妥协,却又抱着朴素的、纯粹的信念,积极参与反侵略斗争。那些利用战争中饱私囊,发战争财,热心于党派斗争和山头倾轧的人,这些实质上的民族解放事业的侮辱者和背叛者,却指责主人公的某些属于个人性格或个性的无伤大雅更无关大局的"缺点",甚至以通敌叛国罪指控他。语言与政治之间存在根本的联系,斯坦纳认为:"鉴于纳粹统治下的德语状况,我在其他地方也表明,当语言从道德生活和感情生活的根本斩断,当语言随着陈词滥调、危境省察的定义和残余的语词而僵化,政治暴行与谎言将会怎样改变一门语言。""在我们时代,政治语言已经感染了晦涩和疯癫。再大的谎言都能拐弯抹角地表达,再卑劣的残忍都能在历史主义的冗词中找到借口。"[1]作为一个战俘,郁漱石无法活得干净、体面,但他不放弃自己的尊严和灵魂的纯洁。深深热爱和敬重自己的同胞的郁漱石,虽然没有丧失自己的民族信仰,却无法保持那种让他自己觉得生命还有价值的力量和热情。在代表民族正义的卑劣蛮横的国家话语面前,主人公虽百口莫辩,却从未从内心感到羞耻和无地自容。他最终选择自缢身亡,这是他生命抵达终点前的最后一道闪光。

郁漱石所恐惧的不是充满暴力和血腥的战争本身,不是身体的饥饿、疾病和伤害、死亡,而是战争情境下暴露出来的人性的不确定性和无尽的黑暗性。战争重新发现了人性,使人或所有的士兵体验、认识到它并由此而恐惧,却因被其掌控而无法摆脱和解决。"战争只会渲染和强化恐惧,而不会解决它,它只能由个人来承受和承担。""恐惧"是主人公丰富、多感的内面生活的主要构成。对这种在通常看来属于不合时宜、不健康的心理、情感,小说没有驱逐或删除,而是在战场尤其战俘营情境中极有耐心地做出极为细致的描述。这超越了抗战小说中常见的民族层面的结构性设定,避免了欠缺内心生活的同质化、刻板化。主人公虽为英雄,有着与通常个体英雄相

---

[1] [美]乔治·斯坦纳:《语言与沉默:论语言、文学与非人道》,李小均译,上海人民出版社2013年版,第34、43页。

近的内在的完整性，但小说并未借助坚实的共同理想和信仰使之获得巍峨、圣洁的形象。郁漱石是"被自身定义的"①，有着散发着人性光芒的丰富的内心生活，其心灵里产生出喜怒哀乐，闪现着精神的真实性和独特的英雄魅力。主人公既是个体受难者，也是一个民族受难的象征，人类苦难的寓言式人物。他既是作家创造的文学人物，又超越了作品，既属于他所在的时代，又超越了这一时代。

《人，或所有的士兵》以书写历史中的个人、生命与民族、人类的命运，来见证人性，见证文学持久而深入的力量。小说深入人物的内心世界，细致描写了郁漱石的心理和情感活动，他的牺牲、爱和忠诚，完整地呈现了人物的人生历程，使人物成为一个拥有敏感却坚韧、完整而深刻灵魂的"人"。郁漱石所体现的建立在个人生命至上基础上的人道主义精神并未被历史逻辑所淹没。他自始至终拥有自己独立、完整的人生逻辑和人性信念。这一人物中蕴藏的深厚人性基础和情感力量，深沉的生命关怀和朴素的人道信念，使坚硬强大的历史不再让人感到隔膜、疏离，我们借此看到了丰富而生动的人和生活，让我们在进入历史的同时置身于一种自然的、极为清晰的真正的现实中。作家对历史和生活、现实与人性的极度用心和富有同情的关注，使小说以伟大高贵的道德品性，为我们展现了一种更为广阔、深沉、强烈的历史、人性和文学经验。

三、诗：文学的必要性和根本性

诗言志。文学艺术要以记忆的留存，抵抗对历史和现实之实的遗忘，它要穿透历史与现实的假面，从深层洞见生存、生命之实，进而对历史与现实给予超越世俗功利的神圣关怀。伟大的艺术不沉醉于历史与现实的幻影，不把玩纯粹的消闲娱乐趣味，不自娱亦不娱人。真正的诗，不单是自歌自咏自适自怡然之作，遣兴、抒怀、独乐、悦情不是它的目的和功能。

---

① ［英］利萨·泰勒：《媒介研究：文本、机构与受众》，吴靖译，北京大学出版社2005年版，第38页。

阿多诺曾说"奥斯维辛之后写诗也是野蛮的",后来修正道:"长久的痛苦当然有获得表达的权利,就如被折磨的人不得不吼叫……所以,说奥斯维辛之后不能写诗或许错了。"但希利斯·米勒认为:"将诗歌比作受刑者的哀号,虽说得通,但至少有些奇怪,例如,按照这种说法,我们就很难恰如其分地欣赏保罗·策兰作为大屠杀幸存者所创作的诗歌的复杂性。"[①]在米勒看来,阿多诺说的是"奥斯维辛之后,甚至写首诗,也是野蛮的","野蛮之处在于,现在写诗面对的是让人惬意的白纸或电脑屏,人们或冷静或激愤地坐着写诗——说得更确切些,写些或长或短的诗性文字"。他认为,"阿多诺意在强调写作的具体动作,笔在纸上涂涂,手指敲敲键盘,诗歌就写出来了。奥斯维辛之后,这么做是野蛮的"。除了这层含义,"阿多诺可能还指奥斯维辛之后,每个人都应尽力确保类似悲剧再次发生;倘若不然,就是野蛮。写诗无济于事。恐怖凄惨的年月里,我们无暇审美,无暇超然于政治之外"[②]。阿多诺强调诗的实践性——对写诗作为一种具体动作的实践性和超越具体的诗本身的每一个人的责任实践性,邓一光也严肃地以那句常识般的极其有力的文字作为扉页题词:"远离战争,不论它以什么名义。"

阿多诺的"写诗"是指写包括诗歌、小说、戏剧等在内的虚构性文学作品。写诗或其他虚构性文学作品,与现实无涉的情况不只属于西方社会和文化,它在我们当下的社会和文化中同样存在。其表征之一是,我们时常以"现实比文学更魔幻、更有想象力"或"现实超出了文学的想象"等说法表达对文学的不满或现实引发的我们的惊愕。这也是越来越多的非虚构作品受到欢迎的原因之一。但问题是"客观性""非虚构性"能否有力地表达文学对人的终极关怀?与小说等虚构文学相比,它能够在多大程度上带给我们无穷的魅力、持久的美感和终极兴趣,让我们享受精神自由、灵魂澄澈的美感?如

---

① [美]J.希利斯·米勒:《共同体的焚毁:奥斯维辛前后的小说·前言》,陈旭译,南京大学出版社2019年版,第1页。

② [美]J.希利斯·米勒:《共同体的焚毁:奥斯维辛前后的小说·前言》,陈旭译,南京大学出版社2019年版,第1页。

斯坦纳所说,"我们对人的本性和内心的知识,大多还是来自诗人之镜"。但当前一个不可否认的事实是:"这面镜子的许多部分今日已经破裂、模糊。文学现状的主要特征是'非小说'(报告文学、历史小说、哲理散文、传记、评论)压倒了传统的虚构形式。过去二十年的小说、诗歌和戏剧,大多写得不好,感情苍白,难以与事实冲动压倒虚构的写作形式比肩。"[1] 表征之二是,在一些被认为有着突出的现实感、时代感的作品中,铺展和堆砌着大量现实经验碎片,"现实"或以极为浮泛化浅表化的方式被复制生产,或按照理念、观念被机械地截取,纳入某种僵硬褊狭的"时代性"模式。无论哪种情况,它们都"奇特地无涉现实"。米勒对文学"现实性"的强调,目的在于让文学成为具有深度和广度的历史见证,在此基础上由文学的想象实践走向现实行动实践。因此,他认为阿多诺禁令的不合理之处,在于"他没有意识到文学是见证奥斯维辛的有力方式,无论那份证言可能存在什么样的问题。文学本身成为见证,特别能够提醒我们不要忘记那些逝去的超过六百万的生命,并由此指引我们从记忆走向行动。以文学的方式作证,迥异于亲耳聆听受难者的哀号,而阿多诺在回想之后亦承认奥斯维辛之后的诗歌可以表现后者"。"我的解读能见证我对这些特定作品的感受,从而有可能指向雅克·德里达意义上的'将到来的民主'(the democracy to come)。"[2] 诗,是诗人和作家见证历史暴力的方式,批评家的阐释和读者的阅读则是为见证者作证。

  历史记载,心理分析研究,回忆录,录制的证词、电影,诗歌,幸存者创作的散文和小说,非历史亲历者的小说和报告文学,以及评论这些虚构或非虚构文学的文章和书籍,都试图以某种样式、文体、语言,从某个特定视角观照整个特定历史事件、历史人物。在这诸类文字之中,作为虚构性叙事类文体,小说尤其是长篇小说的作用无可替代。"想象的建构告诉我们那些无

---

[1] [美]乔治·斯坦纳:《语言与沉默:论语言、文学与非人道》,李小均译,上海人民出版社2013年版,第13页。

[2] [美]J.希利斯·米勒:《共同体的焚毁:奥斯维辛前后的小说·前言》,陈旭译,南京大学出版社2019年版,第4—5页。

法从其他途径得知的关于人类生活的事情。""没有人能够记住战役的名称和时间，除非它们能唤起想象：也就是说，除非有一些文学原因使人们这么做。所有在时间中发生的事情都消逝在时间当中：正如我之前引用过的普鲁斯特所言，只有想象才能将人们看作'时间中的巨人'。"① 人们记得葛底斯堡战役，很大程度上并非因为史书的记载，而是因为林肯的《葛底斯堡演说》。在这篇被弗莱称为"一首伟大的诗"的演说中，林肯有句名言："世界不会注意也不会长久地记住我们在此说了什么，但是永远不会忘记他们在此做了什么。"但事实上正是这篇演说以"伟大的诗"的形式，不仅让后世记住了林肯"在此说了什么"，也让人们记住了这次"伟大的内战"和为这个国家生存下去而付出生命的英雄、烈士。这体现着文学与历史，虚构、想象与历史见证之间常被我们忽视的关系，以及想象性文学强大的记忆和见证力量。

评论家海伦·加德纳指出："想象性文学与人类行为和人类良知的世界之间关系的整个问题，在这样一个人类行为和人的良知的世界中，我们的精神和思想生活与我们的同胞密不可分，与我们的道德生活密不可分。"② "诗"——有力量的、富有想象力的文学具有解放、烛照和扶持的力量。《人，或所有的士兵》将香港战事和战俘营故事等鲜为人知的历史写出来，让我们对不幸与罪恶有知，从而担负起生存者和幸存者的责任：对不幸和罪恶一无所知，任其横行肆虐是一种罪，这如同目睹不幸与罪恶而保持冷静的看客姿态一样，都在事实上容忍了罪恶并对不幸、灾难无动于衷。面对包括主人公在内的成千上万无辜的人的死难，我们能否宽恕自己那种与己无关的看客般的冷漠，能否继续生活在自己对此一无所知的自欺中？显然，需要接受质问和审判的不仅是历史，也同样包括我们这些历史的幸存者。

阿多诺之所以将"诗"与"野蛮"对立并置，原因在于"思想家和艺术家

---

① ［加拿大］诺思罗普·弗莱：《培养想象》，李雪菲译，中国华侨出版社2019年版，第104—105页。

② ［英］海伦·加德纳：《捍卫想象》，李小均译，广西师范大学出版社2019年版，第232页。

时常描述一种不是身临其境,不是在表演的感觉,仿佛他们根本不是他们自身而是一类旁观者","思"和"诗"还是一种"旁观者的姿态",是"那种使人保持一种旁观者的距离并超然于事物的能力"[①]。《人,或所有的士兵》面对灾难、不幸都没有"审美距离",没有以一种旁观的客观姿态,对生命困境和厄运采取超然观照。小说中的每一个生命都有其真实与真切的一面,每一个人的罪恶或苦难都是人类生命的罪恶与苦难。对这些苦难、罪恶的真实存在,视而不见听而不闻,将人类的荒谬与不幸幻化为与己无关的他人之事,无动于衷,是"野蛮"的。

何为"诗"?"美"的诱惑使人堕入无功利、冷静客观的"诗意"和技术主义迷途,一种浪漫主义、唯美主义和形式主义的极致化推崇,使感性、审美成为"诗"的本质,但这恰恰让人远离了真与善,沉溺于与现实、生活、生命无关的"审美"。以这种眼光和趣味来看,《人,或所有的士兵》是阴暗、冷硬、阴郁或无趣的,其坚硬的历史学风格和单调的结构布局,令审美者望而生畏。《人,或所有的士兵》是反修辞、反审美、反技术论的,它用最"笨拙"、最朴素的方式,拒绝"美"的诱惑,洞见"诗"的本真。小说叙述始终贯穿"善"的伦理学维度、内涵和价值取向,但这并不是说,它是一部劝人向善之作,而是说小说在对历史之恶、人类之恶的剖析中,隐含了向善之道。它不是传统道德劝谕性的说部,而是向死而生的历史与人性的寓言。作为现代历史暴力的寓言性反思之作,《人,或所有的士兵》之"善"始终未曾脱离凝重的"诗"之本真。此处之"真",既非逻辑学范畴之内的"真",也非生活经验意义上的"真"和纯诗学层面的修辞之"真",而是建立在历史和人性意义上的存在论意义上的"实"与"真"。

文字的魅力和力量,会以多种方式体现:或专致历史进程,瞩目历史现场和细节;或铭刻历史和生命的经验与体验,积淀痛苦与困惑;或定义历史成败;或着眼人性;不一而足。但探求文字与历史之间深切、细密的交会,蕴积和激发丰厚之思辨与想象的能量,开拓无限致思可能,应是根本契机乃

---

① [德]阿多尔诺:《否定的辩证法》,张峰译,重庆出版社1993年版,第364页。

至最终目的所在。《人,或所有的士兵》是对法西斯主义、军国主义和历史暴力、战争恐怖的见证,是历史之恶——它以东亚共荣、团结进步等崇高说辞为战争和暴力张目——的见证,也是对那种建立在现代启蒙理性基础上的民主、平等、博爱和进步等意识的"终结"的见证。小说是历史与人性之恶的见证,也是善与美的见证。作者并未陷入对历史和人性的彻底绝望,"远离战争"的呐喊便是明证。他行走在历史的黑暗隧道中,观察着暴力情境下人性的幽微、分裂与畸变,他不愿错过每一点微弱的希望:那是在残酷的战场和战俘营中,一个具体的生命面对另一个具体的生命未泯的良知,是一种超越阶级政治和国家政治、民族主义意识心态的微小的善与美。在非人的暴力中,郁漱石"必须为自己找到一个生而为人的理由,而活着不是理由"。他认为自己"应该比其他战俘更像个绅士"。他利用自己的留日经历和对英、日语的熟悉,沟通战俘与管理者,为前者争取最大利益和生存空间。他相信战争结束之后自己会成为绅士,所有的人都可以成为绅士。作为被剥夺生存权利的战俘,"他恰恰不打算放弃生命"。《人,或所有的士兵》蕴藏着一种内在的崇高感和圣洁感,但这并非来自超人化的身体、全能化的能力、神性化的精神,也非来自对暴力历史的赞颂,这是一种弱者的崇高,"'弱者'的崇高源自对自身生命'内在性'的坚持,弱小、单薄、匮乏的他们,偏偏在与历史的周旋中呈现着令人瞩目的崇高"[①]。它源自人性深处,是人性的本能,按照某种理性话语来衡量,它甚至是盲目而危险的,它像战争中的个体一样,微小、孱弱、卑微,然而却是未被历史暴力之恶碾碎的细微的人性的种子。这些人性的种子,见证和承受了战争、灾难,却也在阴暗、潮湿、沉重的整体色调中,闪现出一丝人性之光,一种非政治、非理论、非意识形态、非宗教的人性之善和人际之善与爱。如果说《人,或所有的士兵》体现着历史的崇高,那也是因为有了郁漱石这样的战争亲历者、参与者和历史暴力的受害者、反抗者,他们的存在,给历史的崇高躯壳注入了灵魂和血肉。

《人,或所有的士兵》用"诗"的方式,以弱者对生命与死亡的思考和

---

① 王金胜:《弱者的反抗与莫言文学的崇高美学》,《当代作家评论》2020年第1期。

追问，实现了个体生命对历史的超越，复活了被宏大历史叙述所湮没和抹除的"执拗的低音"。小说所叙述的历史以及那些挣扎于历史中的生命，一起成为作家这个历史—生命主体对他所身在其中并为之忧思的世界的深挚表达。

《修改过程》过去与未来之间的思想诗学

《修改过程》讲述的是1977年恢复高考后的第一届大学生自高考入学至2007年三十年间的读书、工作、生活和情感经历,故事性和世俗性对比于《爸爸爸》《马桥词典》这类作品虽有显著增强,但其内在的形而上的思想性风格依然极其强烈。

韩少功是中国当代最具思想性的作家之一，他的小说长于以现代知识分子的立场从国民性、文化根性的角度思考中国社会的历史变迁、城乡困境以及与政治、革命、意识形态、文明、经济、欲望等相关的诸多现代性问题。他的小说从来不回避对思想的阐述，小说内部始终矗立着一个强大的思想者和反思者的形象，其鲜明的思想诗学赋予了小说特别的审美品质，故事性、可读性也许不强，但给读者思想、心理和情感的冲击与回味却是巨大的。他最新的长篇小说《修改过程》讲述的是1977年恢复高考后的第一届大学生自高考入学至2007年三十年间的读书、工作、生活和情感经历，故事性和世俗性对比于《爸爸爸》《马桥词典》这类作品虽有显著增强，但其内在的形而上的思想性风格依然极其强烈。小说有两个相互关联的突出特征：一是有着丰富的时代肌理、鲜活生动的现实生活内容。三十年当代中国史构成了其历史背景和叙事前提。二是小说在叙事视点、技巧和方法上有着突出的先锋色彩。时代生活内容在小说中得到独特的观照和处理：既作为小说人物所经历和遭遇的具体的经验性时空被讲述，同时也作为被审视、被反思的对象和客体被讲述；既是被讲述的内容，也是被反思的对象；作为"事实"，它们以"建构性"连接起相对稳定的故事，作为被讲述的事实，它们是某种话语有意识或无意识的产物，它们是分析性或解构性的。它们既是时代的见证，又是时代话语的表征性的产物。内容的时代性、现实性，叙事的生活质感和形式的现代性、后现代性的糅合，产生了奇异的审美效应乃至理解困惑。

一、80年代[①]：被"还原"与反思的对象

按照通常理解，"文革"的结束与80年代的开始，是一次重大的"历史断

---

① 本文使用的"80年代""90年代"的表述，不局限于数字标示的十年，而是按照时代精神状况以各时间为中心做适当追溯和延伸。根据小说内容，前者往前延伸至1977年，后者则指90年代一直往后包括21世纪在内的三十年时间，截至2007年。

裂",小说中的人物——知青是革命时代的幸存者和启蒙时代的幸运儿。90年代后,他们又经历了由启蒙时代到市场经济时代这一历史"断裂"或"转型"。对于始终处于历史中的他们来说,80年代是一个重要起点:人物新生命的起点和小说叙述的起点。

回顾自我诞生的历史,作家们自然有见仁见智的态度和选择。在90年代以后,80年代或成为一个遥远的过去,一个曾经的思想、文化和文学的"黄金时代",一个去而不返的作为"五四"久远回声的启蒙时代,或一个被否定乃至戏说的对象,或一个不应被忘记的"原点",或一个注定被超越的"过渡阶段"。80年代/90年代也经常被置于计划经济/市场经济、崇高/世俗、精英/大众等二元对立框架中,做抑此扬彼、互为他者的价值判断。

《修改过程》立足90年代知识和思想立场(这本身也是一个多元复杂的构成),对80年代秉持一种以还原为基础的反思态度,既没有将历史的某一侧面刻意放大,而陷入新的扭曲和遮蔽,也并未一味肯定或否定,而是在借助自身经历和体验还原历史现场的同时,反思和批判其中的局限与危机。

小说"附录一"以77级2班班会脚本的形式,对80年代的"文学"特质进行了现身说法式的概括——"文学成了这个群体的集体特质:热情,敏感,富于想象,乐于引经据典,不无雄心甚至偏执狂。"80年代以文学为载体承担了高涨的政治热情和使命:"文学承担着的人类良知,是社会进步的敏感神经。"77级2班的人,创办大型壁报《我们》,直指"敏感时政话题,提倡讲真话,无异于投下了一颗不小的思想炸弹,形成了巨大的舆论冲击波"。他们因校园危楼事件发动揭黑反腐行动。这是韩少功运用思想随笔的方式对80年代知识分子、文学与政治关系的揭示,也是对小说正文部分以形象、故事形式隐含的"思想"的概括性传达:80年代的知识分子、文学的现代性追求仍然运行于民族国家层面,在他们的文学热情中仍然包裹着挥之不去的民族国家价值内核和国族热情。

同时,作为韩少功新世纪之作,《修改过程》已经超越了80年代小说中现代性之民族国家层面对个性解放、个体自由层面的压抑,而从政治、文化启蒙角度进入了三十年前小说极少涉猎,而又在90年代被欲望化叙事反向嘲讽和解构的"人性""个体""生命"等话语层面,展现了80年代的驳杂、嘈杂与混沌中的生机:崇高与世俗、革命与食色、理想与世俗、观念与物质、虚无与实惠、自由追求与欲望追逐、人性解放与本能释放、个性觉醒与内心虚无、心灵的纯净与人性的阴暗、个人主义之潮的涌起与个人的困惑,这些是如何纠缠夹杂一起、难分难解的。

小说从多方面还原了80年代的复杂性。它以知青大学生们不但爱唱《国际歌》,还爱私下唱邓丽君的歌这个容易被忽略的细节,"注解了一个时代的重要特征":"传统的革命激情仍在延续,但青年们不再拒绝世俗,恰恰相反,个性、利益、功名、情爱、享乐一类倒成了理想的应有之义,个人欲望成了公共利益的出发点和落脚点。"这些知青大学生"来自清贫和禁制的往日,其理想从一开始就翻腾着人间烟火与食色天性",作者对此表达了自己的困惑和思考:"这是衰变还是革新?是可疑的人格分裂,还是必要的观念重组?《修改过程》着意表现了80年代与70年代("文革")之间的复杂性关系。查建英认为:"'文革'是造成中国人知识和文化贫乏的重大历史事件。'文革'式的革命激情和八十年代的反叛激情看上去一正一反,其实是有关联有延续的,因为八十年代反叛的主力军实际上正是'文革'一代人。"[1]这首先表现为他们都有热衷权力,臣服于权力并以攫取权力为人生价值目标的政治功利性思维。班长楼开富是一个《班主任》中谢惠敏式的人物,"看重思想道德和组织纪律,暗中密切关照各位同学的背影"。但不同于谢惠敏的政治文化蒙昧主义受害者身份,楼开富有着强烈的政治投机目的,找老婆时也"非厅级以上老革命家庭的不娶"。楼开富的权力欲望渗透在学习和生活各个环节中:经常宣讲文件精神,背领导讲话以适时引用,让领导开心,振振有词地讲品德、理想、现代化、革命传统等等,即便第一次与省里高官女儿"谈恋爱",也"开口就作报告,讲理论"。他是个典型的马屁精,把暗恋他的赵小娟

---

[1] 查建英主编:《八十年代:访谈录》,生活·读书·新知三联书店2006年版,第277页。

送给他的紧俏电影票,送给了主管学生工作的副书记。政治对于他来说只是攫取权利的手段而非内心的信仰。其次,在谈到个人主义思潮兴起时,韩少功认为这是利益理性和"很多人的江湖打拼经验相结合"催生的结果。这一点在马湘南身上体现得最为突出。马湘南与同学在做作业、考试等方面的交易,表明对物质利益的追求和建立在此基础上的交换原则,在当时是已被广泛地理解和接受了的。再次,是对体制和权威反抗的合理性的反思。小说正文部分讲述的"驱张运动"、反抗校长张某的"八禁",声势浩大并终获成功,这无疑是能彰显那个时代"自由""民主""解放""人性"的典型事件。小说通过几处细节,还原出"自由"等宏大语词的具体历史形态:一是有人将陆一尘贴在床头的一纸让人心潮澎湃的格言中的"血"字涂改成"荷尔蒙",以理想之名行欲望本能满足之实。二是为"自由"而"驱张"反倒压制和剥夺了肖鹏在宿舍休息的自由。自由成了专制和暴力的借口。三是"附录一"再次以反思态度提及此事时说:这一事件中包含了多少合理的反抗?又包含了多少任性的粗鲁?

小说还写到大学生们现代主义前卫派包装下的颓丧和无聊:揭黑反腐行动中因署名排序问题导致的领导层分裂;民主派青年所反对的官僚主义、官本位,也正是他们所追求的东西。对于80年代内部的"区隔"和排斥性,韩少功也多有表现:马湘南的父亲是省里某厅长,母亲是党校教师,马湘南属于高干子弟,楼开富热心地与其交往,嘘寒问暖,"想必也是看中了人家的家庭和高端人脉";出身偏远农村家境贫寒的史纤,时常被人嘲笑;对时兴的政治性活动并无兴趣的肖鹏被视为"怪物"。这就是80年代,它不那么高大、神圣,更谈不上完美。它既有浪漫主义想象、理想主义冲动,有凌晨排队购书的热情,有"一种自己正在变高、变广、变大的大升华",也有功利、世故、精明、算计。它既令人感慨、使人缅怀,又让你嘲讽、指责。

世俗化是80年代的一个重要构成因素。这一点在"附录一"第三篇《世俗的语法》中有集中体现:"浪漫的理想一旦退潮,散沙化的各谋其利便浮出水面。"这既是从知青大学生这一特定知识群体入手,进入80年代精神结构内部，为90年代的世俗化、物质欲望和消费主义、享乐主义寻找历史根源和文化依据，也是对被"新启蒙"思想文化命题所遮蔽的历史现场做现象学呈现，是对80年代现代性的局限性和复杂性、模糊性、多义性、偶然性、不确定性的反思。80年代启蒙文学代表之一北岛回忆道："八十年代有八十年代的问题，九十年代的危机应该追溯到八十年代。""其实八十年代的理想主义没有把根扎得很深。那时生长于'文化革命'中的知识分子刚刚立住脚，并没有真正形成自己的传统，自'五四'以来这传统一再被中断。这是一个民族的精神命脉。"[①]90年代的文化转型和"人文精神"危机并非突如其来，它的种子在80年代已被种下，遇到90年代合宜的土壤气候和水分才得以蓬勃成长。李陀认为，"'新启蒙'的局限，也就是八十年代思想的局限"，"一个思想大活跃的时代，不一定是思想大丰收的时代——八十年代就不是一个思想丰收的年代。无论和他们对自己提出的目标相比，和当时他们的自我感觉相比，还是客观上历史对他们反思思考的要求（对社会做批判性的历史总结，对当代资本主义作批判性的理论分析）相比，那差距是很大的，甚至于……是相当肤浅的"。李陀在做出这个自己也认为"有点过于苛刻"的批评时，也表示了对80年代思想局限性的同情与理解："那十多年毕竟是很特殊的，'文化大革命'刚刚结束，无论在哪种意义上，那都是一片废墟。"[②]作为在思想解放和改革开放历史中成长起来的作家，韩少功对80年代有着相似的反思和同情："从我个人的经历和教训来说，八十年代的启蒙取得了成果，但也有缺陷，在敢于接受西方资本主义成果的情况下，一些焦虑和急躁情绪在所难免。……知识界主流用金钱的乌托邦反对革命的乌托邦，用右的教条主义反对左的教条主义，思想认识走了弯路，但所针对的问题却不能说不存在。"[③]他

---

① 查建英主编：《八十年代：访谈录》，生活·读书·新知三联书店2006年版，第80页。

② 查建英主编：《八十年代：访谈录》，生活·读书·新知三联书店2006年版，第277页。

③ 韩少功：《大题小作——韩少功、王尧对话录》，《大题小作》，上海文艺出版社2017年版，第154—155页。

认为个人主义在80年代的复兴是"鲜血换来的解放":"八十年代以来个人主义在中国复兴,作为对'文革'噩梦的报复,权威专制所取消的个人欲望和个人差异,重新受到了人们的重视。这种鲜血换来的解放至今使我们受益。"①崇高和世俗纠缠在一起,思想、精神的解放和肉体、欲望的释放不可分开。80年代既有肖鹏、林欣,也有马湘南、楼开富、陆一尘,还有史纤、毛小武。他们既探索知识,从知识中获得快乐和升华,也在"(改革)开放"和"(思想)解放"的氛围中,发现个人、自我进而对欲望进行解码。思想、文化、精神与身体、欲望、世俗共同构成"人"和"个体"的完整性和历史的具体性。《修改过程》并不认同和采用90年代小说叙述80年代之事时常见的欲望化、生理化、符号化和游戏化模式,小说超越了80年代的历史局限,也超越了90年代的历史文化空间和趣味的限制,以自我反思与历史反思的态度和独立的批判性精神立场,返回历史原初形态和情境,将80年代从启蒙/世俗、精神/欲望的模式化对立和虚幻不实的怀旧模式中解放出来。

当然,彻底的还原只能是一种理想化意念。从物理时间意义上说,90年代是80年代的延续或断裂的结果,从思想、精神意义上看,80年代却是90年代的心理—文化产物,前者作为历史被后者发现和表述。《修改过程》中的80年代就是通过90年代从压抑和扭曲中发现和开掘的。韩少功的80年代描述中,有着90年代的影子,也包含着他对90年代的反思。对90年代以来现实的反思,启发和促使作家重新审视80年代的历史,90年代的新知识新思想推动了作家对历史的新发现。

二、90年代:作为反思的对象和起点

小说在八九十年代的历史转换中书写人物的生活和命运,对90年代及其与80年代之间究竟存在何种经济、精神和文化关系进行了深层思考和辩证。

90年代不是凭空而来、无所依傍的,尽管我们可以沿用"断裂"来处理

---

① 韩少功:《熟悉的陌生人》,《在后台的后台》,人民文学出版社2008年版,第103页。

这两个年代，但正如尼采所说："因为既然我们只不过是先辈的产物，我们也就是其错误、激情和罪过的产物，我们无法摆脱这一锁链。尽管我们谴责这些错误，并认为我们已摆脱了这些错误，我们却无法否认一个事实：我们来自它们。"①《修改过程》以人、个人的命运为主线，连接80年代和90年代，在人物的世俗生活层面和心理精神层面上将两个时代加以链接而不是简单地将其对立看待，自然也不是无视其间差异而将其象征性弥合。

韩少功对80年代和90年代有过形象化的比较："八十年代是一个天真的早晨，九十年代才是一个成熟的正午。"②《修改过程》借前国企老总、现在的郭副省长的话，写到两个时代的不同，"那时都是初生牛犊不怕虎，有点像一个时代的早晨"，"那时的人们不无幼稚，也不乏热情天真"，"现在，找一个比喻的话，可能就是新时代的正午了"，"也许，人们多了些成熟，也多了些世故"。天真、幼稚、热情的80年代与成熟、世故的90年代，"早晨"与"正午"，孰好孰坏，孰是孰非，韩少功并未做出抑此扬彼的简单判定。

小说对90年代的虚无主义、功利主义，人与人关系日益理性、日益疏离与隔膜，生活日趋庸常平面，无疑是抱着一种怀疑和不满的。这一点尤其体现在对陆一尘、楼开富、马湘南的生活、情感、心理的描述中。为进入政治权力基层而费尽心机的楼开富，在经历了官场失意、心理幻灭之后，转而从事移民中介业务，继续他的投机之旅。生意场上混得风生水起的马湘南最终也因经济绝境、夫妻矛盾、儿子不走正路而绝望自杀。即便是大学教授兼小说作家肖鹏，也是腹中空空、徒有其名的欺世盗名之徒，小说只是他"自我救亡期的副产品"。马湘南的大儿子马波（孙波）是一个新时代"新人"，一个林欣眼里"自己的得意宝宝"，一个寄托着林欣厚望的、充满正义感和崇高精神的"当代精英"，但他也不过是一个现时代的精算前程的精致的利己主

---

① ［德］尼采：《历史的用途与滥用》，陈涛、周辉荣译，刘北成校，上海人民出版社2005年版，第25页。

② 韩少功：《大题小作——韩少功、王尧对话录》，《大题小作》，上海文艺出版社2017年版，第155页。

义者。

小说也不乏对90年代变形、错位式借用80年代资源的嘲讽、戏谑。灯红酒绿的酒吧成了挂牌的爱国主义教育单位;酒吧年轻歌手们演唱的《打靶归来》换成了带调侃和亵渎色彩的时尚新词;当兵出身的马湘南喜欢召集公司员工开会,统一制服和动作,让员工背诵公司版的三大纪律八项注意,训话中频频出现"市场经济敢死队""光荣的革命传统",逼员工列队跑步,"大概是想跑出革命军营里的忠诚与顽强,跑出铁军声威"。从中可见90年代消费主义文化对80年代的借用和"改造"。

80年代"天真幼稚"的启蒙者曾相信消费主义是消解专制极权的有效力量,但韩少功对此反思道:"如果说经过八十年代一个民主自由空气浓厚的时期,到了九十年代,官僚极权在很多地方反而得到强化,官僚腐败在很多地方反而更加严重,那么消费主义刚好提供了基础和环境。消费主义毒化民心,涣散民气,使民众成为一盘散沙,追求正义的任何群体行为都不可能。这是极权者和腐败者最为安全和放心的局面。""政治也商业化了。这种风气是八十年代留给九十年代的一笔沉重的遗产。"[①]90年代强大的消费逻辑渗透到政治、文化和伦理、情感中,成为支配后者生产和运作的强大规约力量。个人主义蜕变为利己主义,民主、自由、反专制等80年代风行的启蒙意识被市场意识形态收编,转换为犬儒主义、市侩主义或新权威主义。面对具有空前的复杂性、含混性和暧昧性的90年代,《修改过程》没有进行简单的道德化批判。小说借助多层面叙述交错和后设小说等技法,穿行于纪实、叙事与虚构与思辨之间,重述80年代以及作为其遗蜕的90年代之历史,其中不无反讽、戏仿和颠覆意味。

《修改过程》面对的不仅是90年代的社会现实,也包括那些关于90年代和80年代的认识、评价和叙述。在80年代关于自我叙述如"伤痕""反思""改革""现代派"等的小说中,这是一个充满理想激情、国族愿景和人性、

[①] 韩少功:《大题小作——韩少功、王尧对话录》,《大题小作》,上海文艺出版社2017年版,第154页。

个性的美好时代，而90年代对80年代的叙述则充满了浓重的解构和颠覆意味，渗透着90年代在叙述自我时的那种世俗审美、日常化审美和个人化、私人化乃至欲望化气息。《修改过程》以80年代开篇，以回忆的形式重返80年代，并借助肖鹏的小说将其卷入90年代之中。这种独特的叙述处理，可以看作90年代追述自身前世和讲述自己故事的结合。从这个意义上讲，《修改过程》既以90年代为叙述和反思对象，又以其为重述和反思80年代的起点。

韩少功显然不满90年代小说对这两个年代的叙述。在封闭的个人视角和自恋式身体欲望的描述中，在怀旧式的诗性言说中，80年代和90年代都丧失了自己的内在性和切身性。模式化、浅薄化的言辞，花哨、浪漫而累赘，透出文化资源的狭隘、思想的匮乏和思维模式的单一化平面化。在这种叙述中，个人丰富的内心生活被控制在一种我们熟悉到缺乏自觉意识的话语模式和轨道当中。它们看起来清晰、流畅，但内涵匮乏、言辞空洞。《修改过程》试图打破被精致的语言、平滑的文字表述和某些宏大叙事包裹和遮蔽的历史/现实经验中的那些断裂、游移、矛盾百出的事实，将其释放出来，呈现出各个时代的多元面向和复杂光谱。

虽然《修改过程》也写到80年代世俗化的一面，如楼开富的权力欲、陆一尘"热血"中隐藏的"荷尔蒙"冲动，马湘南带走私和投机倒把色彩的经商行为等，但首先，小说并没有特别强调90年代是80年代世俗化的极端发展和恶性膨胀。在经历90年代初期对大众尤其是知识分子的拜金主义、纵欲主义的道德批判和精神批判之后，作者呈现了更为理性成熟的思考。如果说，革命时代的禁欲从反向上造成了欲望释放的合理性，萨特、尼采、弗洛伊德那些为感性生命代言的哲学，更与个人主义有直接关联：个人自主自然包括感情、理想、信念和身体、欲望的自主。在特定的历史条件和时代氛围中，身体、欲望与精神、思想往往难分难解地纠缠在一起，具有强大的解放能量。其次，小说并未将作家所反对的90年代的趣味和写法带入关于80年代的描述中。比如通常的"反思80年代"写作多依从90年代"躲避崇高"、解构神圣的价值"规则"，刻意挖出知识分子"皮袍下藏着的'小'来"，以知识分子之崇高、神圣、庄严、纯洁为假，以卑下、低劣、伪善、猥琐、平庸为真，以嘲笑戏弄笔法揭穿知识分子假面，但问题的关键不在于究竟何者为真何者为假，而在于这一现象背后极端的畸形的世俗化：在排除了精神欲望之后纯粹的物质和身体欲望，在大众传媒和文化工业流水线上生产出的新的教条和专制。由此，《修改过程》以90年代为反思对象，在此基础上展开的"反思80年代"就更具理性的清醒和感性的开阔、生动。《修改过程》突破崇高/世俗、神圣/放纵的本质性二元框定，避免将两个年代对立化、他者化和妖魔化，展现出一位经历了革命、启蒙和市场经济三个不同时代的作家对这些历史时段的个体体验和自我批判。这使得小说既有对80年代的缅怀和追忆，却又不陷入其中以伤感的抒情来美化和本质化历史，写出了两个时代各自的复杂性，并对各自的解放性、合理性和荒诞性、虚无性，进行文学性的细节呈现和思想性穿透。

在这方面，看似无关紧要的"附录一"是一个思想与美学逻辑上不可或缺的重要文本。据小说提示，这部分采用三十年班会视频脚本形式为班级群体塑像，探讨特定群体与其所处的历史语境之间的深刻关联。其中呈现的照片、准考证、录取通知书等历史文献资料与同期配音，与正文互文互补，为正文部分提供了更为清晰的时代感和历史文化时空坐标。

从内容上看，这部分对大学时代的生活和情感的追怀，不乏对当时的日常生活、人际关系、情感结构和价值观念的真实表现——讲述"自我"或"我们这代人"的过去难免有真实情感的投射。对于韩少功这代人来说，那是他们个体思想奠基和精神成长的关键阶段，也是他们精神、人格形成的关键时期。不仅如此，"附录一"还试图把个体和特定群体纳入当代历史转折点这一大的历史情境和时代氛围中，建立自我的历史维度和历史感。但颇有意味的是，这一集体记忆并非对历史现场的简单还原，而是对过去——已逝青春、理想的想象性重构。其目的和功能是通过对历史的缅怀、追忆，为当下充满缺憾和不满的现实提供精神寄托和灵魂抚慰，其中蕴含一种超脱日益呆板、机械、平庸、无聊的散文化生活状态的欲求，潜伏着对物质泛滥与灵魂虚无的90年代现实的不满。因此,它既是市场消费社会的产物,也是其征候,既蕴含一种批判性精神向度,又体现着与消费文化逻辑的"合谋"。因此,其表意形式是诗意的、抒情的,是忧郁感伤而又激昂奋发的。它用一种平滑、圆满、和谐的象征美学替代了历史的"寓言性"结构。

这种漂移于90年代现实之上的象征性写作,在面对80年代时同样是有序却无根的。其有序性体现于它与80年代相关联的方式,它并未进入80年代深层的政治、经济结构和文化逻辑之中,而只是借取了大量表面化、普遍化的文化符号,80年代的历史真实和本来面目则是含混暧昧乃至似是而非的。在这里,作为所指的80年代是空洞的、游移的。它更多的是对90年代之匮乏的想象性补偿。詹明信在阐述后现代文化情境下历史的命运时,提到这一语境催生出的"一种崭新美感模式":"我们知道,在处理眼前社会的诸般景物时,电影不是透过其自身的'艺术语言'组成'摹拟体'的世界,便是利用'拼凑法'重现一些昔日时光的陈腔滥调。结果是,我们身处的现实境况一旦给搬上银幕,即被盖上一层疑幻疑真的色泽;而当前历史景象的多元性即开放性,也因为电影与观者之间的距离增加而显得似假还真,构成一幕幕海市蜃楼的美感景象。""附录一"通过场景还原和人物现身说法,提供了80年代的细节,它们符合80年代的现实和90年代对那个年代风格的想象,形成了一个仿佛永恒不变的80年代。但"这种崭新美感模式的产生,却正是历史特性在我们这个时代逐渐消退的最大症状。我们仿佛不能再正面地体察到现在与过去之间的历史关系,不能再具体地经验历史(特性)了"[1]。以怀旧美学言说昔日时光固可感人,却是匮乏甚至缺失真正的历史感的。正因历史感的缺失,80年代才得以作为90年代的怀旧对象得到抒情化审美化描述,此或为一种对匮乏的补偿。

韩少功对这种怀旧性象征型美感模式及其意义发生机制极为熟悉,且以一种反思的态度将其作为"附录"呈示出来,并特地在小说最后设置"附录二

---

[1] [美]詹明信:《晚期资本主义的文化逻辑》(第2版),张旭东编,陈清侨等译,生活·读书·新知三联书店2013年版,第378页。

补述一则"，指出此类叙述（美感）的模式化特征。当护士小莲跟肖鹏索要班会视频或U盘时，肖鹏回答说自己没有，并提醒小莲别以小说为真，又解释说附录的脚本是从他处借来的，自己偷梁换柱把几个小说人物塞了进去，所谓"事实"和视频纯属子虚乌有。也就是说，这个名为"1977：青春之约"的三十年班会视频脚本套用的是现时代生活中常见的纪念会或追忆会模式，既称为"模式"，其缺乏对历史的具体性、个体性的独特观察和发现，缺乏对80年代内在质地和肌理的深层触摸和洞察，就是不言而喻的。

尽管不能因此就完全否认"附录一"言说的生活真实性和情感的真诚性，但三十年后的模式化的"词不达意"的群体自我言说，是否具有人文精神高度和灵魂的深度，也是值得探讨的。同时，当生活、情感的场景和细节被纳入某种模式化的、先天或约定俗成的认知惯性之中，其言说的真实性和有效性必然面临更多叙述的介入和评判。肖鹏提供了一种个体视角的叙述，这种叙述引发了同学们的不满，林欣也将加入对历史的叙述中。其他人的叙述尽管未必会行诸文字，但他们的评价和提供的其他事实（如马小武提供的另一版本的楼开富故事），也将有利于丰富历史细节，还原历史真相，提供更多进入历史言说真实性的路径。从这个意义上说，小说题目"修改过程"意味深长，"修改"既是进入历史情境的方式，也是建构和想象历史的方式，"修改"某种意义上也许就是历史的本质。而这一切，都来自小说中超越肖鹏这一叙述者的超级叙述者或作者的设置。因此，小说超级叙述层面的存在至关重要，它是小说如何以及多大程度上抵达真实的关键，而这一超级叙述者必然也必须是现实的。

三、基于现实的实践性文体：在过去与未来之间

韩少功有感于对"文革"的简单化叙事，使"'文革'长久处于不可理喻的状态"，并成为"一截粗大的绝缘体，无法沟通过去与未来"[①]：非历史化的

---

① 韩少功：《"文革"为何结束》，《在后台的后台》，人民文学出版社2008年版，第230页。

简单叙事无法进入 80 年代、90 年代以及新世纪以来中国历史与现实的深层，难以对其内在历史逻辑和历史的复杂性、具体性做深入探察和思考，自然也就无法有效沟通过去与未来。《修改过程》体现着作者具体性、复杂性和整体性认知历史的意图，如张立群所言："就叙事方式而言，《修改过程》在整体上具有多声部的复调效果之余，还由于叙事者的原因，带有非连续的混响效应。"[①] 小说既呈现了知青大学生一代的生活、情感及其关联着的中国社会生活现实，又作为曾经的经验性和历史性存在，标示出当下"重返"和再次观照历史的时空坐标。在"既……又……"之间则是一个"后革命""后启蒙"等以"后"著称的时代与其前世（前史）之间的对话。这场对话跨越过去/现在两个时代、两个世纪甚至两个"世界"，是横亘在其间激流险滩上的狭窄而拥挤的渡桥。

小说要对现实做出理解和表现，面临的困难是复杂而多方位的。首先，现实是被各种理论、主义所充斥、所淹没的当下状态。在这当中，各种非历史主义思潮构成当下文化和文学的重要一脉。其次，现实是不同于 80 年代的、作为新世纪开端的 90 年代的延伸。它有着历史和当下各种因素盘根错节的缠绕。再次，小说不仅涉及近四十年的时间和历史，更在叙事深层对 20 世纪（过去、历史）、21 世纪（80 年代的未来）及其后一个并不清晰却永远存在的未来之间的历史关系和脉络进行了思考和探讨。韩少功的写作就处在充满争议和含混的过去和尚未清晰现身的未来之间。

小说所写的过去主要是 80 年代。80 年代是 20 世纪的末端，是 20 世纪的高光时刻之一，也是对 20 世纪这个批判和自我批判的时代的告别。从知青到大学生，不仅是身份的变化、转换，也在深层指涉 70 年代和 80 年代的关系：70 年代是 80 年代的发源地和生长的土壤，80 年代植根于 70 年代，它反叛、批判的对象是 70 年代，但它的革命气质、理想主义甚至功利主义倾向也带有浓重的 70 年代的影子，70 年代是 80 年代确立自身所参照的他者和

---

① 张立群：《创作之旅与沿途的风景——评韩少功长篇小说〈修改过程〉》，《中国当代文学研究》2019 年第 1 期。

客体。

　　作为过去的80年代召唤的未来落地生根、成为现实(90年代至今),却构成了对80年代理念自身的另一种背叛或反叛。重新回顾和打捞80年代,梳理80年代与90年代的历史关联,激活过去,使之重新成为塑造现实的资源,是韩少功进入90年代后理想主义写作的动力,也是《修改过程》的写作动机。正因此,小说描述现实,既要返回80年代,重述知青大学生的来龙去脉,观照这一群体与当时社会、思想、文化之关联,又要不断地进入现实的经验——生活、情感、思想、文化的深层,不断往返于80年代与90年代之间。在后革命、后启蒙时代,将80年代的革命、启蒙等客体化、对象化,使之成为一个思想对象,或当下现实主体怀旧情感抒发或启蒙想象的投射,韩少功试图呈现一个无法(或拒绝)被客体化、对象化的过去。这是他重返80年代的理由,在这一重返中,《修改过程》发现了80年代与其过去和未来的关系。

　　《修改过程》中肖鹏写小说时遇到"小说写人,还是人写小说"的困惑,这涉及了内在于小说的文体惯例和成规。这是韩少功进入90年代后反复思考的问题,《马桥词典》《暗示》《日夜书》等长篇便是其围绕文体／思想／意识形态进行探索的成果。他认为:"文体是心智的外化形式,形式是可以反过来制约内容的。当文体不仅仅是一种表达方便,而是形成一种模式化强制,构成了对意识形式乃至生活方式的逆向规定,不是作者写文章而是文章写作者,到了这一步,作者的精神残疾就可能出现了,文化生产就可能不受益反受害了。"①这一认识同样体现在《修改过程》中。小说在通过现实连接过去和未来时,表现出了对怀旧美学和宏大叙事模式的警惕和反思。

　　首先,是拒绝当下话语对过去的怀旧式表现。这一点我们可从"附录一"的设置管中窥豹。对于韩少功来说,过去不应只是当下主体情感的寄寓物,他有意识地剥离90年代投射在80年代之上的光环,将其从作为话语编织物的被叙述被固化和刻板化(浪漫化也是刻板化、固化的形式之一)的状

---

① 韩少功:《文体与精神分裂症》,《在后台的后台》,人民文学出版社2008年版,第342页。

态中剥离出来。为此,小说对80年代的被叙述状态——80年代的自观、90年代的话语塑形,知青大学生一代的自塑和其他群体的他塑——进行了较为充分的叙述,让80年代成为具有自身客观性的自在之物。因此,《修改过程》对80年代知青大学生的叙述,具有自我还原、寻求自我—历史的客观性的性质。颇可注意的是,现实对过去的讲述,并未出之以平滑顺畅的故事形式,而是有着突出的叙事特征。小说一方面从过去—现实的时间脉络中讲述故事——将过去之事(曾经的经验性事实)纳入具有前后和因果的链条中讲述(作为文体形式的故事),另一方面又强调这些故事出自当下、现实的叙述,那些融入了自己体验和情思的故事同样是叙述、再叙述或修改的结果、产物。故事始终处于被叙述、修改的状态,叙述、故事和叙述主体、讲故事的人也同样处于不断地建构、解构和重构的"过程"之中。

《修改过程》突出叙述的行为实践和历史现实被叙述的状态,打破了现实主义文学将历史/现实自然化的神话,突出了小说来自当下主体的思想和行为。小说中描述的当下,不再是停留于此时此刻的时间点或时间碎片,甚至不再是一个单纯的时间概念,它是作家超越狭隘的感觉经验和感性体验并将自己某些带有整体性色彩的思考纳入其中而产生的现实。不过,韩少功的现实既不是90年代以来小说中常见的碎片化经验性现实,也不是围绕私人、身体和感觉展示出来的封闭性体验性现实。它是非线性的、片段性的,但片段之间却并非彼此隔绝的,游走于片段之间并借助个体思想将片段"有机化"是韩少功进行游击战的理想方式,这些片段化叙述是表达其思想探索成果的载体、形式,也展现着他作为一个理想主义者的思考和写作的"过程":我们在把叙述自然化,变成一种习作惯性和本能性行为时,却忘记了叙述不仅是描写、讲述,同时也是修改——当历史和现实摆脱其作为经验性物理性存在而呈现为文本时,文本即对经验性现实进行修改,每一次叙述都是一次修改。

韩少功在《修改过程》中体现出这种思想,并不意味着他陷入了相对主义和虚无主义。虽然其中不无虚无的成分,但这种虚无是一种理想主义者的虚无,它不会消解理想的根本存在,并且包含着对曾经的理想主义的某些缺憾的反思。在中国现实中，理想主义正如小说所写的那样，不乏热情、激情和浪漫，却也幼稚、天真，缺乏理性的自觉和思想的力度、深度，很难形成独立的批判性的价值立场和思想体系。经历了革命年代和启蒙年代的韩少功对理想主义及其缺憾不无深切体会和反思。同样，他也不满于当下对理想主义的嘲讽和彻底放逐，他要做的是既保留理想主义的合理因素，又反思和批判其缺憾。完整的一天，既有天真纯洁清亮的"早晨"，也需要成熟理性的"中午"。

这决定了《修改过程》对过去和现实的态度。在小说中，80年代是一个反思对象而非解构和颠覆的客体。通过正文与附录的互文，小说揭示了80年代的复杂性、多面性。特别值得一提的是"附录一"第二三篇"理想/世俗"的设置，孤立地看，这一设置是世俗消解了理想，理想的修辞表达被深层的语法牵制。但如此理解，并不代表韩少功对两个年代的复杂且辩证的态度。在他那里，两个年代并非截然对立的：90年代并非反启蒙的世俗，80年代亦非反世俗的启蒙。后者容易理解，但韩少功对80年代理想主义外衣包裹下的世俗化和功利化并非全然否定。韩少功既表示理想主义时代的"消极和颓唐""足够可疑"，又基于对革命时代的禁欲主义的反思，认为："如果清高者对各种世俗利欲都蒙上眼睛，捂住耳朵，那么这种清高会不会过于脆弱？如果任何崇高理想都是为了让人民大众吃好、穿好、玩好，那么吃好、穿好、玩好本身又错在哪里？"这显然是作者在经历了90年代的反思之后，重返历史具体情境，反复辩证和呈现的具有复杂性的思想成果。

对于90年代，作者同样抱着一种审视、批判而非简单地否定、解构的态度。80年代的启蒙理性在进入90年代以后被物化为工具理性，渗透到社会存在和生活的诸多领域，在我们的经济、社会、文化中滋长蔓延，影响甚至重塑着日常生活世界。韩少功对这种已经走向自己反面的理性是反思和弃绝的。但同时，启蒙理性也为一个民主的公共空间的产生，提供了基础和可能。在这个充满理想主义情怀的现实主义者看来："生活是最好的教科书。到了九十年代以后，很多中国人才会从生活经验中产生新的问题意识，一次再启蒙在知识界悄悄蓄积能量。"① 从某种程度上说，林欣可视为作者理想的化身和寄托。大学时代她热情、清醒；毕业十周年她独自一人参加当初约定好却被众人遗忘的聚会；在楼开富、马湘南、肖鹏、马波等人事上，她目光敏锐，看事通透而又能持守初心，脚踏实地，坚韧前行。作为代表作家理想的人物，她是由80年代启蒙话语孕育并在90年代继续成长的人文精神的体现，她的存在构成了对现实的批判，成为现实的参照。

其次，是对中国语境中宏大叙事模式的反思。缺乏独立的批判性价值立场和思想立场的理想主义，往往难以避免两个结局：一是当现实击破理想主义幻境时，迅速放弃对理想的浪漫想象而堕入犬儒主义和消极虚无主义，个人主义者蜕变为狡诈、猥琐、为达目的不顾手段的利己主义者。二是因为缺乏独立的批判性价值立场和思想立场，极易被某种闪耀着璀璨光芒的意识形态所收编和利用，不能以清醒的理性思考和批判意识审视以理想形态出现的宏大叙事幻象，放弃个人的视角无条件融入宏大话语的合唱。尽管《修改过程》跨越自70年代末以来的三十年，但小说却无意构造历史的连续性和整体感。它以1977年入学、1981年毕业、1991年毕业十周年聚会、二十多年将近三十年的小范围同学聚会和入学三十年班会作为连接这三十年历史的时间节点。其中，十周年聚会未能如愿举行，二十多年时的小范围同学聚会只在"重新开篇"一章简要叙述，三十年班会也只是在"附录一"中以脚本的形式间接述及。这样的叙述处理实际上是拒绝将历史置入某种发展规律或本质，拒绝宏大叙事取代生活和人的具体生命形态的表现。小说选取具有代表性的具体历史情境和生活场景，写出了时代对人物生活、命运的影响及其在人的情感和心灵深处的积淀与投影。

八九十年代的历史转折让韩少功超越了理论论说的空洞和理想主义者的热情纯净，真正意识到现实并非没有历史重力的真空。转折之后的中国现实，让他对自己"被社会地和历史地"决定的"位置"，对自己所"受到的这种

---

① 韩少功：《大题小作——韩少功、王尧对话录》，《大题小作》，上海文艺出版社2017年版，第155页。

事实的深刻影响"有了清醒的认知和反思:"离开了特定语境,我们不可能理解任何文本和事物。"①这种认知召唤着他思考和理解现实以及自己,也推动着他对现实展开实质性的切己的反思和批判。表现在小说文体上,便是历史/现实的连接、并置、穿插和对话,文学/思想的交流和沟通,叙事/思辨的互渗和杂糅,便是不同于情节型小说的元叙事、多层叙事和小说/班会脚本的交错、并置。这便是《修改过程》文体形式的意识形态。

四、不是结论的结语:"价值过程论"与未完成的写作

《修改过程》是一个兼具思想者和小说家两种气质的文本,是思想与文学、理论与小说的融合,体现着长篇小说文体与韩少功思想之间的联系。80年代中期成名并已写出大量情节型中短篇小说的韩少功,并未借势顺理成章地进入情节型长篇小说的创作,而是以数部"非典型"长篇引发关注。对于韩少功来说,那种情节主线、人物聚焦式的小说与其批判性思想表达和理论兴趣之间存在着兼容的难度,因此他一直致力于在寻找一种更理想的长篇小说文体。

韩少功认为历史总是在不完美的状态下前进的,但这并不妨碍且更需要我们对理想和真理有一个"完美的假定","理想从来没有高纯度的范本。它只是一种完美的假定——有点像数学中的虚数,比如$\sqrt{1}$。这个数没有实际的外物可以对应,而且完全违反常理,但它常常成为运算长链中不可或缺的重要支撑和重要引导。它的出现,是心智对物界和实证的超越,是数学之镜中一次美丽的日出","严格地说,精神的$\sqrt{1}$还有'自由''虚无''人性''自我''真实'等。……如果因而取消这一类概念,取消这些有益的假定,我们很难想象人类迄今为止的历史是什么样子"。理想主义者的"理想超越了具体的目的,而是一个过程;不再是名词,更像一个动词"②。真理并非完美的,

---

① 韩少功:《大题小作——韩少功、王尧对话录》,《大题小作》,上海文艺出版社2017年版,第131页。

② 韩少功:《完美的假定》,《在后台的后台》,人民文学出版社2008年版,第141、139页。

它可以被质疑而不能被垄断，可以被重建而不能被抛弃，"我们重建真理和理想，不是要重返一些独断的结论"，"目的并不体现价值，过程才体现价值"[①]。韩少功将此称为"过程价值论"。《修改过程》中无论哪个年代，都是中国历史过程的一部分，是历史坐标轴上不可或缺的环节，是汇集诸多矛盾、裂痕，凝聚着特定历史记忆和情绪的纷繁复杂的意义综合体。它们不是孤立、静止的客观存在，它们联系着历史，牵系着未来。不仅80年代，90年代也同样是所指丰厚的巨大能指。如同小说人物由知青到大学生的身份的连续和转换，70年代进入80年代，80年代进入90年代，但70年代、80年代并未随时间流逝而成为一个需要告别的符号，它们同样被90年代留存，渗透在人们的思想观念和生活情感中，作为历史、文化积淀持续发挥效力，成为90年代追忆、怀念或反思、批判的对象。

时代的延续不是线性的发展，在从过去抵达未来的过程中，90年代以来的现实不仅是属于过去的未来，也是属于未来的过去和从过去到未来的过程（的一部分）。作为这一过程中一个环节的现实本身是一个非线性的场域，一个过去和未来交汇、交锋的"战场"。未来是一个"完美的假定"，而现实同时就包含这一"完美的假定"。真实同样如此。只是抵达未来和真实并非一个自然而然的流程，这需要做个人的、具体的、历史的思想搏斗。提倡理论的实践性品格的韩少功也将其理论贯穿在小说中，使之具有了思想性、理论性和实践性品格。《修改过程》在还原、解构和建构的往返中呈露经由自身而达到的"历史真实"，提示达到这一真实的路径——流动变化的历史处于不断地被修改的过程，但叙述应该揭示修改是如何发生和进行的，其修改机制和策略如何。

《修改过程》是通向理想和未来的过程的产物，既蕴含作者质疑和反抗的勇气，也体现着他犹豫不决却又不愿一言独断的心态。韩少功不断往返于历史和现实之间，以对现实的鲜活、复杂的体验和认知辩证其间的隐秘而多向的关联，力图揭示历史行进和不断修改自身的隐秘，发掘历史如何得以叙述

---

① 韩少功：《世俗化及其他》，《大题小作》，上海文艺出版社2017年版，第295页。

/修改的话语机制和意识形态内涵。这一过程更像一场反抗宏大历史压迫性力量的持续游击战。小说是作者进入历史深处与现实底层结构之中，与之周旋，与之做短兵相接的搏斗的表征，是一个以文学为思想求索的结晶。置诸韩少功创作，《修改过程》仍将是其找到理想的长篇小说文体形式之前的过渡性的"未完成"的文本，仍是存在于过去和未来之间的"中间物"。

《女工绘》声音里的世界

刘庆邦由作家出版社最新推出的长篇小说《女工绘》是特定时代生活的写实和主体情感相融汇相激发的产物,是文学对时代、历史和政治的回溯、观照和淬炼的结晶。

刘庆邦由作家出版社最新推出的长篇小说《女工绘》是特定时代生活的写实和主体情感相融汇相激发的产物,是文学对时代、历史和政治的回溯、观照和淬炼的结晶。作家在20世纪70年代的中国历史情境中,按照影响中国历史和国人生活的重大事件的顺序,描述国人的生活方式、道德观念、人际关系和情感世界,塑造了鲜活的青年女性矿工群像,赋予那个时代、历史以真切的形象感和动人的艺术魅力。

一、宏大之声、噪音与乐音:声音的政治学

《女工绘》是一个众声喧哗的"声音"世界,小说充满着各种类型和质地的声音。

首先是宏大的历史与政治的声音。"以阶级斗争为纲"的年代里充斥着各种政治运动、政治会议、政治标语和口号,以及此起彼伏的政治性批判的声音。小说写到了"斗私批修"时对煤矿"三人反革命小集团"的批判,"批林批孔"时对刘德玉等所谓"四人反革命集团"的调查、审问,等等。宏大的政治声音无处不在,作为那个时代和世界的表征,它们贯穿于人物的生活和工作中,"广播里、报纸上,一再强调千万不要忘记阶级斗争,提醒人们要时时处处以阶级斗争分析的眼光看问题"。"声音"塑造着人们的观念意识,将人们的言行纳入宏大音轨之中。同时,宏大之声频频翻新、花样百出,"'斗私批修'还有许多另外的说法,比如'灵魂深处爆发革命''狠斗私字一闪念''早请示,晚汇报,表忠心''睡觉之前过电影,狠斗私心不过夜'等"。在大讲阶级斗争、路线斗争和"斗私批修"的形势下,个人、私人空间被最大程度取消,"不管什么隐私,都得说出来,都得把自己变成透明的玻璃人"。在斗私号召和别人的引导下,王秋云、杨海平说出了自己的隐私,由此成为众人眼里"失过身的人""作风有毛病的人"而饱受歧视和嘲讽,带着"生活作风

不好"的标签过着低人一等的屈辱生活。还有人打着"斗私批修"的幌子诱导智商有问题的傻明说出她与爸爸"干过那事儿"的爆炸性新闻。因为这莫须有的罪名,傻明颇有威信的爸爸被冤枉逮捕。这本是一件不具任何可信度的荒诞之事,却被当作"'斗私批修'取得的又一项胜利"汇报给上级,更荒诞的是,公家的人竟然宁可相信傻明的话而不信傻明父亲的辩解,导致后者被判七年有期徒刑。后知青时代,"公"对"私"之压抑、侵占和扭曲,由此可见一斑。

历史的宏大之声,是大历史的崇高声音形象,或者说,大历史以声音形象现身:义正词严、慷慨激昂、高歌猛进、一往无前。

其次是无处不在的噪音。这是指矿上的各种音响,主要是矿区特有的机器发出的声音(小说中称之为"矿声")。报时的汽笛声、矿车倾倒矸石的哗啦声、压风机的轰鸣声、拉煤大卡车的声音。这些声音"显得生硬,跟噪声差不多"。这些噪音原本是煤矿的自然声音,但因其单调、机械而不具有"人"性和有机性,所以尽管它们被无休止地生产出来,呈现持续运动的状态,却不能改变矿区"暮气沉沉"的现实。相反,这些噪音具有直接的压迫性和潜在的暴力性。李玉清死于矿井劳动,华春堂死于拉煤的大卡车之下,表现了这一点。作为煤矿生产和运输的自然声音,噪音与国家建设、发展,与人们日常生活有着直接关系,却不能提供一种更高的属于人的意义和价值。

再次是与噪音形成对照的人声和乐音——音乐之声。广义上的人声包括噪音、历史之声和乐音,但噪音和历史之声在某种程度上的非人性和"乐音"的独特性,使我们有必要对其做专门解读。

人声大体包括两种,一是以较微弱形式存在的生活低音,一是以较大强度表现出来的生命之声,可称为生命强音。生活低音主要指声音的日常生活、情感和伦理形态。华春堂一家人的家常话,青年男女矿工找对象、恋爱时的窃窃私语,发生在宿舍、食堂、洗衣房、灯房等处的交往和矛盾冲突之声,以及小说开头和结尾两次提到的扮成走亲戚的样子偷偷卖东西的小商贩的低语,等。人声具有日常性、个人性乃至私密性,它是小历史的声音,包含小人物的喜怒哀乐。小历史之声是刘庆邦所关注的，在某种意义上说，它是小说的主角存在的环境、氛围和基底。《女工绘》叙述的大历史不仅是小历史的隐约背景，更是后者如影随形的存在，干预和决定着小历史之声，比如以宏大之声传递私密情感的求爱信。最能体现这一点的则是，彼时代被看作资本主义尾巴的小商贩的私下交易，这直接反映了宏大之声下小声的贫困处境：国营企业职工尚能有粮票、布票发，不至于饿肚子、赤身裸体，"不过，也就这样了，年复一年，日复一日，只够维持基本生活而已，饿不死冻不死而已，而已而已"，那煤矿周边以及更大范围的农村的农民呢？生命强音指的是青春期生命的躁动、流淌和呼啸。摔跤、打篮球、打乒乓球的闪展腾挪、技艺展示，观众和听众的喝彩声、叫好声、欢声笑声，使"曾经作为开展阶级教育的严肃场合，变成了人声鼎沸的欢乐海洋"。

乐音指拉二胡、拉板胡、拉手风琴、弹秦琴、吹口琴等各种乐器吹拉弹唱的声音。这是最重要最契合青年男女心理生理节奏和心性、质地的声音，是他们生命活力的青春之声，"音乐与青春相伴，音乐也可以说是青春之声"。音乐在《女工绘》中展现着青年压抑不住的青春气息、青春之美和他们的生活热情、生命激情，并在更深层面上展开与政治声音和机器声音的对话，形成对其的冲击。

乐音是游走和穿行于宏大之声和噪声之间的存在，相对于后两者来说，它有明显的异质性。乐音与宏大之声和噪声并存于世界中，是对二者的纠偏、穿越和无声/有声的对抗，是与二者相对的属于人，属于青春、生命的声音。

法国政界和文坛怪才阿达利认为，声音比影像更具渗透力和爆炸力："不是色彩和形式，而是声音和对它们的编排塑成了社会。"① 音乐并非超乎政治、经济因素而存在的纯粹声音，声音包括噪音和音乐，既具有建构作用，也有颠覆作用。"音乐是宗教和政治权力的一种表征，它意味着秩序，但同时也预

---

① ［法］贾克·阿达利：《噪音：音乐的政治经济学》，宋素凤、翁桂堂译，河南大学出版社2017年版，第17页。

示了颠覆。"①噪音具有让人无法抵挡的暴力性,音乐则调节噪音,制造和谐并将其发展为一种政治、经济力量。"与噪音同生的是权力和与之相对的世界。与音乐同生的是权力以及与它相对的颠覆。在噪音里我们可读出生命的符码、人际关系。喧嚣、旋律、不和谐、和谐;当人以特殊工具塑成噪音,当噪音入侵人类的时间,当噪音变成声音之时,它成为目的与权势之源,也是梦想——音乐——之源。它是美学渐进合理化的核心,也是残留的非理性的庇护所;它是权力的工具和娱乐的形式。"②音乐生产、消费、聆听的背后潜伏着意识形态操纵和政治秩序规划的力量。音乐的这种力量控制噪音,压制其他的声音,使之陷入沉默,以便传达自己的意义,促生新世界新秩序。

问题的关键在于,如何理解音乐的性质和功能。《女工绘》中,就"乐音"与"噪声"的关系来看,小说直接"点题"。没有前者的存在,"整个煤矿暮气沉沉,连一点音乐之声也没有","有了在这里演奏的音乐呢,再听那些矿声就不一样了,似乎变得柔和起来,并加入了合奏,成为音乐的一部分"。如果说,噪声是外在于人的、不合人性的声音,标志着机器、机械对人的伤害和异化,那么乐音则是合乎人性的声音,是对异化的解毒和对人的拯救。乐音不仅是属人的,也是人性存在的标志和见证。

更为复杂的是乐音与宏大之声的关系。"毛泽东文艺思想宣传队"的成立、排练、演出和解散,可以说是政治与青春、群体与个人相交汇的典型。宣传队是政治话语的产物和宏大之声的传导(传道)者,加入宣传队意味着政治可靠和艺术才能被认可:成立宣传队是"一项政治任务",政治条件即家庭成分被放在加入宣传队的条件的首位,加入宣传队意味着"在政治上得到了信任,是一种资格,也是一种荣耀"。宣传队正式演出了三个节目,内容分别涉及反美帝、解放亚非拉的男声独唱,《沙家浜》沙奶奶与郭建光对唱片段和

---

① [法]贾克·阿达利:《噪音:音乐的政治经济学》,宋素凤、翁桂堂译,河南大学出版社2017年版,第14页。

② [法]贾克·阿达利:《噪音:音乐的政治经济学》,宋素凤、翁桂堂译,河南大学出版社2017年版,第17—18页。

《红色娘子军》集体舞片段;形式分别为革命歌曲、样板戏革命现代剧和革命芭蕾舞剧。从内容和形式上看,它们典型地体现着阿达利所说的音乐之性质与功能,是对噪音的控制,对政治信息传播的独占——主流话语通过音乐渠道传播自身信息乃至发布命令。基于革命样板的诉求和目的,乐音呈现出题材内容和主题上的严格规定性,表意形式上的高度规格化和刻板化。精致的样板形式包裹的不过是权力话语的独白,或者说,高度技术化的形式只是权力话语独白的伪装。阿达利援引日丹诺夫1948年的一次演讲,说明音乐是如何成为一种政治压制工具的:日丹诺夫发出指令,"苏维埃作曲家不只要有敏锐的音乐之耳,也要有敏锐的政治之耳。你们的任务是去证明苏维埃音乐的优越性,去创造伟大的苏维埃音乐"①,对此,阿达利评述道,"日丹诺夫的言论策略性和斗争性十足:音乐必须是对抗差异的堡垒,所以,它必须是强势的,而且是受保护的"②。后知青时代中国的状况与此类似,江天如此阐述革命歌曲抒情的阶级性:"无产阶级和劳动人民是抒发无产阶级的革命激情,它是和资产阶级的'个人抒情'水火不容的。表现资产阶级'个人抒情'的所谓'抒情歌曲',是资产阶级世界观在歌曲领域的一种反映。……而无产阶级是历史上最先进的革命阶级,它需要的是符合无产阶级崇高广阔的精神世界的、色彩明朗健康的革命抒情歌曲。因此,无产阶级革命歌曲艺术风格、表现手段的多样化,是同思想内容的革命性和战斗性完全一致的。无产阶级的革命激情,是任何风格和形式的革命歌曲的本质特征。"③《女工绘》中文艺宣传队表演的革命歌曲和样板戏便具有强势的和受保护的特征。这些充满革命激情的乐音以崇高的主题,豪迈壮阔、热情奔放的风格,明朗健康的色彩,将音乐(艺术)变成排斥日常生活和个人情感的权力者的独白和宣告。

---

① [法]贾克·阿达利:《噪音:音乐的政治经济学》,宋素凤、翁桂堂译,河南大学出版社2017年版,第21页。

② [法]贾克·阿达利:《噪音:音乐的政治经济学》,宋素凤、翁桂堂译,河南大学出版社2017年版,第21页。

③ 江天:《战歌嘹亮——介绍无产阶级"文化大革命"以来创作歌曲选集〈战地新歌〉》,原载《人民日报》1972年6月6日,收入《文艺评论集》1974年版,第142—143页。

二、沉默、压抑与"反抗":"私"的存在

《女工绘》的声音世界显然要复杂得多。当小说记录、整理和界定声音并发声时,我们同时听到了声音形象的另一面——沉默。小说在各种异质性声音的交杂、对话和交锋中,又有一份无声而阔大、浩茫的沉默。

音乐要力图强制日常生活和个人陷入沉默以维持自己的独白权力,但正如阿达利指出的,音乐作为政治权力的表征,它兼具秩序的建构和颠覆的双重功能。宣传队既具有集体性、政治性的目的、诉求,又是一种集体政治束缚下的相对个人化的生活方式。对于个人来说,加入宣传队可以暂时摆脱繁重的、无意义和缺乏技术含量的劳动分工,因此这对于王秋云、杨海平和华春堂们来说,是一个难得的机会甚至是一个巧妙的脱离原有工作的跳板:杨海平"要抓住这个机会,好好表现自己,争取改变自己的命运";华春堂觉得能参加宣传队,"是一个好事,一件荣光的事",要跟家人分享。同时,也许更重要的是,"宣传队是情感之地,提供的是抒发感情的舞台"。这种情感显然不是群体伦理本位情感,而是具有个人属性的情感。正如宣传队队员在排演时,既是在承担政治使命,也难免在此过程中彼此产生好感,萌发私情。而这种被严禁的私情因其颠覆性,又会使宣传队面临解散的危险。素有参加宣传队经验的魏正方,深谙公/私之间的玄机,为让宣传队存在下去,他竭力警惕私的发生。

对于宣传队队员来说,个人可以在宣传队的排练和演出中借助集体的、合法的政治话语形式,短暂地与面目模糊的"自我"相遇。原先在灯房工作的张丽之只能穿工作服,不能化妆,否则就是有资产阶级思想、修正主义思想,进入宣传队后化妆、描眉、抹粉就不会受到指责。食堂工陈秀明在食堂时,整天拉着"炊事"脸,身上散发着"炊事"味,当上宣传队队员后,"一夜之间,她的脸仿佛变成了'宣传'脸,身上开始散发'文艺'味儿"。最初未能入选宣传队而倍感失落的华春堂,千方百计进入宣传队,起因也在于她不仅具备政治和文艺条件,还认为这是除了工作、吃饭、睡觉之外的"一个乐子",

对于华春堂来说，宣传队主要承担着一种超越政治功利和工作需要的消闲娱乐功能。而对于杨海平和王秋云来说，参加宣传队可以摆脱在人前抬不起头来的屈辱日子。

对于矿工们来说，他们对宣传队演出的兴趣远远大于开政治批判大会，尽管后者是重头戏，但"大家感兴趣的不是重头戏，而是戏帽儿。什么重头戏不重头戏，不就是批判几个死头绵羊一样的半大老头子嘛，有什么可看的！"无论是演员还是观众，都在个人、内心层面上喜欢乐音而在有意无意间将宏大之声视作了某种空洞的、意义匮乏的噪声。

《女工绘》中与历史之声、噪声和乐音相对的是沉默和静寂。从乐音和噪音的关系看，没有人声、乐音的矿场是静寂、落寞和凄凉的，没有人的存在和青春、生命的气息，无生命的机器、汽车只能是非人的力量。而相对于静寂，沉默是更加有力的声音形式，意味着生命之缺席／在场的复杂与悖谬。小说中的沉默可分为几种不同的情况。

其一，压抑性的沉默。在历史之声意识形态的管控下，人与人之间只能保持距离、避免对话，个人不能公开言说自我，只能做内心独白，陷入一种被动性沉默。出身"历史反革命"家庭的陈秀明，出于自我保护的目的，言行谨慎，对周围的一切保持着高度警惕，"害怕得罪人，不敢说真话"。在"批林批孔"运动中，魏正方等四人因为"经常在一块儿活动"被人举报，被当作"四人反革命小集团"遭到审查，虽此罪名不能成立，但在审查过程中，魏正方又因传播"封资修毒草"被勒令做深刻检查。在此期间，他的三位好友都没来看他，原因亦在于强权之下，人人自危，"现实的环境就是这样子，人与人之间不允许走得近，不许交朋友，朋友更不能形成团体，一旦有形成团体的迹象，人家就如临大敌，启动调查"。宣传队是"公"，"口琴四人组"的存在则比较微妙。但一来矿工中来自不同地区的知青组成不同群体，这是普遍存在的事实，二来其吹奏曲目为革命歌曲且四人是因此成为宣传队成员的，因而"口琴四人组"的存在原本不是真正的问题所在。真正的问题是"听收音机"。相对于广播喇叭这一公共传播媒介，收音机具有私人物品性质；相对于广播内容上的宏大之声和传播方式上的公共空间性，收音机的内容构成更为驳杂，兼容新闻、革命歌曲、样板戏和其他不宜收听或禁忌的内容，其传播和收听方式也更具个人性、封闭性和私密性。正是由于收音机物品属性和传播接受上的私性，"口琴四人组"才被当作"偷听敌台"的"四人反革命小集团"而被审查。问题的关键不在于收听的内容，而在于收音机的与广播之公性相对的私性。在宏大激昂的音乐面前，私——个人、自我应该是沉默甚至消失的。音乐彻底改造私，将私放逐至孤独之境，或将其改造、转化为公。沉默往往是长期政治驯化的结果。

其二，由宏大之声压抑而造成的失语。这与第一点相关，但失语不是不能言说，而是不能表达自我/个体，宏大之声内化于个体，使之成为意识形态指定位置上的阿尔都塞意义上的主体，主体接受意识形态机器询唤，自觉履行其指令。失语的人可分两类。一是部分专职政工人员。小说中的政工组郭组长、矿上的"革委会"主任和由他们指定的审查组专案组成员等，是政治意志的执行者。此类人以"大公无私""狠斗私字一闪念"为标榜，进行自我管理和自我驯化，结果便是满口政治术语，动辄上纲上线，以"整人"为乐，热衷于窥探个人隐私。此类人失语的背后是一种人性异化、扭曲和偏执，他们内心自私褊狭，往往会以公肥私，挟私报复。二是普通人。王天民写给华冬梅的求爱信通篇都是毛主席语录，没有任何甜言蜜语，这封"革命得很"的私人信件是"活学活用"的标本，"亲密战友"等表述是那个时代的标准模式，双方都对公的表面下传递的"实质性内容"心知肚明，但既然不能坦荡明言，便是私的失语。这种情况同样发生在华春堂身上。当她要给自己喜欢的魏正方写一封能传达自己爱意的信时，却深觉无法贴切表意。尽管她在学校时学过写信，但"老师教给我们的词儿，不是阶级，就是斗争，不是打倒，就是革命，哪里用得上呢！"对此，刘德玉表示赞同："现在的教育，弄得受教育者连正常话都不会说了。"宏大之声的独白，将个体置入已制作好的真理性普遍化的话语逻辑轨道中，使个体独一无二的自我消匿，在本质上成为政治权力的反映。

在宏大之声的音乐里，那些不协调或异质性的噪音是其要消除的对象，也是对其的威胁。正如阿达利指出的那样："音乐是现实世界可信的隐喻，它既不是自给自足的活动，也不是经济基础架构的机械式指标。它是先驱者，因为社会在改变之前，变动已先铭刻于噪音之中。"①沉默在音乐眼里也是一种噪音。制造沉默是宏大历史之声的权力，却不是置身于宏大历史之中的个人的权利。宏大主体所要达到的目的并非使置身其中的个体沉默，而是使其汇入宏大之合唱。个体无权保持沉默，其最终归宿是成为历史合唱团中一名恪守职责的团员。

其三，反抗性沉默。事实上，沉默并非没有自我，恰恰相反，它意味着思想自我的真实存在，"思想有方向性，也有意义，就不那么好玩了。不过，有思想也不要紧，只要你不表达出来，跟没有思想也差不多，不会造成什么危险"。孤独也是一种不溶于公和群的反抗力量，只是它是一种沉默、无声的难与人言亦不与人说的反抗。周子敏身居高位的父亲被打成"右派"后，她被放逐到煤矿做矿工，基于世事难料人心惟危的认识，她变得少言寡语，并与矿上的每一个人都保持距离，"这种距离感是她内心的一种抗争，也是一种自我保护的需要"。在魏正方看来，"最大的轻蔑是无言"，他的孤独、荒凉和脆弱，恰恰说明了个体的存在。个体意识到自我的存在、自我与世界的关系，才会产生自我与现实的疏离和隔膜之感。魏正方的沉默与他对无知和蛮横的愤怒，具有同样的反抗性。

除了这三种，《女工绘》中还有其他形式的沉默：如华春堂与魏正方之间有情感牵系，却又因各自性情、想法有差异，无法准确表达自己的真实想法，或者因为对方考虑、不想伤害对方，只好选择沉默或采用更有力量的行动的方式说话，进行"心灵的较量"，这是彼此心照不宣的沉默；如华春堂与周子敏有着相似的不幸，虽然两人说话不多，但能相互理解，这是"心有灵犀一点通"的沉默；如某年九月国家有重大事件发生，"风云突变"让人们内心紧张，

---

① ［法］贾克·阿达利：《噪音：音乐的政治经济学》，王素凤、翁桂堂译，河南大学出版社2017年版，第16页。

却又不敢说，怕说出来惹下大祸，这是保存自我的沉默。不得不提的是小说的结尾。一直为自己的家庭、工作、生活和婚恋奔波不停的主人公华春堂，在一场突如其来的本可避免的车祸中殒命。惨剧骤然发生，大卡车的轰鸣声和碾压过华春堂的"咯噔"声，瞬间定格，让华春堂的青春和生命也定格在一片沉默中——荒诞诡异而又残忍残酷如此，夫复何言。

《女工绘》虽然执着地表现特定历史和政治情境下的沉默，却并非要制造一个"无声"的世界。沉默也是一种声音，相对于喧嚣一时的历史之声，它是一种更深层更持久的声音；相对于历史之声的普遍性诉求，它更具有个人性和私密性；如果说，历史之声是一种压抑性的力量，那么沉默既是其压抑的结果，也是压抑未果的一种残留，甚至是对压抑的反抗。主流话语或可造成人的驯顺、麻木，却也会激发其幻想、反抗，沉默中蕴含普通人朴素的心性、愿望或真实的情感。小说写华春堂的感受时说："别看一开会就嚷嚷着'斗私批修'，私心谁能没有呢？私心总是美好的。""李玉清给她留下的印象不错，她对李玉清已经有了一些私心。"与宏大之声的公相比，沉默的个人心中保留的那一份私是美好的、可贵的。

特别值得注意的是，一种极为特殊的沉默是以身体／性为载体呈现的，而身体／性则是以沉默而喧嚣的他者身份出现在宏大历史之声的视野里的。

宏大之声规训的主体，不仅存在于思想和精神层面，同样存在于物质和身体层面。沉默是身体器官——口被管制和驯化的后果。但如上所述，沉默不仅是管理和配合的后果、结果，也是一种反抗宏大之声的形式。矿工工装，是管理身体的一种专业化形式，实行军事化管理是管理身体的一种建制化形式，宏大之声是管理身体的一种意识形态形式。身体之所以成为管制的对象，不仅因为它是私的物质载体，也因为它是最根本最本质的私，是最感性或者说最需要被理性驯服的私。身体是私和人的最顽固堡垒和宏大之声最可怕的敌人。"身体在一定程度上必然暗示着性——这里我不仅是说单纯的生殖性，而是复杂的意识和无意识的欲望和禁忌，它们影响着人们对于自身作为有欲望的造物的观念；身体一直都是包括语言在内的文化所俘虏的骚动不安的囚徒。"①因而，对身体的规训与惩罚，意味着对性这一"洪水猛兽"的警惕。

主流意识形态希图通过对大众的身体和感性经验的组织、管理，奠定其自身合法性的物质性、身体性和情感性、伦理学的认同基础。如何处理大众的身体经验、感官愉悦，如何将大众的身体和生理系统纳入自身话语逻辑，使身体达到理想/理性的反应/回应，是主流话语所面对的根本问题。达到这一目的，需要对身体进行长期驯化，"长期驯化的结果，是人类可以自己管住自己，可以管住自己的手、自己的脚、自己的生殖器，还可以管住自己的嘴"——外在的政治和道德律令内化于心，使人实现自我规训。小说写及各种以运动形式出现的驯化手段，如"阶级斗争教育""艰苦奋斗教育""批判反革命集团""批林批孔""早请示，晚汇报，表忠心""狠斗私字一闪念"等。与正面规训相呼应和配合的是，树立反面典型以对违反禁忌者进行惩戒。在这方面，《女工绘》中王秋云、杨海平的遭遇，是说明权力/身体/性之压抑/被压抑关系的典型。

身体/性是建构现代个人主体的核心而隐秘的渠道。无论是在启蒙话语中，还是在革命话语中，它都是文学现代性建构的重要借助对象，从鲁迅的《狂人日记》《肥皂》，郁达夫的《沉沦》，到丁玲的《我在霞村的时候》、杨沫的《青春之歌》，再到莫言的《丰乳肥臀》、阎连科的《坚硬如水》等小说，都有一个如何在私与公、生命与历史之间处理身体/性的问题。以身体/性/私为透视装置，"突破历史话语的封锁，使20世纪中国文学获得了'现代性'和'文学性'。但这一具有重大思想意义、文化意义和文学意义的历史性实践，也并不构成将'个人''私人''日常'等作为文学话语力量之唯一源头的最终依据，当日常性私人性成为文学/历史舞台上的唯一主角时，它们就放弃了对自身内在的省思而专注于'展示'自己的形象，文学话语的历史性维度、政

---

① [美]布鲁克斯：《身体活：现代叙述中的欲望对象》，朱生坚译，新星出版社2005年版，第7页。

治意涵和尖锐性以及日常生活的潜在能量，被心安理得地放弃了"①。《女工绘》则通过身体／性之沉默／喧嚣的矛盾性结构，重建其历史性和政治性维度。当身体、欲望受到压抑时，会以不同的形式和路径进行释放。《女工绘》中欲望以多种形式被转移或释放，如王天民给华冬梅写情书，如宣传队、篮球队成员找对象，以及男性矿工在日常生活和文艺演出时对女性进行公开、合法的"窥视"，审查组成员窥视女性性体验细节等。欲望有时会以更为极端、出格乃至悖谬的形式，潜在地也更具颠覆力地表现出来：褚桂英和唐慧芳及其他四位未婚或已婚女性的同性性行为，以女女之间"隐秘的互动与欢愉"超出了政治话语的禁忌设定，而唐慧芳"我就是图个舒服"的放飞自我，以近乎"白昼宣淫"的方式，使政治话语手足无措。身体／性以隐秘或半公开的形式，以产生快感或性感（专案组为引蛇出洞，专门找"年轻些、漂亮些、丰满些"的唐慧芳做卧底；专案组解散后，其成员"张摄影"又因看到唐的裸体，念念不忘其"美""可人疼""可人爱"而与之通奸）的方式，使政治、道德权力主体陷入失语的困惑、无奈。个人与总体的位置出现了颠倒：被压抑至失语的个人，以身体／性的裸露，逼使总体失语。

三、《红楼梦》：作为内容要素和美学资源

《女工绘》以平实温和的笔调、朴素细腻的笔法和富有质感的细节，塑造性格鲜明的青年女性形象，表现她们的生活和情感，并通过她们的情感关系联系广泛的社会生活画面，写实性文字中蕴含舒缓的抒情诗意，在诸多方面都显示出古典小说《红楼梦》的影响。"《红楼梦》传统"的流灌和浸淫，《红楼梦》以情抑性的写法，使诸种声音的存在及其间的交杂、对话，显得不那么尖锐刺耳，对丑与恶的揭示便多了一份节制，相应的，对善与美的赞颂便成为小说中流淌的美妙旋律。

《红楼梦》的影响在小说中涉及两个层面：一是小说叙述中涉及的《红楼

---

① 王金胜：《"总体性"困境与宏大叙事的可能——论房伟〈猎舌师〉兼谈当代小说的相关问题》，《中国当代文学研究》2020年第6期。

梦》等文学文本的内容；二是小说中隐含和散发的《红楼梦》的手法、笔意和审美趣味等。

就第一个层面看，《女工绘》通过"文学"叙述，揭示了文学与人、人性的关系。魏正方、刘德玉等"拔尖的人"因为读书，"才显得有些教养，并有了自尊"。而不读书、没文化、以"革命"自命之人，只能变得无知和蛮横。更吊诡的是，有教养和自尊的人因读书和借书给想读书的人，被认为是传播"封资修""毒草"而受到惩罚。小说借此揭示"革命时代"的文化专制和文化愚民现实。

不仅如此，《女工绘》中的"文学"还有着更深层的意义和意味。首先，"文学"意味着威权时代人性的宝贵留存。魏正方珍视从家里带来的每一本书，"书页里留有他的目光、他的手温、他的感情，甚至有他的眼泪"。魏正方读书与政治、与阶级斗争和路线斗争无关。他在读《红楼梦》时感觉到贾宝玉、秦钟、林黛玉、薛宝钗、袭人等"每一个人物都很可爱"，"他越读心肠变得越柔软，越神游物外，连处在什么环境都忘了，哪里还想什么思想不思想、根源不根源呢！"这是一种纯粹的、超功利的审美性阅读。这种发自内心和兴趣的阅读，不仅使人不再因愚昧无知犯"死有余辜""广积粮"那样的错误，还在根本上使人活得像"人"，使人获得其内在性，成为真正的"人"而不是蛮横粗暴的工具。其次，"文学"给人"底气""视野"和"气质"。魏正方是《女工绘》中少有的爱读书、读书多的矿工。"一个人的内心是否丰富，不在于他待在什么世界，在于他心里装了什么世界，装了多少个世界。而每一本书，都是一个世界，他看的书多一些，心里的世界就多一些。"他遍读古今中外书籍，"可谓古今中外的世界汇于一心"。这种通过读书获得的底气、视野和气质，不仅是人之所以为人的根本，也是20世纪70年代末80年代初文学和人能够迅速在历史的废墟中萌发并成长壮大的依据。

同时，我们也要看到，《女工绘》是一部有着突出的历史和政治要素的小说。小说的时代背景，人物形象和围绕着人物展开的现实描述和情感表现，人物的遭遇和命运，都与那段激进革命历史和政治时代密不可分。也就是说,《女工绘》是文学、人学与历史、政治之间的融合和对话。小说并未停留在单一的政治维度、纯文学或纯人性层面,其文学意义和文学史意义不可低估。有研究者指出:"如何在中国社会和现实这一复杂的意义场域中,突破带自然主义色彩的日常化诗学和着重'个体''私人''内心'的叙事模式,将'我'从流行性写实模式中释放出来,并重新写进'我们''现实'以及与之内在关联着的'世界'和'历史'之中,重构一个'我'/'我们'、'生活'/'历史'、'内心'/'现实'相互沟通、对话的'大叙事',是现时代对文学尤其是现实主义文学提出的迫切命题。"[①]刘庆邦在他的小说中,显示了清醒的自觉。小说中有一处颇有意味的细节。郑州知青郑大姐找魏正方聊天,小说写道:"他们聊的不是现实,多是小说中的人物和生活。"两人都看过《红岩》《青春之歌》《烈火金钢》等红色经典和《钢铁是怎样炼成的》等苏联文学作品。在郑大姐惊异于魏正方竟然看过一般人看不到也不看的《红楼梦》时,小说进而写道:"小说总是离不开现实,郑大姐这天不跟魏正方聊小说了,聊的是现实。"对文学尤其是《红楼梦》的爱,是二人建立互相信任关系的重要前提和通道。这段叙述也近乎夫子自道,是认识小说现实性更为根本的依据。作为有着清晰的《红楼梦》笔致和气息的小说,《女工绘》也离不开现实,离不开20世纪70年代的中国历史和政治。

《女工绘》致力于在文学(性)与历史/政治之间建构一种微妙而复杂的关系。"文学性的文学标准,其内涵是丰富多元的,无论是比较现代性文化还是政治标准,它都更为开放和自由。比如,在思想性上,它更追求个性化和创造性,更崇尚真正的人的自由和独立。在人的视野下,它不一定遵循以发展为前提的现代性文化标准,更不一定照此来看待历史和现实中的文化和人物。文学的视野可以超越政治利益,也可以超越文化价值观。"[②]作者对他的

---

① 王金胜:《现实主义总体性重建与文化中国想象——论陈彦〈主角〉兼及〈白鹿原〉》,《中国当代文学研究》2019年第4期。

② 贺仲明:《建构以文学为中心的文学史——对于中国现当代文学史建设的思考》,《中国当代文学研究》2020年第2期。

每一个人物都身怀"爱"的情感,"爱之所至,情感诚挚,欲罢不能。爱,是一个写作者的基本素质"①。作者进入人物"典型性格"之中发掘其与历史之关系,悲悯也赞美着她们被压抑的生命力和被漠视被讥讽的善与美。作者与人物之间不是常见的同情和被同情关系,而是共情关系。顽强、坚韧的"青春和爱情,以及女性之美,人性之美,更让人难忘,更值得书写"②。对美的发现和肯定,氤氲全篇的《红楼梦》——这一民族思想和美学的集大成者——的气质、手法,在真、善和美的多层面上,共同造就了《女工绘》。

就第二个层面看,《女工绘》在小说构成要素的诸多方面如悲剧性意蕴和风格,人物的个性化、人物之间复杂微妙的关系,细节、心理及民情风俗的描写等方面,有着明显的《红楼梦》印痕。从某种意义上说,《女工绘》是对《红楼梦》传统的继承和改造。尤其是在各类青春女性形象的塑造上,作者着眼于女性生活、心理和情感世界的表现,以"怨而不怒,哀而不伤"的态度记述20世纪70年代的闺友闺情。

首先,《女工绘》人物形象的塑造有《红楼梦》的影子。小说在70年代背景下的煤矿这一典型环境中,描述青年男女矿工的悲喜剧。这个悲喜剧的发生、发展及结局,紧密联系特定历史政治形势和环境的阴暗面,具有强烈鲜明的时代性、社会性和政治性。作家在这样的时代现实背景下,表现了强烈的爱与憎、好与恶的情感。他对美好、正义的人物和事物怀抱热爱和赞美之情,用充满真挚、深厚感情的笔墨对其加以表现,同时也对丑的恶的人物和事物进行颇具力度和生活智慧的批判。但作者着力表现的仍然是生活中美好的人、事和充满亲情、友情、爱情,充满体谅和包容的人生。

周子敏出身高级干部家庭,父亲被打成"走资派",被迫害致死,家庭的变故,使这个"真正有知识的人"只能下矿当工人。她只能接受自己不愿意

---

① 刘庆邦:《〈女工绘〉后记:我写她们,因为爱她们》,作家出版社2020年版,第310页。

② 刘庆邦:《〈女工绘〉后记:我写她们,因为爱她们》,作家出版社2020年版,第311页。

接受的严酷现实,在压抑中变得沉默寡言。她的知识和自信、自重、矜持形成独特的吸引着华春堂的"气质",使后者颇有"心有灵犀一点通"之感。在华春堂眼里,她是一个"内心深沉的人,也是一个守口如瓶的人"。她置身事外却洞若观火,她有主见,"忠实于自己的内心感受",对魏正方的未来做出睿智的预言却也拒绝了后者的求爱。魏正方是小说表现的重要的男性矿工形象。他善良、友好、机敏、心劲大、要强、自尊也尊重他人。他是矿上少有的喜欢读书和写作的人。读书使他获得思考和写作的能力,使他在极其狭窄的世界中获得摆脱命运束缚的机遇,更使他的内心在坚硬的现实中保持极其可贵的品质,柔软、温暖而富同情心。

华春堂是作家着力刻画的饱满而复杂的女性形象。她和同时代的人一样,从小接受阶级斗争教育和艰苦奋斗教育,因此带有时代主导观念如家庭出身、阶级分析等的烙印。但在现实中,华春堂又是一个淳朴善良的人。她悉心关照妈妈、姐姐、弟弟等每一位家庭成员,在爸爸工亡之后,成为家庭主心骨,担负家庭最大的重担,是个"知情达礼的好孩子"。在恋人李玉清死于"零星事故"后,她先是隐忍不哭,后又放声痛哭,为李玉清也为自己,显示出她"重感情""讲情义"的品质。她有想法,心眼多,有心劲,内心要强,追求完美。她能说会道,虑事周全,有办事的智慧、心思和能力。她能帮姐姐办成工作调动,能在去煤矿报到时利用父亲与主管工作分配的王科长的同事关系和父亲的工亡,安排自己到灯房工作。在宣传队解散之前,她未雨绸缪,再次通过王科长和"这也看不惯,那也看不上"实则"内心善良,很有同情心"的刘德玉,提前调到化验室当了人人羡慕的化验员。她与魏正方、李玉清、卞永韶的交往也充分体现了她的这些特点。

虽然在一个政治化时代和实行军事化管理的环境中,这些女性的言语行动受到很多限制,不能充分彰显其个性,但其聪明才智还是以一种灵活变通的形式,在日常生活和举止言谈中得以体现。只要有合适的即便是极其有限的空间,她们都能显示自己不逊于男性的才能。如华春堂追求爱情的主动和勇敢,是魏正方、李玉清和卞永韶等男性人物所无法比的。作者以宽容和赞赏的态度描述这些女性的美丽、才能、智慧以及女性各自或活泼或沉默或隐忍或达观的性格，留下了一批令人感叹、令人钦佩和喜爱的女性形象。她们像《红楼梦》中的女性一样，或善解人意，或慧黠善辩，虽性情不得尽情舒张，但也能在有限空间内展现其性格魅力，如幽谷之兰、傲霜之菊、凌寒之梅，绽放生命之美，散发灵魂之香气。

其次，《女工绘》在艺术构思上也与《红楼梦》相似，兼采叙事和抒情两大传统，既有基于时代、社会的真实描写，又有基于人心和情感的辨析式描述。但其差异也很明显，《红楼梦》中有一个抽象的幻象世界——太虚幻境，于是就有了真／假、虚／实、有／无的分殊。通过大观园，《红楼梦》创造了一个现实与理想融合的美学世界，其典雅便与虚和无相关，带有明显的理想化色彩，是对经验性世界或真实世界的提纯与超越。但这种超越又是古典哲学和理念意义上的，相对于大观园所处的现实情境来说，它又是封闭性的，按照现代历史化原则来说，它是一种静态生命哲思的超越。《女工绘》的典型环境是70年代的矿场，这本身便是一个极具历史真实性的现实环境。小说的艺术想象和美学世界就展开于这一现实世界中，因此艺术和现实便有了最大的贴合度和极大的沟通性，这造就了《女工绘》叙述的质朴性、时代性和历史化。如果说，《红楼梦》借助真实把握和表现人物关系和人物心理来拉近艺术与现实的距离，那么《女工绘》所做的，便是借助艺术想象的力量，使艺术穿透和超越现实而成为真正关于人的美学世界和境界。小说在二十万字的篇幅内写出了特定历史情境下，现实世界的复杂和冷峻。

再次，《女工绘》在结构方式上从《红楼梦》中汲取了营养。浦安迪认为《红楼梦》是寓意写作的典范，表现在结构上，便是以"二元补衬"的模式展开描写。他认为："中国小说戏剧不乏悲欢离合、荣枯盛衰的描写，然而，即便从这种俗见的文字看去，《红楼梦》在情节陡转之处，自因否泰莫测而摇人心旌之处，也无不暗含阴阳哲理的结构形式。""我们由此可以按照从'悲中喜'到'喜中悲'，从'离中合'到'合中离'的无休止的替代，而不必按照从冲突高潮到冲突解决，甚或从幻想到觉醒的辩证发展，去总结小说安排情节的特点。"①《女工绘》体现了作者精细的布局技巧,叙述中有复杂的悲而欢、欢而悲、离而合、合而离的二元错迭。从悲/喜、离/合之错迭、补衬方面看,华春堂到煤矿上班可谓"喜",分配到不理想的岗位可谓"悲";调整到矿灯房可谓"喜",最初未能加入宣传队可谓"悲",想方设法加入了则为"喜"。就华春堂的情感经历来看,与魏正方心思相通为"喜",遭到魏正方"行动"上的阻拒为"悲";顺利追求李玉清为"喜",李玉清死于矿难为"悲";李德玉为之牵线搭桥为"喜",遭魏正方婉拒为"悲";顺利与卞永韶建立恋爱关系为"喜",死于偶发车祸则为"悲"。这一系列的悲而喜、喜而悲的二元补衬,又与离而合、合而离密切关联。

由此可见出《女工绘》中重要的两点,一是情节急缓相间、摇曳多姿,二是情节线与情感线巧妙呼应、配合,其中人物的情感世界和人与人之间的情感联系,是小说集中表现的。尽管小说以华春堂的爱情为主线,却并不讲究情节的起承转合,带有明显的生活流动感和原生态性质,叙述并不遵循冲突发展、高潮和解决的严谨逻辑。不仅如此,华春堂在小说结尾处突如其来的死亡,也给人措手不及的突兀感。同样,周子敏、张丽之、陈秀明等主要人物的具体生活经历和将来的命运,也没有得到集中和明确的描述。浦安迪认为动静的交替也是《红楼梦》二元补衬结构的主要脉络之一,这也组成了《女工绘》的大部分情节。

《女工绘》与《红楼梦》的不同之处也很明显。《女工绘》将女性人物放置在20世纪70年代激进政治化的生活背景、时代背景中,在一个更加开放也更加粗粝的劳作环境中进行描写,她们不是封闭的、温婉的,也不是间接的、虚化的。小说以个性化的颇具心理深度的人物为中心和连接点,延伸到更宽广、深入的社会和历史层面,有着更丰富的社会性历史性乃至政治性的描写:当代中国社会历史的剧烈错动,一系列政治事件的发生,上山下乡、学工学农、阶级斗争教育等,使《女工绘》有着《红楼梦》式的家族小说所不具备的社会视野、政治维度和卢卡奇意义上的历史小说品质。这种品质影响到小说

---

① [美]浦安迪:《中国叙事学》,北京大学出版社1996年版,第158—159页。

人物的塑造。小说中华春堂、魏正方、陈秀明、张丽之、周子敏、王秋云等主要人物，各有心灵世界，却不狭小、单一和脆弱。在那个时代，她们无法生活在自己的小圈子、沉浸于个人的小世界，无论是否情愿，她们的一切包括生活、工作和情感都只能无可选择地置于广阔的普遍性社会现实和受到极大规训的政治情境中。正如《女工绘》封底文字所说："一'梦'一'绘'，一'红'一'黑'，一个典雅地回旋在旧时大观园，一个质朴地行走在当代煤场。同为'爱之书'，滋味大不同。"《女工绘》其实就是将《红楼梦》之"红"转化为了激进革命时代之"红"和煤矿煤场之"黑"的交织与变奏。

进入新世纪以来，中国文学涌现了一股强劲的"讲述中国故事"的热潮。正确处理当代文学与本土资源、民族传统之间的关系，汲取优秀民族文化传统建立当代文学的根基，进而有效传达民族精神、形塑当代中国自身的文化品质和审美形象，成为中国作家的文化自觉和文学自觉。刘庆邦的《女工绘》无疑就是体现这种思想和美学自觉的最新实践。

《生死守护》
人民性与现实主义崇高美学

《生死守护》投射出现实主义激浊扬清的锐利锋芒和理想光辉。强调文学的现实介入和批判功能,是中国文学文以载道传统的当代延续和发展,也是中国现代文学"感时忧国"传统的当代继承和转换。

在当代中国作家中，张平既是一位有着极强的社会责任感、历史使命感的作家，又是一位有着丰厚生活积淀和多幅创作笔墨的充满创作激情、富有创作才华的作家。文学界习以为常的贴在其创作上的"反腐小说""主旋律文学"等标签，根本无法概括其不同凡响的文学实绩。自侧面表达反腐主题的长篇小说《重新生活》于2018年出版之后，张平继续以直面当代中国现实的积极姿态和深刻力度，推出了《生死守护》这部值得关注的现实主义力作。《生死守护》的思想内涵和精神质地进一步拓展了张平思想和美学创造的高度，为新时代现实主义文学的发展贡献了崭新的艺术经验。

一、人民性：新的历史时代的重塑

在20世纪中国当代文学语境中，自1949年7月周扬在第一次文代会上作题为《新的人民的文艺》报告之后，"新的人民的文艺"便成为新中国文艺的统领性主题和经典命题，深刻影响着文学艺术的创作方法、艺术风格、审美形式，并在深层成为当代中国文学的基本思想和美学规范。"人民性"无疑是人民文艺的核心理念和命题，具有强烈的关于民族国家、现代政党的意识形态内涵建构、传播的合法性。进入新时期之后，人民性话语在政治、革命、历史、文化领域的绝对文化领导权，伴随着精英话语、现代化话语和消费文化、后现代话语的兴起，一度有被削弱的趋势。在对激进化历史进行反思和批判的精英话语的视野中，人民性被视为一种取消个体、自由的压迫性、压抑性和保守性力量，尤其是当它与意识形态话语合谋时，其总体性话语霸权性质更成为精英话语的批判对象；而全球资本逻辑则将"人民"这一历史主体，巧妙地转化为面目模糊表情暧昧的商业消费文化主体——"大众"这一市场中匿名而无处不在的"神性"存在。"在后现代视野中，总体性话语具有僵化、绝对化、整合、一劳永逸等含义，被认为是一种僵化的、不复活力、停滞不前的观念。"① 流动的市场需要分散的，可以被自身塑造、改编和吸收利用的"主体"，被市场和资本逻辑生产出的"大众"，以原子化的个体形式质疑"人民"的合法性与合理性。这构成了20世纪90年代文学中"个人化""私人化""身体"写作潮流的历史和文化基础。与之相对照的是，"现实主义冲击波"和"底层叙事"的兴起和风行貌似显示了人民性话语的回归，但这实际上恰恰彰显了其所面临的困境：前者在城乡困境中展示了"人民"及其代言人的灰色与困顿，曾经的道德理想主义丧失了拯救"现实"和"人民"的历史能量；后者在底层苦难的展示中，使"人民"成为一种带有自然主义和存在主义色彩的苦难美学风景和寓言。

进入新世纪新时代以来，随着中国自身时代意识和历史意识的强化，中国主体文化自信的生成以及在此基础上对中国／世界关系的重审和重构，中国历史包括古代、现代和当代历史的独特个性在全球资本时代的共性中，被突显出来。中国自身的社会历史和文化文学经验不再局限于自身，而是具有了世界和人类意义。对中国历史道路和历史经验的尊重，对新世纪中国现实的关注，意味着当下中国自我认同路径、方式和内涵的重大历史转折。基于此，与"中国故事""中国经验""中国道路"密切相关的"人民"文艺和人民性话语重新浮出历史地表并成为不可忽视的思想和美学现象。值得注意的是，在此崭新历史情境下的人民性话语，作为总体性表意形式，一方面具有历史和传统的延续性，将历史上的人民性作为自身言说的文化资源；另一方面，它作为当下中国的一种艺术和美学实践，也难以避免地呈现时代性和历史性特征。更需注意的是，文学文本尤其是长篇小说，毕竟是个人化的思想和美学创制，每位作家都会尽力采用自己的方式，建构属于自己的人民形象。如在近年颇有影响的小说中，梁晓声的《人世间》有着"人民与时代的思辨"，小说"浸润着作者本人对于中国故事的筋脉、中国精神的底质探索——在他看来，基层人民所构成的民间温情是上层意识形态的底气，两者之间互动

---

① 王金胜：《韩少功与后现代——论作为一种精神与美学现象的〈修改过程〉》，《文艺争鸣》2020年第3期。

交融，才建铸起时代稳步前行的根基"①。阿来《云中记》中的"人民"既"关联'浩大的存在'，传达宏大之音……是民族、历史、文化和人类诸多层面的交错"，又"汲取人学和个人话语资源，获得了言说的柔韧性、圆活性"。② 张平2018年出版的长篇《重新生活》则"在'国民性新批判'中来思考和建构一种基于人人平等、人人自由、人人享有生命尊严的社会主义新文化"③。而他2020年的长篇新作《生死守护》更是在此基础上进一步强化了人民性内涵，是又一部坚实厚重、情感浓郁、激情澎湃的人民赞歌。

在《生死守护》中，张平对文学与人民、文学性与人民性的关系进行了视野宽广、情感深挚的思考，并出之以令人耳目一新的审美创造。首先，关于文学与人民、人民性，他认为："'人民'这两个字，是全世界约定俗成的概念。在文学创作中，不应任意矮化和污名化。"在人民具有道义上的合法性的同时，人民文学具有以文学形式为人民代言、发声的必要性："为人民写作，不应该是，也绝不能是一个不被提倡不被期许的文学精神和文学道路。"更进一步说，人民是文学之成为自身的依据和构成自身完整性和本质性的必要和必然因素："文学创作，如果缺少人民的概念，那文学本身也是缺失的。"其次，关于"人民"与国家、执政党的命脉联系，张平认为，对于社会主义共和国来说，"人民才是国家的真正主人"，这关乎执政党的初心和使命，"让人民当家作主"，"时时刻刻要对人民保持敬畏之心"，"善待每一位国民，才能真正实现对公众的承诺，才是政府公信力最有力的体现"。再次，关于人民的话语形态和内涵，张平认为，"人民是具体的，不是抽象的"，因此，"现实题材中的人民性写作，必须是接地气的，必须是人民乐于接受和认可的"④。

---

① 刘大先:《何谓当代小说的史诗性——关于〈人世间〉的札记》,《中国当代文学研究》2019年第6期。

② 王金胜:《一个人的总体性文学想象——论阿来〈云中记〉》,《南方文坛》2020年第3期。

③ 张丽军、范伊宁:《文化沉疴、国民性新批判与社会主义新文化建构——评张平长篇小说〈重新生活〉》,《中国当代文学研究》2019年第1期。

④ 张平:《生死守护·自序》,作家出版社2020年版,第3—4页。

从这样的思考出发，张平在《生死守护》中对人民性的表现首先就落实在不同的"人"身上。小说主人公辛一飞、市委书记田震、市长李任华、市公安局副局长沈慧、媒体人刘小江等坚决捍卫、守护人民切身利益的党员干部，才是"真正的国家干部"，才是"有立场有信仰的共产党员"。小说正面塑造了人民利益捍卫者的英雄群像。他们有着实事求是的精神，为民做主、为民服务的工作作风，有着先进的世界观和价值观，有着对真理和正义的追求，从根本上体现着"让人民当家作主"的共产党员的初心和使命。辛一飞是倾注着作家政治理想和美学理想的人物。小说以龙飞大道的修建、打通为核心事件和叙事线索，在事件引发的腐败势力、黑恶势力与代表人民利益的党政机关部门、党员干部之间的矛盾冲突中，塑造了这个铁骨铮铮、两袖清风的有血有肉的人物形象。辛一飞形象的塑造并非偶然，他是时代大潮和历史意识强劲迸发的产物，他与赵德发的长篇小说《经山海》里的吴小嵩、陈毅达的长篇小说《海边春秋》中的刘书雷、滕贞甫的长篇小说《战国红》里的陈放等，共同构成了新时代新人形象谱系。[①]张平抓住时代脉搏，深刻切入现实的肌理和血肉中，以直面现实的勇气，以政治智慧和胆识剖析复杂的当代生活，提炼和创造出了这一带有时代气息和作家气质的新人形象。辛一飞既具有理想主义情怀又具有脚踏实地的务实精神，既雷厉风行又心思细密，既讲原则有立场有担当有责任心，又有个体的良知、正义感和悲天悯人的情怀。当他被提名为主抓龙飞大道建设的副市长却在人大常委会投票中未获通过时，当面对黑恶势力的利诱、污蔑、栽赃和威胁时，他始终没有退缩，反而愈加坚韧而执着、顽强而决绝。他服从组织和上级领导的安排，却又不唯领导之命之意是从。小说在重重矛盾和困境中塑造的这一形象，深含作家对时代精神的

---

① 对这些作品中"新人"和"新时代"文学特质的分析可参见石华鹏：《陈毅达〈海边春秋〉：塑造新时代的新人物》，《文艺报》2018年7月23日第7版。李朝全：《正在酝酿中的乡村巨变》，《文艺报》2019年6月10日第10版。王金胜从个人与时代关系的重构的角度，对《经山海》中"新时代新人"的成长史的叙事进行了分析，参见《总体性的现实主义文学镜像——以〈经山海〉为中心论当下小说的若干问题》，《小说评论》2020年第1期。

理解和人民性的价值判断，是时代精神的审美化和人格化体现。

打通龙飞大道必须面对的是大路两边棚户区的改造。棚户区的居民人数众多、成分复杂，小说一方面写道，"对一个城市管理部门来说，这样的一个人口比例，再加上这样的一个居住环境，这里必然会成为恶性事件多发之地"，另一方面又特别提到了棚户区的年轻人的特点，"这些年轻人简单淳朴，性情真挚。爱抱团，讲义气。最见不得倚势仗富，恃强凌弱。一旦谁家遇上了什么不公正不公平的事情，就会集体上阵，倾巢出动，常常是挺身而出，一呼百应。不讨个说法，绝不罢休"。这是一个保留了传统美德的底层社会群体。张平在《抉择》《天网》《重新生活》等作品中就对处于贫困和苦难中的社会底层人民有过生动的描写，对官僚主义和官员的贪腐所造成的底层人民的苦难有过深刻的表现。但《生死守护》的特别之处在于，小说主旨并不在于揭露苦难、追溯苦难的社会和历史根源，也不是将贫困、苦难与腐败直接对应甚至对立起来。除了对棚户区这些从外乡来的矿工有品质和道德上的肯定，小说还反复写到他们与政府、领导之间的关系："从小到大，依靠的是政府，盼望的是政府，因此，他们打心底里听政府的话，服从政府的领导。""他们最喜欢讲真话的领导，也希望那些大大小小的领导干部都能给他们讲出更多的为人民谋幸福的话语。"他们清楚地认识到自己的"城市的基层群众和贫困阶层"的身份，"因此对党和政府的扶贫政策和安置政策充满了无限的期待和美好的憧憬"，尽管他们在为私营老板和煤矿主打工，"但在心理上对政府的依赖感则越来越强"。他们痛恨那些与私营老板矿主勾结的"政府的败类""腐败分子和贪官"，他们日夜期盼"党的好政策，政府的好领导"。在棚户区改造工程中，他们把摆脱贫困的期望"寄托在能给他们派来一个好官、清官身上"。辛一飞这个有口皆碑、万民称颂的"老百姓人人叫好的大清官"的到来让他们兴奋不已。小说中的底层民众，不仅是人民的形象载体，传达着人民的现实诉求，也作为"腐败"的他者，传达着人民的意愿。同时，小说通过民众与政府、官员关系的设置，寄寓了作者对全民反腐的可能性、方式方法的思考。

值得注意的是,《生死守护》主要通过市长李任华和市委常委、工程总指挥辛一飞暗访考察的方式,来展现和描述人民大众的生活。这是人民性表达所关涉的两个层次、两个主体——官员和民众的一种特殊对话,这一方面突出了官员作为人民代言人的实质和服务实践,另一方面也突出了人民对自己在历史与现实中的当家作主地位及其利益诉求的自觉。小说通过对朴素本真的道义感、默默奉献的劳动者精神、物质财富和精神财富的创造者、寻求公平正义的执政党领导干部等多层面的描写,实现了对官员和民众从矛盾到统一的二位一体的升华,生成了《生死守护》的人民性精神和美学品质。

二、崇高感:人民性写作的美学面向

崇高是一种在历史和文化脉络中发展的动态的、具有历史性的精神样式和美学范畴,它与社会、历史、文化和文学传统有着密切关联,并在特定情境下呈现为或可称为"崇高变体"的具体形态。对现实主义文学来说,崇高感是其主要的魅力来源。

20世纪80年代前期,"伤痕""反思""改革"等诸种小说在共享时代精神时,为中国文学贡献了一系列革命者、受迫害者和改革家等形象,它们在"启蒙"和"现代化"开启的历史空间中,体现着信仰、德性或精神境界的崇高之美。这些形象在延续五六十年代文学中革命英雄崇高镜像的同时,也在人性和生活等层面进行了转换。自80年代中期开始,"寻根""先锋""新写实"小说及王朔等作家的小说,显示了一种新的美学取向,"'反崇高'成了经典崇高话语那种逻辑推演式的建构方式崩溃之后勃兴的另类崇高美学建构的框架、范式或概念,甚至是一种流行时尚或无法逃避的宿命……恢复其实存和实感,以此为基础寻找被放逐的历史,重构被异化的崇高,成为'新时期'以来中国文学的历史性精神回归自我、回归本身的方式,或者说,重建崇高美学成了此后中国文学、文化乃至历史的一项带有宿命色彩的责任承担"[①]。进

---

① 王金胜、吴义勤:《莫言文学的崇高美学及其复调意味》,《文艺争鸣》2019年第4期。

入新的历史时代以来,中国文学再次涌现大量具有崇高美学品质的作品,徐怀中的《牵风记》、陈彦的《主角》、梁晓声的《人世间》、阿来的《云中记》、赵德发的《经山海》、滕贞甫的《战国红》等历史和现实题材的长篇小说,都是其中各具特色的崇高美学作品。这一现象的出现,与中国文学走进中国的深层历史与现实,在开阔的历史视野和强劲的时代精神感召下,发掘中国自身内部的历史、文化和人性的艺术追求,有深层关联。

在张平的反腐小说中,无论是那些坚韧执着、以一己之力与腐败现象做斗争的英雄,还是身处困境却抱有生活的信心并介入反腐事件中的普通人,都蕴含着强大的信念力量和人性光辉。放在张平的崇高美学脉络中,《生死守护》可以说是其崇高美学的集大成者。

首先,小说塑造了一系列具有崇高信念和无私无畏的献身精神的英雄形象。通过他们,小说有力地传达了以阳刚之美为内核的崇高美、悲壮美。辛一飞、刘小江和沈慧等在各自的工作岗位上,以自己的方式与腐败势力、黑恶势力做生死搏斗,他们是崇高精神和英雄精神的化身。英雄是社会、历史、生活中也是文学中表现崇高的最鲜明最具代表性的形象。在伊万诺夫看来,"英雄"是"崇高"的变体,他如此阐述崇高和英雄精神的关系:"当杰出的社会现象和杰出的社会人物成为崇高的对象时,我们说这属于英雄精神范畴,把英雄精神看作是崇高范畴的一个变体。艺术上的崇高是通过英雄性格表现出来的,崇高是它的必然标志。崇高最接近于社会的审美理想,英雄性格则直接体现一定的社会理想的特点。苏联有些美学家把英雄精神看作一个独立的美学范畴。我们以为,那些把英雄精神当作崇高的因素,当作它的变体的美学家的意见是正确的。"[①] 不止于此,《生死守护》中的普通人,特别是辛一飞的母亲和棚户区的居民,同样是小说确立崇高情感的形象。前者感恩于难产之际政府和人民对他们母子生命的挽救,而将儿子称为"百姓娃",直到上学以后才改名为"辛一飞","盼着他一飞冲天,长大以后能做大事,报答天下

---

① 转引自舍斯塔科夫:《美学范畴论:系统研究和历史研究尝试》,理然译,湖南文艺出版社1990年版,第86页。

的百姓给了他这条命"。当儿子有了出息以后,她每次在电话中都嘱咐儿子"一定别忘了你和妈的命都是国家给的,都是老百姓给的。咱就是再苦再累,也不能做那些对不起国家和百姓的事"。直到八十岁,辛一飞母亲仍留在农村耕种庄稼。辛一飞在吴浙县工作多年,很好地解决了县里住房刚需问题,解决了贫困户和拆迁户的住房问题,而他直到就任市委常委,还一直居住在早年分配的老旧职工住房里,没有自己的房产,也没有供儿子出国留学的存款。从辛一飞这一形象中,读者可以感受到英雄面对黑恶势力和贪官奸商时的胆魄与高贵气质,可以感受到他日常生活中的极端俭朴和在家庭生活中的高度克制。这是一个人格化、审美化的信仰和意识形态的化身。

其次,小说浓墨重彩地塑造了那些面临拆迁的棚户区居民既平凡又伟大的崇高形象。这些棚户区居民是城市里最底层的劳动者,他们生活贫困,为国家、为城市的建设和经济发展付出了血汗和巨大的牺牲,但内心仍然对党和政府抱有信任和希望。他们既有对贪官奸商的愤怒,又保留着对政府的信赖和对"清官"的渴盼。"在更大程度上确立崇高感情的是为人类谋幸福而进行的改造自然的日常实践活动:从事宏伟的建设,开垦处女地,征服宇宙,所有这一切产生了全新的崇高观念,认为崇高就是人的功勋和创造性劳动的美的集中表现。"[1] 通过对棚户区居民的刻画,《生死守护》在建立人民利益守护者和人民群众之间血脉联系的同时,也赋予二者共同的崇高感。而对人民崇高感的塑造,也是对人民利益守护者崇高感的必要补充,它赋予了后者以现实生活的依据,使原本抽象的"信仰"获得了"生活"的支持。通过对人民及其守护者的塑造,《生死守护》的崇高美学便在其象征意义与强烈的历史感、现实感之间建立了联系,与日常经验达成了某种具有强烈时代精神和浓郁诗意的交流、沟通。

中国二十世纪五六十年代的文学在借助英雄形象塑造崇高美学时,作家往往发挥着政治或主流意识形态代理人的作用,并以此维系着阶级、国家的正面自我形象。那些执念于人民性宏大叙事的作家,往往把人物(典型、英

---

[1] [俄]奥夫相尼科夫:《简明美学词典》,冯申译,知识出版社1981年版,第12页。

雄），事实和现实（典型的社会性、政治性环境）当作其理论、观念和预设立场的道具，从而陷入了曲解、迷误乃至错谬之中。他们的人民性崇高美学之所以遭到质疑和消解，便是因为那种简单、僵硬、强势的，缺乏人性依据、生活逻辑和文学意味的"概念式""概述式"文学，不再让人感到真实，无法让人满意，甚至让人感到紧张和厌烦。与此相对照，作为一部作家本人毫不避讳的"全民反腐全民监督"题材和主题的小说，《生死守护》在人民性崇高美学塑造上便存在着别有意味的复杂性。

比较容易引起争议的是作为文学形象的辛一飞。作者显然在这一人物身上寄托着自己的政治理想和美学理想。辛一飞是小说的"内容"，也是小说的"形式"，或许是因为作家强调"当代现实题材的文学创作应该是内容大于形式，社会效应大于文学效应"，辛一飞形象的塑造也是"内容"和"社会效应"大于"形式"和"文学效应"的。从现实主义典型化理论来看，在辛一飞的形象中，普遍性多于个性，理性化成分重于感性化因素，他更接近卢卡契对艺术的典型化理解："典型化是用这样一种方式创造出来的，它来自生活中的个别的整体。因此，这一被选作典型的个体所表现的整体不但没有消失，反而更深化了。"[1] 相对于"个别""个体"，《生死守护》的主人公恰好是这种"更加深化了"的"整体""典型"。按照80年代以来的文学观念，这一典型算不上一个成功的艺术形象，他并未得到内在复杂性和丰富人性的塑造，也未得到完满的艺术构型，或者说，这是一个"扁平人物"而非"圆形人物"，属于梁生宝、乔光朴、李向南式的"工农兵"英雄人物和"改革英雄"。小说在结尾部分，通过其母之口交代他的出生情况，即母亲生他时遭遇难产大出血，是医生和老百姓挽救了母子生命，这是主人公辛一飞能数十年如一日地清廉、敬业，始终把百姓记在心上的原因，以及他坚持原则、葆有初心的"真理性依据"。在经历组织调查核实、还其清白之后，小说通过纪检书记之口评价辛一飞："这么多年来，很少有像你一样经得起如此严峻考验的领导干部。"辛一

---

[1] 转引自［荷］佛克马、易布思：《二十世纪文学理论》，林书武等译，生活·读书·新知三联书店1988年版，第142页。

飞式的典型具有的是个体生命神圣化所产生的崇高感，其实质是当代国人对自身力量的一种期盼，也是先辈和当代人在奋斗历程中所形成的一种精神境界和心灵情调。

特别值得注意的是辛一飞与政治激进时代高大全式英雄的不同。二者之间最大的区别是，后者几乎都具有道德至善至美的宗教式理想人格，在阶级斗争哲学的支配下，他们的叙事职能就是工具，围绕、烘托这些主要英雄人物的是众星托月里的众星——那些以"所有人物""正面人物""英雄人物"或"中间人物"面目出现的众生——人民。"主要英雄人物"作为人民的代表是空洞的理念化身，被放逐的却是真正存在的百姓。而辛一飞作为一个非神化的英雄（主角、主人公），一则要接受党纪国法的约束、纪委监委的调查和人民群众的监督，二则他并非抽象的人民性的传声筒。他恪守做人底线，关心贫困群众疾苦，在吴浙县任职期间，他很好地解决了住房刚需问题，贫困户和拆迁户的住房问题。正因为坚决地站在百姓立场上，得罪了贪官奸商，他多年得不到升迁，也正因此，他的副市长提名才未能在人大常委会上获得通过，他也才会被靳如海等腐败和黑恶势力视为自己最大的障碍和对手。因此，辛一飞个体生命形象的圣化和自身事业的成功（先是从县长连升三级成为市委常委、龙飞大道建设工程总指挥，后被人大正式选举为副市长，接着被市委市政府任命为常务副市长），是以人民性（集体性）的目的为基础的，也即，是以百姓的、人民的、族群的乃至人类的合理化发展为前提的。辛一飞体现的是一种社会正义和历史正义。这一形象的更普遍的意义便在于此。对于社会和人类来说，为获得个人利益的最大化，为获取个人的成功而舍弃和背叛公平、合理和正义，是无论如何都不会被接受的。

三、现实主义：重塑人民性的美学路径

从"国民""民众""工农大众"到"人民"，中国现当代文学中留下了连绵不绝的"人民影像"。特别是从左翼文学到解放区文学再到新中国的"新的人民的文艺"，"人民"伴随着历史的发展，成为中国文学叙事正当性和道德确

定性的重要的乃至唯一可靠的源泉。在二十世纪七八十年代的历史—文学转型中,人民文学的核心位置遭到人的文学的质疑和替换。因为前者空洞化、本质化所产生的压抑性观念机制,人的文学连同纯文学一起,宣告了人民文学和以社会主义现实主义为代表的现实主义文学的终结。这一情况的改观,发生在90年代后期和新世纪初期。当"人""个人"遭遇市场消费文化与后现代主义文化逻辑的控制,而同样呈现出零散化、空洞化、本质化状态并陷入某种"人"和"文学"的双重无力感时,一种对"个人"和"纯文学"想象的反思,重新进入到文学理论的探讨和创作中,这在"现实主义冲击波"和"底层写作"中体现得尤为明显。这一反思是与对"左翼文艺""人民文艺""现实主义""社会主义文化遗产"等的重审、重评联系在一起的。一些作家和学者在看到人民、国族等族群性乃至政治性观念之压抑性的同时,也意识到其在原初情境中的合理性、合法性或必然性、必要性,并试图突破观念话语和惯性思维的束缚,走出"人"和"人民"的对立框架,释放出其潜在的能量。

俄罗斯文学理论家哈利泽夫在谈到20世纪俄苏诗人、作家时,认为勃洛克、阿赫玛托娃、茨维塔耶娃、叶赛宁"真正具有人民性",肖洛霍夫、普拉东诺夫、普里什文,尤其是索尔仁尼琴、阿斯塔菲耶夫、舒克申、拉斯普京等的创作中有着更明显的人民性因素,他认为:"19世纪文学经典的传统,为这些20世纪的作家积极继承下来:积极的道德(在很多情况下这是公民性的道德)取向、人民性和现实主义有机地融合于一体。"① 事实上,当我们不把现实主义仅仅理解为"对社会现实的客观再现",而是看到其作为一种现代文学的"现代性"内涵,看到它与其所处的历史环境的关系以及前所未有的历史感,看到它将"人"理解为一种社会性存在时,作为群体观念的"人民"成为现实主义文学和文论的重要一维,也就不难理解。只不过,正如"人民""文学"是某种话语的历史塑形一样,"人民性""现实主义""宏大叙事"尽管在文学和理论言说中往往有一种不可改变、不容置疑的真理式自信,也都处在一个被

---

① [俄]瓦·叶·哈利泽夫:《文学学导论》,周启超等译,北京大学出版社2006年版,第194页。

"更改"的历史过程中。正是在这个意义上,《生死守护》回归也重构了以人民性为价值和理念中心的现实主义宏大叙事传统。

首先,《生死守护》投射出现实主义激浊扬清的锐利锋芒和理想光辉。强调文学的现实介入和批判功能,是中国文学文以载道传统的当代延续和发展,也是中国现代文学"感时忧国"传统的当代继承和转换。在当下,这种文学观念一度被某些论者认为是脱离了"纯文学"本身的功利性写作观念,是一种过时落伍的陈旧观念,是一种与当下时尚性、个人性、碎片化现实不协调的另类文学观念。的确,我们在为数不少的作品中看到过文本被简单地赋予政治与意识形态功能的情况,看到过理念对生活现实的粗暴剪裁和观念意识对文学的过度操纵。我们应该对文学的"效用"做更宽泛、更广阔的理解,这种理解可以使我们进入更丰富复杂的现实层面,同时保持对生活的尊重、热爱而非将其抽象、简化,与现实保持平等对话而非盛气凌人,如菲尔斯基所说:"艺术价值与'用'密不可分,而我们对文本的处理也总是丰富多样、复杂且难以预料的。从这个意义上讲,作品的实用性不会破坏诗性,也不会将诗性排除在外。提出文学的意义在于其用途,意味着对一系列实践、期望、情感、希望、梦想和阐释进行调查研究。"[①]《生死守护》追求作品的社会效应,倡扬"全民反腐",弘扬真善美,鞭笞假恶丑,将叙述和时事与社会生活紧密结合,有着突出的社会效用性和政治倾向性,属于典型的社会性政治性写作。小说有叙事,有议论说理,有对贫富分化和社会矛盾的揭露,有对官员贪腐行为和贪得无厌唯利是图的奸商和黑恶分子的批判。小说写城乡贫困人群和其家庭的不幸,写灯红酒绿里埋藏的黑暗与肮脏,也写大面积、塌方式腐败及其背后的体制弊病,展现出腐败现象的普遍性和腐败的极端危害性,并在揭示这些现象时做了批判性思考。从现实主义文学特质和功能上说,《生死守护》与张平的《抉择》《十面埋伏》《重新生活》等反腐小说是一脉相承的,可以说,在张平看来,这些现实题材的文学是更大的现实世界的一部分,是

---

① [美]芮塔·菲尔斯基:《文学之用》,刘洋译,南京大学出版社2019年版,第12—13页。

更坚硬的政治议题的一部分,它与非文学事物包括意识形态战略、目的之间本身就有不容回避的根本联系:文学是政治启蒙和社会变革的潜在而有效的途径。

其次,《生死守护》具有独特的"诗性""文学性"。哈利泽夫谈到人民性时,有两点富有启示性:一是对文学中的人民性构成不宜评价过高,不宜将其看作绝对标准和作家唯一可以选择的道路,一些不具有人民性因素而具有高度的艺术性和文化价值的精英性作品,同样是必要且有益的,与此相关的第二点是具有人民性的作品和精英性作品同样属于文学的"上层","这就从根本上使它与大众文学(文学的'下层')区别开来"。在这里,哈利泽夫对人民性文学与大众文学的上层/下层的区分是很有意味的。但他同时也认为:"文学作品的通俗性与人民性,乃是两个不同的现象,但在很多情况下它们可能会彼此兼容,甚至重合。"① 与此颇为相通的是马克思主义现实主义理论家卢卡契的看法:"现实主义是大众喜爱的,符合'大众化'的标准,用俄语表述,即具有'人民性'……文学的人民性,就是继承文化传统,大众喜爱的文学正好是同现代派的文学相反的。"② 庄重肃穆、悲壮深沉的宏大叙事是《生死守护》现实主义的主导风格,同时,小说也照顾到中国读者的审美习惯和兴趣,采用大量通俗文学、大众文学的传奇性讲故事手法,使小说呈现出摇曳多姿、张弛有序、雅俗共赏的美学风格。

《生死守护》围绕龙飞大道描述了反腐败力量与腐败势力之间的斗争,斗争的复杂性、神秘性乃至惊险性和激烈性容易激发人们的好奇心和探究兴趣,也能够使读者充分发挥想象力,展开丰富的联想。小说充分挖掘反腐反黑斗争中的戏剧性因素,借鉴通俗小说的叙述方法,尽可能地使故事更加引人入胜。小说把悬疑、侦探、犯罪、伦理、爱情、亲情等多种情节要素融合在

---

① [俄]瓦·叶·哈利泽夫:《文学学导论》,周启超等译,北京大学出版社2006年版,第194—195页。

② [荷]佛克马、易布思:《二十世纪文学理论》,林书武等译,生活·读书·新知三联书店1988年版,第132页。

一起，创造了紧张的故事氛围。起承转合、起伏跌宕的故事，曲折离奇、扣人心弦的悬念，危机四伏、变幻多端的现实情境，错综复杂的人物关系，性格独特鲜明的人物形象等畅销小说的基本构成元素，使小说具有极强的可读性。其中，有些情节极富传奇性。如退休工程师无意中挖出千年古墓，引来了文物贩子，自己也为此丧命，情节的发展牵动人心，让人既痛恨罪犯的丧心病狂，又为公安卫士的牺牲扼腕。

张平善于在小说的情节演绎中设置悬念，这很好地起到了渲染、烘托和调节氛围的作用。反腐败是关系到党、国家和人民命运与前途的"生死抉择"的重大事件，但这场你死我活的反腐斗争并非总呈现为壁垒分明的阵营对立。《生死守护》既写到了辛一飞、市长李任华、人大主任刘利斌、纪委书记王萌亦、赵小江、沈慧、赵祯熙等组成的体制内外的反腐阵营与以靳如海、霍怡帆、崔铭化崔晓剑父子、崔晓剑姜宸师徒等腐败黑恶分子之间的斗争，也写到了各种力量博弈时的暗流涌动。如辛一飞未能通过人大的副市长选举，究竟为何？市文物局局长与靳如海或崔铭化父子究竟有何关系？市委书记田震、省委副书记郭健雄除了三千万贿赂款之外，是否存在其他利益，以至丧失了其作为领导干部的担当，在关键时刻未能支持、信任和保护辛一飞，从而使道路的开通延迟了？从开始对辛一飞的支持和提拔任用，到后来的暗中阻挠，田震为何如此？如此等等。这些未在小说中得到充分揭示的内容，以悬念的形式显示了腐败作为一种文化现象在现实中无所不在的渗透，而靳如海被立案审查，"随即拉开了龙兴市塌方式腐败调查的序幕"。

在社会性政治性主题题材之外，小说试图纳入更多的动人、感人的人性元素，如辛一飞与母亲、妻子、儿子的亲情，辛一飞与大学同学刘小江和民营企业家赵祯熙的友情，靳如海与霍怡帆的爱情，以及虽涉笔不多却给人留下深刻印象的感情关系如崔铭化崔晓剑的父子之情、崔晓剑与姜宸的师徒之义等。悲欢离合的爱情故事通常是当下小说的一道不可忽略的风景，《生死守护》也讲述靳如海与霍怡帆之间的感情故事，只是张平并未对此大加渲染。霍怡帆家庭陷入困境，无法摆脱黑恶势力的威胁，靳如海出面摆平。霍怡帆大学毕业后进入云翔集团，成为其旗下云翔大酒店的总经理，并出于对靳如海援手的感激，成为其情人，也成为靳如海权钱交易非法活动的重要参与者。她因此而获利，也因此而成为犯罪集团的重要成员，最后为维护靳如海的利益自杀未遂。靳如海被判刑入狱之前表示无论付出何种代价都要让已处于植物人状态的她活下来，等自己出狱后与其终身厮守。这个令人唏嘘的孽恋故事，是放在紧张残酷的反腐反黑的斗争中的，其意义不仅在于为"大故事"提供一段舒缓的插曲，也展示了一种以独特形式体现出的带普遍意味的人性与情感状态。这是个人化情感故事与公共性政治叙事的交融和变奏。主人公的命运，大路能否及时开通，地下文物盗掘能否及如何被及时阻止，三千万贿款真相究竟如何，辛一飞的档案年龄问题，田震在整个事件中扮演了什么角色等充满悬疑、悬念的故事，充分调动着读者的阅读兴趣，而《生死守护》在设计这些精彩、紧张和感人的情节的同时，也穿插着关于信仰、责任、使命、人性等问题的思考，充满着思想情感的力量，进一步提升了作品的思想内涵和情感冲击力。

总之，在人民性表达方面，《生死守护》通过对底层生活的挖掘，赋予人民以生动丰满、具体可感的形象和形态，避免了以往的当代文学作品在此问题上观念性、抽象化的弊端。而小说据此所营构的崇高感，也具有了道义上的共情感和美学上的感染力与说服力。与此同时，大众化、通俗化、传奇性的手法，又使人民性、崇高美获得了在地性，具有了张平前辈、老乡赵树理面对现实生活、立足民间底层立场的"故事体问题小说"的流风余韵。张平的创作历程，不仅让我们看到一个作家永葆初心的韧性，也看到了当代中国现实主义文学的特有品质和多元形态，充分证明现实主义文学具有广阔前景和旺盛生命力。

《唇典》历史的光影与现代的「幽灵」

《唇典》力求以独特的气质、方式重建历史,重塑在奇观化、神话化、鄙俗化历史书写中被放逐的历史感。

继《风过白榆》《冰血》《长势喜人》之后，刘庆又于2017年在作家出版社推出了他的长篇新作《唇典》。这是一部需要细腻体认和深切辨析的作品。它倾心关注以库雅拉山谷为居住地的普通民众的生活世界，舒缓而低调地讲述了这一世界中普通人的生活故事，生命的遭际、意义、价值和尊严，多层次细致地揭示了这一世界的生活根基、生息脉动和感觉结构。作家深切体认吾族、吾土、吾民在百年现代史中的生存体验和生命感受，着力发掘、整合那些在现代历史情境下被漠视的个人/族群的民俗之美与信仰之光，深味边地底层民众的困惑、犹疑、历练、行止进退和心性、担当。

一、"前现代"风景与"历史"的进入

《唇典》中"头胏凌"用大量篇幅，以白瓦镇为中心，在花子街、车马行、柴草市、艳粉街、藏春楼、红袖招、护城河等地理空间以及马尿味、脂粉味、油炸果子味混杂的氛围中，来表现库雅拉人的生存情境。接下来又通过弥漫着艾蒿味的端午节、"清朝传下来的最有趣的民俗"——灯官节、元宵节、纸灯展、旱船舞、狮子舞等，描画库雅拉人的生活方式和精神结构。野外的蒲草、水葱、鸡冠花，有灵性的年息花，不时跃出水面的鲤鱼和草根鱼，觊觎着美味的打鱼郎，构成一个"日出而作日落而息"、自足自闭的同质性空间。风景、风俗、街巷、建筑，会留下岁月悠远的痕迹，但一切都因"整体性"意义结构的空位，而缺乏内在的精神生产性和发展性。此时的白瓦镇连同更广阔的区域，仿佛萧红的"呼兰城"、沈从文的"边城"或师陀的"果园城"，是一种处于"历史"之外的、原初的，充满丰厚悠长韵味的所在，是自出生之日起，库雅拉人就置身其中，自然自在过活的本然世界。这世界有自身的道德、真理、价值观和信仰，有切己的生活方式、价值观念、道德体系、家庭结构和生态系统，以及属己的信仰、哀伤、愉悦和痛苦。这是一个人的世界、人性的世界，一个有着完整意

义的世界，承载着一个族群——库雅拉人的全部生活经验和生命体验，有着一个族群独特的生产技术和生活艺术，有着自己的意识和无意识。

若以"外部"的"现代"眼光——无论是启蒙还是革命——观之，库雅拉或是一个闭塞、凝滞、残缺、落后、野蛮的非文明、未开化、无历史的"黑暗之地"，聚居此地的人没有作为"人"的尊严意识和生命自觉，更缺乏科学、革命或阶级观念，是自然和传统的奴隶，是"非人"化或动物性的存在。无论是洗马村、白瓦镇还是更广阔的库雅拉山谷，虽有务农/经商、发达/贫困之别，但在游离于"现代""历史"之外这点上别无二致。这里的人靠传统血缘或地缘维系关系，他们的故事是分散的、偶然的，虽林林总总却平淡无奇。总之，在"历史"迫切的眼光的注视下，这个世界亟待被打破、被启蒙和改造，乃能进入"现代""世界史"，成为现代史逻辑运转的一个局部、一个环节。

《唇典》有一个意味深长的开篇。行文伊始，便是一篇"引子"，描述的事小说人物之一满斗眼里"鬼"（婴儿鬼、少妇鬼）的世界，然后才是以另一人物郎乌春为叙事主体的"头胙凌"。此番叙事编排，自有其潜在的逻辑顺序：由纯粹"神话世界"，到"鬼神与现实共存的世界"（现实中见"鬼"，"鬼"看现实，这个世界已经不再"纯粹"），最后才来到"郎乌春的世界"。这喻示着"现代""历史"已悄无声息、无可阻挡地进入了库雅拉。从此，一个由神来提供安身立命之基的、飘荡着各种鬼魂的世界，一个本然自在的"前历史"空间，被卷入"现代"激流与旋涡中，"历史"必将引起库雅拉翻天覆地的巨变。

小说极富耐心地描画了"现代""历史"是以何种方式、途径和节奏进入库雅拉的。

风起于青萍之末。首先触发库雅拉人"现代"感受的是"物质文明"。坐着第一班火车来到白瓦镇的日本株式会社管理人员、流落到中国的白俄铁路工程师、带来新鲜玩意儿的杂耍艺人、带来"西洋影戏"的朝鲜人，还有来自哈尔滨的电灯工程师……他们给镇上带来了第一列火车、第一台像大肚子炮弹一样的柴油发电机，给洗马村带来有"前所未有的光明"的电灯和镇上第一场"脱衣表演"，留日学生开办的"亚洲火磨公司"，还有火车站、牛痘局、文报局等新生事物,以及日本间谍开的日本药店、窑子、书馆等。

更重要的是隐藏在"现代文明"背后,无形却更为强大的"历史",如波及白瓦镇的日俄战争,大清宣统皇帝的退位,洪宪皇帝之死,朝鲜人的反日宣传和金日成的抗日活动,白瓦镇"抵制日货"的学生救国运动,留声机里播放的抗日歌曲,保安队的"武装反奉",直奉大战,溥仪登基做伪满洲国的皇帝,关东军少将特务山本五郎在白瓦镇制造爆炸,侵华战争爆发,东北各大城市相继被占,国共停战协议的签署和内战爆发,苏联出兵击溃关东军,土改,"大跃进",联产承包,计划生育,厄尔尼诺,等。库雅拉集聚着各种政治和军事力量——白瓦镇驻军、森林警察大队、绺子、高丽红党、国民党、共产党。国共之间政治、军事的对抗、争夺,中日、日俄、中苏、朝日之间利益的掠夺或捍卫,使得各方矛盾此起彼伏,关系盘根错节。历史走马灯般地转换,正如小说中频频写到的,"强劲的大风中,整个国家飘飘摇摇","时局越来越动荡了","国运艰难,命如蝼蚁","这世界变化太快了,快得让人喘不过气"。

如托马斯·福斯特所说:"没有人不是生活在他(她)自己的时空里。很大程度上,时空又被历史所控制。"①郎乌春的性、欲望的觉醒,与首次出现在白瓦镇的"脱衣表演"有着直接的关系,正是这一释放、展示人的身体欲望的"现代"对乌春进行了让他"心跳脸红"的"人性"启蒙,而三天之后,在同样的房间,青衫妇人又在"神秘阴森的氛围中",通过博额德音姆大萨满对乌春进行了国族意识启蒙。"东洋人/我们同胞""大好江山/犬羊的世界""安神所/送终场"等二元性族类与命运场景对比,"恩爱的妻儿老小""最亲爱的同胞"与"累世的国仇""新来的大敌""媚外的汉奸"等融传统人伦和国族理念为一体的语汇,清晰地呈现出"另类的""现代"对传统的冲击和改造。

《唇典》是一部社会史、文化史、微观史、心理史、情感史,写无权力的民众,他们的出生、死亡、疾病、婚姻、爱欲、性、恐惧,以及看似非理性和无法解释的信仰;写出身下层的族群,如何在历史中,以他们的眼光来看待自

---

① [美]托马斯·福斯特:《如何阅读一本小说》,梁笑译,南海出版公司2015年版,第290页。

己置身其中的乡村社群，以及那里的自然环境、道德观念和人伦关系，看待国家、族群、社会和政治，乃至他们所熟悉或陌生的身体、医疗、科技和机械世界。

小说引人注目之处，正在于对"现代""历史"的处理方式和由此形成的历史叙事诗学：将政治事件、军事行动的"现代""历史"编织进库雅拉山谷的春秋更替、四季轮换的风景和民俗、祭祀仪式中。

《唇典》包含三方面的主要内容，一是郎乌春与赵柳枝的婚姻、感情。其中穿插着乌春与韩淑英（即仙姑）的爱情、姚书堂对柳枝的爱意，以及柳枝与乌春和淑英女儿"蛾子"的情感纠葛。这部分内容可视为个人命运史和心灵史。二是从近代、现代到当代的百年中国史：自日俄战争，日军侵华、国共内战，土地改革、清理地富，"大跃进""大炼钢铁"，直到80和90年代。这部分内容，直接介入并改变了人物命运轨迹。三是地方风景和地域民俗、宗教（神话故事、民间信仰、民间传说等）。前两方面内容，同时也是贯穿小说的主线，一明一暗，互为情节推进力。第三方面内容，则将"人"和"历史"置于特定的环境、氛围中，并使之获得一种独特的观照视角。"人"与"历史"关系的独特性由此浮现。

首先需要阐释的是，"历史"与风景、民俗的关联。一般说来，风景、民俗是具极强稳定性的超历史存在，在这方面，小说显示出一种存在于稳定／变易、历史／超历史之间的张力性对话。

《唇典》在一个超历史、无"整体性"意义架构和共同意识形态想象统摄的空间里，"发现"并展示了一种"民间性"、一种生命自身的存在形式和内在体验。这一生命存在与体验的复杂性、丰富性，在"天地人神"的混沌性、圆融性视域中，被作家以极富质感的生活细节和多彩的语言展现出来。在挣脱历史的重力，摆脱以一元线性论和目的论为核心的历史主义理念，及其进步／落后、革命／反动、文明／愚昧的二元性架构之后，草木，河流，牲畜，村庄，市镇，形形色色的各类人群，自然的馈赠，古老而永生的幽魂，神秘氤氲的蛮风，共同组成一个有着自身生命意蕴和节奏的、天地人神合为一体的、充满活性的、生机勃勃的世界。

　　复杂之处在于,《唇典》虽表现出对现代历史主义的理论性空洞的规避,却也并不执迷于返归"前现代""前历史"状态。万物的荣枯、人生的起落、世事的轮回、道禅式的超脱、澄明圆融之境等东方古典美学,在反思现代性的视镜中得到了当代个体的审思。历史主义写作的宏大历史诉求,固然已被放弃,但在"现代""历史"情境下,营造一种流转不息的整体性的生命感和宇宙感,又是否可能?在进退失据的两难中,小说所思考的是,如何将对个人/族群命运和现实生命困境的关注,置于"现代"以来"历史"本身的内在连续性中,摆脱现代历史哲学和历史神学的设计与想象,将人/个体/族群从历史主义和意识形态的特定想象性关系中解脱出来,或者说,将人/个体/族群从"历史"及其书写的暴力中释放出来,在与"历史"的对话与辩诘中,由人的具体的历史活动出发,寻回被"历史"放逐的历史和人,在"现代""历史"中涵存个人、生命,使之在历史中超越"历史"。正因为历史是人之生命孕育和长成之所,《唇典》即便在描画"风景""风俗""风情"[①]这些驳杂的"超历史"之物时,也始终注重将其置于历史视镜之中。

　　小说对库雅拉人聚居区的异域风光,有着精彩细腻的表现。这里不仅有能说话"能育人运润虫蛙"的长叶柳、遮天蔽日的腊喳雀,更有诡异的球状闪电、席卷村落庄稼的大风、鸡蛋大的冰雹,有惊心动魄、狂放不羁的开江壮景。各类生灵穿行和跃动于乡野之间。端午节、重阳节、灯官节等传统节日,办喜宴、祭祖、中元节祭天、为捕鱼丧生者举行野祭、用烧红的烙铁惩罚骗人的鬼孩等习俗,赋予小说个人/族群叙事以深厚的人性意味和审美情趣。库雅拉也是巫风蛮风飘荡之地,有驱邪做法的萨满,法力无边的李良萨满,铁匠家族的神异传说,天地间的诸神、亡灵和鬼魂等诸多在历史的烟尘中即将或已经消逝之物。那些藏匿、游走于山谷、乡野、市镇的神灵,无论其壮阔抑

---

　　① 丁帆先生将形成乡土小说美学品格的基本艺术质素概括为"三画",具体指"风景画""风俗画""风情画",并对其内涵和叙事功能有深入细致的分析。参见丁帆等:《中国乡土小说史论》,北京大学出版社2007年版,第21—24页。

或微小，无论使人赞叹、欣喜抑或令人惊惧、绝望，都构成了引人注目的"外在的风景"。

对于通常所谓的风景描写，阎连科先生表达了不同的看法，他认为："我把小说中那些华丽、多余、累赘的关于环境与自然的描绘称为风景描写或风光描写，而把那些与人物、情节结合得天衣无缝，甚至说没有那样的环境与自然，就没有那样的人物与某种思考的对小说中必不可少的环境与自然的描绘，称其为'自然情景'。这里说的自然，是指客观环境的自然；这里说的情景，是指人物的行为与内心的情景。"[①]借用阎连科的分析，《唇典》中"外在的风景"描写大多已不再是单纯的"风景描写"，而是"自然情景"的表现。从文化观念上说，小说深受萨满教信仰中"万物有灵"观念的影响，这一带有原始主义色彩的民间宗教，在自然／人世／人性／神性之间建立了内在、有机、带神秘性的关联，使得"自然风景"不再是孤立于"人世""人性""神性"的存在。从叙事机制上说，"风景描写"自然地融入了人物的生活、命运中，构成了故事情节或叙事的有机部分，而不再是可有可无的叙事冗余或作家心性才华的点染，也就是说，"风景"在此变成了"情景"，"内化为人物的血液与灵魂。人物的一切心理和行为，都因环境（风景）而起，因环境而变，因环境而止。环境在，人物在；环境变，人物变；环境起，而人物起"[②]。

"灯官节之灾"写雪景，写元宵节风俗场景，"尾歌"写灵魂树的风景，都起着"自然情景"的作用。所谓的"自然"在小说中重要的内涵就是"现代""历史"，乌春、柳枝、李良萨满、满斗们的内心、生命、行为，在"自然"——"历史""现代"中被塑造和展现。小说对"满洲国"皇帝溥仪家祭仪式的叙述，尽管较简短，却是历史、宗教与风俗的交织：风云动荡，各方势力角逐中，"满洲国"皇帝溥仪的登基十分仓促；萨满祭祀仪式的布置、程序中，

---

① 阎连科：《自然情景：决然不是人物与情节的舞台与幕布》，《扬子江评论》2016年第4期。

② 阎连科：《自然情景：决然不是人物与情节的舞台与幕布》，《扬子江评论》2016年第4期。

神灵献歌、击鼓摇铃、且歌且舞、攀爬神树、白羊献祭、皇帝击鼓、皇后献歌、皇帝上香,满斗与鬼孩朋友见证神启……历史运行的轨迹,在宗教习俗中得到极具神秘感的观照,而它必将崩溃的命运则得到诡异的预言。

"风景""风俗"与"历史"的联结、交融,使《唇典》既有"清""细""奇"的"三画"之美,又有对历史之"豪""巨""正"的直面与涵纳;既有对乱世民生的写实,也有对"天地神人"之隐秘关联的超拔之思,并能脱去种种大概念的附着。端赖活泼的精神源头,叙事遂出离奇风异俗的画面铺展,冲破理念框架的拘囿,使寻常事物的意义由明确而模糊,闪烁飘忽,形成寥廓莽远的时空感和迷蒙古远的境界,使朴素的故事氤氲着模糊而混茫的命运感,仿佛一曲"前历史"与"历史"合奏出的起伏跌宕、荡气回肠的交响乐。其中,黯然神伤与神采飞扬,"狂野呼告"与轻声细语,交错鸣响。

二、"历史"之光与生命的暗影

"现代"仿佛驶入白瓦镇的第一列火车,卷起了偏远之地千百年的自然积淀,也将"历史"带入了自然性本然性的"风景"。"风景"被历史化了。"现代"飓风将筑路工人的尸骨从地下抛掷出来,这既是历史野蛮性的见证,也是对隐藏于"风景"背后的"历史"的发现。"历史"将个体生命与国族、阶级等宏大命题联系在一起,使个人的日常生活与长时段历史和更为广阔的社会生活发生了前所未有的密切联系。库雅拉人走出封闭自在的散文化状态,走进了一个"史诗时代"。

被放在猪皮箱里带进白瓦镇的"西洋影戏"使观众受到惊吓,强行进入库雅拉山谷的"现代"列车,播下"欲望的种子",也让乌春产生"想出去见识一下的冲动"。"历史"如同棺材铺用来"驱邪"的电灯,既给偏僻的洗马村带来前所未有的光明,也使棺材铺之外的其他地方更加黑暗——黑暗隐匿了更多。美丽纯洁的柳枝被"来自哈尔滨的电灯工程师"(实为土匪王良)强暴,则是一个关于历史的寓言:"现代"进入"前现代"村庄所带来的后果,是满怀好奇和渴望光明的乡民们所意想不到的。"历史"带给库雅拉人现代生活,现代话语通过对民众的民族主义宣传动员，以重建社会秩序，实现国族独立。"历史"带来物质繁荣、经济发展，反对压迫和剥削，也带来不同阶级阵营间的暴力屠杀，人与人之间情谊和信任的丧失，环境的污染、破坏，神秘的超自然之物（萨满、鬼神、灵魂）的被贬抑、放逐。现代／暴力、光明／黑暗，是正反面一体的存在。历史的强光，照亮了库雅拉人的人生和生命，改变了他们的生活轨迹和命运去路，也在苍茫世间蝼蚁般的人群上投下了庞大的暗影。

《唇典》中，"现代""历史"通过诸种细微的通道，以各种路径和方式渗入洗马村、白瓦镇、库雅拉山谷，时代的历史的宏大问题，或大或小地介入了凡人的日常生活和生命历程，对人们的命运遭际、喜怒哀乐甚至种种社会问题、政治问题产生了直接的干预和影响。个人被历史困扰、左右、操纵甚至吞噬。出身卑微的他们，无法把握自己的命运，更遑论改造历史。小说将民间与民众置于喧嚣、浮荡的"现代"情境中，让其在俗世、浊世、乱世中袒露和体悟生命本身，还原其在历史中的真实生存状态和人伦情态。三教九流，各有其欲望、伤痛、苦恼与担当，在时间的流转存续中，在历史、生活、生命的重重缝隙中，有所持有所信，有所怨有所恨，有纾解有释然，有着源自生活世界的恒久绵远的人间情谊和矛盾驳杂的人世百态。个体生命的内在尊严自是不可替代和剥夺，但也会在"现代""历史"的激流中接受冲刷和侵蚀，并在纷繁嘈杂中掩藏，以实现自我救赎。

作家有着将"人"放在"历史"中以观照人性的"历史"性形态的明确意图："对历史的把握和对人的把握理解是分不开的，历史是人的生存的大的背景。在大的背景下更能表现人的本性的各个方面，更能让我们很好地理解人。还有就是作家对现实生活的关照和融入。"[①]《唇典》以个人／民间／民族相融合的视角与姿态进入历史，给予人物以本真性血肉之躯和活的情感、心理与性格，通过生活化的情节和人性化的细节，对置身历史的个人无法把握自己命运的迷惘、困惑、矛盾、犹疑，以及无法摆脱历史牢笼的苦境与绝望，进行了颇具智性、神性和诗学辨识力的表现。历史造就人，也造就人对"历

---

① 刘庆：《信使》，吉林人民出版社2004年版，第264页。

史"的叙述——"唇典"。"唇典"这一口口相传的隐秘叙史形式,"讲述"被简化和篡改的民间/民族的历史,①也以个性化的情思和美学超越历史。这就是历史的辩证法,出乎"现代""历史"意料的历史辩证法。

一方面,历史先于人而在,爱、道德、信仰、死亡,是世间生命的本然。那些无可避免地置身"现代""历史"中的个体,处于被历史施威、施虐的险境,被极度的忧虑所折磨,对这些生命本然内容更有一层绝望的宿命感。

留在人物身心的累累创痕,铭刻着历史的深痛记忆。乌春,最先作为保乡队队员,参加武装反奉→加入奉系军队,成为张宗昌的副官→成为"满洲国"军队的团长→阵前倒戈加入抗日队伍"白瓦救国军"→对日作战时身陷绝境,"附逆"成了一名"汉奸"→作为"英雄蛾子"的父亲,成为共产党军队的实际指挥官,立过多次战功,紧急关头以自己的智慧救洗马村百姓,使其免遭战火屠戮,并亲自击毙叛徒陶玉成,最终完成自我救赎。满斗,一个能夜中视物、看见鬼魂的"猫眼睛男孩"→阴差阳错成了王良寨土匪的成员→被朝鲜爱国者劫持,成为一名抗日战士和炸掉日本人机场的英雄→苏军挥师东北,作为先遣军跳伞失败,成为"失忆症患者"和"傻子郎浩二"→"大跃进"时成为洗马村的守夜人,因有夜视眼、劳动出色成为劳动模范→成为一个想让喜鹊唱歌说话的公社宣传队队员→五十岁时成了"强奸犯"→80年代初成为模范护林员→90年代时,在现代医学技术下成为"特殊眼病的患者"→成了独自进城寻找灵魂树的漂泊者。能驱鬼降魔、治病驱邪,法力无边而又大慈大悲的萨满李良,在"文革"中成了被批斗的牛鬼蛇神。王良,一个土匪、"山上大爷"而为"理想教教主"、抗日救国军司令、吉林自卫军军官,再为国民党先遣军旅长。苏念,先后以瓶中姑娘腻儿、土匪的人质、土匪压寨夫人、抗日救国军司令夫人、国民党先遣军旅长夫人、农民王海燕、"反革命小白鞋"等不同身份出现。

---

① 刘庆曾自言小说题目的内涵:"唇典的原义是东北土匪的'黑话',比如'天王盖地虎,宝塔镇河妖'之类,但我将其引申为口口相传,唇典——口口相传的民族史,民间史,既贴切又传神。"刘庆:《十年〈唇典〉》,中国作家网,2017年04月27日。

政权易手，生命被历史"工具化"的状况愈显突出。个人、生命，被纳入理性的精心设计，先是成为政治斗争机器上的驯顺部件，而后又被以商业形态出现的"现代"分割成瞬间性、片段性、碎片化的存在。在现代制度的安置下，生命被一种巨大、暴烈的力量抽空了内容和内在的价值，被置于一个个被无限延宕的空洞许诺中。烈士陵园将建成多功能风景名胜区，库雅拉山谷将变成旅游示范区，自然环境被肆意破坏，"历史"被经济崛起时代的旅游经济学改头换面，成为被展示被消费的文化景观。在这个萨满被抛弃的时代／世界，春化神婆却利用萨满之名装神弄鬼、招摇撞骗，信仰沦为渔利之具……

小说所写树的遭遇，无疑是对"现代""历史"最具征候性的叙述。在库雅拉人看来，每一棵树都有神性和生命，正如李良萨满所说，"树是库雅拉人的助理神，每棵树都有神灵附体，树不会走路，不会飞行，但它们每一株都有魂魄，能听懂我们的语言，能看懂我们的行动。树能发出好听的声音，如果信任你，回答你的时候，水果树结出鲜美的果实"。在满斗眼里，"每棵树都有灵魂，你敬它一尺，它敬你一丈……它不说话，可又时时说话，别人听不懂，我懂"。但正是这些有神性的树，却在"现代""历史"中屡遭厄运：日本人侵占时被砍伐→"大跃进"、大炼钢铁、农业学大寨时被滥伐→联产承包时再次遭到令人触目惊心的破坏→房地产经济时代又一次被"专业公司"盗伐。其中，"灵魂树"被盗伐，深刻昭示了乌春、柳枝、蛾子、苏念在经历一次肉身死灭之后，在灵魂上又惨遭发展主义和实利主义的"收割"，生命再次被当作工具征用！青山渐成荒山，灵魂荒芜为废墟，生命赖以生存的根基，如同曾为抗战英雄的满斗，被历史所漠视和驱逐。在"现代""历史"中，生命在被抽空灵魂作为工具使用之后，仿佛卑贱的微尘被漫不经心地抹除。

人与自然、自我与他人（如满斗与苏念）、自我与生命（如乌春）、世俗与超越、人欲与神性、感性与理性之间愈益离裂，渐行渐远。个人生命不是"活"在而是"困"在当下，因为它无法还原到"本己的存在"。《唇典》所体现的生命意识，即建基于对现代性历史语境中这一系列分离与割裂状态的满怀忧郁的诉说。

另一方面,"现代""历史"(及其宏伟叙述)中的人,固然微渺如尘芥,但亦何曾甘为历史之奴。小说人物,有被害者,有害人者,有坚贞者,有变节者,在似乎无可选择的情势下,衡轻量重,评估利弊,世相纷呈。尤其是,小说把乌春、柳枝、韩淑英、蛾子等的婚恋、家庭和亲情,放在沉重的"现代""历史"情境下,于乱世、浊世中,写出其被困无援的无奈与悲凉、焦灼与渴望、柔弱与硬朗,也写出其不为敌奴的刚烈与激昂。作家朴素的人道情怀就在人/历史的缝隙中,坦然地流露。乌春、柳枝、满斗等人物的可信可爱,在于对身处历史之己身的挫败感、无奈感的身受,在于难与人言的苦衷,以及在莫可选择的困境与绝境里,对真与善的可悲却也可敬的坚守。小说发现被历史所捆绑的亡灵,以斑斓的笔墨写出这些被折磨着的灵魂的可怜与可悯,声态并作,情思浩荡。

置诸20世纪90年代以来中国文学的历史叙述,《唇典》对"现代""历史"的观照,有其鲜明独特之处。其一,相对于那些以阶级性、党派性、国族性为旨归的权威历史叙事,小说并未服从和受制于现代性、历史主义的抽象性意识形态,在破解了总体性、中心性、一元性话语的统制之后,立足个人/民间/人性立场,关注大历史、大时代中凡俗生命的生与死、爱与恨、仇与怨,兼容历史嬗递、风俗衰变和世道人心的离合聚散。其二,在溢出传统/现代、文明/愚昧、欲望/道德、个人/族群的二元性架构之后,小说对日常生活之流、自然风俗的移易和人事往来的瞩目,以及对人性与生命的执念,并未如某些"新历史小说"一般,刻意在正史/野史、官方/民间、英雄/反英雄、必然/偶然、精神/物质、精英信仰/本能欲望之间,做非此即彼的选择并以之为叙事的立场、动力和价值理念。小说纳宏大于日常、微细,而未堕入已成时尚的私人性、局部性、欲望性景观。

另外,更为重要的是,小说让有限个体面对并进入"现代"世界和"历史情境",建立起个人/历史/世界的内在对话,使得历史在与人和世界的对话中,呈现出其多元性和过程性。《唇典》中,既定的、确凿的意义中心弥散了,但同时，小说通过中心／边缘、个人／族群、终极信仰／历史信念不间断的穿插、交替、轮换与过渡，将"意义"呈现为一种不断"生成"的状态。正如卢卡奇的"生成"论历史哲学所说："生成同时就是处于过去和将来之间的中介，但是是处于具体的，也就是历史的过去和同样是具体的，也就是同样是历史的将来之间的中介。当具体的'这里'和'现在'溶化为过程时，它就不再是连续不断的、不可捉摸的环节，不再是无声地逝去的直接性，而是最深刻、最广泛的中介的环节，是决定的环节。是新事物诞生的环节。……只有当人能把现在把握为生成，在现在中看出了那些他能用其辩证的对立创造出来将来的倾向时，现在，作为生成的现在，才能成为他的现在。只有感到有责任并且愿意创造将来的人，才能看到现在的具体真理。"[①]卢卡奇将"历史"理解为一个"生成"的过程而非黑格尔和马克思所理解的具有客观历史规律，意味着它蕴含着"希望"的可能性。稍纵即逝的"现在"被赋予绝对的优先性，一则因为"现在"意味着历史"生成"的一个环节，人"能用其辩证的对立创造出来将来"；二则"现在"的历史优先性，也意味着生活在"现在"的人具有无可逃避的责任。"现在"作为历史"生成"的优先、根基，以其"生成性"避免了历史虚无主义，以其"责任感"避免了现时享乐主义。

值得注意的是，小说中的生命意识，关涉的既非生物学或生理学意义上的生命，也不只是个体性意义上的生命，而是个体／族群／人类意义上的生命。小说所提供的"风景""风俗""风情"，并非奇观异景，而是要借此写出个体／族群／人类的爱与敬畏融为一体、神性与人性牵连一处的高远境界，从而达致人生圆融、心灵自由和生存澄明。因此，小说写萨满，写库雅拉人，写种种神话传说、民俗风习，却并不以传统价值形态和文化性格为趋向，而是返归或幽静或喧腾、或优美或粗粝的土地、河流、密林、村庄、农耕、渔猎等具有恒久的人类生存与生命意义的风景和事项，做庄严之思、莽远之想。"只有具备了超越时代潮流和世俗化写作的诗心，才能够有这样的诗性思维和创

[①] [匈]卢卡奇：《物化与无产阶级意识》，《历史与阶级意识：关于马克思主义辩证法的研究》，杜章智等译，商务印书馆1996年版，第298页。

造性想象，才能够在风景描写当中达到一种物我不分、物我两忘的境界，就像沈约《郊居赋》中所说的：'惟至人之非己，固物我而兼忘。'达到作家主体与创作对象的客体浑然为一而兼忘的境界。"①小说最可贵之处在于，在思考人与自然、历史、生活的关系时，深蕴着现代情境下主体的自我意识和生命意志，也将个人/族群/人类生命存在本身，将关于生命存在的阔大之思，灌注其中。

这与沈从文等京派作家借由生命自然状态的还原以获取生命本真的路径隐约相通："对于一切自然景物的素朴，到我单独默会它们本身的存在和宇宙彼此生命微妙关系时，也无一不感觉到生命的庄严。……一种由生物的美与爱有所启示，在沉静中生长的宗教情绪，无可归纳，因之一部分生命，就完全消失在对于一些自然的皈依中。"②小说结尾处写满斗独自踏上都市"寻魂"之路，但并没有给出确凿的答案，似乎是要说明"寻魂"的艰难乃至空幻，但既已把这一切写出、记下，又何尝不是对人生、生命、世界被遮蔽、割裂的沉沦状态的一次敞开，何尝不是对存在者的救赎？

只是这救赎，并非以存在主义哲学或萨满宗教教义为基础，而是有着丰厚的人道主义资源。作为一种民间宗教，萨满教有其独特性："萨满教完全是一种民间宗教，崇拜多种神灵的萨满之道并非在于追求彼岸世界，没有始祖、没有教义、没有组织、没有固定的庙宇教堂、没有专门的神职人员，萨满师可能在野外实行萨满仪式，但他（她）仍是日常生活中的一员，这使得萨满教更具有民俗特色。"③宗教、信仰因有着"民间性""人间性"的基础，原本神秘可怖的蛮风中也就包含了宽厚的人性关怀和情感温度。

作家在谈及《候鸟的勇敢》的写作时坦言："我追求的境界是不但要有天地间的

---

① 刘艳：《神性书写与迟子建小说的散文化倾向》，《华中科技大学学报》（社会科学版）2017年第2期。

② 沈从文：《水云》，《沈从文全集》第12卷（第2版），北岳文艺出版社2009年版，第120页。

③ 丁帆等：《中国乡土小说的世纪转型研究》，人民文学出版社2013年版，第365页。

奔放和辽阔，还要有行吟诗人的从容、优雅和感伤，我想用想象和张力完成贴近人心的赞词和颂歌，这些都是史诗的必备要素。"①《唇典》力求以独特的气质、方式重建历史，重塑在奇观化、神话化、鄙俗化历史书写中被放逐的历史感。

20世纪80年代以来，"先锋小说""新历史小说"以对文本构造性的揭示，颠覆了现实主义叙事成规和经典现实观、历史观。依循现代性逻辑运转的世界，是一个丧失了整体性的世界，恰如本雅明论述德国悲苦剧时所说："当历史成为背景的组成部分时，它是作为书面而达到这一点的。'历史'——词以瞬息万变的字体书写在自然的面孔之上。悲苦剧搬上舞台的对自然—历史的寓言式面相在现实中是以废墟的形式出现的。在废墟中，历史物质地融入了背景之中。在这种伪装之下，历史呈现的与其说是永久生命进程的形式，毋宁说是不可抗拒的衰落的形式。"②废墟、碎片，是现代性情境下趋于消逝或已逝的世界的影像，是历史衰变的痕迹。"先锋小说""新历史小说""新写实小说""新生代小说"捡拾废墟中的碎片，用碎片的闪光映射出颓败的历史面容。

相比之下，《唇典》不以"颠覆""解构"为乐事，其叙事鹄的是通过重建历史、重建历史感和真实感，寻回被放逐的作为生存之基本维度的历史，聚拢那些被"历史（主义）"理念、框架切割和过滤后的"剩余物"和"碎片"，将其纳入更广阔的历史——时代语境，使之既烛照个人生命最幽微最晦明不定的角隅和个人经验的细密纹理，又借由时代的感应力进入历史，使时代在主体独特而内在的嵌入中，折射、彰显某种历史的征候。

《唇典》关注普通乡民在历史旋涡里，尤其是历史横暴时的命运沉浮、生死遭逢、爱恨情仇，倾听世人的歌哭与悲欢，状写其心理、性格，以及某种历史情境下心灵的震颤和情感纠葛。小说不仅将人写作历史的被动承受者／承

---

① 刘庆：《十年〈唇典〉》，中国作家网，2017年4月27日。

② 本雅明：《德国悲剧的起源（节选）》，《本雅明文选》，陈永国、马海良编，中国社会科学出版社1999年版，第138页。

担者,也写出其在历史中的自我选择及其背后的潜因和动机,如乌春参加保乡队、柳枝离开洗马村,都是为了摆脱未婚而孕带来的耻辱;不仅写出历史变迁,更写大历史之外人们的日常生活、生存体验和私人情感领域,如走亲拜年、扭秧歌、踩高跷、对歌、求亲,乌春和柳枝、满斗和苏念、王良与苏念之间的微妙而纠结的情感关系——生命的天然欲求,对真挚而朴素的爱的渴望,纠结着丈夫与妻子以及恋人之间微渺却坚硬的自尊,爱却交缠着自虐的苦楚,仿佛与生俱来的宿命。小说在被斫伤的生命碎片中,在族群面临"现代"肢解的历史场景中,以人间化的朴素文字,对宏大历史政治的激情／无情所造就的偏弊做出补救,谱写一出百折不回、荡气回肠的"贴近人心的赞词和颂歌"。

何止于此?小说中民俗的铺展、神话的点染以及浓厚的宗教意味,不再是奇观化的存在,而是在诗情画意、奇思异想、怪诞场景、魔幻情境的融合中,隐含的诗性、神性与灵性,小说以此建立起"优雅""辽阔""从容"的超越性维度。这是对"现代""历史"的超越,也是与"现代""历史"的充满"想象和张力"的纠合与对话。这使得小说写民俗而不虚空,写神话而不虚幻,写风土而不怪僻,既为社会历史批判提供了一种深刻而奔放淋漓的气度,又以对灵魂超越性和生命饱满性的召唤,开拓出一个深具精神价值和人文热度的美学空间。

因此,《唇典》兼具历史叙事的个人化／宏大性、现实性／魔幻性这些看似彼此龃龉的诗思品格。"作为一种当下即可展开的生存智慧,历史就是在当下的行事中建立与过去、未来连续性的方式。"[①]当"整体性""本质主义""终极真理""超验的神性"等被现时代(文学)普遍淡化和抛弃时,当"个人""自我""私人"成为可随手捡取、无须审思明辨的现成之物、自明之物时,如何处理历史化、社会化和个人化、生命化之间的关系,使"个人""生命""生存"在摆脱了先验性理念的囚禁之后,不再堕入廉价的相对主义、聪明的犬儒主义、陈词滥调的欲望修辞、千篇一律的"个我"展示和鸡零狗碎的日常景观,重建

---

① 陈赟:《困境中的中国现代性意识》,华东师范大学出版社2005年版,第120页。

一个开放性的反思与批判视野,是现时代给文学提出的切实而紧迫的问题。在这一点上,《唇典》无疑有着重要的警世和启示意义。

三、"命运"的历史性与现代的"幽灵"

写人的命运,写人物的"命运"体验,是《唇典》引人瞩目的饱满部分,正如小说写乌春和柳枝的感受,"这些影子明明暗暗,一如变幻不定的命运","一股力量像洪水一样冲破了生活的堤坝,呼啸而来,滚滚而去。他们再次被卷入命运的旋涡"。这命运,不是神秘化抽象化的宿命,它具有与"现代""历史"相纠缠的现实性,是实在、具体的苦难而非人生无常、人性本恶的虚无的存在。

小说频频揭示历史的荒诞性。如在判官"记录"——所谓的客观公正的公共历史记忆中,满斗是一个叛徒、特务、历史反革命分子、强奸犯、私生子,更为荒诞的是,他的父亲是一只公鸡,而自己却是一只蚂蚁。再如"文革"期间红卫兵用田鼠、屎壳郎进行所谓的科学实验,发明"反动灵魂探测器",将死人尸身从坟中掘出举行声势浩大的牛鬼蛇神批判大会,等。小说对历史荒诞性的表现,颇值得分析。其一,如同20世纪80年代中国式"荒诞小说"一样,《唇典》所写的荒诞并不在存在本体论层面,而是根源于历史本身的荒诞性情节与场景,是对人在历史中荒诞境遇的寓言性批判。其二,在"历史荒诞"深层,涌动着人性关怀的人道主义热流,发散着缤纷的人性之光,而没有抽象的"人性恶"之花的绽放。这是颇具现代主义气质的《唇典》与众多"先锋小说"的差异,后者在"人性恶"与"人的宿命"之间建立直接的因果关系,《唇典》则将血腥暴力和野蛮残忍,归为"历史"的具体"因素",并拒绝承认"恶"在历史和人性中的本源性、合法性。向死而生,小说苦难与死亡叙事依托的,是对生命的更为博大、浑厚、温热、坚韧的人文关怀。

小说对历史荒诞性的揭示,氤氲着挥之不去的神秘气息。叙事中多有鬼魂、暴雨、风灾、虫灾等神秘事象,弥漫着死亡气息;人物多有神秘的预感,予人难逃劫数的命定体验;巫风蛮风、阴阳两界等超自然现象,予人无所不在的无常感。颇有意味的是,尽管有着令人心神恍惚的神秘性,小说在叙事中却又在否认"神秘"力量对历史、现实的压抑、控制和改写:"花瓶姑娘"只是魔术障眼法,无所不知的仙姑竟是"组织"的代表,"淫秽的公鸡"原是土匪王良,神秘的大萨满是民族反抗意识的布道者,李良萨满利用驱邪仪式拯救了身处绝境的柳枝,而同样是李良萨满主持的溥仪家祭仪典,则神秘地预言了"满洲国"的倾颓命运……因此,《唇典》中的"荒诞""恐怖""恶"多为历史投下的暗影,而在"神秘"背后放射的却是熠熠人道之光,和穿透历史的"幽灵"之光。"幽灵"借助"唇典"这一少为人知的密语形式,用细腻而非细弱之笔,挥句连篇,将被"历史"困扰和捕捉的灵魂,如行云流水般铺陈渲染,于世态人生、人事起落中,于时势波谲云诡中,于日常生活微不足道的细节中,于现代性逻辑的前赴后继、翻腾不息中,吟唱,嘶吼,其中有感天动地的生死喟叹,有宁静安谧的乡野气味和心魂的隐曲传达,其声音或沙哑、高亢,或神秘、低回,皆因由生命涌出而多显美妙且中气充沛,与萨满的歌吟桴鼓相应。

  李良萨满、满斗,这些"前现代"存在,在现代性历史中只能是被放逐者,或者说,在现代理性话语的筹划中,只能是"幽灵"或幽灵般的存在。有学者提醒我们:"幽灵对于我们思考人是很重要的:成为人就要具有精神、灵魂和幽灵。但更普遍的现代意义上的'幽灵'……包含了一种幽灵的观念,一种死者的幻影,一个从阴间归来的亡灵,死者回到某种幻象般的存在——一种是活着但也没有完全、最终死去的实体。幽灵动摇了我们关于生者与死者相分离的观念,这就是它们显得如此令人恐惧,如此让人感到神秘的原因。单词'幽灵'暗示了幽灵既处于人类感觉之外又位于人类感觉之内的矛盾性感觉。既然幽灵不仅对人是很重要的,是根本意义上的人,又是一个非人的存在物,是对人的否定或动摇,那它就是个悖论。……我们还认为,正是这种令人反感的幽灵及其悖论性以多种多样、激动人心的方式充斥在小说、诗歌、戏剧,即我们称之为文学的东西当中。"[①]"幽灵"是"生者／死者""人／非人"的悖论。小说多次提到"死人李良""李良是我们中间的死人",便是这悖论的显示。所谓"死人

---

  ① [英]安德鲁·本尼特、尼古拉·罗伊尔:《关键词:文学、批评与理论导论》,汪正龙、李永新译,广西师范大学出版社2007年版,第129页。

李良",约略有三层含义:其一,经历了铁匠家族被杀,劫后余生的李良,成了一个"死而复生的人",准确地说,成了一个"能控制火"的铁匠家族的"幽灵"的肉身,是白衣萨满的"幽灵"附身,是铁匠、白衣萨满肉身消亡之后灵魂的寄托。其二,李良萨满,是萨满之神的化身,被神灵附体,是人与神沟通的媒介。其三,窥破溥仪家祭"天机"被杀死的李良,在肉身死后,作为幽灵而存在。

德里达认为,"幽灵"是"在场的持久性"和"在场的现实性""生命的现实性"的统一①,是精神现象/肉体形式、消隐/显形的矛盾体。因此,"人们对自己描述它,但它本身并不以血肉之躯在场。那幽灵的这种非在场性要求人们考虑它的时代和它的历史,考虑它的时间性或历史性的特殊性"②。置身"现代",如何能超脱"历史"?"现代"造就"历史",造就历史的参与者、书写者;历史也造就幽灵,"正是现实的谬误、荒诞、裂隙、混乱、错位……想象了幽灵,创造出幽灵。幽灵往何处去,并不取决于幽灵本身的自主性,而是取决于'驱魔'的人们,取决于'驱魔道'(conjuration)"③。驱魔法有各种各样的形式:一是"运用魔术的、神秘的方式,甚至神秘化的实践来祛除那恶魔",如李良萨满为柳枝做法事,驱鬼祛邪,杀死那只为非作歹的"淫秽的公鸡"。二是"分析的程序和论证的据理力争,驱魔法在于以一种念咒的模式反复说那死者确已死去,它的进行是有程式的,有时是一些理论性的程式扮演着这一角色,其效用甚至是一切程式中最为灵验的,因为它们的魔术本性,它们的独断的教条主义使得它们能够误导那种神秘的力量,而这力量是它们和它们声称要反抗的东西所共有的"④。

---

① [法]雅克·德里达:《马克思的幽灵:债务国家、哀悼活动和新国际》,何一译,中国人民大学出版社2008年版,第99页。
② [法]雅克·德里达:《马克思的幽灵:债务国家、哀悼活动和新国际》,何一译,中国人民大学出版社2008年版,第98页。
③ 陈晓明:《德里达的底线:解构的要义与新人文学的到来》,北京大学出版社2009年版,第518页。
④ [法]雅克·德里达:《马克思的幽灵:债务国家、哀悼活动和新国际》,何一译,中国人民大学出版社2008年版,第46—47页。

李良作为一个"幽灵"或"幽灵性"存在，是对这个制造灾难、不幸、痛苦的世界的威胁，他由一个萨满而成为"幽灵"，正是被世界反对和驱逐的结果。满斗，这个百年中国历史的身历者、见证者和讲述者，终生都在拒绝成为萨满，拒绝接受"最后一个萨满"的名号。他在"现代""历史"中无容身之地，既不见容于革命，也被理性话语所误读和排斥。尽管有夜视和看见鬼魂的神异能力，但只有在被革命政治剥夺了作为"人"的资格，被科技文明祛除了其"洞悉人间的奥秘"的神话后，他才成了"现代""历史"中"游魂"般的存在，李良之后的另一个"幽灵"。

"幽灵"李良、满斗，是历史的反思者和救赎者。"幽灵不仅是精神的肉体显圣，是它的现象躯体；它的堕落的和有罪的躯体，而且也是对一种救赎，亦即——又一次——一种精神焦急的和怀乡式的等待。幽灵似乎是延宕的精神，是一种赎罪的诺言或打算。"① "幽灵"活在当下，而非死去的过往，它有未来的使命，"我就在这里／请派我去／让我铸火为雪／用我的生命驱开迷雾"，"我就在这里／请派我去／让我铸火为雪／用我的铃鼓驱开迷雾"，"我获取法力。／为了和平自由的生活，／我注定出生在光亮的大地，／传递光亮的消息"。幽灵并非被动的被给予者，而是"抚安世界，传递百代"的万能神者和智者。"德里达说，如果真有所谓的幽灵性的东西存在，也就有理由质疑这一确定的诸种现在的秩序，以及反对它的一切东西。"② 李良因参加溥仪家祭窥见"天机"而被杀身死，其尸身"死而复活"，唱着神歌消失在无边旷野。及至"文革"，红卫兵挖坟掘墓，将"死人李良"押赴批斗牛鬼蛇神的现场，李良却于半路离奇消失，之后又在批斗现场神秘现身，而在众人寻找他时，他却早已无影无踪。作为肉身存在的"幽灵"李良或已死亡，"人们根本看不见这个东

---

① ［法］雅克·德里达：《马克思的幽灵：债务国家、哀悼活动和新国际》，何一译，中国人民大学出版社2008年版，第132页。

② 陈晓明：《德里达的底线：解构的要义与新人文学的到来》，北京大学出版社2009年版，第517页。

西的肉身之躯,它不是一个物"①。幽灵仅仅是幽灵,存在于幽灵域,"幽灵不能全面显露,它不能有真实的肉身,也不能有真实的面容,不能跟活着的时候一模一样。因此它穿着盔甲,戴上面具"②。失去肉体承载的"幽灵"李良,超越了时空局限,摆脱了历史的拘禁,在有/无、虚/实之间或隐或显,自由地飘移、游荡于世间,"四处出没,居于无何有之乡"③。

肉身之死,使幽灵葆有了"在场的持久性","死者常常比生者更为强大"④,更有力量。正如德里达指出的那样:"逝者好像还在那里,并且他的显形并不是虚无。它不是毫无作为。假定遗体可以被辨认,那我们就能比今天以前更清楚地知道那死者必定能够工作,并且可能比以前更能激发工作。幽灵也有一种生产方式,其本身就是一种幽灵的生产方式。"⑤满斗被"现代"祛魅后,在肉身层面回归常人,吊诡的是,被理性放逐的神性,却在此时得以真正回归和显露。灵魂超越了肉身承载的满斗,以幽灵的身份,成为"精神的某种现象","一个永远也不会死亡的鬼魂,一个总是要到来或复活的鬼魂"⑥,显出了更强劲、更柔韧、更恒久的原生性力量。在这个自然衰败、心神迟钝、精神沉沦、灵魂麻木的世界,"只有鬼魂,没有神灵","飘游在人世间的有爱憎的神灵,祖先中有智识的神灵,都已关闭了交流的渠道,这尘世只有少数人才能感受到神灵的呼唤和气息","无助的灵魂流离失所",此时的李良、满斗,已如"幽灵"

---

① [法]雅克·德里达:《马克思的幽灵:债务国家、哀悼活动和新国际》,何一译,中国人民大学出版社2008年版,第8页。

② 陈晓明:《德里达的底线:解构的要义与新人文学的到来》,北京大学出版社2009年版,第507页

③ [法]雅克·德里达:《马克思的幽灵:债务国家、哀悼活动和新国际》,何一译,中国人民大学出版社2008年版,第19页。

④ [法]雅克·德里达:《马克思的幽灵:债务国家、哀悼活动和新国际》,何一译,中国人民大学出版社2008年版,第47页。

⑤ [法]雅克·德里达:《马克思的幽灵:债务国家、哀悼活动和新国际》,何一译,中国人民大学出版社2008年版,第95页。

⑥ [法]雅克·德里达:《马克思的幽灵:债务国家、哀悼活动和新国际》,何一译,中国人民大学出版社2008年版,第96—97页。

般飞翔、穿行于历史与现实的层层迷障,他们曾在历史,他们进入历史,又超越历史,直面历史巨兽的庞大体躯和骇人的吞噬力,保持着向善求真的勇气、意志和希望,这使《唇典》弥漫着一种建立在精神、意志和灵魂之上的崇高感。——这也从另一面体现着作家充满"想象和张力"的史诗诉求。

在"幽灵批评"看来,文学中的幽灵或作为幽灵的文学,"它们的确在过去的所有时间里一直在对我们言说,但它们所用的声音不是权威性的,而是警告性的和寓言性的,它告诫了过去和未来的厄运,而首要的是它重复着我们自己的抱怨:在世的漂泊状态,找不到存在的家园,迷失在一个掀掉所有石头也无法重建的从前的空间中"①。正如卢卡奇的历史"生成"论固然蕴含希望,却并不意味着一个命定的结局,《唇典》亦不致力于对"现代""历史"中的个人及其经验提供一种权威性描述。在"只有鬼魂,没有神灵"的时代/世界,"人类的本领已打过神灵,神灵们一定累了"。它们似乎已渐渐远离这个时代/世界,但如小说所写,"这个世界上没有一种生灵会灭绝,没有,它们藏在人类无法知晓的地方"。在这个神灵消隐而非灭绝的时代/世界,《唇典》以虔诚之心,拒绝将叙事推向一个先验的命定性归宿,拒绝将某个超验性的中心作为叙事旨归。

小说召唤消隐的"幽灵",有着民间文化、民俗学、人类学对(文学)"现代性"的沉思与矫正。在现代性视野中,"幽灵"这一不合理、不可理喻、难以言明,因而被排除在"启蒙""革命"话语之外的"无意识"因素,喻示着一种被明晰的铁律、整饬的秩序和精确的结构所压抑和遮蔽的"野蛮"与"黑暗"的力量。被从"历史"中排除的"幽灵",在世人眼里消隐无形,但"这个东西却在注视着我们,即便是在它出现在那里的时候,它能看见我们,而我们看不见它。在此,一种幽灵的不对称性干扰了所有的镜像"②。这种"不对称性"打破了"现代""历史"制造的种种幻象和偶像,让我们"感到我们自己被一种永远不可能

---

① [英]戴维·庞特:《鬼怪批评》,秦璐译,[法]热拉尔·热奈特等:《文学理论精粹读本》,阎嘉编,中国人民大学出版社2006年版,第150页。

② [法]雅克·德里达:《马克思的幽灵:债务国家、哀悼活动和新国际》,何一译,中国人民大学出版社2008年版,第8页。

穿越的眼光注视着",拒绝对"在看着我们,且为我们制定法律、向我们发出指令(不过是矛盾的指令)的人"的"秘密,他的起源的秘密的盲目屈从"①,走出某些关于文明、进步、解放、本质、规律的话语幻觉。小说借助"幽灵"的神秘性、非常规性,展现了被"现代""历史"遮盖的无限的奇异性和丰富性:欲望的勃发,感官的挣扎,纯情的咏唱,心灵的飘荡,时或聚焦于日常生活的细枝末节,时或铺展于摄人魂魄的驱邪招魂仪式;时或物象纷呈,时或灵魂徜徉;时有挣扎于历史浪涛的困顿,时有苦苦寻路而不得的迷惘恍惚;时或凝重如亘古如斯的库雅拉山,时或如阔大浩荡的库雅拉江……诸番心象、物象,皆因生命气韵的流转与灌注,而破除了景、物、人、事的死寂、呆板和伧俗,凸现了主体生命历经淬火之后的刚强、勇气、智慧和韧度。心胸浩荡,俯仰天地,呈之以审美,则有一种独自于夕照之下临刑抚琴的美学气度和盎然诗意。这是一个游离于"现代"规制之外的"幽灵",它在叙事结束之际,弥漫在满纸烟岚中,给满斗进城寻找先人和故旧"灵魂树"之旅,笼罩了一层浓郁的"流寓色彩""悲情色彩"和"神性色彩"。②满斗何尝不是一个孤独的"现代"游魂和"幽灵",其所施行的又何尝不是基于生命本身的文化招魂?

游荡于《唇典》的"幽灵",连同作为民间宗教的萨满教,深蕴着集体意识与无意识,包藏着族群的普遍生活经验和智慧。尽管德里达认为"幽灵"一词晦涩难解,但他也认为,在幽灵"这个行列的顶头,应当用大写字母,这个大写字母的代表亦即长子就是'人'。这个原型幽灵,这个处在开端和处于支配地位的人,这个大写的幽灵,就是用大写字母'M'开头的人本身。……人性只不过是诸幽灵的集合或系列"③。也就是说,"幽灵"或作为民族集体无意识、民

---

① [法]雅克·德里达:《马克思的幽灵:债务国家、哀悼活动和新国际》,何一译,中国人民大学出版社2008年版,第9页。

② 丁帆先生将乡土小说的美学内质和基调概括为"四彩",具体指的是"自然色彩""神性色彩""流寓色彩"和"悲情色彩",并认为"四彩"是"现代乡土小说的精神与灵魂之所在"。参见丁帆等:《中国乡土小说史论》,北京大学出版社2007年版,第24—28页。

③ [法]雅克·德里达:《马克思的幽灵:债务国家、哀悼活动和新国际》,何一译,中国人民大学出版社2008年版,第133页。

族精神传统而存在。借助"幽灵",小说不仅在辽阔时空中见证"现代""历史"与"人""生命"的交错,也由此揭橥潜伏于深邃处、幽微处的民族"原生的力"和"往昔的精神",且以这"原生的力"和"往昔的精神"为动荡的社会秩序、杂乱的现实世界、破碎的情感生活和无根、失魂的生命,提供深切的意义关怀和稳定的象征性秩序。或者说,"幽灵"不仅提供了"现代""历史"之外的另一空间和视点(意义赋予),也为小说提供了"有意味的形式"(结构—美学赋予)。

百年之前,鲁迅曾召唤先秦文化的"幽灵",从中汲取"原生的力"以为民族创生的资源,《中国小说史略》《汉文学史纲要》及众多杂文,皆流灌着其"复古"归源之思。其中,早在1908年发表的《破恶声论》中,他即以神话为"太古之民"的"神思",赞叹其美妙与奇异。在他眼里,先秦"幽灵"的形上之思——"迷信",深蕴超越"物质之生活"的欲求:"夫人在两间,若知识混沌,思虑简陋,斯无论已;倘其不安物质之生活,则自必有形上之需求。"[①] "迷信"亦包含对神秘、无限、永恒、绝对之宇宙自然的敬畏和信仰:"虽一卉木竹石,视之均函有神閟性灵,玄义在中,不同凡品,其所崇爱之溥博,世未见有其匹也。"[②] 为故此,他"返其旧心"[③],以"苏古掇新"[④],召唤"太古之民"的"幽灵",为的是以之为本源,开出现代文明。果真如是,《唇典》中岂不也游荡着鲁迅、沈从文式的现代"幽灵"?

(本文与王金胜合作完成)

[①] 鲁迅:《破恶声论》,《集外集拾遗补编》(第2版),人民文学出版社2006年版,第27页。

[②] 鲁迅:《破恶声论》,《集外集拾遗补编》(第2版),人民文学出版社2006年版,第27页。

[③] 鲁迅:《科学史教篇》,《坟》,人民文学出版社1980年版,第19页。

[④] 鲁迅:《破恶声论》,《集外集拾遗补编》(第2版),人民文学出版社2006年版,第24页。

《他乡》他乡即故乡

《他乡》是一部关于生活和情感的长篇小说,是一部女性的心灵史、成长史,也是一部诗意氤氲的成长小说和叙事长诗。

付秀莹是新世纪以来备受关注的青年作家,《爱情到处流传》《陌上》等作品以其特有的、浸透着浓郁传统诗性抒情味道的文学气质迅速征服了文坛,在中国当代文学界刮起了一道温柔的旋风。她的长篇新作《他乡》既是一部试图突破自我的探索性作品,又是一部个人标志和风格被再次"强化"的极富生活实感和生命质感的作品。小说处理的是"我是谁""我从哪里来,要到哪里去"这样典型的现代主义命题,但诗意浓郁,情感丰厚,在深层涌动着人道主义热流。小说虽名为《他乡》,在根本上却是一部"返乡"之作,是一个关于"还乡"的巨大隐喻。其"返乡"有着多重蕴涵:从艺术美学上看,《他乡》是对沈从文、郁达夫、汪曾祺、孙犁、铁凝等人作品中的小说诗化传统乃至以《红楼梦》为代表的中国古典小说传统的承续和延展;从人文价值上看,《他乡》是向伟大的人文主义传统的致敬和回归,它让文学返回最根本最原初的对人的存在境遇的人性关爱和人道关怀上;从中国现实主义文学传统来看,《他乡》以最切实最直接的个人体验为基础,却不受个人化视野局限,而是将之与更为广阔的经验领域建立深层关联,在"个人性"与"宏大性"之间重构了现实主义小说的深度意义模式。

一、诗意、抒情与人道主义

《他乡》是一部关于生活和情感的长篇小说,是一部女性的心灵史、成长史,也是一部诗意氤氲的成长小说和叙事长诗。小说以与个人体验、气质紧密联系着的情感性、情绪性调子抒写与主体心有戚戚焉的生活,记录带给主人公深刻感怀和刻骨铭心记忆的人生片段,主人公在一行行一页页文字中感受、体悟、成长,由青涩青葱而青春而终有风霜,叙述在舒缓中有峻切,在柔婉中有力道,人与事在时间流淌中有升降与浮沉,包含着一种诉说、袒露自我内心的迫切之情,一种情感的激荡之声,一种带有浓郁的个人气息和个人意味的感受、共鸣，一种由生活波折和命运捉弄淬炼出来的声音，一种温和、清明的生命喟叹。这是文学魅力的体现：不仅在于江河奔涌般的情绪宣泄，更在于字里行间隐伏着的对生活玄机的把握和缓缓流淌的、慢慢积蓄的、伺机择地而出的情感和想象的能量。

《他乡》的诗意首先来自其叙事的音乐感。小说以回忆的方式展开，这种回忆无论是出自翟小梨、章幼通还是老管，天然地有一种娓娓道来的舒缓节奏和历经世事沧桑后的坦然、平静和淡泊。如小说通过中年翟小梨的叙述，回忆她自少女时代起的生活经历、情感历程，有历经沧桑的淡然自适、通透豁达。写到生活的艰难，寄人篱下的窘迫，写到青春的浪漫、自信，青年人的理想与任性，写到人与人之间的冷漠与隔膜，心绪的迷乱，心里的焦虑与折磨，灵魂的撕裂和精神的痛苦时，又有或沉郁或张扬或昂然或寂然的情绪与叙述节奏的调整、转换。如小说对幼通与小梨的恋爱情景和相思之情的描写，对小梨与老管的情人关系、与郑大官人的知己关系的描述等。其中，小说最后部分那封没有寄出甚至连收信人都不清楚的信——给"亲爱的某"的信，写得尤其百转千回、缠绵悱恻而又回肠荡气。这种音乐性是由情绪和情感的或急迫或舒缓或悠扬或低回的变奏而形成的，而不是由外在的声律和韵脚造就的，它是散文式的诗、小说的诗。在极有节奏的情感、思绪流动中，自然地浮现出一些饱含韵味的意象，细腻的感受通过精细的语言，渗透在诸番景物中，氤氲在某种色彩、气味、声音中，让乡村的蝉鸣、泥土潮湿的腥气、庄稼生长的气息、撕扯棉絮般纷飞的大雪和呼啸着掠过树梢的北风，让春节乡村世俗的欢腾的快乐，让冬日寒夜城市街头小摊砂锅炖豆腐的香气，让内陆小城随处可见的那些猪肉包子、凉皮、香肠、千层饼、猪肉酸菜馅饼，浸泡在青春的热情、恋爱的浪漫、异地独处的孤独凄苦之中。当这些都浮现于浸透着主人公斑斓色调的回忆之中时，此时此刻和彼时彼刻的情绪、情感和心理又彼此融通出繁复的变调。因此，《他乡》中的诗意，不单靠文字的渲染、铺陈而生，也是与作者情感的流淌、情绪的宣抒紧密联系在一起的，是隐含在音乐般的韵律和节奏中的。

其次,《他乡》的诗意还来自作家的人性关怀和人文主义思想。它不表现在小说中人物形象的浪漫上,不表现在繁辞丽句的铺排和堆砌上,甚至也不主要表现在优美景物描写的渲染上,它不"外在的"表现在诗意上,而在情感的编织和表达——"抒情"上,也就是说,诗意和抒情,是交织在一起的。这不同于那种散文化的诗意,不是让小说的叙述向"诗"靠近,而是勘测和发掘小说叙述中内在的"诗"。因此,《他乡》的抒情和诗意,是和作家笔下的人物共情、同调的,寄托了作者对苍茫世间之人与物的同情,是善良和温热、心灵之美与善的投射。

汪曾祺曾说,作家是感情的生产者。优秀的小说家总善于在自己的创作中,把现实生活的描摹与诗意表现紧密结合在一起,显示出叙事性文本诗意追求的特色。《他乡》塑造了一个女性的清晰形象,一个可感动人、能让我们触摸得到的情感、心理形象。"情感是文学艺术的重要构成因素,抒情性是其普遍的特征,也是其诗性孕育和建构的基础之一。……中国现代诗化小说一反传统小说追求曲折离奇的情节和激烈尖锐的戏剧性冲突的模式,注重个体内心情感的抒发和情绪的渲染或宣泄。故事情节乃至人物形象成了情感和情绪表现的工具或载体。"[①] 就拿鲁迅来说,我们不仅可以在《在酒楼上》《伤逝》《孤独者》等具钱理群所说的典型鲁迅气质的作品中被浓郁诗意感染,我们同样可以在《孔乙己》《兄弟》《肥皂》《阿Q正传》等写实性、讽喻性和批判性文本中发现诗意的存在。其实,这种情况在郭沫若、茅盾、巴金、老舍等作家的作品那里同样以不同的形式存在,更不用说废名、沈从文、萧红、张爱玲等的诗化小说了。时代在变,生活在变,连同我们对现实、生活的感受和认知也在变,日新月异的现实更新着我们的观念甚至思想,但是,当"变"成了一种惯性、一种时尚,那感情便体现出了它不变、恒常的一面。在让人目不暇接的变动当中,这种恒久品质的情感更以其真、善、美的融合,而显示出弥可宝贵、美妙动人的一面。《他乡》表现的是20世纪90年代初期到21世纪初的生活,其间中国的城乡现代发展进程和随着时代变迁涌现的各种现代城

---

① 王金胜、张爱玲:《新体小说:莫言的"诗"性叙事》,《东方论坛》2019年第2期。

市"景观",均得到鲜活而饱满的呈现,当代中国历史演变和时代推进以多彩的风貌和鲜活的形态,较为完整、自然地在文本中铺展。但这些朴素的时代现实生活的写实性内容,是在主人公的职业、事业和个人命运的推进中,在翟小梨与章幼通从相识相知相爱直至进入婚姻家庭生活的酸甜苦辣的人生旅程中,在亲情与爱情、婚内情感和婚外情感相矛盾纠缠的甜蜜、苦涩和忧伤、痛苦中,在风波迭起、沧海桑田、执着相守、绚烂而归于平淡中展现的。在对时代中国的再现中,在对现实生活与情感的表现中,作者对人生严肃的思考,对世道人心细腻而犀利的剖析,对美好生活和美好人性的向往,伴随着不可压抑和遏制的激情,如涓涓细流无声无息地汇入字里行间,使或平静平淡或颓丧灰败的生活充满深沉动人的诗意。在付秀莹的小说中,叙事与抒情,平凡与诗意,诗与真,是贴切、和谐地糅合在一起的,自然、生活多种色彩的交融和情感、情绪诸多色调的错综,既显示出时代中国现实的生活原貌,又表现出发现诗美的才华,从而构成了小说自然内在的美学意蕴。

从诗与真的关系来看,《他乡》是一种渗透着浓厚个体情感的写作,它所表现的是一种被浓郁的"诗"包含、蕴藏和渗透着的"真"。小说写时代中国现实,试图容纳近三十年中国历史与现实的变迁,这无疑是一种具有史诗诉求的全景式观照,但作者并未用宏大的总体性眼光,站在某一历史话语高处高屋建瓴地构筑一种"整体现实",而是依据自己的个性、所长,将"外部"现实"内在化",将"客观"现实"个人化",将"现实"做"人性"穿透,将"总体视角"分化为以翟小梨、章幼通、老管和神秘的"郑大官人"等不同的视角,以"个体""人性"体悟和参透"现实""生活"。这样做的结果是,避免了"新写实小说"式的琐碎庸常的日常化写作弊端,呈现出一种"人物成长"或"主体生成"的发展性和上升性,同时,也避免了运用总体性话语整合现实生活时常带来的僵硬和生硬,力求在生活与现实、个人与总体、人性与时代之间寻求一种个人化审美表述。《他乡》与我们熟知的诗化小说的重要区别在于,时间因素、情节因素,尤其是对人物心理性格的刻画是它的关键因素,"女性/个体"的成长是小说的主题和主体内容,也是贯穿性情节线索,所以从乡村到省城到京城的"空间"转移实际表述的是"自我成长"(时间、时代)。它的叙事情节固然没有淡化,性格、心理、活动等因素的描写较之通常现实主义小说却有所加强:成长历程是"情节"要讲述的,成长体验更是溢出情节的"描写"重点。这是《他乡》之不同于诗化小说之"古典性""传统性"的"现代性"或"当代性"。[①]我们可以从小说读出作者的成长经历和心理体验,感受到一个独特的作家影像——或许她的天然的职责便是观察生活,体味生活,极其自然而深切地感受自己身历的、亲见的生活中的一切。凝视、同情和信念,是付秀莹观照人、事、景、物等周遭一切的天然尺度。事实上,从"个体/女性"角度看,《他乡》可视为90年代以来女性文学发展中的一个标志点,只是《他乡》将执拗内向化的女性话语从镜像化的自闭自恋空间中释放出来,从弗洛伊德精神分析情结、解构主义权力话语和欧美女权话语的束缚中解脱出来,从大众文化市场趣味的渗透中突围出来,以"生活""情感""现实"广阔而本然的存在祛除"女性写作"过度的私人化、私语化,在有节制地保留后者的心理深度探究、诗性话语营造和女性主体意识建构的基础上,恢复文学关心社会、现实、人心和人性的能力。

从诗与善的关系来看,《他乡》是一部具有时代感应力的小说,虽然它并不直接以表现时代为主题。在人物塑造上,小说时常运用"互现"的手法,借助"人心"的互通和对照,通过其他人的眼光和感受来观察和描述人物。小说通过幼通的父亲写幼通的母亲:"她在家里从来都没有过什么立场,她总是看着他的脸色的。可是,他却亲眼见过,佩竹在翟小梨面前的样子,威严的,傲慢的,说一不二的。外人眼里那个温和的甚至窝囊的老好人儿呢,那个整天笑眯眯的老太太呢。"[②]通过小梨来写幼通父亲:"幼通的父亲看问题的

---

① 郭宝亮等将付秀莹的《陌上》称为"中国式挽歌体"小说,认为其"诗化现实主义"品格主要继承自《红楼梦》,认为"我们还不应该只是局限于从新文学传统——如废名、沈从文、汪曾祺、孙犁的诗化的田园牧歌式小说传统中来观察,而且还应该从更大的中国古代的传统中去观察"。参见郭宝亮、张越:《论〈陌上〉的"诗化现实主义"品格》,《中国当代文学研究》2019年第2期。

② 付秀莹:《他乡》,北京十月文艺出版社2019年版,第348页。

角度,似乎总是偏于灰色一面。消极的,灰暗的,悲观的,他这一生,最擅长的,是泼冷水。"①通过幼通的姐姐幼宜来看父亲:"他眼光锐利,对世事永远是挑剔的,审视的,严苛的,毫不留情的。""她不肯承认,父亲是自私的,以自我为中心的,永远考虑的是自己的感受。……父亲也是虚荣的。""父亲对工作的热心,对家庭的冷漠,对母亲的,怎么说,奴役……她又痛苦,又痛恨。""他那些个大而无当的雄辩,那些夸夸其谈,她早就烦透了。"②通过翟小梨写老管,既写他"有上海男人的种种优点,会过日子,精打细算,务实,精明,细腻",也写他"在事业上,他攻城略地,有那么一种英雄气概"。"对于老管这样的人,事业和前程,所谓的功名,就是他的身家性命啊。""他来北京,最重要的事情,是要攻城略地,夺取功名。""老管是一个事业狂。他坚韧,勤奋,肯吃苦……他是又物质,又精神,又入世,又出世。叫人困惑不解。"③如此一来,小说在写出处于观察者位置的人物的处境、心境的同时,也写出了被观察者的心理、性格,还带出两个或两个以上人物以及他们之间内在的甚至隐秘的"人心""情感"关联。其中,贯穿始终的、最重要的人物自然是翟小梨和章幼通。在幼通的眼里,翟小梨是一个聪明、美丽、明媚、灵动、热烈、向上的女孩子,他为她丰沛的活力和蓬勃的生长而赞叹和迷恋。在老管眼里,她是个"高大,丰满,热气腾腾","不感伤""不忧郁""不神经质"的女人。在郑大官人看来,"翟小梨的好处,就是安静,清澈,山泉一样,在他身边缓缓流淌,跟她在一起,他觉得心清如水。这样的女人,正是治愈他的药啊。他迫不及待地吞下这颗药,心里又感激,又熨帖。生活还是待他不薄的。人生跟跟跄跄走过了大半,他竟还能有这样的遇合,这样的运气"④。通过幼通、老管和郑大官人的视角,通过他们对翟小梨的认识和评价,主人公的形象清晰可见,而每个人的心理活动,每个人的内心世界和他们之所以成为主

---

① 付秀莹:《他乡》,北京十月文艺出版社2019年版,第178页。
② 付秀莹:《他乡》,北京十月文艺出版社2019年版,第189、192、193、201页。
③ 付秀莹:《他乡》,北京十月文艺出版社2019年版,第260、279、283、328页。
④ 付秀莹:《他乡》,北京十月文艺出版社2019年版,第416页。

人公的丈夫、情人和知己的心理、情感依据,也得以巧妙的表述。在常人眼里,章幼通是安于现状、不求上进的生活中的失败者,甚至在亲生父亲看来,"幼通的性子,跟他妈一样。一样的胸无大志,一样的不求进取,一样的平庸老实。性子又慢。……不伶俐,不机变,不活泛。一辈子只能干一件事,能干好也不错了"①。但即使对这样被自己生父所轻视的人物,小说也通过翟小梨和章幼宜满怀悲悯、同情和理解地写到他身上的弥可宝贵的品质。在幼宜的眼里,"她这个弟弟,有一点随遇而安的气质。他一向是懒得跟生活计较的人。他也许是出世的,红尘滚滚的俗世令他厌烦。他简直超脱极了,抱着双肩,对生活中所有的如意和不如意,冷眼旁观"②。这跟翟小梨眼里的幼通极为相似:"好像是,幼通一直生活在自己的世界里,世间的这些凡俗事务,跟他毫不相干。""幼通这个人,怎么说呢,有一点迂。不是那一种处事灵活的人。"③章幼通性格内向,信仰清静无为淡泊虚静的老庄哲学,对世俗事务没有热心。他挣扎于生活的泥沼,在钩心斗角、尔虞我诈的机关单位和办公室政治中,他变得更为悲观消沉,衰颓灰败。他沉湎于内心,也持守内心,鄙视浮名利禄,对外界感觉迟钝,但内心精神世界饱满充实,喜欢小动物也喜欢养小动物,这让他感到温暖而安全。

对于自己笔下的人物,付秀莹说:"我亲爱的人物们,他们的血管里有我的热血,他们脸上流淌的正是我的泪。他们穿着带着我体温的鞋子,在尘世间奔走。我眼睁睁看着他们,经历一遍一遍的劫难,一步一步走向命运的泥泞之地,而无能为力。"④就是这样,付秀莹爱着她所爱的人,却不美化他们,用廉价的浪漫主义或虚假的理想主义来修饰或掩饰他们,即便对小梨和幼通也是如此。同样,她也爱着她所不喜欢的人,她能在那些她不喜欢的人身上找到人性的因素,并将自己的恻隐之心投在人物身上,即便是对章大谋、佩

---

① 付秀莹:《他乡》,北京十月文艺出版社 2019 年版,第 242 页。
② 付秀莹:《他乡》,北京十月文艺出版社 2019 年版,第 203 页。
③ 付秀莹:《他乡》,北京十月文艺出版社 2019 年版,第 219、230 页。
④ 付秀莹:《我们这个时代的精神境遇》,《文艺报》2019 年 9 月 4 日。

竹、章幼宜亦不例外。她同时在自己塑造的人物那里，找到了人性因素和心灵感应的力量。这点在章幼通的父亲、母亲和姐姐那里体现得尤其明显。他们身上，有冷淡、冷漠、自以为是、以自我为中心甚至自私，但这些都是从人物身上内在地表现出来的，所以显得很内在，很生动，很真实。如果我们认为作家对他们所持的仅仅是一种冷淡、审视、批判的态度，那显然是误读。这些被内在地表现出来的人物，在《他乡》中除了借助小梨视角在回忆中展现出来，还有未列入章节序目的七个文本来表现："彼此"出自幼通的叙述视角；"跌宕"以章大谋、佩竹夫妇的出身、经历和生活状态为中心；"韶光慢"主要以章幼宜的视角，讲述她自己的家庭、婚恋、处境、心理及其与小梨的关系；"谁起了反叛之心"是老管对自我以及与妻子、与小梨的关系讲述；"人生若只如初见"是关于郑大官人及其与小梨情感牵连的故事；"断章或浮云"取自小梨从1994年至2018年间的日记，可以看作小梨半生大事的总结；"亲爱的某"以小梨书信的形式直剖主人公灵魂。这样，前三个文本就从家庭"内/外"不同的侧面和方位，分别写出了幼通及其父母和姐姐的性格、心理、家庭内部的情感关系和表达方式，以及造成人物这些特点的原因。如此便赋予小梨和幼通两个人物和叙述者的思想、感情以更多的丰富性和可信性，也使得小说对幼通父母章大谋、佩竹和姐姐章幼宜的表现更为细致、饱满。章大谋是一个对家人苛刻、生活乏味的教育局干部，他早已经失去了对事业、理想的信心和人生的更大的可能性的探求，他强烈的怀才不遇感导致的愤激、尖刻和心态失衡、愤世嫉俗，他的浮夸虚荣，他的才情、思想和野心、抱负之间的不成比例，他的作为自炫和谈资的清高淡泊，他对权力既爱又恨、爱恨交织的心态，在小说中以一种略带嘲讽的调子描绘出来。在这些描绘和心理分析中，作者的睿智、洞察力和慈悲心也得以展现，她分明确凿地把自己的思想和自己对这些思想的理解，连同自己的情感一起，赠送给了他们。

　　世事变幻，人心阔大而幽微。作者感慨："人心是多么辽阔幽深呀，它能盛放一切，痛苦，幸福，悲伤，喜悦。情感的风暴，心绪的波澜，热泪，呜咽，呼号，甚至一触即痛的疤痕，艰难愈合的伤口。而小说，正是人心的牧场。人心有多么浩渺苍茫,小说就有多么复杂幽微。"①无论是中国传统小说对世道人心的勾画,还是现代小说对历史和个人的塑造,"人心"都是难以避开的关键点之一,而《他乡》所描述和聚焦的就是既能够展示自己的生活、心理、情感和灵魂,也能深切进入别人的内心世界的人。小说通过章幼通的家人,展现了那些被社会环境、社会的不公和历史的暴力扭曲了的普通人,表现了一种反常的、可怕的生活状态。他们不是来自另一个世界的怪人,而是被历史和生活环境扭曲的人。章大谋是一个敏感、多疑、愤世嫉俗、容易冲动、喜怒无常的人。佩竹性格安静平和,内向隐忍,对父亲言听计从,也没有与父亲有任何不同的意见和想法。章幼宜幽灵般出入家里各个房间,苍白抑郁。淡漠的生活态度,表现在他们对自身之外的事物几乎漠不关心,有着非同常人的冷漠和自私。在家庭内部,家庭成员之间客气而冷漠,保持着亲人间少有的分寸感和边界感。亲人之间也不会推心置腹、坦诚相见。这种个人和家庭生活、人际关系状态,包含着人生的某种真相融入个人生命体验中。父亲因家庭出身不好,终生郁郁不得志。幼通悲观、内向性格的养成,如同他的母亲和姐姐的性格一样,跟父辈的历史经历有直接的关系。在这个父亲占据主导地位,拥有绝对权力的家庭中,他始终是被否定、嘲笑、指责的犯错一方。第四和第五个文本分别通过老管、郑大官人,写出栖居在这个世界上的人的极具个性和复杂性的心理和情感世界,写出人的善良之外的其他品质:执着、隐忍、吃苦,对生活的执着的热情,和为人处世的宽容与智慧,等。

《他乡》的情节发生地点随着翟小梨的读书、工作、再次读书、再次工作的经历而变化,是她自幼生长的芳村,是省会,是首都,在这些不同的地点,她经历了生活激流的冲击,跌跌撞撞,辗转沉浮,个人生命在此间纠结缠绕,或者说,正是因为这些让付秀莹感同身受的体验,使这些地点和在那里发生的一切,都在她的笔下表现得具有不容置疑的真切性和准确性。她记住了那里的声音、颜色、气味,写出了那些与生命记忆血肉不分地联系着的细节。这显然不是某些"新写实小说"式对琐碎细节的机械性的外在的记忆,也不

---

① 付秀莹:《我们这个时代的精神境遇》,《文艺报》2019 年 9 月 4 日。

同于传统现实主义那种纯客观的外部观察和准确写实,这些无法磨灭的生命体验,关联着主人公的形象,也关联着作者细腻敏感的内心世界。小说主人公客观上成了作者观察和剖析的对象,让她在一种自我反省、自我忏悔和自我批判中,完成心理、情感和智慧上的成长和成熟,因此,小说多次写到主人公抱有侥幸和幻想的心理,写她不敢面对自己真实内心的畏惧和胆怯,写她对自己的痛惜和懊恼,写她面对复杂世道和人心时的盲目、轻信和糊涂。比如小说写翟小梨初入省城中学为求省城户口而险些犯错并因此再次辞职之后的心理活动:"在这件事上,无论如何,我对幼通,对我们的感情,怀有莫名的愧疚。尽管,什么都没有发生。在我多年前近乎是一种道德洁癖的促使下,我在内心里,完成了对自己的严厉审判。"如果为户口而对中年男人屈服,发生交易,"在以后的日子里,我会安宁吗?我还能坦然面对幼通,面对幼通的爱情吗?"[1]这里无疑有一种冷静的观察者视角。再如翟小梨对自己双重心理矛盾的发现:"这个世上,竟然有两个翟小梨。一个含辛茹苦温良贤惠,一个妩媚妖娆内心艳丽。"[2] "我越是温良贤惠,心里那只被困的小兽就越是疯狂暴躁。"[3]多年之后,在回忆自己与老管的爱情时,她自我反思:"多年以后,我不止一次地回想,当时,我的声泪俱下的讲述,是不是故事的全部,是不是,我曾经对一些部分做了夸张和修饰,而对另外一部分,做了省略,或者干脆就是删节。是不是,在另一个男人面前,在那样的语境之下,我部分地夸大了我的苦难,为了激起对方的同情、怜惜,甚或保护的欲望。或者是,为了给自己的行为,寻找更为合情合理的依据,或者理由?我不知道。"[4]

但冷静不等于冷漠,在类似的心理刻画中,作者也丝毫没有掩饰自己的好恶,她真诚、细腻地写出一切,如翟小梨从中学辞职后再次遇到中年男人时,她写出了他说话的语气、腔调、神情的微妙变化,他微笑里的"调笑,戏

---

[1] 付秀莹:《他乡》,北京十月文艺出版社2019年版,第67—68页。
[2] 付秀莹:《他乡》,北京十月文艺出版社2019年版,第67—68页。
[3] 付秀莹:《他乡》,北京十月文艺出版社2019年版,第253页。
[4] 付秀莹:《他乡》,北京十月文艺出版社2019年版,第260页。

谑，玩味，甚至，不恭"。小说人物是这样的：袒露着真诚，更躲避着虚假。作者也是如此。虚假，违背翟小梨的良知，果真如此，翟小梨就不是翟小梨，不是付秀莹深爱着的翟小梨；果真如此，翟小梨就只能是作者所要批判的角色。小说写主人公的开阔、豁达和面对一切——无论是残缺还是完满，无论是高尚还是卑劣，都能一笑而过地包容和谅解。她有着极强的环境适应能力，能迅速融入新的环境，工作尽心努力，以之作为自己的安身立命之本，从中学时代的虚荣、敏感、脆弱，到初到城市的卑怯、羞涩和畏缩，到从容、自信、优雅大方，却也淡泊自守，不惊不惧，收获心灵的自在与安宁。这点集中体现在对主人公与老管的婚外恋情描述中。两个各有家庭的人之所以走到一起，既与孤身漂泊异地的巨大不适感和强烈的孤独感有关，也与两人都是命运的苦役，某种意义上的"同是天涯沦落人"的惺惺相惜有关系，同时也与难以说清的气质相近、性格具有互补性等精神性因素有关。这段令被日常琐细的烦恼忧愁包围和湮没的翟小梨刻骨铭心的感情，让她体会到老管的温柔、动人、务实、细腻，感受到久违的陌生的男性气息，老管和他租住的那间简陋的房子，也让她在荒寒、凉薄和无依无靠的人生中感到温暖和慰藉，"我们彼此取暖，彼此依靠"。在老管的眼里，他跟翟小梨之间是"从来不曾有过身体上的瓜葛"的"精神恋爱"，"纯粹的柏拉图之恋"。"大约是在那一瞬间，他忽然重新发现，这个女人，最初相见的时候，身上那种令人心动的东西"，他想，"我跟她之间有一种清澈的纯净的爱惜敬重"[1]。年过五十，被生活折磨得丧失了"反抗之心"，与生活彻底和解的他，被翟小梨的饱满、柔软和眼神的明亮，尤其是"她身上那种热情腾腾的蓬勃的朝气"所感染、打动，反观自己，"让我心情复杂"。这种不符合传统道德规范的爱情，恰是让人不寒而栗的人性的幽暗、深渊、悬崖和陷阱之外，能让人体验到人性的纯净、美好和美妙的"别处生活"。在描述这段充满矛盾和暖意、痛苦和快乐且没有完满结局的爱情时，作者如同她的翟小梨一样，没有违背她的良知，没有违背她对艺术规律的理解。作者并不力求做一个冷静的观察者，她爱憎分明，但她也不美化

---

[1] 付秀莹：《他乡》，北京十月文艺出版社2019年版，第332页。

自己所爱的人。因此，她把主人公作为冷静剖析的"对象"，也因此，她突出表现了翟小梨的羞涩、善良本性和包容心，她记录着也关心着人物内心的不为人知、难与人言的种种隐痛，轻柔地抚摸着人物创伤愈合后留下的一道道疤痕，赋予作品恳切的人性关怀，使之流淌着温暖、贴心而具有穿透力的人文主义精神。翟小梨乐观、开朗、坚韧，她能够忍受生活的贫困、艰难，能够靠自己的双手过上温饱的日子，但她不想盲目地顺应生活，麻木地承受生活，她拒绝没有灵魂、内心空洞的生活方式。她从本心出发，从自己的内在感受和内在体验出发，不断地反思和体味自己的生活，不断地思考、寻找心中应然的生活，寻找有意义的生活。她在生活中挣扎，与命运抗争，认真体悟幸运与不幸、磨难与抗争、价值与意义、阴暗与幽微，并在内心甚至梦境中反复琢磨自己的精神的现状和灵魂的去向。她通过自己的力量，依靠对自己命运、遭遇的反省，为自己寻找生活、精神和灵魂的出路，创造一个比现实生活世界更有意义更有意味和情调的世界。翟小梨的这个世界就是"文学"，一个诞生于职业性生存手段和日常性生活情境，但又保留了自己的本心，寄托着自己的灵魂和意义，并由此摆脱恐惧与无聊、撕扯与分裂的自由生活之境和独特内心体验的审美世界。

二、时代及内在于它的"人"

如何以合理的方式在"诗意"与"生活"、"情感"与"历史"、"抒情诗"与"史诗"之间建立一种更为合理的审美关联，使生活、历史与时代的显影更具形象性、情感性和艺术美学品质，是进入"现代""历史"以来，中国作家念兹在兹的问题。在20世纪中国文学视野中，一个较为普遍的现象是，"在众多诗化小说家笔下，'抒情'和'诗意'的获得，是以疏离'时代''历史''现实'尤其是其中尖锐残酷的政治性暴力性因素而得以实现的。……在20世纪中国历史大转型情境下，大时代的历史、思想和文化诉求，迫切需要讲述中国故事的史诗性文本，组织起民族共同体想象。如此一来，诗化小说在现代中国的边缘化命运和'支流'乃至'逆流'的文学史定位，也就不可避免"①。在20世纪前半期的中国文学中,同样是诗化小说作家,鲁迅、萧红等人与废名、沈从文等人也因思想文化立场的不同而显示出"诗意"的差异性,鲁迅等持现代性启蒙主义立场,对传统乡土文明多持审视和批判态度,沈从文等以反思现代性立场而在反思批判现代文明时刻意营造一个诗意审美乌托邦。20世纪后半期的前三十年,诗化小说因受一体化美学体制和观念的直接影响,"诗意"多借助时代理念和激情的催化而产生并受其限制,这在政治抒情诗、杨朔和刘白羽等的散文里体现得尤为明显。比较复杂的情况出现在孙犁、刘绍棠等"荷花淀派"作家和茹志鹃、宗璞等少数作家的创作中。进入80年代之后,汪曾祺、铁凝、贾平凹、何立伟、史铁生、张承志、张炜、苏童、格非等作家先后创作了大量极富诗意的小说作品。将付秀莹放在这一谱系中看,她应该更多地受到了鲁迅、汪曾祺尤其是作为付秀莹同乡和前辈的孙犁、铁凝的影响。比如,优雅舒缓的诗意气质带来的直接的艺术感染力;比如,对人物尤其是女性纯净美好心灵风景的描绘;比如,对个人情感世界和生命价值的尊重;等。具体到《他乡》来说,小说对"女性""个人""心灵""情感"的带有浓郁人性关怀和人道主义温热的关爱,对"人"在"传统/现代"纠缠处境中的喜怒哀乐的人性美的观照,与孙犁、铁凝无疑是相通的。只不过,"现代"在孙犁小说中以"抗战""革命"等更为直接的"暴力"形式出现,在铁凝的《哦,香雪》中以作为现代文明的"火车""铁轨"等的面目出现,在《他乡》中以"城市"现身。而对"现代"情境下"人"的处境、境遇和"人心"的充满善意和美的体贴,在他们的小说中是一以贯之的。不同的是"时代"。从这个意义上说,"人心与时代"是进入孙犁、铁凝和付秀莹的不同的文学世界的隐秘而有效的入口和通道。更直接地看,《他乡》是孙犁、铁凝笔下的那些女性进入90年代以来中国现实生活的个体生命情态的写真,集中描述她们从没有受到现代文明污染、人际关系简单纯粹的农业文明环境中,进入充满矛盾冲突、功利算计的复杂的现代文明社会后的命运、遭遇和处境。在此,我们除了可以把《他乡》看作长篇小说《陌上》的姊妹篇,也可以把它看成是

---

① 王金胜、张爱玲:《新体小说:莫言的"诗"性叙事》,《东方论坛》2019年第2期。

铁凝《哦，香雪》的续篇。翟小梨走出了贫困闭塞的村庄，进入香雪热切向往的现代新世界，遭遇物欲、人欲横流的现实冲击，发生了一系列现实、心理和精神的裂变。相对于1982年的"香雪"，2019的"翟小梨"所面临的世界无疑更为复杂多变，相对于单纯而未经世事的少女香雪，翟小梨经历了从少女到中年妇女的成长成熟，历经沧桑。翟小梨始终没有成为司猗纹（铁凝《玫瑰门》），成为卑琐丑陋的心理畸变者。就此而言，翟小梨是成年后的香雪，仍然纯粹良善，仍然自尊自爱，仍然葆有一份宝贵的生命之美、人性之美。但翟小梨又只能是她自己，一个在90年代后中国现实生活中遭遇着这个时代，与这个时代相牵连着的"这一个"。不光她，章大谋夫妇、幼宜、幼通、老管、郑大官人，他们那些苦乐交加的或完整或破碎的人生故事，或多或少地牵连着大时代、大历史的变动或错动，这一切在小说中以不疾不徐的节奏和语调得以叙说，平静中有微澜，欢乐中有泪水，人生的悲凉体验中不乏人性的温热。

从《他乡》中不仅可以看出作者把握人性、人心的细腻和洞察力的深刻，也能看出她知人论世的敏锐烛微。小说在柔软、隐忍的心理情感向度之外，同时写到了命运交错下个人意识在生活、现实和社会促动和启示下的生长，以及个人意志升华的力量。因此，小说对人性、人心的表现并不停留在情感、心理层面，而是将"人"与"世"——"世道""世界"联系起来，从"人心"把握"世道"和"时代"，将"人心"放在一个更大的"世界"中，既观照"世界"又探查"人心"，既写出置身这个世界的人的生存、生活和生命，又赋予这个庞大无边的世界以"人"的生命与情感、心理的可感形态。

早在创作第一部长篇小说时，付秀莹就曾袒露自己的抱负："《陌上》触及了时代变化中新的中国经验，《陌上》里有更广大的人群的隐秘心事和命运起伏，《陌上》是以中国人独有的审美方式，表现了中国人真实的日常生活以及他们幽微开阔的内心世界。"① 这句话同样适用于《他乡》，只不过小说的内容背景、故事发生地、主要人物、叙事结构等做了调整，"时代""中国经

---

① 付秀莹：《在虚构的世界里再活一遍》，《新文学评论》2018年第1期。

验""广大人群""隐秘心事""命运起伏""日常生活""内心世界"等关键词则一以贯之。付秀莹在谈到自己这第二部长篇小说时的说法可为参照:"《他乡》仿佛一个巨大的隐喻,关乎急剧变化中的中国,关乎时代巨变中人的命运遭际,关乎生活激流中破碎或者完整的新的中国经验,关乎你,关乎我,也关乎她和他,以及鲁迅先生所说的,无穷的远方,无数的人们。《他乡》,终究与我们这个时代的精神状况有关。"[①]如果不拘泥于作者的夫子自道,据之文本,我们也可以说:仅仅将这部小说看成是一个女性的成长史和成功史,显然小觑了付秀莹的野心和抱负,她有更大的写作意图和期望。

作为一部现实主义小说,《他乡》以艺术和审美的方式表现20世纪90年代初至今中国城市和乡村生活中的人和他们的物质与精神生活,它在人物和环境的典型化方面,在细节的真实方面,都与经典现实主义的基本内涵和形态高度契合。小说有着对近三十年中国社会、现实、生活、情感和伦理关系、道德意识真切、细腻、生动和颇具及物感的表现,在时间之维的推演中,以女主人公翟小梨的读书求学、爱情婚姻和工作变动等叙述动因,在城市和乡村的广阔空间之域中,衍生出多姿多彩的生活风貌和灵魂面目,具有鲜明的现实感和强烈的时代感,带有清晰且不可磨灭的生活印记和情感刻痕。《他乡》将时代、生活内在化为主体的生活体验和生命体验,将生活、现实和历史化解为诞生、遭遇、成长、死亡、命运等"人"的体验过程,将通常作为体验"对象"的"生活"转化为生活着的感性生命个体对自身命运遭遇的内在感受,"生活"的意义来自感性生命体的把握、捕捉、寻找和建构。《他乡》是对这个时代的准确描述,也是对人的复杂心路的准确描述。小说的特别之处在于,它对时代的描述是通过"人",通过对"人"的复杂心路的描述,艺术化地实现的。

《他乡》大体可按时间先后分为两部分内容。前半部分主要描述翟小梨自高考失利到自学考研这段时期的恋爱、婚姻、家庭生活,大学时期恋爱的浪漫和相思之苦,为了省城户口而奔波的艰辛和屈辱,寄人篱下的无奈和委

---

① 付秀莹:《我们这个时代的精神境遇》,《文艺报》2019年9月4日。

屈是这部分的主要内容,突出了翟小梨生活的贫困、无奈,对生活色彩的渴求和改变生活的强烈愿望。小说后半部分主要描述翟小梨读研和工作之后的生活和情感。在这部分,主人公从个人和家庭生活的小圈子,进入了更具丰富性、复杂性和流动感的城市生活和人群中。在陌生的城市和充满隔膜、疏离的人际关系中,小说以主人公为中心,写出了当代城市人的孤独、隔膜,焦虑不安和在彷徨与痛楚中的挣扎。这部分围绕两条线索展开:一是翟小梨与老管、郑大官人的情感线索,一是翟小梨与实习单位领导之间关系的工作线索。两条线索时有交错,勾画了翟小梨所处的复杂社会和情感关系,突出了其曲折纠结的情感历程、矛盾撕裂的精神状况和灵魂世界。前半部分侧重写人生的艰辛琐碎,又通过幼通的家庭写出人性之幽微;后半部分侧重写人性的幽深曲折,又写现实的艰难和生活的波折。将这两部串成一个艺术整体的是翟小梨的生活、工作和情感,是"人""个人""女性",是作者对他们的热切关注和持续、深入的"追踪"和探索,以及处理生活与艺术之关系的能力、才华和纯净的艺术激情。

  这源自付秀莹对"人"所抱有的浓厚且热烈的兴趣、情感和对人物"贴心"的理解:"连我自己都不曾意识到,对于那些素昧平生的人,我究竟怀着怎样浓厚的兴趣。他们在想什么呢?他们拥有怎样的人生?我喜欢揣摩他们的内心,我想读懂他们的心事。我想把他们写进我的小说里,在我的笔下,同他们一道,再活一遍。"[1]事实告诉我们,杰出的作家无不怀抱对人本身的热忱。爱伦堡评价契诃夫小说的特点时,有一个简洁而极富创见性的观点,"契诃夫能够人性地表现非人性"。对于那些并不讨人喜欢的人,"契诃夫不想贬低他,作为一位具有巨大讽刺才能的作家,他没有用漫画取代人物肖像画"[2]。爱伦堡引用过契诃夫谈论其话剧剧本《伊凡诺夫》中的那位枯燥、教条的医

---

[1] 只恒文:《付秀莹:寻找富有魅力的"这一个"》,《中国青年作家报》2019年9月24日。

[2] [苏]伊利亚·爱伦堡:《重读契诃夫》,童道明译,北京燕山出版社2018年版,第77页。

生里沃夫的话:"这样的人也是需要的,其中的大多数也是讨人喜欢的人。把他们漫画化,即使是为了有喜剧效果,也是不应该的。当然,漫画鲜明,因此容易让人明白,但留有余地比过分地涂抹要好……"对此,爱伦堡写道,尽管契诃夫让里沃夫促使伊凡诺夫自杀,但"剧作者对伊凡诺夫是心怀好感的,不仅伊凡诺夫,就是浅薄的里沃夫也被深刻化了"①。对人物的漫画化处理,固然可使人物形象鲜明突出,但也是以丧失人物内在心理,灵魂的复杂性为代价的。而所谓"人物肖像画"则是指对人、对人的心灵和复杂心路的细致准确的描绘,人物可能是"非人性"的,但艺术家对其"非人性"因素的描绘却应该是"人性"的。在真正的艺术家那里,"人性"和"艺术性""文学性"是无法分开对待的。"作家——大作家、中流作家,甚至小作家都不仅能够看到自己的人物,而且能够分享他们的内心体验。这种共同体验一般称为作者的再体现。如果思考契诃夫的著作,那就会发现,在他不长的生命过程中,他体验了数以百计的人的生命。"②由于契诃夫能"人性地表现非人性",他的作品中就没有传统意义上的反面人物。同样,在《他乡》中,因为作者对每一个人物生命意义上的平等浸入、体验,每个人物都得到了人性的观照,这使得小说能够穿透时代或恢弘或琐屑或整体或破碎的表象,直抵人物内心和灵魂深处,带来平静而让人震撼的现实性。

《他乡》中故事的主体部分联系着自20世纪90年代初期到21世纪第二个十年的近三十年时间,关联着中国市场经济的转型,并通过幼通的家庭关系,尤其是其父亲的家世出身和身世经历,包容了更多"历史"的内容,有将"个人"与"时代"及"历史"通盘考虑的谋划,写出了个人与时代的关系、个人与历史的关系,并力求"时代性"和"历史感"的统一。但小说没有直接去写自己所不熟知的大事件,它仅仅是在写作者所熟知的生活,这表明了作者

---

① [苏]伊利亚·爱伦堡:《重读契诃夫》,童道明译,北京燕山出版社2018年版,第77页。

② [苏]伊利亚·爱伦堡:《重读契诃夫》,童道明译,北京燕山出版社2018年版,第77页。

的诚实、自知和谦虚。《他乡》的世界虽然容纳了繁杂的各色人物,呈现出开阔的视野和格局,但小说写的最深切动人的还是主人公的世界,这个世界的存在,在很大程度上避免了小说表现时代现实时常常会出现的浮光掠影、表面化的问题。

付秀莹笔下的人物随心随性,不是根据某种计划,不是服从于"时代"和"历史"表达的需要,也不是为着情节的曲折起伏而塑造的,她在主人公的身上融入自己的血肉、灵魂和全部生活经验,让主人公自己去选择自己的道路,走自己的路,感悟自己的生活和命运,在自己身上找到改变自己生活方式和生命轨迹的力量。章大谋、佩竹、章幼宜的心理、性格和他们的家庭关系、氛围,跟章大谋遭遇的人生变故有直接和重要的关系。不可违逆的历史和政治原因,不仅使他只能把自己真实的内心掩藏起来,谨小慎微地生活,也造成他多疑、敏感的性格和强烈的怀才不遇、愤世嫉俗、尖酸刻薄以及对权力既爱又恨的复杂心理,而这种对生活的不满、怨恨和消极的"抵抗",造成了家庭内部关系的"客气"、疏远,以及对小梨老家客人的冷漠、虚伪。历史暴力造成了人性的异变。同样,虽然生活中新的因素的出现,会在一定程度上使人性苏醒,但长期遭受的历史—人性的压抑,也很难带来人的心理、情感结构的根本调整,人被永远禁锢在历史暴力和自我压抑两股力量共同铸造的狭窄牢笼中,无法彻底摆脱。这既是历史的悲剧,也是生活和人的悲剧。小说对幼通亲人和家庭故事的讲述,由此表现出一种令人震撼的现实性力量。

利用"传统"为武器批判"现代",或以"乡村"为标准衡量"城市",或以"故乡"为原初与本真来否定"他乡"的造作与虚设,是《他乡》所不取的。在这一点上,小说没有走上那种"职业性的人道主义"的既有轨辙。翟小梨成长的20世纪90年代正是中国市场经济确立合法性并轰轰烈烈地蔓延、渗透的时期,这一时期的中国文学走出了"革命""启蒙""现代化"共同体想象,出现了50年代以来所未有的分裂局面,作家或世俗主义或新启蒙主义或自由主义各取所需,其中既有积极肯定文学的世俗性带来的"解放"效应,又有直白表露对市场消费逻辑甚至金钱秩序的积极拥护,还有对上述立场和言论的激烈批判。这一精神与文化状况与资本主义兴起,保守主义者批评它时的情况极为相似。威廉斯在谈到他称之为"价值危机"的现象时说:"对新的近期按秩序之粗鄙和狭隘进行回顾时,常有一种激进态度。这种态度被用来充当对我们自己时代资本主义的批判:承载人道主义情感,但是通常又将这些情感附着于一个前资本主义的,因此是无法挽回的世界。于是,一种必要的社会批评指向了更为安全的往昔世界:指向一个书本和记忆的世界,在这个世界中学者可以表现出职业性的人道主义,而在他自己的真实世界里他不是闭塞的,就是冷漠的。但更重要的是,这种对资本主义批判包裹着社会价值,而这些价值如果变得活跃起来的话,就会立刻跃升,成为对某些制度、某些社会阶层和道德稳定性的变换。这些制度、社会阶层和道德稳定性带有封建性质,但也具有更为相关和更加危险的当代适应性。"[①]这种"职业性的人道主义"态度将前现代乡村形塑为一个人与自然、人与人和谐相处,浑然一体的有着宁静祥和氛围的"世外桃源",而作家则对它所包含的生活方式、伦理立场和情感观念进行缅怀和赞美。这是一种遮蔽了时代激荡和历史转换时期一部分人的真切情感体验和道德感受的书写选择,在这种选择中,大量的乡村场景被作家有意识地过滤掉了。在美化"乡村"的同时,"城市"作为"乡村"的对立面,其阴暗面丑陋面得到渲染性描述。自现代以来,我们的文学往往徘徊于对乡村/城市的对立性表现,是"愚昧/文明"、"美好/丑陋"或"先进/落后"的镜像性隐喻。

事实上,无论是在城市还是乡村,贪婪、欺诈、剥削、算计等丑陋现象都是存在的。进一步看,90年代以来,一方面,中国延续着"五四"以来从农业文明向工业社会的转轨,另一方面,大众文化消费逻辑乃至后现代文化因素的介入,进一步重构和重塑着中国城乡的社会组织、人伦关系、生活观念和生活方式。在现代性、后现代性冲击下,在"乡村"宁静、纯真、祥和的外表下,往往隐含着异质性经济、道德和文化观念与力量的激荡与冲突。在城市的挤压和资本力量的冲击下,"乡村"不仅不能成为抵制这一力量的理想化空

---

① [英]雷蒙·威廉斯:《乡村与城市》,韩子满等译,商务印书馆2013年版,第52页。

间,甚至可能会成为其表意符号或城市人的游戏空间。付秀莹的首部长篇小说《陌上》就在芳村日常生活经验细节和人情风俗中揭示了所谓"现代""城市"文明对"乡村""传统"生活方式、价值观念、道德观念与情感、婚姻等的渗透和改造。① 与《陌上》写现代境遇中"乡村""传统"的命运和形态不同,《他乡》聚焦于"城市""现代"本身,发掘辗转生活于其中的"人"的心理、情感、选择和命运以及现代人、城市人的观念意识和关联纠葛。小说既没有在"乡村/城市"的对立架构中展开叙事,将之表现为传奇性形态,展示北方中国农村生活史或乡村文化传奇,以展开现代文明和现代生活批判,也没有展示在资本与城市包围、冲击下"乡村"呈现的复杂性,而是将"故乡"卷入"他乡"的故事中,使"故乡"成为人在他乡回眸的意象化存在,那里有亲人、朋友、邻居,是翟小梨他乡生存压力的缓冲器和情感的寄托。与此同时,"他乡"又何尝不是一个别具魅力之处,"都深夜了,北京还是这样璀璨。又璀璨,又神秘,带着一种迷人的动荡的气息,令人低回不已"。阳光披照下的北京胡同里,"偶尔有人骑车慢悠悠走过,气定神闲地,有一种悠长的日常的民间的滋味"。翟小梨租住的狭窄的一居室房子,是"上世纪 80 年代的老房子,有点陈旧。小区里人来人往,是浓郁的人间气息"。从单位报社走出幽深曲折的小巷,"忽然就是繁华的大街了。是豁然开朗的意思"。阳光下,护城河边几株树像在发光,"有一种喧闹的世俗的好看"。主人公在坐着公交车上班的路上,"听着车轮碾过街道的轰隆轰隆的声响,心里忽然就涌起一股子豪情。我,一个芳村来的女人,一个外来者,尽管渺小,单薄,不足道,然而,我终

---

① 如张志忠等认为,《陌上》"从自然节气风俗生活的日薄西山,到芳村人被现代性掠夺之后的日常生活,再到几近崩溃的乡间朴素道德,都折射了在城市化、工业化的历史进程下乡土社会不断加剧的异化现象"。"自然节气与风俗生活同芳村的日常生活渐行渐远,日常生活的加剧异化是每一个芳村人的生命体验。"参见张志忠、马婧:《当下中国乡村的"农事诗篇"——付秀莹〈陌上〉简评》,《中国当代文学研究》2019 年第 2 期。郭宝亮等的看法与此相同:"在强大的商业伦理和无限膨胀的欲望洪流面前,美丽的'芳村'不可遏制地、无可奈何地走向颓败。"参见郭宝亮、张越:《论〈陌上〉的"诗化现实主义"品格》,《中国当代文学研究》2019 年第 2 期。

究是汇入了这座城市的早高峰的人潮中了"。经历生活的崎岖动荡之后,一家人定居北京,此时在翟小梨眼里,东四一带"胡同多,平房多,沉稳,安静,又繁华热闹,是老北京的气质"。① 也就是说,《他乡》对城市和乡村的表现不是在通常的文化和文明层面上,而侧重在情感和人性层面上,"日常的民间的滋味""浓郁的人间气息",不止在已经离开的芳村,也在生活于斯、写作于斯的城市。这或许不是那种黏着于历史和文化的貌似浑厚深刻的宏大叙事,却从作者个人的经验、体验和艺术个性出发,展示了另一种颇具柔性光辉的宏大性。

三、他乡、故乡与"返乡"

付秀莹将自己的《他乡》看作一个关于时代巨变中的"中国""中国经验"和中国人命运和精神状况的"巨大的隐喻"。一拿到小说,我本能地觉得"他乡"作为小说题目不好,内涵、意味甚至隐喻本身都太直露了。但读完小说,我又觉得这很合适,我找不到一个更贴切的题目来替代它。付秀莹是一个写"回忆"的小说家,《他乡》让人想起付秀莹在她以往小说中蕴含的乡村体验和情感记忆。她从自童年、少年时代开始的记忆中取材,描绘个人经历的酸甜苦辣,以轻柔淡雅之笔,展现这个时代的心理、情感,以及至今仍存活于生命深处的以往岁月。小说的魅力在于,透过"回忆"和对彼时彼刻的联想,而看取朦胧馥郁的往昔。但《他乡》的内容却较少涉及乡村生活体验和乡村情感记忆,翟小梨身在"他乡"——从省城到京城的"都市""现代"生活与情感是这篇小说表现的中心。从根本上看,《他乡》并非对"乡村"的怀旧与乡愁。相对于"他乡、异乡、异地"而言的"故乡",是根脉,是血地,离开它意味着空间的位移和时光的流逝,也意味着一个新的时空的开启,表现它,自然免不了对故乡故土故人故事的回想和怀恋。而"他乡"即"他乡","他乡"与"他乡"之间,诞生了一个新的诗学时空。

---

① 付秀莹:《他乡》,北京十月文艺出版社2019年版,第278、317、319、321、343、344、428页。

在这个诗学空间中,一方面,"他乡"即漂泊异地、流落陌生城市的孤独、困惑甚至隔膜;另一方面,"他乡"又是远方,又是诗。"诗"孕育于"故乡",却催化、萌发和诞生、淬炼于"他乡"。"诗"——小说,在本质上是一条路,一条通往"故乡"的路,一条连接"故乡"与"他乡"、血地与异地的路。这条路联系着北京、省城宽阔的街道、狭窄的巷子,火车的铁轨和乡间小径,从繁华城市的小区一直延伸到大平原田野深处炊烟缓缓升起的村庄。"诗"是充满矛盾和悖论的灵魂的诉说,是一个从童年、少年到青年、中年的女性的私语、独语,也是一位女性、一个个体生命与生活、与其他的男人、女人、与这个时代和这个世界的精神对话。"诗"是一条心灵和灵魂的路,是一条情感的路。通过这条路,翟小梨找到了个体/女性的自我,同时,也在"他乡"重新发现了"故乡"或者说"他乡"中的"故乡"。对于翟小梨来说,写作就是还乡,小说就是由"他乡"而"还乡""归乡"的一种方式。诗化小说不仅是一种文学现象,也是一种精神和文化现象,小说中的"风景""诗意""抒情"等亦可作如是观。

威廉斯在谈到现代人的生命状态以及如何建构主体认同时说:"华兹华斯发现,当我们在一个满是能够影响我们的陌生人的世界中变得不安,当能够改变我们生命的力量以明显外在的、无法辨认的形式在我们周围流转时,我们为求安全会退到一种深深的主观性当中,或者我们会在自己周围寻找一些社会图景、社会符号和社会讯息,对于这些东西,我们试图以个体的身份与之发生联系,但最终目的却是为了发现某种形式的共同体。"[1]所谓深深的主观性在小说文体上主要表现为"心理小说"或"个人小说",它们主要着力于个体生活的细腻体验和塑造,忠实于个人心理上的真实;所谓社会图景、社会符号和社会讯息在小说文体上主要表现为威廉斯所说的"社会小说",它主要着眼于社会生活、集体生活的精确观察和体验。在威廉斯看来,"个人小说"和"社会小说"的区分,源自1900年后欧洲小说现实主义传统的终结,

---

[1] [英]雷蒙·威廉斯:《乡村与城市》,韩子满等译,商务印书馆2013年版,第400页。

其深层社会原因则是个人与社会被割裂为对立的两极的现实危机。文学（小说）只是这一危机的征候而已。类似情况，也发生在90年代以来我们的小说中，一方面，"女性写作""个人化写作""新生代小说""新体验小说""新状态小说"等"个人小说""心理小说"风行一时，另一方面，"现实主义冲击波""商战小说""官场小说""新改革小说"及"主旋律小说"此起彼伏。如何既能塑造出一个真实可感的"社会"，塑造一种活生生的现实感，又能塑造与此相应的血肉饱满的人；既能写出当代人感觉结构中的一些重要部分——包括付秀莹小说中也写到的那些疏离感、异化感、自我撕裂和自我放逐感；既能表现时代感，又能赋予时代以深沉内在的历史感，并将"历史""时代"化入"生活""人""个人"的具体的经验性存在中，而不是作为一种抽象的超验性存在来规定、规约着"生活"和"人"等，是我们这个时代文学应该思考的问题和难题。

在这些问题上，《他乡》是一个付秀莹式的极富启示性的文本。在小说中，付秀莹不仅讲述了一个女性在他乡的现实经历遭遇和生活、情感的经验和体验，表现了个体/女性与"他乡"的交汇、融合与碰撞、矛盾，塑造了个体/女性眼里的"他乡"形象，也回忆和重塑了"故乡"——它或它们的形、神、气、味。在付秀莹这里，"故乡"和"他乡"是互相造就而不是彼此隔绝、对立的：正是因为"他乡"的存在，"故乡"才成其为"故乡"并永远如是；"我"进入"他乡"，"他乡"中有了"我"——"我"的生活、家庭、情感、思绪，"他乡"就不再是"他乡"而成了"故乡"——"我"的故乡，我于此栖息，于此写作，歌哭于此。乡村与城市，个人与生活，故乡与他乡，在此一体相牵，共同建构了一个具有生活实感和生命质感的中国形象，建构一个为了自己的生活而认真努力、执着不息的女性的故事，一个90年代以来每个人都会经历和体验的中国故事。

付秀莹将《他乡》看作一个"巨大的隐喻"，她所提到的"时代巨变""中国经验"，所引用的鲁迅名句"无穷的远方，无数的人们"，无疑透露了其重构宏大叙事的雄心。但对宏大叙事，她又持有一种谨慎的审视。这一态度主要是通过章大谋、章幼通父子表现出来的。关于前者,小说写道:"我常常想,夜深人静的时候,他是不是会把白天的宏大叙事的激昂收起来,为了这些人生的不如意,而辗转难眠呢?他会理解孩子们的痛苦或者烦恼吗?"[1]章父的"宏大性"不仅表现在"长篇大论""言语上从不让人,激烈,极端,甚至,刻薄",更表现在其为人处世的冷漠、缺乏基本的爱和同情心,即使对儿子儿媳的困境,也是"旁观的,漠然的,蔑视的,有那么一点幸灾乐祸"。这显示着"宏大性"对"日常性""世俗性"和"人性"的扭曲、畸变和异化的强大力量。

相比之下,小说对章幼通身上"宏大性"的描述要复杂得多。小说写道:"幼通的那些宏大叙事,能够令人从庸常乏味的日常生活中超拔而出,有一种不同凡响的肃穆感,又隐秘,又庄严。莫名其妙地,觉得,当听着他谈论这些高大上的事物时,我也跟着高大上起来。好像是一个渺小的微不足道的个体,蓦然间汇入了国家历史的滚滚洪流之中。"小说还写到了翟小梨的困惑:"我不知道,这样的一种错觉,是不是爱情的甜蜜的催化剂,或者,正是这种近乎崇高悲壮的家国情怀的映衬,男女之间的小情小爱,那些细小的瑕疵、缝隙、龃龉、肿块,都变得微不足道了。"这段描写仿佛杨沫《青春之歌》的复现:卢嘉川借助宏大的阶级话语和国族话语("崇高悲壮的家国情怀")将林道静从余永泽日常话语和小资话语("男女之间的小情小爱")的围困中解救出来,获得圣徒般的灵魂净化和精神升华。《他乡》还写到了幼通的渴望:拥有一架望远镜,在晴好的夜晚遥望星空。这个愿望,让彼时尚处于生活困境无法超脱的翟小梨想道:"在破败的现实的大地上,仰望星空。这样一个人生姿态,是不是一种隐喻,一个奢侈的梦想呢?"[2]值得注意的是,幼通的"宏大性"是在翟小梨的回忆中出现的,显现了一种略带反讽意味的三重反思性:一是彼时小梨对幼通的不理解和"反讽",二是小梨对自身彼时不理解幼通的反讽,三是对宏大性本身的反思。如果说,翟小梨年轻时曾无限陶醉和沉迷于宏大话语,如今则抱着一种更为审慎却又不是拒绝和解构的态度。翟小梨

---

[1] 付秀莹:《他乡》,北京十月文艺出版社2019年版,第185页。

[2] 付秀莹:《他乡》,北京十月文艺出版社2019年版,第176、177页。

拒绝章大谋是因为在后者那里只有"宏大性"对"人"的宰制、对"人性"的消泯,而翟小梨接受幼通,是因为在他那里除了"宏大性"还有日常性(一个人照顾女儿、对爱情始终不渝等)、超脱性(坚守内心,超越世俗功利),在根本上,幼通代表着她的本心和初心,"他做人清白,干净。他与世无争,内心安宁,他从来不曾违背过自己的内心——在经历了这么多后,我最嫉妒的,也是他这一点"。幼通是让她感到沉静、完整的自己的"历史":"我的内心宁静极了。幼通,他是我的历史。跟自己的历史在一起,我感觉到,前所未有的完整,自在,安宁。"① 可见,个体自我——"自己"不仅存在于当下生活的俗世幸福中,也存在于包括"历史"在内的整全性中,存在于"历史"本心包含的宏大性中。

  颇有意味的是小说最后部分的章节设计。"断章,或者浮云"以日记形式写成,是纯粹的个人化的翟小梨生活编年史;紧接其后的是属于小说正文的简短文字,从情节结构上看,是小说"回忆"的起点和终点,写出了主人公"现在的生活";最后则是"亲爱的某",是最能体现"作家翟小梨"心境的部分。这部分以"书信"的形式,写她与"亲爱的某"的对话,运用诉说和倾听的形式,写主人公与"某"的心灵沟通和交流,但实际上,这也是主人公内心的独白和独语,是她内心的倾诉,也是对自我灵魂的解剖和拷问。相对于小说故事主体部分来说,这封信似乎是"游离"的,它无关主要情节,与小说中出现的其他人物也无明显关联,按照现实主义小说的叙事成规,是可以去掉的一部分。但如果说,《他乡》前面的内容基本以写实为主,那这部分可以视为"写意"内容,它与此前内容的关系,可看作是生活与生命、灵魂的关系,是叙事与抒情、内心的关系,是时代、现实与自我、个体的关系。它是"诗"的、超越的,通过繁复的意象言说自我:升腾的雾霭,寥廓的旷野,幽深的秋意,星空照耀的无边的大地,汩汩滔滔的汹涌的月光,宽阔、沉默、苍茫的大平原……无论是人物自我的诉说,还是与"亲爱的某"的对话,在这种幽深开阔的"宏大性"中,只能是一个"人"面向"世界"的诉说,一个"人"与

---

① 付秀莹:《他乡》,北京十月文艺出版社2019年版,第426、427页。

"世界"的对话。"世界"不仅是"世界",它是意境也是境界。自然,在这个"世界"里,也有厨房里冒着热气的锅,有阳台上晾着的滴着水珠的新洗的衣服,还有没有插好的鲜花和坏了还没来得及修理的门——它们属于世俗、生活和个人,呼应了"断章,或者浮云"和紧随其后的简短正文。就这样,"个人""当下""世俗"和"历史""整全性""宏大性"之间的关系,在《他乡》的叙事中得以重构。

《他乡》体现着付秀莹以"返乡"的方式,重建我们时代精神生活的努力和实绩。"返乡"不仅是修辞、手法上对古典传统的借鉴,不仅是对"乡土"的挽歌式怀旧式书写,它也包括返归本心和原初,返归文学之为文学的本质或根本依据。《他乡》主人公以内在于自我的方式超越自我,小说也以内在于时代的方式,从深层而不是浅表来表现这个时代,从而超越对时代的追影随形式书写。

《篡改的命》
篡改与拯救

《篡改的命》对社会底层改变命运的方式进行了直观的呈现与剖析。小说以一种具有荒诞意味的笔调来表现汪长尺的生活焦虑,展现他一步步挣扎和最终通过"篡改"来拯救命运的过程。

在中国当代新生代作家中，东西一直是能不断带给读者惊喜与期待的一位。他的小说既有着先锋小说的理念与意识，有着现代小说的技法与形式，又有着极其坚实的生活经验的支撑。近年来，他的小说聚焦社会最底层，关注农民、进城务工者和边缘化的小人物，努力走进他们的生活世界，并以独特的观察视角有效拓展思考生活的深度，把对社会现实的批判和对人性的拷问紧紧结合在一起，以平易顺畅的叙事风格讲述一个个给人心灵与情感以巨大震撼、感染的故事，塑造一个个性格坚硬、倔强如雕塑般矗立在小说中的人物，体现了作者越来越丰厚的思想品质和艺术可能性。其长篇新作《篡改的命》[①]又是一部呈现了这种艺术探索品质的优秀长篇小说。读《篡改的命》的感觉，就如同聆听柴可夫斯基的《悲怆交响曲》，主人公悲怆而绝望的命运，构成了小说跌宕起伏、循环反复的旋律，令人久久不能释怀。与同类小说不同的是，东西没有止步于对底层生存状态的一般呈现与渲染，而是向前推进一步，开始关注和思考反抗与改变底层命运的可能与方式。作为被侮辱与被损害者，像主人公汪长尺这样的底层人物，被生活强加了种种悲惨的命运，他们把亲生儿子送到权贵的家中，让自己的孩子成为权贵的子嗣，以身份和"血统"的篡改来拯救命运，这样自残和自戕式的以尊严和生命为代价的血淋淋的反抗是极端的、绝望的、荒诞的。他们既是不公平的社会秩序的受害者和牺牲者，又是他们自身命运的帮凶和催化剂，他们的焦虑、愤怒和绝望是生活的黑暗和他们内心的黑暗共同制造的，他们的反抗与呐喊既让人痛彻心扉，又让人五味杂陈.

一

从故事层面上看，《篡改的命》的叙事主要围绕汪长尺展开，小说以汪

---

① 东西：《篡改的命》，载《花城》2015年第4期。

长尺"篡改"儿子的命运为线索,讲述汪家三代人的生命际遇,在艰辛、无奈和悲苦的叙事氛围中呈现主人公的生命历程。在这一过程中,小说叙事更多地滑向对人物生存心态的表现,在合乎情理而又出其不意的故事进展中,让"篡改"的主题话语其来有自。故事的展开从汪长尺高考落榜开始。汪长尺高考分数上线却意外落榜,对于父亲汪槐来说是天大的事。与许多中国农民一样,汪槐指望儿子考上大学来改变汪家的命运:"谷子算什么?命运才是第一。"二十多年前,汪槐曾参加水泥厂招工,分数上线却被副乡长的侄子顶替,一辈子在家务农。汪槐不甘儿子重复自己的命运,带儿子去教育局招办理论。结果,事情变得更糟——汪槐以跳楼的方式抗议和争取,结果却白白摔成了残疾,使这个本已穷困的家庭雪上加霜。固执的父亲坚持让儿子复读,压力之下的汪长尺复读成绩下滑,高考失利,于是决定进城打工来寻找出路。作为农民工的汪长尺,其打工的遭遇与我们能够想象的大致相同:包工头拖欠工资、讨薪无门、状告无果、被黑社会暴打……最多的一次收入是替别人坐牢得来的。至此,小说才开始进入叙事的重心。面对自己的失败,汪长尺的想法与父亲一样,把家庭命运的改变寄托在儿子身上——他要把儿子养成一个"城里人",正如汪槐所说:"你爷爷在这里播下我,我在这里种下你,结果我们都失败了。我们失败了也就失败了,但再也不能让我的孙子失败。我希望他能在城里上学,在城里工作,不受苦,不受欺,没有这里的胎记。"于是,我们看到,汪槐、汪长尺父子两代为改变第三代的命运开始了一场破釜沉舟式的悲壮努力。然而,即使是汪槐老夫妇的沿街乞讨,汪长尺的苦力甚至再加上妻子的卖淫,也无力改变这个农民子孙的命运。面对残酷的现实,绝望的汪长尺决定"篡改"儿子的"命"——把他送给有钱人:"要说舍得,我比谁都不舍得大志。我恨不得把他含在嘴里,恨不得帮他去摘星星,但你有这个想法,还得有这个实力。账你算过了,我们的实力远远不够,要是再算上生老病死、讨媳妇、买房子,那我们的实力还能叫实力吗?"而最耐人寻味的是,汪长尺为儿子找的"父亲"正是欠他工资又险些致其残疾的房地产开发商林家柏。

至此，汪长尺的愿望似乎实现了，但是，小说的叙事却没有结束，而是走向了新的方向。小说的最后部分描述了两个令人心酸的情节：一是汪长尺的自杀。汪长尺发现儿子现在的"父亲"林家柏有外遇，担心其家庭破裂影响儿子的成长，便找林家柏谈判。林家柏答应回归家庭，条件是汪长尺必须永远消失，以绝后患。在拿到林家柏的补偿金（用以供养汪槐夫妇）后，汪长尺在林家柏的监视下跳江自杀，完成了为改变儿子命运的舍命一搏。二是汪长尺儿子（林方生）对自己身世的"篡改"。林方生大学毕业后做了警察，在偶然的机会下翻阅了汪长尺自杀的旧案，调查出当年顶替汪长尺上大学的人现在做了某单位的副局长。林方生在汪长尺的老家见到了年迈的汪槐夫妇，并发现了自己儿时的照片，明白了自己的身世。但是，林方生对自己的身世进行了最为彻底的"篡改"："他站在汪长尺当年跳下去的地方，久久地站着，一直站到双腿发麻。然后，他从包里掏出一份卷宗，又掏出一沓照片，往江里用力一扔。卷宗和照片像树叶那样飘零。林方生的秘密从此被埋，只要他不自我出卖，谁都不会知道他的原产地。"随着时间的推移，失去照片印证记忆的汪槐老夫妇也已模糊了孙子的模样，于是所有的一切都归于现在的秩序。到这里，东西完成了由"篡改"所形成的一幅现实图像。显然，"篡改"所指涉的意义是叠加的，小说至少呈现了四次或被动或主动的命运"篡改"事件：一是若干年前父亲汪槐招工被人顶替，二是汪长尺高考分数上线被人顶替，三是汪长尺将儿子送给开发商，四是汪长尺的儿子长大后隐匿身份。同时，小说还涉及诸如同村村民、同学、工友等一些人物的生活遭遇和命运变故，呈现了时代躁动和个体异变的复杂社会景观。

对于当代文学中表现农民工题材的小说，乡土经验的呈现以及在此基础上形成的思想能力一直为评论界所关注，诚如丁帆所指出的："更多的作品虽然对农民充满同情和怜悯，却对社会现实的认识不够深刻、批判并不尖锐，在我们看来，这是一种比较客观中庸的现实主义，而它已经成为乡土现实主义的主流。就新写实而言，一些作家仍然延续着盛行于上世纪80年代末90年代初的新写实乡土小说的创作方法和理念，过度迷恋琐碎的日常生活描写,放弃了应有的叙事伦理责任,这样的现实主义已失却其作为现实主义的应有意义,成为一种'旧'乡土经验主义。总体上看,世纪之交的乡土现实主义叙写,对现实的'去蔽'或'祛魅'是有限度的,尚未达到时代所要求的丰富性和深刻性,这根源于当代作家与当代中国共同罹患的'思想贫弱症'与'历史迷茫症'。"① 应该说,《篡改的命》对当下社会现实的批判是深刻而有力的,其在处理城市与乡村、现实与历史、个体与群体、欲望与人性、善与恶等充满矛盾张力的题材和主题时的艺术经验值得高度肯定。

二

在《篡改的命》中,东西没有细密描写乡村世界的生活场景,也没有渲染城市生活的声色犬马,他似乎没有兴趣从文化学和社会学的相关概念上对农村和农民的状况进行某种判断和隐喻式的叙事,只是率直和诚恳地带我们走进一个普通的农民家庭,用这个家庭的故事回应当下有关农民(或社会底层)的问题。在我看来,理解这一点是走进这部小说艺术世界的关键。不难看出,东西在小说中试图表达对乡村世界的一种独特的理解和真实的把握。东西并不想以某种乡土情结去抚摸农民、农民工的心酸和苦难,或许在他看来,这些还算不上他们的主要关切点。他只是急切地想撕下某种关于乡村想象的温情面纱,力图真正地理解社会变迁中农民、农民工的焦虑,从而更清晰地表达社会底层真实的生存状况。汪长尺的家庭不过是乡村中一个极其普通的家庭,这个家庭的遭遇与故事在这个时代既具有普遍性又具有特殊性. 而正是在这样一个普遍性的情境中,小说衍生了一个陌生的故事,一个"极端"的汪长尺。其实,如果按照现在媒体的叙述方式,我们很容易把汪长尺的故事简化成一则"把亲生儿子送人"的社会新闻,这样的社会事件如今已算不上多么离奇。而小说家的任务在于,能把更为斑驳复杂的社会现实分散在故事的讲述中,开辟出对世界、对人更多的、更有意味的想象可能,让新闻变成

---

① 丁帆等:《中国乡土小说的世纪转型研究》,人民文学出版社2013年版,第8—9页。

小说，让事件变成文学，让读者建立起对世界、对自己的某种对话关系。在这部小说中，东西出色地完成了这个任务。汪长尺的故事再次让我们进入公平和正义的话题，想到贫富、权力、义务、正义等人类永恒的主题话语，想到亚里士多德、柏拉图、西塞罗、阿奎那、卢梭、康德、罗尔斯等哲人对于公平和正义的探索。卢梭认为人类存在两种不平等，一种是由自然造成的诸如年龄、身体、体力、智力等方面的生理上的不平等；另一种是由少数人享有的各种特权而造成的精神的或政治的不平等。[1]汪长尺所遭遇的不公平显然属于后者。值得注意的是，东西在这部小说中的叙事并没有止步于这个层面，没有停留在对现实不公平和非正义的简单指控上，而是凝视和表现人物在这一时代处境中的精神貌相。在我们既往的阅读经验中，像汪槐和汪长尺这样的城市漂泊者，挣扎在变迁中的城乡之间，往往对城市充满了既恨又爱的复杂情感。而东西笔下的汪槐和汪长尺却没有表现出对城市的厌恨；相反，在他们的眼中，城市就是梦想，来生"投胎"也要往城里去。他们厌弃自己的农民身份，渴望成为城里人来改变命运，这是他们全部的价值生活。从这里可以看出，汪槐、汪长尺在生活中并没有获得现实的存在感，对自己身份的厌憎以及对权贵（比如开发商）的依附也表明他们没有现代意义上的主体意识。而这，或许比不公平的现实本身更应引起人们的关注与反思，正如罗尔斯所说："严重的经济不平等和社会不平等通常与社会地位的不平等是联结在一起的，而这种社会地位的不平等鼓励地位更低的人们将自己看作是下等人，也鼓励别人将他们看作是下等人。一方面，这可能产生出范围广泛的逆来顺受和奴颜婢膝的态度，另一方面，也会引起统治欲望和狂妄自大的态度。经济不平等和社会不平等的这些后果可以是严重的罪恶，而且它们造成的这些态度则可以是更大的邪恶。"[2]东西在小说中所表现的这一普遍性的时代情境，

---

[1] ［法］让-雅克·卢梭：《论人类不平等的起源和基础》，邓冰艳译，浙江文艺出版社2015年版，第27、28页。

[2] ［美］约翰·罗尔斯：《作为公平的正义》，姚大志译，中国社会科学出版社2011年版，第159页。

也呈现出了与鲁迅对国民性的书写的某种同构性,从而使文本携带了更多的历史信息。与其说小说表达的是对社会现实的某种抽象的批判与挞伐,不如说作家更关注的是国民性的改造、人性的健康和主体的成长这些未完成的启蒙命题。小说对国民性的反思也不仅限于汪长尺等几个主人公,而是辐射到了城乡之间更广大的人群,只不过不同的人其人性的局限各有不同而已。比如,小说中两个警察被赶走后全村人表现出的基于对权力和警察的恐惧而来的种种表现,就是具有黑色幽默色彩的象征性情节,它传达的是作家对国民性的整体性判断和普遍性反思.

更值得注意的是,《篡改的命》对社会底层改变命运的方式进行了直观的呈现与剖析。小说以一种具有荒诞意味的笔调来表现汪长尺的生活焦虑,展现他一步步挣扎和最终通过"篡改"来拯救命运的过程。在经过社会变迁的冲击和碰撞之后,处在社会底层和边缘的汪槐、汪长尺已经无暇自怜和哀叹,只有决绝的自我厌弃,改变目前的命运是他们生活的唯一希望。汪长尺试图通过读书、打工来改变命运,甚至不惜自残,结果都是失败的。小说就这样一步步把汪长尺推到了生活的绝境。最终,汪长尺不得不采取了简单有效的"最后一招"——把孩子送人,以身份的直接篡改来改变命运的走向。当然,这一篡改行为改变的是儿子的命运,是家族的命运,对于汪长尺而言,他的代价却是对传统家庭观念和道德观念的负罪背离,是痛苦和死亡——他试图以生命为代价实现对自我命运的终极拯救。汪长尺的篡改与拯救是个人极为悲壮的挣扎和反抗,是绝望的救赎。在强大和残酷的现实面前,他只能抛弃父母、选择死亡以对抗压制和束缚命运的机制,以"认贼作父"般的篡改行为去换取改变儿子命运的希望。在这里,一切关于公平和正义的言说都变得如此孱弱,这是一个多么使人惊悚的社会景观。从这个意义上说,东西没有把汪长尺的农民工形象风格化和修辞化,而是赋予了汪长尺一个被鲍桑葵称为"适应性变异"[①]的灵魂,使其成为一个丰满、复杂的独特形象。同时,小说突

---

① [英]鲍桑葵:《个体的价值与命运》,李超杰等译,商务印书馆2012年版,第6页。

显了汪长尺处理个体与社会、城市与乡村这些复杂矛盾的极端方式，从而把关于历史与现实的更多辩诘留给了读者，在此基础上形成的叙事张力也极大地强化了对现实的嘲讽和批判。

可以看出，在汪长尺的生存伦理中，他相信只有城市可以改变他们卑微低下的命运，只有城市可以改变乡村。那么，汪长尺的"篡改"是否完成了命运的拯救呢？在我看来，小说给出的答案是否定的。在汪槐于乡村超度汪长尺灵魂升天的仪式上，伴随着声声"往城里"投胎的祈祷，远在城里的林家柏与"小三"的儿子出生了。再者，若干年后汪长尺的儿子手握自己身份的证据，却选择了彻底的销毁，切断了与汪家所有的联系。因此，无论从何种意义上说，汪长尺的篡改都是徒劳和一厢情愿的，它注定了只是一个充满悲壮色彩的虚幻仪式，根本无法拯救他的家族和乡村，或许正如雷蒙·威廉斯在《乡村与城市》中指出的那样："一无所有的劳工和城市工人在抗议和绝望之中产生的那种不同的社会意识必须通过新的方式变成一个集体负责的社会。城市无法拯救乡村，乡村也拯救不了城市。两者内部一直存在的斗争将会变成一场普遍的斗争——从某种意义上来说，它一直是一场普遍的斗争。……我们可以看到，这也是一场非常复杂的斗争，它触及我们生命的每一部分。"[①]从这个意义上说，关注城乡社会的隐形结构，反思时代背景中城乡的对立与矛盾，寻求社会底层命运改变的可能与方式，也是小说重要的内在主题。

三

从技术层面上看，东西在《篡改的命》的创作上选择了讲述情节完整的故事，叙事没有形成太多的延宕曲折，也没有做太多的场景铺陈，这看起来有些冒险。这种风险一方面在于这个时代的现实有时比小说更离奇，更复杂；另一方面，讲述一个并不追求多元叙事和篇幅不长的故事，对小说家的思想能力和艺术能力也是一个极大的考验。那么东西是如何在小说中维系

---

① ［英］雷蒙·威廉斯：《乡村与城市》，韩子满等译，商务印书馆2013年版，第407页。

其艺术世界的内在平衡的呢?在我看来,这一切来自东西与众不同的生活经验以及对于现实和历史的深刻思考,来自他对能够引起读者心灵震撼的生活"原点"的成功发现。正如他自己所说:"对我来说,写作绝对有一种不变的标准,那就是'身上响了一下'。这是爱因斯坦的理论,当他看到他的计算和未经解释的天文观测一致时,他就感到身上有什么东西响了一下。借用到写作上,'响了一下'可能是发现,也可能是感动,也可能是愤怒。……如果写作者的身体不先响了一下,那读者的脊背就绝对不会震颤。所以,每一次写作之前,我都得找到让自己身体响起来的人物或者故事,我愿意花更多的时间来寻找和发现。不管写作的标准有千条万条,我相信只有发现秘密、温暖人心、触动人心的文学,才会在低门槛前高高地跃起,才有可能拉住转身而去的读者。"[①] 在这部小说中,"篡改的命"就是能让作家"身上响了一下"的生活"原点"。东西相信它也能触动读者,于是便以此为基点,采取单刀直入式而不是故弄玄虚的迂回叙事来延伸故事的脉络,以期形成对小说艺术主题的有力开掘。当然,东西在叙事结构上也做了精心的安排,叙事节奏拿捏得十分得当,比如,在汪长尺自杀后,小说的叙事节奏变得非常低缓,以简洁的方式叙述了汪长尺儿子的"篡改"行动,然而,此时的叙事内蕴却显得十分丰富——东西非常注重对叙事中历史意识的营造,并以历史与主体对峙关系的建立来强化小说主题的表达。

也许有读者会问:汪长尺的故事和"一根筋"般的一条道走到黑的性格是否太极端了?他大可不必在城里如此走投无路地折腾,他可以选择与父母在家种田,过一种平静的乡村生活,也不至于把孩子送到仇人身边。东西的讲述是否有刻意为之之嫌?在我看来,东西当然可以在汪长尺的篡改和退守的纠结中拓展叙事空间,甚至赋予他更多的情感和道德因素。但东西没有这样做,而是毫不犹疑地站在汪长尺的生活立场,与他一起为改变命运而焦虑和挣扎。或许在东西看来,我们的立场与汪长尺的立场是不同的,站在我们的立场实施对汪长尺的讲述也许是对其真实生活的某种"篡改"。因此,东

---

① 东西:《耳光响亮·序》,江苏文艺出版社2011年版,第2、3页。

西没有让故事的线索任意地穿梭以拓展更多的叙事空间,而是尽可能地把叙事进程放在汪长尺自己的意义世界中展开,读者由此而获得的对乡村世界和农民工生活的感知都来源于汪长尺自我意识的传递。理解这一点,对于理解东西在这部小说中的创作追求和写作立场非常重要。在许多的乡土小说创作中,作家往往以怀旧和感伤的语调讲述乡村的生活和历史,或者以写实的手法揭示底层苦难、问责公平和正义。这种表达当然有其重要的思想价值和艺术价值,但问题是,这种表达在多大程度上抵达了人物的内心世界?也就是说,这些小说是否如作家所愿真实而深刻地表现了当下变迁中的乡土世界或底层世界?正如李敬泽所说:"我们是在一个意义与意识高度分裂和隔绝的背景下写作,也许这本身就构成了写作的必要性,但是,我依然感到疑虑,当我们书写底层时,比如书写农民工时,被书写者是否真的生活在我们为他们建立的意义世界里?或者说,书写者对他们的意识与他们的自我意识是否相关、相通?……能不能从人物的内部,比如一个农民或一个小城市民,能不能从他自身的表意系统、他自身的内在性上去说明他、表现他。作者的确有阐释的权利,更可以向人物提出他从未想过的问题,引导他尝试扩展他的内在性,但同时,阐释的限度在哪里?人物如何自知和如何'被知'?"[①]在这部小说中,东西的叙述显然注重从汪槐、汪长尺的生活欲念出发,叙事动力来自他们或狭隘或固执或偏激或自私的价值取向。汪槐一心希望儿子考上大学以改变家庭命运,汪长尺拼命打工以使儿子享受到城里的教育,哪怕拼上性命也要让子孙做个城里人,至于其他的事与他们无关紧要,这就是农民和农民工最现实的生存伦理。小说故事的展开和推进的节点都以此为基点,都靠人物自己的内心和自我意识去牵引,尽量避免以作家的观念和想象来设定。因此,我们看到的汪长尺的故事不同于《耳光响亮》中牛红梅的心灵史,也有别于《后悔录》中曾广贤的后悔记忆。这种表面上颇类似传统现实主义的写作实际上对作家构成了很大的挑战,它必须建立在直接有效的生活经验之上,而不是作家对乡村和底层生活的某种乌托邦想象,而这或许正是当下许

---

① 李敬泽:《致理想读者》,中国人民大学出版社2014年版,第40、41页。

多乡土小说家的"软肋"。当然,尽管东西在提供一个鲜活具体的故事,他的讲述方式也显然不是传统现实主义小说的叙事方式,其中混杂着东西一贯的反讽和荒诞风格,极大地延展了小说复杂和宽阔的意义空间。

  当代中国急剧和复杂的城乡变化无疑给作家带来了丰富的创作资源,但同时也给作家把握和表现时代的能力带来了巨大的挑战。如何建立有效的路径抵达所要书写的世界——比如一座村庄的历史,或一个农民、一个农民工的精神世界,在时代处境中真正形成穿过表象和辨析现实的能力,而不是靠某种虚假的想象作为经验缺失的掩体,可能是许多小说家需要长期面对的问题。或许可以如东西这部小说的创作这样,没有宏大的叙事野心,只是诚恳地讲好一个中国故事,力图真实地呈现——而不是"篡改"——所要表达的世界,这样才能实现我们内心深处对于乡土的某种久远的承诺。而这,也许是这部小说留给我们的另一个启示吧。

《回响》
探寻生活和自我的「真相」

《回响》致力于寻找与发现,揭示表象与真相、他人与自我、现实与人心之间曲径通幽的奥秘,精神分析的意味极为突出。

文学不是关于社会现实及人的词典和百科全书，它是人的启示录。社会生活和现实关乎人的生存、生活和生命，关乎人在时代现实中的遭遇、处境和命运，对这一现实进行思考和表现的文学，便是人对人的启示录。在此意义上，东西的长篇新作《回响》便是"启示录"式的写作。小说描绘了两种现实场景、两个世界景观：一个是社会生活世界、景观，一个是人的心理和精神世界、景观。通过两个世界、两幅景观，小说形成了一个有意识建构起来的视角，其焦点是"现实"或"事实""真相"。作为一部虚构性小说，《回响》在展示生活和心理世界的同时，营造了一个心灵之梦，从而超脱了普通生活状态，敞开了其沉默部分。这是一部具有强烈的刺痛人心、启迪心灵、升华灵魂的"真实性"的小说。

一、现实、心理与"心理现实主义"

《回响》虽然围绕案件侦破故事和情感故事展开，却具有超出破案和情感故事的强劲的文学力量。故事背后，隐含、回响着一种巨大的回应，一种对作为整体的人和已有的文学经验的回应。

《回响》有着关注和表现日常社会生活的倾向。这一点不仅体现在对"大坑案"的持续侦破过程以及由此关联的城市和乡村生活故事、场景的描述中，也体现在对人物的社会生活、家庭生活和情感婚姻生活的描绘中。作者将笔触探入较为广阔而又细微的生活，通过细节真实地再现了当下社会现实和人们的生活方式、心理观念和价值观念，对老年人、青年人、富人、农民、白领、自主创业者、进城打工者、家族产业继承人、警察、罪犯等不同行业、职业、地位、身份、阶层的人群，对社会物质的发展进步、社会阶层的分化和隔膜、贫富悬殊等现实状况，进行了细致描摹，展现了既充满生机、活力又满含艰难、窘迫的栩栩如生的社会的网络和肌理。

在小说所展开的现实图景和社会情境背后,我们看到的是作家对丰富驳杂的"人"这一生命体的体验和认知,小说直面的是"人",是有着各种性格、脾气和经历、动机和欲念的具体的生命体。"现实"随着"人"的出现和凸显退隐为时隐时现的背景,它不再是一种纯粹平面的客观存在,而因为"人"的难以辨清必然还是偶然、理智抑或冲动、理性还是感性的主观意识变得模糊含混、无法捉摸。在"人"的难以捉摸的心理和无意识作用下,"现实"仿佛变成了凭个人的主观意识和意念才能被体验、掌握和理解的存在。小说对冉咚咚和易春阳"被爱强迫症"的描写,尤其是对刑侦大队副大队长破案直觉的反复提及,对其丈夫慕达夫是否出轨的执念,以及由此而来的反复试探、心理分析,包括对慕达夫与贝贞的暧昧叙述,对慕达夫、卜之兰的点到为止的叙述处理,都在有意识地把"现实"纳入"心理""感觉"中,纳入人物(主要是冉咚咚)的主观意识中,通过人物的体验去进行推理、猜测和摸索。而与此同时,小说又提供各种其他的"事实"来延迟"真相"的发现,甚至揭穿所谓的真相不过是梦境、幻觉或自以为是的臆测。从这个意义上说,《回响》堪称一部典型的"心理现实主义"小说,作家笔下的"现实"包含着突出的心理体验的内容。

小说精心描绘日常生活中个体相对独立的心理活动和潜意识。小说中的人物,无论是父母和子女、丈夫与妻子、罪犯和警察,还是男女情人,他们都会从自己的处境、地位、阶层和需求出发,小心翼翼、千方百计地按照个人的想法、愿望和想象、预测来设计、"塑造"自己所设想的现实和世界。这些个人化的、不愿公开的意识,以及自己也未必清晰把握的潜意识,是存在于日常生活和伦理关系之下的。与此相对的是社会的而非私人的意识和潜意识。它代表着秩序、稳定,却也处于清晰或不那么清晰的生成与变化中,如以恋爱、婚姻和家庭为主体的伦理道德秩序,以警察和罪犯关系出现的"法的秩序"。慕达夫与父母之间,冉咚咚与父母之间,夏冰清与父母之间,吴文超与父母之间,慕达夫与冉咚咚之间,刘青与卜之兰之间,徐山川与沈小迎之间,慕达夫与贝贞之间,冉咚咚与邵天伟之间,夏冰清与吴文超之间,吴文超与刘青之间,徐山川和夏冰清及其他情人之间,交错着各种道德伦理关系。冉咚咚与徐山川、徐海涛、吴文超、刘青等案犯之间的关系,则是"法的秩序"的体现。

《回响》中对各种秩序的描述和设置,很有深度也很耐人寻味。一方面,小说对处于各种伦理道德秩序中的个体的疏离与亲近、隔膜与沟通、冷漠与温情、世故与无情等情感关系有着细致入微的表现。通过言语、行为与心理、情感之间的对位、错位、纠结、矛盾关系,小说深刻揭示了处于道德伦理秩序中的人性、人心的复杂性,以及日常生活与情感的深层复杂性。另一方面,小说对"法的秩序"中人心之真实性的揭示也有振聋发聩之力量。作家不仅深入发掘执法者冉咚咚的性格、心理矛盾,也通过她的"心理追踪"进入案犯的心理和灵魂深处,描画案犯的心理轨迹、心灵世界和人性状态及其与社会现实及其家庭出身、职业状况的关系。这就在"法的秩序"与伦理道德秩序和时代生活和社会心理之间,建立了密切关联。于是,奇数章所写的"案件"和偶数章所写的"感情",就始终通过心理、情感和关系、秩序,联系在一起,相互融渗而非彼此隔离:"法"中有情感、心理;"情"一则通过夫妻关系、家庭生活建立与"法"的联系,二则通过心理和意识的试探、交锋和剖析、"侦破",建立与"法"更深层的关联。因此,围绕案件侦破线索的"法"叙事固然跌宕起伏,围绕冉咚咚、慕达夫情感关系的"情"叙事则虽看似静止,却也暗流涌动。这使《回响》具有很强的"情节性",这一情节性不仅存在于围绕案件侦破展开的显性故事,也存在于围绕情感、伦理和道德展开的隐性的"心理故事"。通过这两种不同类型的"故事",《回响》蕴含了两种(两组)不尽相同的文学力量:现实自身的直接经验的力量和对人的热情探索的力量;作为智性的理解的力量和作为文学的创造的力量。

但东西的小说与心理现实主义这一现代主义文学样式又有本质上的不同。心理现实主义的重要倡导者和实践者亨利·詹姆斯虽然强调小说应再现现实、再现生活,但他所谓的"现实""生活"并非客观存在,而是作家对现实的印象和主观性经验。因此,他虽然被称为"心理分析小说家",但其"现实感"却是具有感知力禀赋的作家捕捉"瞬间"、形成经验并出之于意象的"具体陈述的可靠性"。个人的内心感受与知觉是"心理现实主义"所青睐的,而个人与历史、社会,主观愿望与客观现实之间的内在联系则被放弃。心理现实主义强调的"经验"并非现实生活经验,"经验是巨大的感官,它好像是一张用最美丽的丝线编织成的,延及认识领域,本身包括了每一个存在的细节的硕大的网。这是认识氛围本身,而当认识具有想象力时——想象力在天才人物身上特别有力地发展着——认识吸收着生活中最细微的运动,把生活中最小的跳动转化为可以显现的东西"。"个人经验是最好的老师……现实的空气(典型化的真实)是小说的最大优点,是无条件地、郑重其事地建立在小说的一切优点……之上的优点。"当小说家"展示出自己反映现实——现实的意义、色彩、凹凸、性格——人类存在的全部本质的方法时,他才真正地同生活展开竞赛"[1]。心理现实主义以虚构挑战现实,以个人主观经验取代社会现实经验,以经验为基础建立一个对抗和超越生活世界的虚构世界的做法,很大程度上影响了当代中国的先锋写作。

东西的小说也运用幻觉、梦境、变形、荒诞等手法,但他始终关注现实的痛苦、苦难和生存的沉重、艰难和乖谬。这体现出其作为新生代小说家对先锋小说的反思和超越意图。《回响》的情节展开虽以心理和推理为主,但作者同样关注现实:"本次写作的难度是心理推理,即对案犯、主人公以及爱情的心理推理,而这样的题材又如何与现实与阅读者产生共鸣?"为此,他有意识地建构了一系列"有意思的对应关系:现实与回声、案件与情感、行为与心灵、幻觉与真相、罪与罚、疚与爱等"(《回响》后记)。小说围绕刑事犯罪事件展开的侦查、走访、问询,密切关联案件的推理、进展,在生活画面的展开和现实细节的捕捉中,体现着一种理性、智性的介入。这方面的叙事可谓社会心理和社会行为研究,通过对现实生活的深层进入,让人有一

---

[1] [英]亨利·詹姆斯:《小说的艺术和社会的中心》,刘保瑞译,工人出版社1987年版,第11—13页。

种置身事外却持续追踪和观察案件进展的"抽离性"快感。小说的另一部分,关乎丰富的情感、家庭、婚姻内容。作者对这些关涉道德伦理向度的情节的表现,是将日常生活和工作关系,转换为"心理"关系,从心理层面抵达生活深处。相对于第一部分内容的"抽离感",它带来的是充满情感内容的"浸入感",这是关于爱情与谋杀、亲情与疏离、信任与背叛、爱与恨、哀与痛等充满张力和激情的、让人沉醉其中的心理和情感世界。《回响》提供了一种深度文学经验,分别对人的智性和心理、情感进行了富有高度和深度的发掘,延伸和扩展了我们的人性认知和体验,丰富了对作为整体存在的人的理解。

《回响》虽围绕案件侦破展开叙述,关联城乡诸多阶层和群体人物,描画变动中的生活场景,但其主要目的不是展现一个客观世界,表现当下中国现实。小说中的世界不是作为"(典型)环境"而存在的,不是我们所看到的作为客观存在的世界。作家更多时候是通过人物包括案犯们的讲述,呈现了他们对这个世界和自我的理解,因此这个世界是一个"人"的世界,人所生存的(实然)世界和人想要或所欲生存的(或然)世界。由案件侦破所关联和建构的是"社会""生活",由情感状态、心理活动建构的是"心灵""情感",前者关乎"公",后者切近"私",二者尽管分为并行的奇数偶数章,却并不是泾渭分明的。相反,公与私、智性与心理共同表达了一种普遍的经验,建立了一种"阐释"(这一点使小说具有明显的智性色彩,即使是对心理、情感的表现,也呈现出细腻的辨析色彩)和表述经验的可能的模式。

因此,《回响》具有突出的"智性写作"特征。它是一部以案件和情感为主要内容和叙事线索,以"大坑案"侦破和慕达夫与冉咚咚的婚姻、家庭走向为"问题"导向的分析性、剖析性小说。不同于常见的侦探破案故事和爱情伦理故事,小说有着严肃的"问题"聚焦和人性追问。它还是一部以人类理性和情感、智性与心理为主,以社会现实生活为辅的小说。它关注人性的复杂结构,整体性观照人的心理、情感、理性和社会性。它是小说、文学与心理学和案情推理学的"合作"。对案件的侦查、推理,对人心的推测、研究，嵌入了小说叙事，构成其基本内容，影响了叙事节奏的快慢。小说在很大程度上体现着一种环环相扣、迂回曲折却又步步推进、深入人心的探究案件和情感真相的思维方式。小说以心理和推理作为基本内容和情节结构形式，对人性人心状况进行了较为广阔、细致和全面的想象性辨析和考察，揭示了隐藏在日常生活、情感和伦理关系之中却被遮掩或无法说出的"真实"，揭示了那些隐秘的不欲示人的思想和欲念在它自身轨迹上的运动。

当下中国正处于剧烈而复杂的历史转型期，"如何在中国社会和现实这一复杂的意义场域中，突破带自然主义色彩的日常化诗学和着重'个体''私人''内心'的叙事模式，将'我'从流行性写实模式中释放出来，并重新写进'我们''现实'以及与之内在关联着的'世界'和'历史'之中，重构一个'我'/'我们'、'生活'/'历史''内心'/'现实'相互沟通、对话的'大叙事'，是现时代对文学提出的迫切命题"[①]。在叙事方式上，《回响》无疑提供了崭新的具有启示性的文学经验。

二、形式感与"小说精神"

文学存在于一个以"人"为中心的世界，它关心和表达的现实是以"人"为中心的现实。20世纪80年代中期以来，随着个性意识和纯文学意识的觉醒，文学往往被看作以个体为中心的人寻找"个性""独特性"的"形式"。对于年轻一代作家尤其是有过先锋性写作经验的作家来说，创作不再是一种社会学、政治学或历史学的附庸或隐喻，作品（文本）形式才是文学的本质或本身，历史、现实、社会、时代、意识形态等必须借助这一形式才能成为文学的言说。在此情况下，历史等要么作为非文学因素被淡化、排除，要么以人性的转喻成就某种阴郁的美学趣味。"当日常性私人性成为文学／历史舞台上的唯一主角时，它们就放弃了对自身内在的省思而专注于'展示'自己的形象，文学话语的历史性维度、政治意涵和尖锐性以及日常

---

① 王金胜：《现实主义总体性重建与文化中国想象——论陈彦〈主角〉兼及〈白鹿原〉》，《中国当代文学研究》2019年第4期。

生活的潜在能量,被心安理得地放弃了。"①历史、意识形态包括人本身失去了其硬度、厚度和分量,不再是写作的立足点和目的地,它们被"人性"化和美学化了。

作为一名曾经的新生代作家,东西对此类风格的先锋写作进行了反思,他对"写什么"和"怎么写"怀有同样的兴趣和热情。他既是尖锐现实和苦难生存的发现者和表现者,也是新的形式和修辞的探索者和寻找者。为特定的生活和人寻找和构造特定的形式,是东西一以贯之的追求。同样,在东西那里,"人"与"个人"与特定的群体也不是隔离、对立的,他并无兴趣回归抽象的宏伟话语,但个体意义之人虽构成其写作的基点,他也不完全认同流行的却同样是抽象的个人或私人。因此,东西对"人"的思考及其围绕"人"的实践,便不再是先锋小说之前的社会性、政治性和历史性的附庸式写作,其小说中的"人"具有相对独立性,有着属于自己的内心世界和生活世界,但这一世界并不与外界隔绝,而是生活化、社会化乃至政治化的。或者说,这也是一个"历史"之人,只不过,他不再以投入历史、归化历史为归宿,相反,他常常被迫承受历史和现实的挤压。

《回响》中的人物,或是儿子、女儿如慕达夫、冉咚咚,或是财大气粗的老板如徐山川,或是仅能维持生计得不到尊重的打工者如易春阳,或是夫妻、恋人如慕达夫与冉咚咚、贝贞与洪安格、刘青与卜之兰,或是刑警如冉咚咚、邵天伟。他们既是社会之人,也是内心之人,具有社会性和心理性双重因素,且后者才是《回响》发掘、"实验"的重点。无论是奇数章所写杀人案件侦破,还是偶数章的情感故事讲述,都以人的心理探测、心灵揭示和灵魂展现为主要内容,以隐秘的心理作为智性分析和逻辑推演的对象。在小说中,东西始终让他的主人公在破案和情感生活中保持着一种思索、心理探险和真相揭秘的热情,为此,小说有意设置重重悬念,作为情节推进、演变和进入人物深层心理和无意识领域的动力。被列为第一犯罪嫌疑人的徐山川在案件中究竟扮演了何种角色,求职面试后他究竟在包间对夏冰清做了什么,他是如何利用

---

① 王金胜:《"总体性"困境与宏大叙事的可能》,《中国当代文学研究》2020年第6期。

于己有利的证据实施犯罪行为,夏冰清留存的录音是否为她被徐山川强奸的证据,慕达夫与贝贞、与卜之兰是否有过婚外情,等,这些充满悬疑的故事,不仅推动情节发展,也在逐步接近真相的过程中解开了人性和心理谜团,既有吸引读者的魅力,也有力推动和启示着读者进行思考。

  东西是一位有着强烈"形式感"的作家,他对"怎么写"的追求不亚于"写什么"。他的小说既有对现实生活题材、内容的选择、掘进,又以日常生活和普通人物的富有新意的发现和表现,吸引读者并让读者在故事的编织、讲述中进行严肃的审视——对现实、他人和自我的审视和反思。《回响》致力于寻找与发现,揭示表象与真相、他人与自我、现实与人心之间曲径通幽的奥秘,精神分析的意味极为突出。可以说,这是一部体现了米兰·昆德拉所提倡的"小说精神"的小说。米兰·昆德拉认为,"小说的存在理由是照亮'生活世界',保护我们不至于坠入'对存在的遗忘'"[1]。为此,他提倡一种"小说的精神",以抵抗大众传媒时代制造的"共同的精神",抵抗那种被简化、被一体化乃至被吞噬和被遗忘的生活、世界和存在之意义。昆德拉将小说的精神概括为"复杂性"和"延续性":"每部小说都在告诉读者'事情要比你想象的复杂'。这是小说永恒的真理。"他用塞万提斯的作品说明小说的复杂性精神是"有关认知的困难性以及真理的不可把握性的古老智慧"[2]。《回响》是一部简洁的却并非"简化"生活和世界的长篇小说。小说主要讲述两个事件——杀人及探案,感情纠缠和离婚,但它没有将事件简化为媒体新闻或街谈巷议——如此作法便是背离了小说精神:文学成了作者、读者和大众传媒共同制造和参与的、瞬间就会被弃之如敝屣的"桃色话题"的狂欢。东西没有将"事件"事件化,而是以全部心智将其小说化、文学化,使其成为一个深长的思考性探寻故事而不是那种被窥视欲控制下生产出来的简化的俗套事件——一种叙事精致、经过精心包装的陈词滥调。

---

[1] [捷克]昆德拉:《小说的艺术》,董强译,上海译文出版社2004年版,第23页。
[2] [捷克]昆德拉:《小说的艺术》,董强译,上海译文出版社2004年版,第24页。

《回响》以贴近、切入人物内心的方式描述了现实生活中那些具有"认知的困难性"的人与事，而且通篇运用心理和推理手法去接近这些人和事，对其做出认知和评判。在此过程中，小说恰恰体现了真理（真相）的难以把握性。东西意识到避免简化和事件化的必要性，并以内心化、心理化作为叙事对策，应该说，这一策略是有效的，他将我们带进了一个情感、思考和思维的世界，发现了被商业化、市场化掩盖的另一种生活态度和生命形式。夏冰清对父母安置自己生活的做法的顺从与反抗，以及她对爱情、物质、金钱的追求让她始终陷入困扰之中无法自拔，并最终酿成悲剧，却也不无合情合理之处。她离开父母和家庭，离群索居，孤单寂寞，却又能在离世之前以特殊的方式"玩幽默""调侃死亡"，表现出意想不到的勇敢和乐观。夏冰清父母自得知女儿死讯直至得知女儿之死的真相，其间的失望、悲伤、酸楚、悲凉、伤感和无奈、自责，也得到过程性、复杂性的细腻揭示。小说对冉咚咚时时陷入案件与感情相互纠缠难以摆脱的心理困惑和生活困境的深入探究，更是通过齐头并进的两条线索得到了完整而饱满的呈现。她在拷问别人，同时也在拷问自己。她在认识别人，同时也在重新认识自己。在此，生活的意义、世界的意义被具体化、个体化和内在化，而《回响》作为一部小说的意义，也通过这一系列复杂性的设置，体现出了其所在的世界的复杂性。世界的复杂性导致"认知的困难性以及真理的不可把握性"，冉咚咚是破案高手，精通犯罪心理学，最终她凭借出色的直觉、推理能力和心理学知识，侦破了徐山川杀人案，但她将心理学知识和直觉、推理能力运用到夫妻、婚姻和家庭领域中，从蛛丝马迹入手，从伪装层到真实层再到伤痛层，深挖丈夫慕达夫的心理，却使其几近崩溃，最终婚姻、家庭破裂。这个自信而敏感多疑的女性主人公何尝真正勘破了身边的爱人，又何尝真正勘破了她自己？关于这一点，文学教授慕达夫的认识倒有旁观者清的意味："别以为你破了几个案件就能勘破人性，就能归类概括总结人类的所有感情，这可能吗？你接触到的犯人只不过是有限的几个心理病态标本，他们怎么能代表全人类？感情远比案件复杂，就像心灵远比天空宽广。"东西以执拗的方式在

《回响》写出了人性、世界的复杂与幽微，这也成就了小说言说这个世界的文学复杂性。

昆德拉从小说与"传统"和"现实"的关系出发谈论小说精神的"延续性"："每部作品都是对它之前作品的回应，每部作品都包含着小说以往的一切经验。"他哀叹"时下的事情"占据了太多的空间，"将过去挤出了我们的视线，将时间简化为仅仅是现时的那一秒钟"。在他看来，如果被纳入这种"时代精神"体系中，"小说就不再是作品（即一种注定要持续、要将过去与未来相连的东西），而是现时的事件，跟别的事件一样，是一个没有明天的手势"[①]。小说不仅要在小说历史发展脉络中确立和确认自己，它更要超出某种狭隘的单质的"时代精神"对自身的简化。小说要避免成为"现时的事件"的描述，而要成为人类历史和变化的世界的一部分或一个环节。一方面，小说具有历史性的特点，正如它所在的世界、现实是历史性的。另一方面，昆德拉又认为："小说惟一的存在理由是说出小说才能说出的东西。"[②]他反对大众化小说对"非小说的知识"的表现。那么，何谓"小说才能说出的东西"？在小说的历史性与"小说才能说出的东西"之间是否存在矛盾？如何理解二者的关系？显然，昆德拉在此强调的其实并非只要"小说性"（"文学性"），这样的话，小说会失去它与社会历史的联系。他强调的关键在于如何言说社会历史和现实，而不是不要言说社会历史和现实。东西的《回响》在某种意义上也是对昆德拉之"小说精神"的回应，他的自述专门谈到了这部小说"怎么写"的问题："奇数章专写案件，偶数章专写感情。"其实，不论写案件还是写感情，两个方面、两条线索的叙事，都描述了这一时代的中国城市乡村的社会现实，都有着作家坚实的现实生活经验和体验的有力支撑。但《回响》不是以表现当今时代的现实环境为目的的小说，东西并非要以小说的形式记录现实生活场景、描绘生活画面。相对于对人物人性和心灵、情感的表现，社会现实在小说中更多的是作为背景或促成人物做

---

① ［捷克］昆德拉:《小说的艺术》，董强译，上海译文出版社2004年版，第24、25页。
② ［捷克］昆德拉:《小说的艺术》，董强译，上海译文出版社2004年版，第46页。

出选择和实施某种行为的心理动因存在的。从主要人物慕达夫、冉咚咚、夏冰清到案犯吴文超、刘青、易春阳乃至沈小迎、卜之兰，小说分别为他们营造了能显示出其存在的处境和心理活动的现实背景和社会文化空间。因此，与其说《回响》表现的是社会的现实，不如说是人的现实，更深入地说，则是促成人的言语、行为和选择的心理现实和情感现实。相对于可见的经验性生活来说，《回响》着重表现的这种现实是深层的、隐秘的甚至是被刻意隐瞒或有意无意忽略的，作家细心而又迅速地进入人物内心，并写出了现实和时代的"秘密"——由特定历史情境下个体的人共同折射出的某种集体意识或无意识。

三、"发现秘密"的可能性写作

《回响》是探索和发现"秘密"的小说，是作家借助心理和推理进入生活、人和自我的隐秘部分的小说。进一步看，这是一部思考"可能性"的小说。谋杀案最终侦破，犯罪分子被绳之以法，天道轮回，恶有恶报，真相大白，正义得偿。但这只是就作为事件的案件来说的，关于人性和心灵，关于自我和他者，尚有太多难以勘测和言明的秘密。故事结束了，生活还在继续，秘密仍旧是秘密。小说描述冉咚咚通过否认、压抑、合理化、置换、投射、反向形成、过度补偿、抵消、认同、升华等方法，启动自我防御机制，以避免打开和进入自己的真实心理层，但当她主动敞开心扉，卸载部分自我防御时，她感受到了自己"心理向好的预兆"，恢复了去见自己离婚后一直怕见的前夫慕达夫的勇气。自信的回归，是直面自我、发现那份自己一直未能意识到的歉疚的结果，但人心的隐秘与浩大，又岂是个人心智所能窥破的呢？面对慕达夫"你能勘破你自己吗？"的提问，"她想这才是问题的症结"。能否"认识你自己"是关键，却也是天问式的未解之谜。

小说采用了开放式结尾。冉咚咚的感情归宿如何，是与慕达夫破镜重圆还是在自己"准备好"以后与等待着的邵天伟走在一起？未能通过邵天伟检测的她，是否能勘破远比案件复杂的人类情感和心灵？与卜之兰在大学期间发生婚外情感的文学教授是否慕达夫？这个卜之兰无意间提到的往事，真相如何，是否会楔入冉咚咚记忆，成为一个随时可能爆发的"炸弹"？……小说在多处预留了开阔的想象空间，这是生活的现象学描写，也是存在之可能性的叙事征候。

开放式结尾是小说思考存在之可能性的表意形式，也是东西一直以来探寻可能性的诗学思想的延续。《没有语言的生活》以两个版本的开放式结尾，直接表明了这种可能性；《篡改的命》思考"底层"改变自己命运的可能性。《回响》在延续东西对生活、人性和文学可能性之探寻的同时，也具有了新的叙事质素。东西此前的"可能性"写作，常常描述严酷残忍的现实对生命的挤压和榨取，故事往往荒诞不经却有着让人触目惊心的真实感，人物被无法摆脱的悲剧性宿命纠缠，叙述具有强烈的无奈感、绝望感和荒诞感、虚无感。正如有学者指出的："现代主义叙事经营了太多人的危机，将人置于万难拯救的残酷境地，以此探测人的边界和极限。"[1]在彼时的东西看来，这一切正是生活本身造成的，残酷的现实以强硬的姿态主导着作家的想象。现实的极致性催生了极致性的想象。荒诞意味、戏拟手法、反讽笔调，显示了作家在面对如此现实时的绝望反抗，是作家直面生活和超脱现实的勇气和智慧的表现，但这种极致性写作是否也暗示了作家所对抗的现实及其逻辑也在限制着自己思想、精神和艺术上的创造力和想象力？他在某个方向上写到了某种可能性的极致或某种极致的可能性，是不是使作品具有了问题表现的尖锐性的同时，也丧失了更多的可能性，失去了生活和人性的宽广度？作家是否有效抵达了他所要表现的现实与人性的深处，是否真正抵达了人物自身的内在性？——这里的人物内在性不仅指人物被某种强烈、执拗乃至偏执的愿望或欲望控制的心理感觉，也指他们所在的生活环境、他们的现实生存以及支撑着他们生活的价值系统和意义体系。对于这些问题，东西有着不同于此前的思考并在《回响》中有意识地进行了形象化的

---

[1] 陈培浩：《叙事装置、灵的启示和善的共同体》，《中国当代文学研究》2020年第6期。

回应。

　　小说深刻描述了转型期中国社会随着市场经济和消费文化的兴起整个情绪氛围的变化，尤其是人与人之间关系所发生的微妙却巨大的变动。人与人之间的亲密关系，人们能够共享和分享的情感也在缓慢无声地发生着嬗变。在亲情上，父母和子女之间随着年轻一代个人自由意识的觉醒和更多个人权利的获得，渐生隔膜、嫌隙和矛盾，如冉咚咚、慕达夫、夏冰清、易春阳、吴文超、刘青等年轻一代与他们各自的父母相比，都产生了生活方式、生活观念和价值观念上的变化。在爱情这个更具私人性质的领域，曾经让人一往情深、天长地久、甜蜜得让人心醉又伤感得让人心碎的浪漫美好的爱情，出现了明显的现实化、功利化和工具化趋势，"天长地久"未必是爱情追求的目标，"曾经拥有"成为众多人的"信念"或选择。男女之间或因为经济原因、地位差异而抛弃对方或被抛弃，如刘青与卜之兰；或丧失了彼此信任、良好沟通的能力，如冉咚咚与慕达夫彼此虽然仍然相爱，但前者的敏感多疑和后者的言听计从，却导致了婚姻和家庭的破裂；或因家庭贫困、自卑心理等原因无法获得异性青睐而陷入空幻的单相思，如患上"被爱妄想症"的易春阳。随着性禁忌在社会意识中的淡化和消失，男男女女或以"爱"之名行"性"之实或纯粹为了"性"走在一起，如徐山川周旋于众多情人之间，洪安格自己暗度陈仓、却以莫须有的婚外情为由与贝贞离婚，与婚内出轨对象另立家庭。夏冰清与徐山川之间则纠缠着性的暴力、商品化的交易和情感归宿的追求等多方面复杂因素。沈小迎与徐山川本已无爱，却默契地维持婚姻幸福家庭和谐的假象，各取所需。友情方面，刘青背叛友情，利用吴文超的信任，骗取巨款实现自己的桃源梦。在巨大的生存竞争压力下，理性的计算和谋划介入感情并使之沦为商品化的存在，而利益追逐过程中的不公平不公正、贫富两极分化和社会分层结构的固化，既催化了人的被伤害感、被剥夺感、挫败感和无能无力感，也发酵了羡慕、郁闷、嫉妒、愤懑和怨恨等社会性情绪氛围。这些经验感受和情绪氛围在东西的长篇《耳光响亮》《后悔录》《篡改的命》等未必直接描写当下现实的小说中均有投射和反应。生活的苦难、精神的磨难，冷酷的生存本相，人与人之间的隔膜、冷漠乃至仇恨，生活的无望和绝望等被以荒诞、反讽、黑色幽默等形式表现出来，充满敞开思考和意义空间的诗学张力。

如果说东西此前的诸部小说可称为"绝望和反抗绝望"的实践的话，那么，《回响》则在绝望或反抗绝望之外，点亮了希望，在令人失望的土壤里种下了希望的种子，让读者在看到爱的能力衰竭的现实时，也感受到爱的能力缓慢恢复、生长和纯粹化的可能。小说不再以戏拟、调侃、反讽、黑色幽默、荒诞等手法来言说绝望、传达"反抗绝望"的生命意志，而是在暗黑中透出了光亮，在绝望中孕育出了希望，灰暗的调子里也流淌着温暖的汁液。虽然小说人物的内心在复杂的心理追索中呈现出复杂性和矛盾性，但这些人物都是可靠的、立得住的：小说在案件侦破和情感追踪过程中的理性推理，以及对更广阔生活和人性世界的包容，在揭示人物行动的内在依据和人的内在真实的同时，也给他们提供了更为自然和舒展的意义体系和价值体系。人性善恶的复杂性与变动性，不能只由罪犯来证明，即便是罪犯也并不都如徐山川一般。在带着投案自首的刘青离开埃里的路上，"冉咚咚想刘青的罪感既是卜之兰逼出来的，也是村民们逼出来的。由于村庄的生活高度透明，每个人的为人都被他人监督和评价，于是传统伦理才得以保留并执行，就像大自然的自我净化，埃里村也在净化这里的每一个人"。小说结尾，一向自信正确的冉咚咚也产生了对慕达夫的愧疚，"她没想到由内疚产生的'疚爱'会这么强大，就像吴文超的父母因内疚而想安排他逃跑，卜之兰因内疚而重新联系刘青，刘青因内疚而投案自首，易春阳因内疚而想要给夏冰清的父母磕头"。这种"爱"是对绝望的超越而不是直接的对抗和反抗。东西在小说中没有激烈地理解人性，他借助弗洛伊德、荣格等的现代人本主义心理学知识触摸和解析了人性，又用现代人文主义信念化解了人本主义非理性的偏执——后者既有对无意识、潜意识和本我的洞见，也有对人文主义、现实生活和人的在世生活状态的遮蔽。《回响》的最大启示和意义，或许就在于，它揭示了在充满

"现代性"风险的陌生社会中,重建信任的可能性,在"爱"之流逝和"爱"之能力退化的现实缝隙中、在情感和传统道德的废墟上,重建友爱、互爱的可能性。从这个意义上说,《回响》也无疑是作家东西在世界观和文学观上的一次自我重建与自我革命。

《山本》历史叙事与写意山水

《山本》是一部关于秦岭的百科全书,草木植被、山川河流、奇珍异兽、地理气候,林林总总,几无遗漏。但若将《山本》仅视为百科全书,未免偏狭鄙陋、难见小说神髓。因小说写秦岭博物,更写秦岭真身。

"涡镇"：作为历史暴力叙事的原初情境

《山本》以偏居秦岭山脉一隅的涡镇为中心，通过个性独特且富人性深度的人物，写"现代""历史"对前现代中国社会秩序、伦理观念和世道人心的影响与塑造，写其在浩荡历史潮流中，无法逃避的苦难遭遇和悲剧命运。

《山本》对上世纪二三十年代乱世中国的政治形势和社会状况，有清晰的刻画。军阀、土匪、游击队、红15军团、逛山、刀客，各方武装割据一方，或联合或分裂或对抗，战火纷飞，生灵涂炭，这其中有《古炉》《老生》式的对历史情境和场景的表现。小说亦写人的你争我夺的权力欲望，人在历史风云变幻中生存挣扎、身不由己地被缚和无声无息地死灭，以及命运的不可捉摸和变化莫测，非理性非人性的疯狂杀戮。

"涡镇"作为小说叙史的焦点，勾连小说主要人物，既是各方力量争斗的舞台和争夺的对象，又是各方政治力量代表人物的出生、成长之地，各类人物与涡镇有着或远或近、千丝万缕的联系。驻扎涡镇的预备团团长井宗秀，加入秦岭游击队；红15军团的井宗丞，曾在县保安队服役；后加入游击队的阮天保；等等，都是涡镇人。历史在涡镇展开，并有这些涡镇人亲身参与或推动。这是《山本》叙史的主要内容和主线。陆菊人与井宗秀的感情线索，包括井宗秀在陆菊人的启示和点化下，成为独据一方的武装力量的过程，亦是在涡镇这一环境得到明确叙述的。这是《山本》叙史的另一主要内容和副线。如其名示，"涡镇"在历史旋涡中载浮载沉。侵扰和控制涡镇的，除了县保安队，还有逛山和刀客等土匪。甚至原本保卫涡镇的预备团（后升格为预备旅）也成了压榨百姓的力量。

不仅涡镇百姓被各方势力挟制，成为其斗争的牺牲品，其余各类各色人物，亦被历史激流裹挟甚或被其巨大旋涡吞噬。小说开篇不久即写井掌柜为应对乱世生活困境，暗地联络成立互济会，所集资金由井掌柜保管，却不知因何走漏消息，被绑票勒索。井家破财将其赎回后，他又不慎跌落粪窖溺亡。事实上，这一切均为其在县城读书、追求进步的长子井宗丞暗中所为。吊诡的是，后者虽大义灭亲，积极投身革命，忠诚勇敢，却又在红15军团的派系斗争中，被公报私仇的阮天保暗中私自处死。麻县长虽有报国为民之志，却无处施展。他不仅指挥不了保安队，亦被井宗秀操控。预备团将县政府从驻地平川搬迁到涡镇，"挟天子以令诸侯"，被挟持软禁的麻县长，唯有编纂秦岭草木禽兽志，以为寄托，最终自沉涡潭。

《山本》极写历史的暴力性和人性的暴力与阴暗面。天地不仁，以万物为刍狗。小说以简淡笔墨表现历史的怪谬与生命的惨淡，浸透作家文以言志的伦理意图，同时脱却了温柔敦厚的诗教要义——砍头，剖腹剜心，用镢头将人活活打死，剥人皮做人皮鼓，将人勒死埋掉或推入涡潭溺亡，尸体横陈，血肉横飞。游击队杀土豪，分田地粮食财物。保安队剿共，将其头目割头悬挂于旗杆。长工用烧煎后的蓖麻油灌死财东地主，后又被叛徒和奸细刺死。游击队队员频频被保安队残杀。土匪草菅人命。五雷绑架岳掌柜，勒索不成，用石头将其砸死。逛山头领林豹抓获土匪牛文治后，敲碎其脑壳，掏出其脑浆，塞进麻绳点天灯。阮天保的县保安队为攻打涡镇以在县城谋事的涡镇人为人质，杀死多人，其行为与土匪无异。

井宗秀是一个有着人性深度和历史反思力度的乱世枭雄。小说完整地表现了其政治军事生命和情感生命。他乱世图存，周旋于国、共、匪之间，成为盘踞一方的重要势力。他由一个学徒、画师，在经历丧父之痛和现实的催逼后，心智渐趋成熟，亦由此变得精明而残忍阴鸷。他挑动土匪内部矛盾，设计让二架杆王魁杀死大架杆五雷，又联合保安队里应外合杀死王魁，彻底消灭盘踞涡镇的土匪。在与阮天保的竞争中，他占得上风，掌握了预备团。他将县政府强迁至涡镇，架空麻县长，将权力置于自己主导之下，既促进了涡镇经济和商业的发展，又扩张了势力范围，占据了政治和军事上的主动。大权独揽的他，心理、性格也随权欲的膨胀而变异，行事独断专横，为建钟楼和戏楼横征暴敛，成为剥削涡镇百姓的独夫民贼。他治下的预备旅从保卫涡镇的武装力量，异变为要挟、压榨百姓的势力。在由一个聪明智巧、机灵能干、隐忍强韧而不乏良善并有造福一方百姓之心的青年人，向一个为满足私欲而横征暴敛的独裁者蜕变的过程中，他与陆菊人之间也由有情有义、心意相通，变得冷淡、疏远、隔膜。他最终在预备旅旅长任上被暗杀，这既是各方力量冲突的必然结果，亦是涡镇内部阮氏因家族矛盾而公报私仇的结果，同时，其自身的责任亦不可忽视。

  井宗秀的命运、结局，既是历史的悲剧，亦是人性的悲剧。他对媳妇暗自私通五雷了然于心，却不动声色，设计使媳妇掉进水井淹死。为防止自己派去探听消息的孙举来走漏风声，他将其推入涡潭。井宗秀媳妇和孙举来之死，可谓精心设计的无声的谋杀。为惩治叛徒三猫，井宗秀将其剥皮做人皮鼓；为替其兄报仇，他又对凶手邢瞎子施以割肉喂狼、剖腹、剜心、砍头的酷刑。此可谓令人毛骨悚然的公开虐杀。小说叙述井宗秀一生行状，对其身份、地位尤其是心理蜕变过程，进行了很有历史批判力度和人性审思深度的发掘。可以说，这一人物形象是贾平凹剖析、反思历史之恶与人性之恶的重大美学创造。

  如何以文学书写历史及其暴力？在不同的时代、意识形态立场和话语情境下，作家自有不同的路径选择。文学对历史的表达，总是一种语言、修辞和形式的展现，而非某种先在的抽象的、僵硬的逻辑推演和理念演绎。《山本》书写现代史，突出其暴力、血腥、无常和吊诡，自有其进入与言说的独到路径、方式和品格。这个绕不开的问题，关涉四种关系。

  首先，历史与文学。从《老生》到《山本》，作家面临一个共同问题，即如何处理历史与文学的关系。贾平凹谈及《老生》的写作时说："写起了《老生》，我只说一切都会得心应手，没料到却异常滞涩，曾三次中断，难以为继。苦恼的仍是历史如何归于文学，叙述又如何在文字间布满空隙，让它有弹性和散发气味。"① 而在写《山本》时，问题依旧是："这些素材如何进入小说，历

---

① 贾平凹：《老生·后记》，人民文学出版社2014年版，第291页。

史又怎样成为文学？"①作家并不将历史与文学做非此即彼的截然对立，亦不想将二者混为一谈。《山本》选择了能使叙史有空隙、弹性和气味的文学。其次，文学与意识形态。所谓自在、经验意义上的历史文献材料，庞大、驳杂、无序。在对这原生状历史进行叙述、梳理和选择的种种意识形态之间，亦多有乖离。贾平凹对意识形态和文学做清晰划分，"意识形态有意识形态的规范和要求，写作有写作的责任和智慧"②。《山本》选择了承担着写作的责任和智慧的文学。再次，叙事主体与对象。自上世纪80年代中期以降，历史的叙事性质被披露，后现代解构性书写蔚为大观。但贾平凹对此并不认同。尤其是当面对一座苍茫的"大得如神"一般的"中国最伟大的一座山"时，作家无法用浅薄戏弄之笔为之塑形。这决定了《山本》叙史品格的庄重、肃穆、真诚。最后，资源借助与文体风格。自《带灯》始，贾平凹对自身小说写法和气质有切近反省和调整。③从沉浸于流动、轻灵、温婉、华丽、清新、疏淡的明清韵致，向阔大、沉雄、浑厚、粗粝、坚实、端直、俊朗的两汉品格转移，以"海风山骨"为美学追求，讲究柔与刚、丰润与骨感、凝静与流动、温润与坚硬的相济相生。《带灯》之后的《老生》，可谓这一美学诉求的表征，后者是庄重、浑然、端直的，又是清晰、疏散、晓畅的。《山本》的笔致与品格，近乎《老生》。

以文学为立足点，以"写作的责任和智慧"言说历史，为"秦岭"塑形，此种选择暗藏对前辈秦地史家司马迁《史记》"究天人之际，通古今之变，成一家之言"写法和境界的追求。

"涡镇"在《山本》历史叙事中有极为重要的地位，小说叙史之独到，与"涡镇"有关。

首先，"涡镇"隐含《山本》叙史的非意识形态化的民间视角。尽管是各方力量的争夺对象，但涡镇亦始终未被任何一种力量吞噬，而葆有自身内在

---

① 贾平凹:《山本·后记》,作家出版社2018年版,第523页。
② 贾平凹:《山本·后记》,作家出版社2018年版,第523页。
③ 贾平凹:《带灯·后记》,人民文学出版社2013年版,第360、361页。

生命。《山本》对历史的残暴、不公和不可逆料性的表现，展开于涡镇的日常生活和人伦关系中。小说有条不紊地写涡镇的货栈、茶行、粮庄、布庄、菩萨殿和古柏、城隍院，130庙，写父子、兄弟、夫妻、母子等血缘和亲缘关系，写邻里街坊的往来，写店铺生意和同行的纠葛、竞争，有十足的世俗烟火气。借助"涡镇"的民间视角，在现代政治、经济和军事的侵蚀、冲击下，中国传统伦理观、道德观和文化精神结构的衰颓，人的生存欲求与韧性挣扎，生命的悲凉与哀痛，人性的变异与自私、慈悲与良善，得到细腻而痛切的叙述。

《山本》写的涡镇历史和日常生活中，时有鬼魂和灵异现象出现。小说借此发掘和复活秦地文化和神话遗产，将其纳入历史的日常情境。小说借陆菊人与杨钟、花生与井宗秀的婚嫁，写民间婚姻礼俗，借井伯元、杨钟的丧葬，写民间葬仪和民间信仰。小说涉及诸多民间信仰因素，如风水、吉凶预兆，鬼怪传说，灵异的皂角树，具灵性的猫，鬼魂附体等。陆菊人听到跑龙脉人的话后，把三分胭脂粉地做了陪嫁，后被杨家无意间给井家做了坟，风水灵验，井宗秀发达了。杨掌柜家祖坟的芦子草旋天而起，预示杨家要出飞贼，果然，杨钟做了飞贼。井宗秀媳妇梦见蚰蜒精，就果然在麦草垛中发现了一条粗大的蚰蜒。

小说亦书写种种诡异难解的异象。蝗灾、旱灾之后，又有不间断的黄风，竹林开花，蔚为壮观，成片竹子枯死，蝇虫丛生，蟒蛇出没……大风把人吹得像落叶一样飘空，把羊吹得无影无踪。狗说人话，人懂鸟语兽语，龙王庙旧址冒紫气，一山猴醉卧，剖开肚子。一看，竟有一斗五升酒。巡夜的老魏头能在街巷和庙院里看到游荡的鬼。井伯元鬼魂附体白起媳妇。井宗丞走投无路时，突然，大雾弥漫，他竟因此躲过保安队搜山。

现实与灵异世界错综交织，造就一种鬼影绰绰、闪烁迷离、神秘恐怖的氛围，小说在此并非故作姿态地捕风捉影、穿凿附会，亦非对诡奇怪诞的趣味有所偏嗜。其中既有作家借由民族神话、民间传说资源，化解传统现实主义叙事粗硬僵直笔法、开出小说浑然之境的目的，亦是因为作家写历史之无常和暴力、死亡之难以规避，内蕴作家对乱世之人情物理的悲哀和怜悯。神秘征兆与无常命运，在相互映衬的意义上，获得了奇崛瑰丽的人性和美学观照。

正是选取"涡镇"视点，《山本》历史叙述才虽并未着意于描绘恢弘壮丽的历史画卷，却写尽了人世众生悲欢生死的浩茫。

其次，作为与历史/时间并峙、纠缠的非历史/空间，"涡镇"是《山本》叙史非历史化/空间化的重要依据。"涡镇"是历史暴力的承受者、受害者，亦是对抗现代性历史/时间及历史主义叙事的能量源。其一，相对于急剧推进的浩荡历史进程来说，"涡镇"的日常生活、神鬼传说和民俗文化，具有超历史性、超时代性的稳定性与恒常性。其二，人物、历史具有非成长性。历史哲学统摄下的现代叙事，往往通过人物思想观念和行为实践的转变，写人与历史在平行推进中，获得自身本质性的过程。《山本》写井宗丞由学生、入党到游击队二分队队长，再升至红15军团的连长、团长，写井宗秀由画师而"开明绅士"而预备团团长和预备旅旅长，貌似是历史主义叙事中常见的"成长"故事，且小说以井宗丞设计绑架生父开篇，又似要将现代历史带入并改造涡镇这一前现代宗法社会——种种迹象似乎表明《山本》要重拾黑格尔、马克思式的诠释现代历史生成与演进的历史主义叙事模式。但小说从根本上解构了这一模式：由学生而入党这一在历史成长叙事中会浓墨重彩渲染的关键环节/情节，在小说中一笔带过；小说写井宗丞"成长"，主要写其作战英勇，机智多计，写井宗秀亦突出其心智计谋，并不写信念信仰因素；井氏兄弟早早地先后遇害，既宣告了历史主义叙事的终结，更从深层揭示了所谓历史只是权力争夺、派系斗争或私欲权欲恶性膨胀的显影，井宗秀的悲剧甚至有历史循环的影子。各方力量的浮沉起落，无关历史主义的庄严承诺，平民百姓仅是被历史巨兽吞噬的牺牲品。黑水、白水、涡潭，则是"历史"空间化的绝妙隐喻。总之，《山本》叙史，既未赋予人物历史意义和位置，亦未做出终极性承诺，其重大意义在于，通过否弃历史哲学救赎的可能性，打开了一种非现代性历史（叙事）景观。其三，历史时间隐身。历史时间是历史哲学和20世纪中国主流文学叙事建构自身合法性的根本依据。面对不计其数的暴力和野蛮，秉承现代理念的作家或以历史主义的激进话语，将之做正义／非正义的区分，以历史正义之名，建立以阶级为内核的中国现代主体，或以启蒙话语，以传统／现代、蒙昧／文明的区分，将之纳入现代性文化批判话语，在世界图景中为中国的现代转型提供一个深刻有力的精神维度。无论是前者之为暴力革命的起源与起承转合做合法性正当性论述，还是后者之将国民性做象征性寓言性表现，历史之暴力性均作为一个体系健全完备的整体性意义系统的部件而存在。王德威在谈到鲁迅启蒙叙事与身体之关联时，提醒道："请注意这里身体与精神、社会与礼教、国家与国魂之间虚实交接连锁关系。就像语言与事物，意符与意指互为指涉的关系一样，身体、社会与国家是某种内蕴资源的外在体现，构成一情境交融的象征体系。作为其基础的个人身体／精神有变，自然放映更高阶序之象征关系的倾圮。"[①] 暴力、酷刑、死亡等具有依附于意义、精神、内容的象征性意义指涉，隐喻社会秩序的失却和意义系统的崩溃。《山本》的历史叙事是既有整体性意义系统溃散的产物和表征。

尽管《山本》叙史有二三十年代的时间标志和历史符号，但小说对历史时间的展开过程，却做了淡化、虚化的模糊处理，而并未就事关历史和人物命运的重大事件做出时间标注，亦未对历史和人事的始终做编年叙述。因此，时间的衍展和历史的演进，也就无法建立因果相承的逻辑关系，相应的，历史的"意义"亦无法在某种"秩序""方向"和现代文化结构里生成。如果说，历史在小说中是一个神秘而让人恐惧的黑洞，那么其"意义"则始终是一个空洞之物。

事实上，时间并未在叙事中消失，它只是从历史哲学的神话中脱离，回归四季轮换，回归生老病死，回归生活的原初性和生命本体的内在体验。历史哲学不再是《山本》叙史的主宰，它失去了对历史人物和事件的组织、建构与阐释能力。在这里，传统／现代、进步／落后、革命／反动等依附于历

---

① ［美］王德威：《想象中国的方法：历史·小说·叙事》，生活·读书·新知三联书店1998年版，第142页。

史链条的二元性时间结构消失了。贾平凹对此有形象的说法:"过去了的历史,有的如纸被糨糊死死贴在墙上,无法扒下,扒下就连墙皮一块全碎了,有的如古墓前的石碑,上边爬满了虫子和苔藓,搞不清哪儿是碑上的文字哪儿是虫子和苔藓。"[①]历史时间被原初时间覆盖、湮没,原初时间回归,这意味着个体经验和生命内在体验的回归,意味着历史时间被纳入一个更大的空间结构——以"秦岭"现身的生命宇宙。由此可说,"涡镇"是"秦岭"具体而微的缩影,而"秦岭"则表征一种超越暴力血腥、变幻无常之历史的"天地境界"。

写意:写实性历史叙事及其美学超越

历史喧扰无序,纠缠着阴暗、晦暗和黑暗等令人窒息的因素,暴力在其中狂奔乱撞。如何穿透这无序无明的历史并为之赋形,挑战着作家的想象力和艺术构型力。悖谬的是,历史既有喧扰纷杂一面,又有寂寞无声的一面。在历史的热与冷、闹与静、名与实之间,存在着巨大的想象空间。历史的鬼魂与亡灵游荡其间,期待着书写者的重新唤醒。对此空间的勘测,蕴含衡定写史者之洞察力和审美判断力的根本尺度。作家正是在历史之名与实、词与物遇合的瞬间,创造出属于自己意味和品质的文学。

《山本》以涡镇为历史舞台和叙事视点,借助以井宗丞、井宗秀兄弟为主脉的关系网络,叙述各方力量犬牙交错、你来我往、此消彼长的历史情势。此可谓历史之实。小说叙史之"实",颇显琐细,出没于秦岭的各路人马,从巡山、土匪、游击队、红15军团、保安队、预备团(预备旅),到蒋介石、冯玉祥的军队以及共产党军队,从名号、归属到建制、军阶,均有涉及却笔墨简省,不做过多正面的铺张叙说,人物来即来,走即走,生则生,亡则亡,唯有对井宗丞、井宗秀兄弟的命运关联,花费了较多篇幅去交代,但对其死亡的因果,也是点到为止,并不深入探究,亦不做过多文字敷衍。此可谓有历史之"实"而无历史之"名"。至于历史中有"名"无"实"或名实不符者,小说涉及更多,而对那些有崇高名号却视人命为草芥者,小说时有触目惊心之笔。

---

① 贾平凹:《山本·后记》,作家出版社2018年版,第525页。

细读之下,《山本》并未纠缠于历史名实之辩,而只是如实书之。原因概在于,既有历史叙述之有名无实处,往往争抢名教、头号,虽冠冕堂皇,却是以己缚人,文学亦由此堕为某种独断意志的奴仆。"当这一切成为历史,灿烂早已萧瑟,躁动归于沉寂,回头看去,真是倪云林所说:生死穷达之境,利衰毁誉之场,自其拘者观之,盖有不胜悲者,自其达者观之,殆不值一笑也。"① 历史风流云散,万事沧海桑田,却未必尘埃落定、云开见日。当写史者以理性和历史意志代言人自居时,却未必不陷入另一种理性的癫狂。此种悖谬,历史多有深刻的见证和铭刻。

同时,《山本》亦写生活之实、日常之实。小说写涡镇,不厌其烦。从镇内的菜市、柴草市、牲口市、粮食市,盐行、茶行、布庄、杂货店、卤肉店、瓜子店、寿材铺、水烟店、安仁堂药店,城隍庙、地藏菩萨庙、城门楼、砍头柳、皂角树、桂树、柿子树,写到镇外的虎山、白河、黑河、涡潭,从街巷、店铺,河流、天气,马、驴、骡、蜘蛛、乌鸦,到烟丝制作,丧葬婚嫁,把秦岭的山川沟壑、地形地貌、草木禽兽,以及地域文化、民情风俗、饮食起居做了忠实的记录,更通过麻县长辑录的《秦岭志草木部》《秦岭志禽兽部》,点明小说的重要构成要素。从写实性和实录性层面看,小说取材于自然、社会和历史文化,并以其诸番物象和事象连缀全篇,称得上是秦岭的百科全书。

《山本》以对故事、人物、场景的细节的捕捉、描绘,写历史之实与生活日常之实,有朴素、坚实的真实感。但从历史叙事角度看,小说倾力于写实,却并非要借助叙事建立历史的纵深感,或者说,小说并非着意在历史本体论意义上,进行历史之名与实的辩证,却有借写"实"以破"名"之功效。由此,对那些原本可广为推衍的繁复精彩的历史故事和生活故事,小说却偏偏出之以简洁的文字轻描。贾平凹自然并不满足于为正史做诠释,亦不满意于做简单而粗劣的视角反转。对那些历史文献和故事,他亦未照单全收。《山本》以历史、生活之实为自家想象的基石,却并不想径直给它一个名号、说法。历史究竟是"巨大的灾难",还是"一场荒唐",该不胜其悲,还是一笑而过?对

---

① 贾平凹:《山本·后记》,作家出版社2018年版,第523页。

此历史,与其名之,何如实之?如何实之,如何以诗写实,化实为诗,则是文学的"命门"。于是,贾平凹在历史的文献记载和传说轶闻间,在秦岭山川风物与暴力恐怖的历史现场间,在有限的文字与难言的历史情境间,在自然景致、时代场景,生死道义、情爱欲望和广袤浩大的宇宙生命间,在有形之"实"与无形之"虚"间,寻找文学与历史微妙接榫,和文学对话、言说历史的恰切方式。

《山本》诚然有破解既往历史叙事之局促性、狭隘性,将之纳入更深远广博的中国传统哲学、思想和文化,对人间万物、诸番人事如流水般变动不居的状态做超越性精神观照的意图,但小说并未对战争、暴力做过多的淡化乃至取消,而是将山川风物、市镇风情、民间习俗和日常琐事和偶然性实践作为重要的叙事内容进行描述。这种叙述方式,显示着作家并不想将小说写成废名的《竹林的故事》,沈从文的《边城》,汪曾祺的《受戒》《大淖记事》那样的以人情、人性和自然风俗之美为表现对象和审美形式的人性与审美乌托邦。《山本》的写法更接近汪曾祺的《陈小手》,把现代史的暴虐性,以及隐含在日常风俗中的看似偶然的杀机,放在乱世情境下,以人心之难以捉摸,捕捉历史与人性的双重幽微。将《山本》放在贾平凹自身创作系谱看,它则延续和发展了《古炉》《老生》书写现当代历史的方式和价值取向。

《山本》叙史的另一独特处是,将历史的铺展与诡谲和现代中国社会政治之混乱,放在"涡镇"的人、事、情、景、物等民间化空间中,并将"涡镇"放在一个更广博久远的"秦岭"语境中,悬置历史哲学阐释社会政治事件的迫切动机,将历史之神秘、残忍与吊诡做"自然"的处理与表现。如此一来,现代历史被置于"天人合一"的情境和境界被重新唤起和理解,被重组和重构,被重释和省思。无论哪方武装力量,哪种职业、行业,何种个性、性情,摆脱了物与象、意与象之间那种约定俗成或被强行安置的决定论关系,获得了更为自由平等的表述自身的机会,作家的历史想象便更为自由、更具超越性。《山本》强调文学的智慧与责任,兼具历史与文学品格,其中虽未必有"史家之绝唱"的抱负,却具"无韵之离骚"的美感。《山本》对"自然"和"风景"的凸现，既强化了叙述抒情性和文学性，也在直面时代风云和战争硝烟，书写神魔鬼怪和魑魅魍魉时，扩大了想象中国与世界的弹性和可能性的空间。

《山本》向历史取材，搜罗历史材料，寻访历史原址，通过对历史做记录、考掘、勘探、辨析，通过情节与细节的设置、捕捉，还原历史的原生情境。对历史的匪夷所思、离奇倒错、忧痛愁惨，《山本》均做了忠实的记录，以为历史档案存留。这是《山本》叙史的一方面，另一方面，小说亦向自然取材，与"大得如神"的秦岭"神会"，与秦岭"二三十年代的一堆历史""神遇而迹化"。在"自然"与"历史"中处处有"我"——身心入乎其中，沉潜濡染，与"自然"与"历史"浃而俱化，郁积浩渺之情，熔铸苍莽之意，聚精会神，穷幽探奇，体验既深，意境遂成。在主体的凝神观照中，历史之奇崛与诡变，生命之常态与奇状，均包孕于浩浩自然宇宙中。"老子是天人合一的，天人合一是哲学，庄子是天我合一的，天我合一是文学。"① "我"与"天""人""体合"，正是因为"我""天""人"皆为生命的孕育、流衍。默察内心，缘情体物，援人入我，幻己为人。秦岭，黑河，白河，涡潭，花草树木，鸣禽，走兽，儿童，少女，和尚，伶人，画师……作家对自然风景和生活景观的勾摹敷写，流灌着生生不息的生命感，亦包蕴着作家心游万物、驰情入幻的深情笔墨。

从内在看，《山本》注重景、物、人、事的"抽象"的意志传达，追求形神兼备，使主体之"意"能于有形与无形、实与虚间呼之欲出。如果说，《秦腔》以"法自然"、铺展繁杂丰富的细节②，而使"鸡零狗碎"的物象形态阻碍了"抽象"情感或意念的表达，那么，《山本》更艺术化地处理了写实与写意的关系，正合"外师造化，中得心源"之神髓，而超越"社会的，时代的"、"集体的意识"对个人的深刻的统摄性影响，在"社会的、时代的集体的意识里""还

---

① 贾平凹：《山本·后记》，作家出版社2018年版，第525页。
② 参见陈思和：《论〈秦腔〉的现实主义艺术》，《中国现代文学论丛》2006年第1期。刘志荣：《缓慢的流水与惶恐的挽歌——关于贾平凹的〈秦腔〉》，《文学评论》2006年第2期。

原一个贾平凹"①。面对外在、客观、群体性之物，作家不粘不滞，入乎其内，又出乎其外，使得客观、外在、群体不再封闭自身，正如"我"不再是封闭性存在，亦未被嵌入外部逻辑，而是对历史、时代和社会做有情、有我的观照。《山本》叙史，不在对临自然与历史，对其做模拟写照，而在与造化神会。"在中国传统画论中'师造化'和'师心'是并提的，要求以天地自然为师并不削弱创作的主体性"②，主体并非临摹自然的各色物象，而是将自身浸入自然，与之融为一体，或者说，"画家要化身为造化。这样就进入形而上的层次。……造化生物是自然无为的，一切色彩斑斓的物象都是自然形成，并非有意涂饰。绘画的'师造化'也应如此。水墨画不用颜色，而五色具足，若着意于色彩，反倒与自然的物象乖离了。……谨细的作品，形貌彩章，摹写得毫发不爽，却露出了人工的痕迹，那就不是真正的'师造化'"③。"师造化"蕴含道家自然无为的思想和精神境界，景、物、人、事、理的表现，合乎法度，又自然浑成，无刻凿之痕，其境界如包恢所言"以为诗家者流，以汪洋澹泊为高"（包恢《答傅当可论诗》）。需要注意的是，所谓"造化"主要指天地，天地相合而生万物，与西方美学中以"自然"指涉人及其活动，有大不同。"吾师心，心师目，目师华山"（王履《华山图序》），山、水、花、鸟等宇宙中的自然物象，各有其形、神、色、味，并在春、夏、秋、冬四季，旦、午、暮、夜四时的流动中，不断变幻。这亦与西方"模仿自然"所暗含的静态、实体的宇宙观不同。

《秦腔》因偏于"法自然"而淡化了"师造化"或"师心"，以"密实的流年式的"写法叙写"一堆鸡零狗碎的泼烦日子"④，未能摆脱对"景"（自然风景和人文景观）临摹写真的拘束，使叙述因细节丛生、结构散漫，而显沉闷琐碎。摹写现实细部，固然是逼近真实的方式，但密不透风的叙事，是否能收获期待中的切近的真实感？这是值得深思的问题。"虚"出于"实"，"实"却未必

---

① 贾平凹：《山本·后记》，作家出版社2018年版，第524页。
② 蔡锺翔：《美在自然》，百花洲文艺出版社2017年版，第82页。
③ 蔡锺翔：《美在自然》，百花洲文艺出版社2017年版，第83页。
④ 贾平凹：《秦腔·后记》（第2版），作家出版社2008年版，第518页。

"虚",这其中有襟怀与境界的超度。相比之下,《山本》在写实与写意间达到了合宜的张力平衡。作家对自然之形态、性状、造型、色彩、韵味做了反复体察、了解和研究,纳于目,容于心,获取"景""物"(山、岩、石、水、植物、动物)背后的神、气、韵,将"生气""生机""生趣""生动"等传统文化中的抽象意念,通过写意笔墨,使之跃然纸上。宇宙自然与人事的诸番物象形态,亦因这份生动的意趣,在"景""物"之有形与无形、实与虚之间,得形传神,栩栩然,呼之欲出。

自上世纪80年代末开始,贾平凹开始在《太白山记》系列小说中实践以实写虚的艺术理想,以期小说有形下与形上的结合和蕴涵的多义性。受画家贾克梅第放弃"关注实体之确'有'的传统写实主义绘画"故事的启发和老子哲学的启示,他认识到"如此越写得实,越生活化,越是虚,越具有意象。以实写虚,体无证有"①。这促生了《怀念狼》的意象性写作。及至《古炉》,贾平凹的想法愈益清晰。《老生》借《山海经》这部蕴含中华民族灵魂、精神、奥秘和本真形象的始源性文本,建构互文性关系,将百年中国历史、人事之"实"与包容万物生生不息的阔大宇宙境界之"虚",做颇有意味和想象空间的参照,以细致绵密的写实性笔法,升腾出超越人事、历史和现实的别样韵致和宏阔浑然的境界。

《山本》承续和转换《老生》的叙史方式,将时代更迭、世事变迁的"历史"与民间"世相""物象"形态表现结合,纳宏大于日常之细微;将历史原初面貌之"实"与天地之心、宇宙精神之"虚"结合,获得物物相通的写意性生命境界。在《老生》后记中,贾平凹谈到对民族传统文化文本的写法与内在气质的认同:"这期间,我又反复读《山海经》,《山海经》是我近几年喜欢读的一本书,它写尽着地理,一座山一座山地写,一条水一条水地写,写各方山水里的飞禽走兽树木花草,却写出了整个中国。"②按照作家的说法:"《山海经》是一个山一条水地写,《老生》是一个村一个时代地写。《山海经》只写山

---

① 贾平凹:《怀念狼·后记》(第2版),安徽文艺出版社2010年版,第198页。
② 贾平凹:《老生·后记》,人民文学出版社2011年版,第291、292页。

水,《老生》只写人事。"①《老生》希望借对《山海经》的引用和虚拟问答,拓宽叙史视域、提升叙史境界,让现当代史获得一种原初的混沌感和"高古浑厚之气",让世情、民情、国情获得一种新的整全性观照。但作家对《山海经》经典文本的大量征引,似未能在叙事中得到更通透的艺术处理,《山海经》文本与叙史文本间,形成了偏参照、对照的互文性或互涉性而非"融入""渗透"关系。在《山本》后记中,贾平凹对《山海经》尚念念不忘,数次提及,其中一处写道:"曾经企图能把秦岭走一遍,即便写不了类似的《山海经》,也可以整理出一本秦岭的草木记,一本秦岭的动物记吧。"②《山海经》影响了《老生》,也影响了《山本》,是联结两部小说的重要通道。如果说,《山海经》写山水,《老生》写人事,那么《山本》则使"山水"与"人事"在叙述中水乳交融。如果说,《老生》对《山海经》的征引更多涉及山水鸟兽,对现当代史的叙述更多涉及人事民情,这两部分内容在叙述中架构起一种引发争议的互文/割裂关系,那么,《山本》则扬弃此种直接乃至僵直的做法,实现了"山水"与"人事"、"自然"与"历史"的深度融通。

《山海经》记述宇内奇山异水、灵禽异兽,既是地理学著作,又是神话学著作,还是以"怪力乱神"为叙述特色的奇书、巫书。不仅如此,其所表现的天地未分、混沌一体的宇宙图景,亦是中华传统文化、哲学和民族智慧的胚胎。它对《山本》的影响,在地理学、神话学、奇书、巫书、宇宙图景、天地境界等方面多有突出体现。

相对于小说中的现代叙史部分,《山本》对秦岭形貌、动物、植物,生活经验与地域文化、民俗风情的涉猎,同样惹人注目。《山本》描述自然景致,尤其是秦岭山脉的草木禽兽、烟霞雾霭,白河、黑河、涡潭;写秦岭百姓、风物。那些或神秘突兀,或雄奇险峻,或浩荡清奇的自然景观与世相民情,弥漫着超出具体描述的氛围与情致,建构起一个混沌而充满生机的整体性空间,蒸腾、氤氲着郁勃苍凉或清通明澈的意味,"这或许就是《山本》要弥漫

---

① 贾平凹:《老生·后记》,人民文学出版社2011年版,第293页。
② 贾平凹:《山本·后记》,作家出版社2018年版,第522页。

的气息"①。这"气息"以无所不在的弥漫性的"虚",使叙述超越写实层面,进入含混迷蒙的状态,具有了饱满轻灵的写意性。《山本》的混沌、原生状态,很大程度上得自中国传统美学思想的观照,是老子、庄子关于有与无、虚与实美学辩证的深入,亦是天与人、天与我融通、合一的美学征候。从文本来看,这种混沌、原生美学,既来自现实人事本身的复杂性、混沌性和暧昧难名,如人性的强悍与懦弱、善良与凶残、智慧与狡黠等矛盾的并存,亦来自作家对二元性执念的破解,另外,其中还有佛禅老庄的智慧。

  总体上看,《山本》在自然景致与人世景观中叙述历史,具有忠实于历史、民间经验和个体体验的写实性、写真性,同时,小说又借助中华民族智慧和民族思维的深层观照,超越地域性、经验性写实,将大历史大时代背景下人物的命运遭际,人间的冷暖炎凉,人世的生死祸福,纳入一个较之人之世界更为博大、广阔、绵远的宇宙,使得苍茫世间芸芸众生的写实与写真,豁然而生"终篇接浑茫"(杜甫)的境界,传达了更绵远深厚的,与整体性、无限性的文化精神空间有关的内容。此外,小说将对时代风云、社会动荡、历史沧桑、命运浮沉的"真实"表现与作家的"真诚"袒露与面对结合起来。"要写出真实得需要真诚,如今却多戏谑调侃和伪饰,能做到真诚已经很难了。能真正地面对真实,我们就会真诚,我们真诚了,我们就在真实之中"②——去掉伪饰,返归本心,以内心的真诚获取艺术表现的真实,以实写虚,在写实与写意、理性与智慧之间,建立一种融通与超越关系,《山本》遂成写意山水。

山水:现代史"风景"及其古典韵致

  副文本与小说正文之间存在彼此交错、呼应、渗透、补充和阐发关系,唯有把二者合起来,才是完整的小说文本,才能更充分更贴切地完成思想艺术空间的建构与阐释。贾平凹在《山本》叙史部分虽未直接涉及《山海经》,但其在副文本后记中数次提及它,却耐人寻味。这里要强调的是,《山本》正是

---

① 贾平凹:《山本·后记》,作家出版社2018年版,第525页。
② 贾平凹:《老生·后记》,人民文学出版社2011年版,第293页。

借由《山海经》重新"发现"了秦岭,或者说,《山海经》是《山本》建构山水美学的重要"认识装置"。正如柄谷行人所说:"所谓风景乃是一种认识性的装置,这个装置一旦成形出现,其起源便被掩盖起来了。""风景一旦确立之后,其起源则被忘却了。这个风景从一开始便仿佛是存在于外部的客观之物似的。其实,这个客观之物毋宁说是在风景之中确立起来的。"① 据《山本》后记所述,《山本》写的是秦岭,原定名即为《秦岭》,因易与作者此前的长篇小说《秦腔》混淆,改为《秦岭志》,再改定《山本》——"山的本来,写山的一本书",又有"生命的初声"之深层喻义。因此,我们需要透过风景这一认识性装置,来看"秦岭"这一风景的构造,"风景不仅仅存在于外部。为了风景的出现,必须改变所谓知觉的形态,为此,需要某种反转"②。《山本》并未打算如实再现涡镇和秦岭的空间和景色,提供一幅幅让人置身其中的风景写实。小说对秦岭的表现,源自某种改变了的知觉形态,如同《山海经》是中国思维和中国智慧的"生命的初声",《山本》亦在此意义上形塑秦岭。叙述者看取秦岭,并非站在某一固定位置,从某一角度和视点,把所见秦岭之风景作如实的写真性描绘。从根本上说,小说并未以焦点透视法将秦岭描绘为"风景画",《山本》是关于秦岭,亦是关于现代史的"山水画"。

风景画与中国传统山水画不同,柄谷行人引宇佐见圭司的说法解释道:"山水画所有的'场'的意象是不能被还原到西欧的透视法所说的位置上去的。透视法的位置乃是由一个持有固定视角的人综合把握的结果。……与此相对,山水画的场不具有个人对事物的关系,那是一种作为先验的形而上学的模式而存在着的东西。这个场与中世纪欧洲的场的状态在先验性上有其相通性。所谓的先验的山水画式的场乃是中国哲人彻悟的理想境界,在中世纪欧洲则是圣书及神。"柄谷行人由此阐述道:"就是说,在山水画那里,画家观

---

① [日]柄谷行人:《日本现代文学的起源》,赵京华译,生活·读书·新知三联书店2003年版,第12、24页。

② [日]柄谷行人:《日本现代文学的起源》,赵京华译,生活·读书·新知三联书店2003年版,第14页。

察的不是'事物',而是某种先验的概念。"①《山本》既来自作家在秦岭、昆仑山等自然山水的经验和记忆,又来自中国传统哲学、美学和艺术对主体知觉形态的塑造,以及在此基础上形成的"某种先验的概念"。

关于自然山水的经验与记忆,贾平凹多有言说,如《山本》后记中提到的昆仑山、鸟鼠同穴山、太白山、华山、七十二道峪、天竺山和商山等。关于秦岭,尽管游历之处甚多,作家却感慨这"只为秦岭的九牛一毛,我深深体会到一只鸟飞进树林子是什么状态,一棵草长在沟壑里是什么状况"②。《山本》即是主体与秦岭、与历史神遇而非目视的产物,是"我与历史神遇而迹化"的结晶。

关于"某种先验的概念",亦合乎贾平凹创作的实际。仅与《山本》直接相关者,即有禅宗"山水之辨"中包含的三重境界,老子天人合一哲学,庄子天我合一美学等。另外,尽管《山海经》在《老生》中才成为一个"显文本",但早在《带灯》后记中,作者即已提到"这是一个人到了既喜欢《离骚》,又必须读《山海经》的年纪了"③。在与友人的对话中,他又进一步阐说道:"你把《山海经》看了以后就知道了,中国人好多思维,其实最早的时候,那个时候就已经形成了。形成那一套东西以后它就流传下来,这包括中国人的,就是我原来老说的,包括哲学、医学、文学,各种文学艺术,剪纸、服饰这统统都形成它那一套。归根还是它的哲学问题……"④所谓中华人的思维,基本含义就是整体性、混沌性或意象性思维。

不仅如此,贾平凹评价《山海经》是"中国人思维的总源头",还在于这部书中"凡是和人有关系的动物,像人某一点的动物,都是灾难性的。而别的,各种颜色、各种形状,只要和人没关系的,它都给人带来好处,能给人带

---

① [日]柄谷行人:《日本现代文学的起源》,赵京华译,生活·读书·新知三联书店 2003年版,第10、11页。

② 贾平凹:《山本·后记》,作家出版社2018年版,第523页。

③ 贾平凹:《带灯·后记》,人民文学出版社2011年版,第361页。

④ 贾平凹、韩鲁华:《中国化的文学写作——贾平凹新作〈带灯〉访谈》,《穿过云层都是阳光:贾平凹文学对话录》,北京联合出版公司2016年版,第107页。

来惊喜……只要是形状像人，都是灾难性的"。据此，他认为："古人形成这种思维就是，人其实最怕人，人和人的争斗是最残酷的，所以它才出现兵役、水灾、旱灾、劳役，都是从这思维一步一步慢慢过来的。"① 颇有意味的是，贾平凹在《山本》后记中写道："随便进入秦岭走走……仍还能看到像《山海经》一样，一些兽长着似乎是人的某一部位，而不同于《山海经》的，也能看到一些人还长着似乎是兽的某一部位。这些我都写进了《山本》。"② 小说中，动物有人相，如背上是人面花纹的蜘蛛，脸也是人的脸的猫头鹰。人，则像动物，麻县长说："怪，这儿怪东西多。我在街巷里走，看好多男人相貌是动物，有的是驴脸，有的是羊脸，三角眼、一撮胡子，有的是猪嘴，笑起来发出哼哼的声，有的是猩猩的鼻子，塌陷着，鼻孔朝天，有的是狐的耳朵，有的是鹰眼，颜色发黄。我有时都犯迷糊，这是在人群里还是在山林里？"③ 此种状况，绝非偶然，颇值得考量。

《山本》将对自然的经验和记忆与"某种先验的概念"融通化合，突破定点透视如实写真的规限，运用散点透视的方法，笔随意走，借人物形象塑造或人物眼光、行为与言说写秦岭山水，用淡墨简笔绘山川烟润之色。秦岭山水风景，在近与远，山上与山下，高处与低处，镇内与镇外视点的自由穿梭中，尽收笔底。

首先，由小说人物引出秦岭自然景致。麻县长是寄托作家情怀的重要人物。他身处乱世，虽有补天之心，却无力扶大厦于将倾。他不仅被上级漠视，被同僚排挤，还先后被保安队、预备团挟持，空有救世之心，却只能做秦岭草木虫兽资料的记录整理。小说先借麻县长之口，介绍"秦岭其功齐天，改变半个中国的生态格局"的地理要势，再自述心志："我不能为秦岭添一土一石，就所到一地记录些草木，或许将来了可以写一本书。"又通过麻县长之

---

① 贾平凹、韩鲁华：《中国化的文学写作——贾平凹新作〈带灯〉访谈》，《穿过云层都是阳光：贾平凹文学对话录》，北京联合出版公司2016年版，第136、137页。
② 贾平凹：《山本·后记》，作家出版社2018年版，第526页。
③ 贾平凹：《山本》，作家出版社2018年版，第332页。

笔,一一写出蕺菜、大叶碎米荠等多种草木,并对其根、茎、花、果,形、状、颜色、数量等,做极详尽的描述。他自言他"可能也就是秦岭的一棵树或一棵草",还把书房名为"秦岭草木斋"。最终,麻县长沉潭自杀,留下《秦岭志草木部》《秦岭志禽兽部》两部珍贵手稿。小说还借其他人物之口对秦岭植物药草做介绍。如借去虎山挖药草的白起之口,介绍款冬花、忘忧草等九种药草的花色、果实、叶子、形态、习性。再如,借奉麻县长之命去山中采药的王喜儒,写出秦岭山中可做药材的十三种草木。

其次,借人物行踪,在动态叙事中,写出秦岭的奇异景致。如杨钟和陈来祥寻找井宗丞,行至留仙坪,小说便通过人物的视角,写到高大粗壮、遍布苔藓的栲树、槲树、椤树,写到突然出现的云雾、狼和老虎。再如,借助秦岭游击队的行踪,写出云寺梁的景致:众沟丛壑,乱峰突兀,叠嶂错落,地势险恶,多怪兽奇鸟,长着狗身人脚的熊,长着如象般獠牙的野猪,还有其他如啄木鸟、西鸥䴖、白蜡虫、椓树、女贞树等。比较典型的是,小说写阮天保率保安队攻打涡镇时,把双方的战斗场景与黑河白河的风景进行了细腻融合。秦岭的水——黑河白河,水中植物——蒲蒿和芦苇,水边的飞鸟鸣禽——雁、白鹤、鹭鸶、老鹳、天鹅,均在对战斗过程和场景的叙述与描写中,自然地一一带出。又比如,由花生的梦境,写出河中黑鹳——它的长腿、有着紫色绿色光泽的尾羽和复羽,披针形的长羽;虎山上空漂浮的白如棉花的船形的云;由山梁绵延成片、蔚为壮观的野菊花;奔跑的林麝——它的牙齿和分泌麝香。不仅如此,小说紧接着又借打更的老魏头,写到落在绽放的月季花蓬和瓦楼、门楼上的虎凤蝶——它的小儿手掌般大的身体,黑色鳞片和细长的鳞毛,遍布虎斑条纹的黄色的双翅。它们虽然没有出现在花生梦中,却因作者微妙如神的叙述与花生梦中所见悄无声息地连成一片。

再次,在特定情境下,某种"风景"的出现,往往牵连着人物的命运归路,这一点尤其值得注意。县政府入驻涡镇那天的黎明时分,一群鸟飞到镇上,中午时仍在空中飞翔。小说通过陆菊人、花生、陈老庚等镇上看热闹的人们的眼睛,写其形、色,猜其品类。小说借陈老庚之口,点出绶带鸟来自深山老林;借写花生的困惑,既介绍了虎山中的鸟类如白鹭、黑鹳、斑鸠、噹鹇、酒红朱雀、金雕、红脚隼,又借机引出了成为县政府驻地后涡镇的政治力量格局。另外,写井宗丞被阮天保施展诡计害死之前,小说首先写天上的云:"井宗丞心情还不错,唱起了小曲,就看到远处坡根有一缕一缕烟柱,先以为是山里人家在烧地里的禾秆,走近了却是无数堆云,还作想这云是从地里生了往天上去的,还是天上的云落下来要生根?那云柱就散开了,弥漫得看不见了河谷。井宗丞自言自语:这是腾云驾雾地上天啦?!"①随后,小说用较多篇幅精致细腻地描写了水晶兰:"井宗丞就下了马,牵着顺一条小路往上走。小路两旁都是油松,像是列队欢迎似的,井宗丞蓦地就看到了松下的一堆腐叶上长着一簇水晶兰。在涡镇的时候,井宗丞跟爹去过白河岸的山上,他是见过水晶兰的,以后的十多年里,跑动了那么多地方就再也没见过。这簇水晶兰可能是下午才长出来,茎秆是白的,叶子更是半透明的白色鳞片,如一层薄若蝉翼的纱包裹着,蕾包低垂。他刚一走近,就有两三只蜂落在蕾包上,蕾包竟然昂起了头,花便开了,是玫瑰一样的红。蜂在上面爬动,柔软细滑的花瓣开始往下掉,不是纷纷脱落,而是掉下来一瓣了,再掉下来一瓣,显得从容优雅。井宗丞伸手去赶那蜂,庙前有三个小兵喊了声:井团长来了!跑下来,说:你不要掐!井宗丞当然知道这花是不能掐的,一掐,沾在手上的露珠一样的水很快变黑。但蜂仍在花上蠕动,花瓣就全脱落了,眼看着水晶兰的整个茎秆变成了一根灰黑的柴棍。井宗丞说:这儿还有娇气的水晶兰?小兵说:我们叫它是冥花。"②无论是云,还是生长于腐叶上的水晶兰,自是秦岭山脉生长之物,而那些莫名而起、四处弥漫的神秘的云,井宗丞"腾云驾雾地上天啦"的自言自语,以及貌似优雅娇贵却瞬间花瓣脱落、茎秆变成黑棍的"水晶兰"/"冥花",对于正走向死亡而不自知的井宗丞来说,无疑是一种凶兆和命运的暗示。

《山本》是一部关于秦岭的百科全书,草木植被、山川河流、奇珍异兽、

---

① 贾平凹:《山本》,作家出版社2018年版,第458页。
② 贾平凹:《山本》,作家出版社2018年版,第459页。

地理气候，林林总总，几无遗漏。但若将《山本》仅视为百科全书，未免偏狭鄙陋、难见小说神髓。因小说写秦岭博物，更写秦岭真身。博物之于秦岭，是叶、花与树枝、树干乃至根脉的关系，由一花而见菩提，由一沙而见世界，由有形之万物而见无形之造物。再者，秦岭之博物，多与人物处境、心境、心理、情感及命运相关，自然与博物的描述，多围绕"人"展开，是"人化的自然"，有天人合一式的隐伏在内。更重要的是，小说写风声、鸟啼、犬吠、鸡鸣、狼嚎、虎啸，流水声、花开声、叶落声，大自然中的一切景致，都带着作家对自然和宇宙的体验和感受。与其说它们是对某事某地某种情境下景致的写实，毋宁说是主体情感体验、个人感受、印象与记忆的传神写照，和天人合一、天我合一的哲学与美学意念的传递。

由此可说，《山本》历史叙事的重要美学特质是写意山水。小说对秦岭风物民情、山川草木的描绘，内含中国传统山水画的视点、笔法和境界，有传统易、道、禅思想的融入，散点透视，以实写虚，虚实相映，有无相生。但所谓有无、虚实之辨，在小说中并非抽象的哲学观念诠解，而是与主体所感受、审思的历史、现实、世界结合一处，形成了一个有意义的整体。这一有意义的整体，融合了具体与抽象、生活与审美、感觉与意念。在这里，抽象性、意念性和审美性，构成了对历史和现实具有超越性的维度的意义空间；具体、生活和感觉，又是抽象、审美和意念的生成性本源。对于贾平凹来说，这些本源性之物，经常是以生命的肉身经验开始的，而肉身经验之实在，又包含某些出入于现实并与现实有不可化解的关联的神秘事象和极致性生命状态。前者如胭脂地、皂角树、陆菊人家的猫、金蟾、夜间遇鬼、鬼魂附身等，后者典型如三猫的剥皮、李掌柜因爱子被杀心智迷狂时的自我阉割、预备旅士兵因性无能受到同伴嘲笑作践，恼恨之下的自我阉割等。

《山本》塑造了一个虚实、有无、人鬼交错并存的整体性意义空间，其叙述包含着作家对秦岭的感性体验、个体历史记忆和博物学理解，以及作为叙述根基的形而上的信仰和文化感知。小说所呈现的风物景观，既是现实中国可视的风景，承载、见证着现代中国的历史，更是流逝的历史及叙述之外的写意山水。关于山水画,韩国学者金禹昌认为:"山水画的空间比起西方画的空间更为具体。它能够被我们直观地感受到。在绘画当中观点和构图问题,是技术问题也与哲学问题相关,即与'对于艺术家或者人类主体的经验来说空间意味着什么'的问题相关,而且终究也会深入到如马丁·海德格尔所提到的对'敞开领域'的反思。"① 山水画中蕴含哲学的、宗教的形而上终极性维度,"山水画的空间似乎看起来提供了更丰富的空间体验与空间组织的可能性,因为至少它在一方面更忠实于人类的具体体验的同时,在另一方面传达了更多的与整体性的、无限广阔的空间有关的内容"②。《山本》为"秦岭"塑形、立传,以朴素纯净的笔墨,借助饱满的细节,对自然、历史和涡镇生活做写实性描绘,只是这里的自然和历史并非与主体分离的客体、实体性存在,而是一种有生命与文化的融入并能体验到的"山水",它通过名称、形态各异的山、水,峭壁、岩石、云雾、花草树木等自然世界中的形象,得以现身,并以其具体性、可视性,做出整体性、混沌性和根源性空间的"暗示"。《山本》以山水画的形式,表现"秦岭"及与其相关的现代历史,离不开某种特定的"认识性装置"——中华民族思维和中国传统艺术美学,这一"装置"是《山本》作为写意山水的生成性资源,而写意山水的塑形主体是根植于中国传统思维和文化场域的主体,这一主体所处的文化场域,在深层反映着中国特定的历史观、宇宙观和美学组织原理。关于这一点,可由本文关于《山海经》与《山本》之关联性的分析中得窥。

《山本》返归民族文化传统谱系和脉络,以写意山水的形式超越既有的历史认知及其现实主义叙述模式,写出了生命宇宙的大境界。因此,《山本》独特的超越性,既在于对历史与现实的超越,又在于对人类生活的超越。如作者所言:"《山本》里虽然到处是枪声和死人,但它并不是写战争的书,只是我关注一个木头一块石头,我就进入这木头和石头中去了。"③ 它不是要再现宏

---

① [韩]金禹昌:《风景与心》,白玉陈译,四川教育出版社2015年版,第80页。
② [韩]金禹昌:《风景与心》,白玉陈译,四川教育出版社2015年版,第93页。
③ 贾平凹:《山本·后记》,作家出版社2018年版,第525页。

大性历史和日常性生活现实,而是要穿越大历史大时代的历史文献记载和墓碑、纪念碑式的论述,进入原生的情境与细节,突破执念,以物观物,发现一切现象里包蕴着的生意。

小说人物或生长于或长眠于秦岭。他们的身体,他们的心血、痛苦、欢乐,都与秦岭的山、水、云、雾、风雨、阳光、河流、涡潭合为一体。相对于秦岭的广袤肃穆,人只是极其微渺的存在;相对于秦岭的久远恒长,历史只是极短暂的一瞬。历史的暴力、死亡,人类的战争、屠杀,人在历史中的罪孽和恶魔性,人世间的种种劫难,人面对生命危机时的种种——恐惧痛苦或坚韧刚毅,心存侥幸的苟免或心怀感慨的解脱,对于人类自身来说,自有其难以摆脱的悲剧性或荒诞性——若置诸自然、宇宙,却只是大生机中的小天地。"上天有好生之德,大地有载物之厚"(《论语·颜渊》),世事的明灭,生命的迁化与不测,世相的流幻变灭,是生命运化的规律,亦体现宇宙嬗递的节奏。

以历史哲学为执念的小说叙史,拘囿于某种观念、立场和规范,对身外之穷达毁誉念念不忘;反转历史哲学,视历史与生命为虚无,又何尝不是作茧自缚。《山本》叙史,对自然与生命,念兹在兹,对历史之暗淡与诡异,时时提醒,指出其间心魔的作祟,使之获得超越凡尘、世俗的澄怀观照。但历史兴亡之叹,生离死别之情,又如何能于自在空灵的无人之境中云敛无迹?《山本》以写意超脱写实,却又以"实""有"破除"虚""无"的迷障;以宇宙感超越历史感,却又于历史与人的纠葛中,包蕴痛切的历史反思、人性透视和深沉的人生喟叹。《山本》是强烈的人生感、历史感和宇宙生命感的融通,是在"现代性,传统性,民间性"[①]的多重维度上,对历史与生命意义的富有思想深度、精神力度和美学张力的求索。《山本》以文学言说民族历史的路径、方式和达到的境界,其历史叙事的精神、思想和美学特质及其内在价值与启示性意义,远远超出了文学自身。

(本文与王金胜合作完成)

---

① 贾平凹:《山本·后记》,作家出版社2018年版,第526页。

《山本》抒情话语的再造

《山本》的抒情话语有清晰的人性维度,是一种人性抒情话语,其构造自有贾平凹创作的自身脉络,若置诸中国现代抒情传统,则与沈从文、汪曾祺和孙犁等作家有内在的沟通,是现代人性抒情话语的承传与创造。

以小说与散文创作闻名的贾平凹曾说:"我不是现实主义作家,而我却应该算作一位诗人。"① 如何理解他所说的"诗人"? 他又说:"写作为的是心中块垒发泄。"② "小说小说,就是'说',人在说话的时候难道有一定的格式吗? 它首先是一种情感的宣泄,再就必须是创造。"③ 诗人写诗,自是情感、情绪的宣泄,却又不止于此。有学者也指出,贾平凹小说有"一种抒情性的悲悯",借此可释放"作家那颗真诚和热切的心随时代和社会生活一起跳动而释放出的炽热的'今情'"④。那么,作家的悲悯之心如何出之抒情,情感又如何形式化、修辞化?

贾平凹小说与现实主义小说有诸多不同,比如以实写虚:"现在要写,得从生活中真正有了深刻体会才写,写人写事的要写得准写得实,又得有形而上的升腾,如古人所说,火之焰,珠玉之宝气。"⑤ 那么,他究竟如何处理扎实、密实的写实与写意、抒情的关系,或者说,如何处理细节、故事(或者"说话")与情感组织与发抒的关系?

颇有意味的是,即便对散文这种通常所谓抒情文类,贾平凹也认为自己中年以后的写作"所写的都是自己在现实生活中真正体悟的东西,它没有那么多的抒情和优美。它拉拉杂杂,混混沌沌,有话则长,无话则止,看似全无技法,而骨子里还蛮有尽数的"。在他看来,"读散文最重要的是情怀和智慧,而大情怀是朴素的,大智慧是日常的"⑥。这里的问题是,基于贾平凹对散文的

---

① 贾平凹:《高老庄·后记》,人民文学出版社2008年版,第359页。
② 贾平凹:《答人问奖》,《五十大话》,人民文学出版社2008年版,第197页。
③ 贾平凹:《答〈文学家〉编辑部问》,《五十大话》,人民文学出版社2008年版,第197页。
④ 刘艳:《贾平凹写作的古意与今情》,《扬子江评论》2018年第2期。
⑤ 贾平凹:《关于写作——致友人信五则》,《天气》,作家出版社2011年版,第2页。
⑥ 贾平凹:《序——给责编的信》,《天气》,作家出版社2011年版,第2页。

基本认识——毋求抒情而写现实体悟；毋求文笔优美而尚朴素日常；不讲起承转合而随性写意——散文书写尚且回避"抒情""优美"，何况小说这一叙事文体？那么，究竟如何看待贾平凹小说的抒情？以抒情视角观照其小说，其阐释的有效性如何？本文将以《山本》为典型案例，剖析贾平凹小说的抒情话语构造，阐释其抒情策略、抒情的思想与美学特质，并在文学史视野中给予价值评判。

一、古典资源的汲取与历史暴力情境下的抒情新机

抒情即将主体情思以确定的具体形式凝定于语言文字，对之做结构性、秩序性的表现，如李欧梵所言，抒情"不只是一种个人情感的发泄，而是情感如何经过美学的转化而变成形式的问题"，"所谓'抒情'，就是用一种艺术的手法，把当时个人的短暂的感觉'内化'成一个永恒的东西，这就要靠结构、语言和意象的运用，这些都是诗的形式的一部分"。他认为："中国的艺术——中国的抒情艺术的特点就在于此：它既可以抓住一个瞬间，又可以把这个瞬间变成一种比较永恒的境界和视野。境界包括视、听、感受——个人的全方位体验。"[1]抒情话语建构，即对心境与象意，内在情感与外在描绘，自我与人生，短暂与永恒，有限与无限的多重关系的处理。贾平凹深受传统文人文化浸润，这在《山本》亦有体现。

首先，感应兴发，以象写意。中国传统抒情美学主要来自古典诗歌和山水画，古典小说受其影响，时以诗歌的加入，增强小说的诗性与抒情性。高友工论中国抒情"美典"，说"由于抒情美典是内省，它的主要描写对象自是心境，它的主要描写方法自是象意"[2]。又说"抒情美典在游心一层中做到内化的一面，在写意一层中显示它特有的象意的方法。抒情即是人生的体现，自

---

[1] 李欧梵：《中国文化传统的六个面向》，中华书局2017年版，第130、131、132页。
[2] 高友工：《中国文化史中的抒情传统》，《美典：中国文学研究论集》，生活·读书·新知三联书店2008年版，第103页。

我现时的体现"①。《山本》是如何在"瞬间""现时""永恒""无限"之间建立一种辩证而无痕迹的关联,情感又是如何在文本中被形式化,并通过叙述得以呈现的?

《山本》塑造人物,注重其内在的诗意气质或韵味。陆菊人,"人淡如菊",其温煦柔婉气质,以胭脂地、茶行做衬托;花生,亦人如其名——"花"生,衬以家院墙外开得蓬蓬勃勃的月季、夜间落在月季蓬上的虎凤蝶;此外,宽展师傅与地藏菩萨庙之间,陈先生与安仁堂之间,均存在人物与环境之间的映衬、互生关系。小说将人物置于特定的环境与情境中,突出他们所特有的仁者、智者一般感受生活的方式和脱俗的气质。这与古典抒情巨作《红楼梦》塑造林黛玉、史湘云、晴雯等的手法一脉相承。

《红楼梦》的诗性抒情对《山本》的渗入还表现在,以饱满的细节、生动的情节和自然的写人状物,塑造扎实谨严的写实性,使富有抒情性和诗意的情节合乎情理。《山本》在整体格局上,雅俗相间,互相映衬;在具体展开情节时,如生活本身般熨帖细腻。如写井宗秀看到媳妇兀自去给五雷买喜欢吃的饸饹,心里生气,出门去街上闲走散心:"井宗秀还生着气,一边踢着一个小石头,一边往前走,这么踢着走着,突然闻到一股香气,看见旁边的院墙上蓬蓬勃勃涌了一大堆蔷薇,花红的白的开得正繁。涡镇上的人家有喜欢在院子里种些花花草草的,可从来还没见过这么大藤蔓的蔷薇,那花好像在院子里开得装不下了,就爆出了院墙。井宗秀痴眼看着,一朵花就飞起来,飞过了墙头,在街空中忽高忽低,扭头看时,那不是花,是一只蝴蝶,而远处站着陆菊人。"②这是日常生活的画面,也是人物心理与情感的暗示,是诗的意境,是饱含诗情画意的抒情文字。

其次,写实以抒情,融情于叙事。古典小说的抒情往往会借助扎实谨严的细节,而非直抒胸臆或浓墨渲染。这是理解《山本》抒情话语的重要切入

---

① 高友工:《中国文化史中的抒情传统》,《美典:中国文学研究论集》,生活·读书·新知三联书店2008年版,第141页。

② 贾平凹:《山本》,作家出版社2018年版,第74页。

点。文风与贾平凹相近,对贾平凹颇为赞赏的孙犁,在谈到小说的抒情问题时认为,将抒情或议论加入叙述描写,以直抒胸臆的方式宣教的写法,出自受翻译白话小说影响的新小说,是"洋为中用",中国古典小说并无此手法。孙犁本人少年时代受此影响,视小说与诗歌为一体,"实便于情感的抒发尽致",研究中国古典小说后,他发现"有此不为难,无此则甚为难","中国两大艺术巨构:《红楼梦》《水浒》,均为现实主义小说。其表现手法,纯用描写,无分巨细,生龙活虎,无一败笔。感情寓于客观之物之中,作者、读者与书中人物共之。如长江大河之奔流,两岸景物自亦同时融会其中,不分主客。从来没有见过,曹雪芹和施耐庵,在叙述人物、时令、天气之时,忽然发一通议论或感慨的"[1]。汪曾祺谈叙事与抒情的关系时,认为小说的情感表现不应该特别说出,而应蕴含在字里行间,"在叙事中抒情,用抒情的笔触叙事"[2]。

贾平凹小说与此类似,注重通过扎实的生活与人事体验,借助扎实的细节,平静地、有耐心地写出来,由实而虚而境界。在《怀念狼》中,他"第一回试图以实写虚,即把一种意识,以实景写出来,以后的十年里,我热衷于意象,总想使小说有多义性,或者说使现实生活进入诗意,或者说如火对于焰,如珠玉对于宝气的形而下与形而上的结合"[3]。在《秦腔》里,他"主张过以实写虚,以最真实朴素的句子去建造作品浑然多义而完整的意境……"[4] "意象""意境""诗意"是典型的诗学术语,贾平凹时时谈及,未可视而不见。

贾平凹创作,常以深挚而不得不发的情感作为动力源,将主体情思融入叙述,注重情与人、物、景、事的浃洽。主观性情的发抒,受小说叙事性的限制,尤其对于现代小说来说,其社会性、现实性和历史化诉求,对古典抒情美学提出了重大挑战。正是在这个意义上,普实克提出了新文学的史诗与抒情

---

[1] 孙犁:《小说杂谈·小说的抒情手法》,《孙犁全集》第6卷,人民文学出版社2004年版,第260页。

[2] 汪曾祺:《小说笔谈》,《晚翠文谈新编》,三联书店2002年版,第28页。

[3] 贾平凹:《怀念狼·后记》,安徽文艺出版社2010年版,第197、198页。

[4] 贾平凹:《古炉·后记》,人民文学出版社2011年版,第607页。

的辩证命题,一方面,他认为,"主观主义和个人主义倾向"在中国现代思想和艺术中具有"无比重要性"。另一方面,他又认为"自我意识也必须与现实主义并驾齐驱,作家不仅应当具备探索自身性格的能力,也必须具备不带任何传统偏见地看待自己、看待现存事物的能力。……对自我及其存在与意义的觉醒伴随着另一个特征,即对生活悲剧性的感受"①。20世纪中国文学始终纠缠着抒情与叙事、抒情美学与史诗美学、个人感兴与历史寄托、家国情怀甚至阶级论述之间的交错、交锋乃或悖论、冲突。贾平凹自《小月前本》《鸡窝洼的人家》《腊月·正月》中对改革现实的关注、对社会主义新农村的现代化想象和"新人"塑造,到"商州三录"借山水风物发掘民族血脉,写世道人心,《浮躁》写地域文化和改革现实的纠缠,《废都》以性爱为切入点写当代情境下文人与传统文化的颓败,《秦腔》对乡土中国、传统文化崩解后的鸡零狗碎进行细密写实,再到《古炉》《极花》《老生》借历史、现实写"世情、民情、国情",追求"现代性,传统性,民间性"的统一,在在显示着作家在个人与时代、个体诉求与社会情绪、文学与历史、情感与现实、写实性与写意性、物象的细节与精神的超越之间的挣扎、穿越和突围。

贾平凹对人、事、人世、时代隐秘而持久的热情,对历史的残酷、暴力、无常持久的体验与记忆,对于主观性情和个我情怀的发抒、渲染来说,无疑是一种客观的限制。同时,《山本》以四十万字的篇幅,将上世纪二三十年代秦岭山脉的现代历史、民情风习和自然景观做全盘观照,无疑也是一项浩瀚的工程,需要作家心智和体力上的持续力和韧性。因此,《山本》抒情话语的模塑,就很难用中国传统抒情理论做有效阐释。"在心为志,发言为诗",捕捉情与景刹那间的感应兴会,于短暂、有限形式中包蕴永恒、无限等抒情"美典",在此显出某些需要穿越的局限性,同时也给贾平凹带来了诸多挑战。

首先,在历史暴力的抒情修辞方面。《山本》的抒情话语,是现代小说的抒情话语,是现代性叙事与抒情的交杂,它汲取古典诗性抒情资源,而又突

---

① [捷克斯洛伐克]普实克:《中国现代文学中的主观主义和个人主义》,《抒情与史诗》,李欧梵编,郭建玲译,上海三联书店2010年版,第2页。

破古典抒情范式的束缚,将历史、时代、政治、文化作为观照、审思和表现的内容、对象,扩大小说对外在经验的表现范围。正如王德威所认为的"贾平凹的挑战恰恰在于他企图以抒情的笔法书写并不抒情的题材"①,《山本》将历史的暴力、血腥与污秽,将民情民风、民间文化纳入叙事,扩张抒情话语的边界与内涵,拓展小说美学经验。

《山本》的抒情话语既在以诗情画意写秀丽山川,亦在超乎诗画般优雅古典美学,写出历史的动荡与斑驳,在写六百里秦岭"风硬""雨急""路瘦""潭黑"的自然景观和"雁肃鸿哀""狗盗鼠窃""豺狼当道"的社会现实②。在这里,秦岭的山水美景隐匿了,没有让人心醉神迷,乐而忘返的"抒情时辰"(lyrical moment),有的是斑驳难堪的历史。小说书写了混乱、残破、喧嚣、断裂的历史时代。时逢乱世,纲纪废弛,政府军、保安队、游击队、预备团(后升格为预备旅)、土匪、逛山、刀客,各方武装你争我夺,枪声四起,硝烟弥漫,百姓遭殃,生灵涂炭。加之天灾严重,百姓饿死,饿殍遍地,而官府税赋不减,高利贷者趁机放贷,导致民怨沸腾,各地农民暴动频发。各方势力彼此相杀,冤冤相报,你死我活,人心涣散,道德败坏。历史中堆积着层层叠叠的尸体,萦绕着死亡的无声的喊叫与呻吟,游荡着难以计数的亡灵与鬼魂。

《山本》直面历史,对井氏兄弟、阮天保等人物的刻画,具有历史和人性反思的深长意味。这体现着《山本》历史叙事的现代性质素。小说开篇不久,就写到水烟店井掌柜于乱世之中,为求自保,暗地里联络成立互济会,集资千余大洋,不料走漏风声,井掌柜在收购烟叶时被绑票,井家交赎金将其赎回,却未能阻止井掌柜死于非命。此番蹊跷之事,竟是其正在县城读书的长子井宗丞所为。井宗丞追求革命,加入组织,为筹措活动经费,竟出主意绑架生父,致其惨死。一心革命、作战英勇机智的井宗丞,后来却在红15军团内部的斗争中,被为报井宗丞二弟井宗秀杀害父母的私仇的阮天保暗中设计

---

① 王德威:《暴力叙事与抒情风格——贾平凹的〈古炉〉及其他》,《南方文坛》2011年第4期。

② 参见《山本》勒口处《写完〈山本〉所记》,及正文第428页。

杀害。历史之吊诡、凶险，人心之阴暗，人性之残忍，可见一斑。

作为小说重要人物，井宗秀这一形象包含着作家对历史之无常、残酷与人性之多面、复杂的深入探究和深刻思考。井宗秀少不多言，心思细密，初为画师，即在处理其父的丧葬过程中，显示出其机智慧黠。他挑动土匪五雷杀死岳掌柜并占有其家产，在五雷占据涡镇后，他发现媳妇与其私通，便先是设计使媳妇"无意间"坠井而死，进而巧用美人计离间计，唆使二架杆王魁杀死五雷，并暗度陈仓，与县保安队里应外合，彻底歼灭了土匪。继而，他又与阮天保在预备团领导权的争夺中占据上风，独掌大权。其后，他软硬兼施将县政府迁至涡镇，架空麻县长。独据一方的井宗秀，在权力欲望的催动下，罔顾涡镇民生，欺男霸女，征收重赋，对背叛和伤害自己者施以酷刑：剥叛徒三猫的皮做人皮鼓，将杀害长兄的邢瞎子抠眼、割肉、剜心、卸头，手段极其残忍。他最后死于突如其来的暗杀，这看似偶然，其实与他由精明隐忍、能屈能伸变得刚愎自用、独断专行有关，亦与其从涡镇的保护者蜕变为压榨者有关，在这些因素的交互作用下，他即便不死于心狠手辣的阮天保之手，也会被其他视其为仇雠者所杀。阮天保先后杀掉井氏兄弟，固然是出于复仇心理，而其游走于各股势力之间，无信无情，为达目的不择手段，罔顾公理正义之举，亦为人不齿。更让人震惊的是，他杀死井氏兄弟，是在加入游击队、红15军团之后，这种借历史正义之名以达阴暗邪恶目的之举，并非历史中极端的个案。《山本》通过对这三个人物的塑造，显示了作家洞悉历史真相，深切反思历史所达到的现代性力度和深度。

作家在后记写道："巨大的灾难，一场荒唐，秦岭什么也没改变，依然山高水长，苍苍莽莽，没改变的还有情感，无论在山头或河畔，即便是在石头缝里和牛粪堆上，爱的花朵仍然在开，不禁慨叹万千。"①小说以情说史，以史书情，情思弥漫。小说写了宗丞对其父井掌柜的设计利用，井氏兄弟国共殊途而情义未断，天保与宗丞为同学、与宗秀为发小，却暗中杀害二人……小说更以大量笔墨书写宗秀与菊人介乎精神恋人与心灵知己之间的微妙感情关

---

① 贾平凹：《山本·后记》，作家出版社2018年版，第523页。

联,一缕思绪,一点心念,一份美好的牵挂,有真纯的祝愿、美好的奉献,有交契的喜悦,也有渐行渐远的清冷与凄楚。"诗人的职务不是寻求新的感情,只是运用寻常的感情来化炼成诗,来表现实际感情中根本就没有的感觉。"①小说将父子之情、手足之情、同窗之谊、朋友之义、知己之意等"寻常的感情"化炼成诗,结构抒情话语,与历史叙事并行互补,共同参与对历史暴力的批判与人性反思。小说强烈的历史文化批判意识,既在于现代理性光芒对于历史文化非理性因素的照亮,亦在于以人物之间的情感伦理关系与历史情境的互动,写出完整、微妙的情感过程和结局,做人性、伦理和历史的多重见证。

其次,在人间经验的抒情修辞方面。贾平凹并不是传统意义上的现实主义作家,他对历史和当下中国社会生活的关注,并不执着于社会政治经济结构嬗变对人的根本性影响和塑造。《山本》以涡镇为历史叙事的扭结,用涡镇关联错杂交错的各方力量,以涡镇的民间日常生活为历史叙事提供"在地"的本真性,以及民间阅世、人间看史的视角和价值观。《山本》书写现代史,并未对历史事件做详尽的叙述和诠释,即便写到秦岭种种政治和武装势力及其间的矛盾与斗争、交错与消长,亦做淡化或模糊处理,并不细究其中原委,不做深入细致的剖析。小说拒绝观念的渗透,以个人体验和情感,面对生活本身,通过日常性、民间性与历史性的对话,写历史/生活/民间之变/不变的交错。小说写菊人与杨钟的夫妻之情,杨掌柜与杨钟的父子之情,杨钟、菊人与剩剩的父子、母子之情,宗秀与剩剩父子般的情感,宗秀与宗丞的兄弟之情,宗秀与杨钟、杜鲁成等的兄弟之情,菊人与花生介于姐妹情与母女情之间的情谊,菊人与杨掌柜的翁媳之情,菊人、杨家与陈先生的街坊关系,陈先生与剩剩的师徒之情。小说借菊人、花生的出嫁,写婚嫁风俗;借井掌柜、杨钟、宗秀之死,写浮丘等丧葬风俗;借店铺生意,写饮食文化;多番涉及民间神秘文化:胭脂地、皂角树、陪菊人出嫁的猫、金蟾、阮宗成之死,

---

① [英]托·斯·艾略特:《传统与个人才能:艾略特文集·论文》,卞之琳、李赋宁等译,上海译文出版社2012年版,第10页。

老魏头遇鬼，人皮鼓遇风雨天自鸣，周一山听得懂鸟语兽语，青蛙协助麻县长断案，麻县长眼里涡镇男人有动物貌相等。此外，小说详细写收皮子、买缸、抠皮子、开刮、脱灰等皮货作业工序，写收茶、开包剁茶、打吊、端苟郎、畅锅、搔茶、封茶等黑茶制作工序，娓娓道来，一丝不苟，不厌其烦。小说所写均为习见之物和日常经验内的情感，平凡而普通，并因此写出了其于历史（叙事）之不可或缺的重要性——因其平凡，方能彰显其深刻、鲜明的意义。这种写法，既将民情习俗、地域文化和神秘文化因素吸纳进历史叙事肌体，汲取源源不竭的丰富养分，又以历史的智慧与筋骨作为叙事脉络与支援，以勘破历史玄机，透视人性与人生真相。如此作法，既避免了"历史/现实"叙事的狭窄、逼仄，又使其抒情话语免于陷入瞩目个人性情与生命体验感发兴会的传统格套，将语言文字的感性推入更驳杂丰厚的空间①。《山本》的抒情即为过程复杂、事件繁多的"大"的经验的抒写。

再次，在以物观物，"无我"的抒情修辞的方面。"诗不是放纵感情，而是逃避感情；不是表现个性，而是逃避个性。"②艾略特此说或显偏激，却颇有道理。于无声处听惊雷，抒情的强度和力度来自情感表现的节制、含蓄。"抒情，不要流于感伤。一篇短篇小说，有一句抒情诗就足够了。抒情就像菜里的味精，不能多放。"③情感的秩序也是文学的秩序。《山本》的抒情在以我观物的方式以外，更有以物观物，作家时于叙事、描写中回避主体情感的流露，以"无我之境"造拈花微笑之美学效应。小说写井宗丞杀恶霸程茂雨："井宗丞扔开他，他抱着一条断腿就跑，跑出三丈远了，井宗丞一枪打了，说：我不会沾你血的。看着程茂雨倒在那里，身子往外喷血，喷完了，用刀割了头。"

---

① 吕正惠将中国抒情传统特质归结为"感情经验的本体化"和"对文字感性的重视"两点，参见吕正惠：《抒情传统与中国文学形式》，《抒情传统与政治现实》，华中师范大学出版社2011年版，第33页。

② ［英］托·斯·艾略特：《传统与个人才能：艾略特文集·论文》，卞之琳、李赋宁等译，上海译文出版社2012年版，第10—11页。

③ 汪曾祺：《说短——与友人书》，《汪曾祺全集》第3卷，北京师范大学出版社1998年版，第225页。

再如写走投无路的游击队被迫转移到云寺梁:"于是在一天,祥云万朵,踊跃驱驰,游击队带了粮食、布匹、食盐和菜油,呼呼啦啦来了。但是,云寺梁从来没有过外人进入,听说游击队要来,三户人家连夜逃跑。"李得旺割断逃跑者绳索,致其跌落山崖后,小说写道:"半天后,各家各户的人都拿着腊肉或提着自酿的苞谷酒出来欢迎。"井宗秀杀死信水来后将多具尸体堆放一处,用手榴弹引爆:"……尸体全成了碎块抛在空中,再像雨一样落在卧倒在院外士兵的身上,有一颗眼珠子就在井宗秀的脚前,他踩了一下,想听听响声,但没有响声。"三处皆写杀人,却极为克制,极为清晰、简洁,仿佛"无我""物化"的叙述,却又于突然之间以以己役物的姿态和腔调,使情感随物婉转,符合事、物之本身特性,"知识"、成见的粘滞被破除了,生命本身的存在被突出,其强度和力度以精确的文学方式得以呈示。学者从阿城小说中"深刻体会到抒情传统最隐微的奥妙——多写不如少写,不如不写——言说不如沉默来得意味深长,妙不可言"[①],《山本》庶几近之。第二第三举例,则在极致的简洁之外,与某些历史叙事潜文本构成互文性,以叙事中的"跳脱",在时间断裂的缝隙中生发带抒情意味的反讽与含混效果。

二、抒情策略与中国现代抒情话语谱系

实际上,仅仅将《山本》的抒情话语归结为来自西方的浪漫主义或中国古典主义传统,并不贴切。同样,将《山本》的抒情话语视为如沈从文般对现代性历史暴力的反抗,亦不妥帖。《山本》固然有对现代性历史暴力的痛切省思,但作家并不想回归古典诗文和个人优雅趣味式的浸润,亦不愿回归现代抒情作家那种田园牧歌式的人性与审美乌托邦营造。《山本》的抒情话语包含更复杂更多面的文化精神向度。

《山本》的抒情话语有清晰的人性维度,是一种人性抒情话语,其构造自

---

① 黄锦树:《抒情传统与现代性——传统之发明,或创造性的转化》,《抒情之现代性:"抒情传统"论述与中国文学研究》,陈国球、王德威编,生活·读书·新知三联书店2014年版,第687页。

有贾平凹创作的自身脉络，若置诸中国现代抒情传统，则与沈从文、汪曾祺和孙犁等作家有内在的沟通，是现代人性抒情话语的承传与创造。

有意味的是，贾平凹、沈从文都以抒情为文学的特质与功能，并有相近的抒情策略。前者认为："语言的功能是表现情绪的，节奏把握好了，情绪就表现得准确而生动……"① 这与沈从文致力于增强"精神或情感"表现的深度和广度极为相似："我的文章……不过是一堆习作，一种'情绪的体操'罢了。是的，这是一种体操，属于精神或情感那方面的。一种使情感'凝聚成为渊潭，平铺为湖泊'的体操。"② 贾平凹评论沈从文："胸中要有说的话、有悲痛、有郁情、有悲绪、不吐不快、不说不行。艺术都是情绪的东西。有社会情绪和个体生命的情绪。情绪如结合到一起，写出来就是好作品……"③ 可谓抓住了沈从文创作的情感动力机制及其情感性的内在特质。同样，二者抒情亦不青睐鲜明的直抒方式，而将感觉细节作为抒情美学建构的重要因素。"……伟大的诗可以无须直接用任何感情作成的：尽可以纯用感觉。《神曲·地狱篇》第十五歌（布鲁内托·拉蒂尼），显然是使那种情景里的感情逐渐紧张起来；但它的效力，虽然像任何艺术作品的效力一样单纯，却是从许多细节的错综里得来的。"④ 沈从文凝眸人性远景，瞩目现世之声、色、味："我的心总得为一种新鲜声音，新鲜颜色，新鲜气味而跳。"⑤ 如汪曾祺所说，"他的风景画多是混合了颜色、声音和气味的"，"在小说描写人物心情时，时或揉进景物的描写，这种描写也无不充满着颜色、声音与气味，与人的心情相衬托，相一

---

① 贾平凹：《关于写作——致友人信五则》，《天气》，作家出版社2011年版，第227页。

② 沈从文：《废邮存底·情绪的体操》，《沈从文全集》第17卷（第2版），北岳文艺出版社2009年版，第216页。

③ 贾平凹：《沈从文的文学——在西安建筑科技大学的讲座》，《关于小说》，生活·读书·新知三联书店2008年版，第134页。

④ ［英］托·斯·艾略特：《传统与个人才能：艾略特文集·论文》，卞之琳、李赋宁等译，上海译文出版社2012年版，第7页。

⑤ 沈从文：《我读一本小书同时又读一本大书》，《沈从文全集》第13卷（第2版）北岳文艺出版社2009年版，第253页。

致"。①汪曾祺的小说何尝不是如此——无论是写风景、风俗还是世情，多以人物为中心，采撷意象，营造氛围，写出俗世的声、色、味。《山本》的历史叙事，铺展于日常和伦理维度上，有浓郁的世俗生活气。街巷、盐行、茶行、水烟店、瓜子店、挂面坊、酱笋坊、油坊、茶行等店铺，卖凉粉、卖卤肉、卖药草等生意，有声有色，有形可触，有味可嗅，有情可感。小说不夸张矫饰，不刻意抒情，却在没有诗意的日常中，自然而然地写出了具有抒情意味的民情风俗。

小说写伦理，以朴素的人伦关系营构"有情"世界，通过舒缓纡徐的笔调，写人物的一言一行，一举一动，一颦一笑，借由精彩微妙的日常细节、场景、思绪、梦境，微妙地点染人物的诚挚良善。正如麻县长所说，"这年月人活得不如草木，但人毕竟不是草木呀"。人非草木，孰能无情。为人而无情，心如槁木，铁石心肠，天地又如何不寂寞？小说写风俗，如多彩的风俗画，尤为惹人注目的是，预备团成立后，耍铁礼花的风俗——场景热闹、喜庆，宛如汪曾祺《岁寒三友》描写的陶虎臣放陷火，既是社火风俗，又见出人物彼时彼刻的处境和心情。

小说写风景，旖旎恬淡，景色如画，别有情致。战乱时代的各种人伦情感，回归日常生活和民间伦理的层面，别有一番温情暖意和幸福美妙的人间情义。《山本》写到了预备团击溃保安队之后，在短暂的平静生活中，陆菊人安然而愉快的心情。小说把此时此刻人物的心理、情绪、行为、动作描写，和墙角处野蛮生长的迎春花蔓、响成一片的蝈蝈、在桂枝上唱歌的鸟儿、瓦蓝的天空，缓缓飘起的炊烟，融合一处，在一派盎然生机中，写出人物"从来没有过的清爽和愉快"。颇有意味的是，小说先用千余字篇幅写陆菊人在碌碡上碾芦苇时，平和愉悦的心情和"轻巧而欢快，像在杂耍"的动作，写明亮的月光下，芦苇宛如铺在地上的一溜白带，伴着哔哔叭叭的声响和无数跳跃的光点。接下来，小说又用近两千字写了月光下虎凤蝶的飞舞、盘旋和栖落。轻柔曼妙

---

① 汪曾祺：《与友人谈沈从文》，《汪曾祺全集》第6卷，北京师范大学出版社1998年版，第353、354页。

的文字糅合着花生奇异美妙的梦境，有贾平凹小说中少见的诗情画意，其中蕴含着孙犁般的诗性笔致，如《白洋淀》中水生嫂月下编苇席，《嘱咐》中水生回家时孩子正酣睡，《风云初记》中春儿在如画般月下美景中甜睡……

小说写人物，亦是如此写法。陆菊人、宽展师父、陈先生，是代表着作家人性关怀、伦理关切乃至宗教情怀的重要人物，在《山本》历史暴力叙事的总体的道德设计中，发挥着无可替代的作用。陆菊人清淡素净，性情温和，敞亮达观。她经历坎坷，自小到杨家做童养媳，尚未圆房婆婆就死了，儿子剩剩腿残，丈夫杨钟身亡。小说借麻县长之口称她"犹抱琵琶半遮面又蕴含勃勃生机""洗尽铅华却历经沧桑卓尔不群"。她协助宗秀歼灭土匪，受命做茶总领，为经营殚心积虑，对众生心怀怜悯，出资制作延生和往生牌位，眼见宗秀对花生的冷落，也心有不忍，多方安慰。当目睹宗秀日渐专横跋扈、冷酷残忍时，她托花生以铜镜警戒之。安仁堂的医生陈先生可视为《古炉》中善人形象的延续，是作家传统民间伦理观的体现。通过描述陈先生的行为、言谈和品质，作家寄托了自己关于人类完满和谐生活的道德意识，体现着作家对人的价值、意义和目的的思考和艺术处理。陈先生医术高超，医德高尚，悬壶济世，发生霍乱时，他冒着生命危险只身匹马去三合县救治病患，有儒家舍生取义的担当，有佛家舍身饲虎的慈悲心怀。他收留下腿疾的剩剩为徒，教其谋生本领，治病行医时以传统儒家伦理、道家思想和传统民间处世哲学，化解生活中的矛盾纠纷，尽管很难区分这是儒家的仁者爱人，佛家的爱众生，还是民间的相濡以沫，但其仁者和深谙神秘文化之道的智者身份，确是无疑的。

作为一种话语实践，现代性历史主义叙事之目的就在于将无序变为有序，将荒谬变为合理，将暴力作为圆满幸福的必要条件和前奏。贾平凹以"阴柔性""温暖性""唯美性"为沈从文创作特色[1]，这一认识内含着两位作家对历史主义叙事美学的反动。"神圣伟大的悲哀不一定有一摊血一把眼泪，一

---

[1] 贾平凹：《沈从文的文学——在西安建筑科技大学的讲座》，《关于小说》，生活·读书·新知三联书店2008年版，第136—140页。

个聪明作家写人类痛苦是用微笑表现的。"①沈从文以抒情的诗意语言,呈示现代性暴力,以沉静舒缓见出历史与人性的暴虐,有清新与热情、朴实与悲痛的张力。《山本》与此仿佛,历史阳刚、冷酷、血腥,它却用抒情笔调、诗性语言和舒缓的节奏,对人物、情感进行表现。小说深入探察人物内心隐衷与委曲,在情感根基上生长、伸展想象与同情。小说的抒情围绕菊人与宗秀这对心有灵犀的异性知己的关联展开,从她陪嫁的三分胭脂地,到宗秀的飞黄腾达;从宗秀为报恩把从古墓中挖出的铜镜作为最珍贵的礼物送给菊人,到宗秀蜕变为欺压涡镇百姓的专制者,她又让花生把铜镜送还宗秀;从宗秀委任菊人为茶总领,到宗秀被暗杀、茶行毁于战火……男女主人公的内心世界、情感世界,联系着民间信仰和朴素美好的情感,柔软而温润,更联系着坚硬、冷酷、暴力的战乱时代。井氏兄弟、宗秀与花生、花生与菊人、刘老庚与花生等,他们的喜怒哀乐、悲欢离合、聚合离散,都是暴戾野蛮的历史下的卑微生命。孙犁与贾平凹,两位作家叙事／抒情间张力的建构,来自艺术情感表现的辩证法,但由此亦可窥见其处理历史与文学关系的特殊抒情策略。

对于艺术如何处理、表现情感,孙犁的看法与沈从文近似:"柳宗元说:'长歌之哀,过于痛哭;嬉笑之怒,甚于裂眦。'在出土的古书竹简上有一句话:'至乐不笑。'契诃夫有好几次告诉青年作者:写一个人悲哀,应该写他散步,写他吹口哨。""对生活了解得愈多的人,他在创作上愈能有节制,有含蓄,凡是生活本钱不大的人,他的文章就容易流于散漫铺张。"②《山本》写历史,涉及惨剧、悲剧甚至闹剧,但小说写山川风物——树、花、云、雾,动物珍禽,河水、潭水,写各行业的生意经,各形色人物的风貌,写人物间微妙的关系和温暖、美好的情感,有雅俗、轻重、缓急等叙述节奏和风格的贴切掌握,时有轻松、愉悦、戏谑或幽默色彩的点染与协调,于此可见贾平凹与沈从文的相通处。

---

① 沈从文:《废邮存底·给一个写诗的》,《沈从文全集》第17卷(第2版),北岳文艺出版社2009年版,第186页。

② 孙犁:《秀露集·进修二题》,《孙犁全集》第5卷,人民文学出版社2004年版,第259、261页。

汪曾祺、孙犁赓续鲁迅、郁达夫、废名、沈从文等的现代抒情传统。前者延续沈从文文脉，其小说富人情味、讲"和谐"、注重礼乐教化、淡化冲突、邪恶与纷争，以淡远朴素、温柔敦厚之笔和怀旧笔调，贴近人间，写世俗生活，富有抒情意味的同情心和诗意氤氲其间。后者小说亦有沈从文之风，其抒情清新明朗，纡徐从容，风轻云淡，是古典情趣、家园意识与现代家国想象的融合。但汪、孙又与沈从文不同，二人更多温和儒雅的书卷气和明丽清透的气质，不仅缺少暴力、血腥、死亡、欲望的内容，也缺少神秘、怪诞、诡谲甚至恐怖的氛围。而这些正是贾平凹、《山本》历史叙事与抒情话语不可或缺的内容。王德威论阿城时说："阿城抒情的极致处，不只在于容纳世俗欲望的千奇百怪，也更及于生命最凶险无情的时刻。……阿城写来俨然无动于衷。我们不禁要问，在什么意义下，这样的情境也堪称抒情？传统抒情文学讲究温柔敦厚、情景交融。阿城却似乎要说那些混沌岁月里，哪里容得下这样的闲情逸致？惟有出入粗鄙的丑陋的杂色，而且仍能参得其'情'，才是真正的情景交融。在这一方面，阿城的先行者不是别人，正是沈从文。"[1]无论是从暴力与抒情的关系上说，还是就抒情话语构造的驳杂性、内在品质和色泽、趣味上看，贾平凹无疑更接近沈从文。[2]

但贾平凹与沈从文的差异，亦很明显。这涉及他们如何处理历史与文学的关系，如何确立自身抒情策略的重要问题。沈从文关注平凡卑微人物的生命过程，关注个体对生命时间而非历史时间的感受，将时代、历史的宏大问题置于模糊的远景中。纤夫、水手、凡夫愚子，他们的贫贱、哀乐，纯朴与庄严，不可替代不可剥夺，但"这些东西于历史似乎毫无关系，百年前或百年后皆仿佛同目前一样。……对于寒暑的来临，他们便更比其他世界上人感到四时更替的

---

[1] 王德威：《当代小说二十家》，生活·读书·新知三联书店2006年版，第312页。
[2] 关于贾平凹与沈从文、汪曾祺的关联性研究，除王德威关于《古炉》的论文，另可参见樊星：《民族精魂之光——汪曾祺、贾平凹比较论》，《当代作家评论》1989年第6期。孙郁：《汪曾祺和贾平凹》，《书城》2011年第3期。张新颖：《中国当代文学中沈从文传统的回响——〈活着〉、〈秦腔〉、〈天香〉和这个传统的不同部分的对话》，《南方文坛》2011年第6期。

严肃。历史对于他们俨然毫无意义,然而提到他们这点千年不变无可记载的历史,却使人引起无言的哀戚"[1]。与沈从文将历史推入远景,将山水、田园放在前景,营造大静美感不同,贾平凹更重历史之动与"自然"之静的交互辩证。

三、抒情话语的众生情怀与宇宙生命向度

《山本》并未停留于人性与历史的批判,而是径直向前,在超越现代历史主义叙事和人性化世俗叙事的同时,进入了和谐静谧的天籁境界,如作家所赞赏的沈从文一样。也正因此,《山本》的抒情话语中,就隐含着超越性的众生情怀与宇宙生命空间。

《山本》叙事纵横捭阖,多方勾连,既微妙繁杂又开阔大气,但这些历史、风景、习俗的书写皆以秦岭为中心。从某种意义上说,小说的主角并非现代历史,亦非典型之人,而是"秦岭"。在作者心里,秦岭是一座伟大的神山,具有难以把握的神秘、神圣、神性,是人的智慧、知识、精神难以诠释的形上的存在。在这一超历史超人性和理性的至高至大的"风景"中,"现代"历史叙事无法在历史主义模式中展开,以完成关于"秦岭"的超越性言说。所谓的历史、现代,都被"秦岭"之"大"所包容、涵纳。小说将"秦岭"形塑、人性致思和历史拷问并置于一个文本空间,并将人性、历史及其间的纠葛纳入自身这个"生命的初声"中。与枪声、炮声这些人世之音相比,鸟鸣声、风雨声、叶落花开声、柏树扭折倒地声,尽管微弱轻渺,却同样是无可漠视的存在。与市声的喧闹与历史之声的庞杂相比,"秦岭"是静默的、漠然的,与斑驳的人生世相相比,秦岭是朴素的,仿佛淡墨山水。

《山本》为秦岭作传,既绘其形,山脉里的山川草木,珍禽异兽,云雾烟霞,涡镇上的县城市镇,街巷店铺,院落布局,逐一细笔写来,枝节丛生;亦透其形写其神,它的神秘、浩荡、蛮荒,它的故事、传说、风水、习俗,以及穿行于山脉中的各支武装力量和居住于涡镇的各色人等,他们的心理、情感与

---

[1] 沈从文:《湘行散记》,《沈从文全集》第11卷(第2版),北岳文艺出版社2009年版,第253页。

纠葛、缠斗，都一一展现。他们是属于秦岭的，他们在秦岭的物质化空间中为求生存或权力而挣扎、搏命，他们也在秦岭的文化空间中，为其滋养，亦被其拘束。"秦岭"是地理和世俗意义上的，亦是文化和精神意义上的。

地藏菩萨庙即 130 庙，是贯穿小说的重要意象。地藏菩萨如承载世间万事万物的大地，生命由大地诞生，并由大地负载；菩萨救度众生于种种困厄。小说中的地藏菩萨是一个怀大悲悯大慈悲的形象，也是一个让人敬畏的形象，即便是使强弄狠、视人命如草芥的土匪也惧怕他三分。土匪二架杆王魁禁止宽展师傅吹尺八，还踩坏了尺八，打了宽展师傅的嘴，结果仅被蚊虫叮了一下嘴，就昏迷了三天，便怀疑自己得罪了地藏菩萨，再不敢限制宽展师傅吹尺八了。宽展师傅不仅做法事，虔心礼佛，吹尺八，诵《地藏菩萨本愿经》，为亡者超度，且设延生和往生牌位，不分善恶，一视同仁地为涡镇的生者死者祈祷，使其灵魂安妥。幽然苍劲，如钟如磬的《虚铎》之音，回荡苍茫世间。陆菊人如世间的地藏菩萨，小说透过宗秀对她做了描述："……太阳刚迎面照着，陆菊人身上一圈光晕，由白到黄，由黄到红，忙从马背上翻下来，笑笑地站着。……井宗秀系好围巾，看着陆菊人，说：刚才我看着你身上有一圈光晕，像庙里地藏菩萨的背光。"[①] 小说后记写太白山顶老爷池边可爱的净池鸟，时时将池中片叶寸莛衔去，写开放于山头、河畔、石头缝、牛粪堆的爱的花。陆菊人与之何其相似，从不避人、不惧人，人亦莫敢捕/采之。它们/她是人世间的神性存在。

贾平凹此前的《老生》写人事，集中于现代当代历史的叙述部分，它对《山海经》篇章的引用和问答注解，同样是小说不可或缺的叙述构成。于是，现代历史叙事文本与代表着中国智慧和思维的典籍之间，形成了颇有意味的参照、对话乃至对比，现代史叙事于是有了更深远的民族文化背景和更博厚苍茫的历史感与宇宙感。较之《老生》的直观引用，《山本》谈《山海经》之处不多。一处是借麻县长说《山海经》中的各种怪兽怪鸟怪鱼并非神话中才有，在秦岭中也能见到，如奇异的猴子、羚牛、毛拉虫、鸟、熊、狸子等，而他在

---

① 贾平凹：《山本》，作家出版社 2018 年版，第 100 页。

镇里街巷看到的男人却都长着兽的脸面。另外两处出现在后记，一是"曾经企图能把秦岭走一遍，即便写不了类似的《山海经》，也可以整理出一本秦岭的草木记、一本秦岭的动物记吧"[①]。由此可见，麻县长身上有作者的影子。二是"随便进入秦岭走走……仍还能看到像《山海经》一样，一些兽长着似乎是人的某一部位，而不同于《山海经》的，也能看到一些人还长着似乎是兽的某一部位。这些我都写进了《山本》"[②]。这里可以看出《山海经》的另一影响。贾平凹曾谈到，在这部书中"凡是和人有关系的动物，像人某一点的动物，都是灾难性的。……古人形成这种思维就是，人其实最怕人，人和人的争斗是最残酷的，所以它才出现兵役、水灾、旱灾、劳役，都是从这思维一步一步慢慢过来的"[③]。《山本》写自然、山水乃至水旱灾害，写历史、兵灾、劳役，正是受了"中国人思维的总源头"《山海经》的影响，作家在自然与历史之间建立隐秘联系，所谓"天气就是天意"。

《山本》在天、地、人之间建立神秘关联。涡潭是一个有多层含义交织的意象。在自然地理意义上，它是秦岭山脉黑白二河交会的奇异景观。在人文意义上，围绕着它有神奇的传说，其"像太极图中的双鱼状"亦是中国文化的象征。一阴一阳之谓道，世间万物之千变万化，是阴阳互动互生的结果，其中有万事万物循环往复的宇宙规律。此可谓《山本》的宇宙生命观。在小说叙述中，"涡潭"则是吞噬生命的令人恐惧的所在：宗秀打算将阮氏家族无辜的十七口人全部投入涡潭，这一事件是宗秀与菊人产生分歧的开始，写出了宗秀掌控大权之后，性格、心理的"涡潭化"；此后，他为防止走漏消息，将孙举来推入涡潭溺死；最后，走投无路又不愿屈服的麻县长投潭自杀；老魏头担心会有鬼从涡潭爬出来；宗秀梦见旋转的涡潭中间有一个越长越高的巨洞，把人、牲畜等吸进去，使其化为碎屑泡沫……这何尝不是宛如巨大黑洞的现代

---

① 贾平凹：《山本·后记》，作家出版社2018年版，第522页。

② 贾平凹：《山本·后记》，作家出版社2018年版，第526页。

③ 贾平凹、韩鲁华：《中国化的文学写作——贾平凹新作〈带灯〉访谈》，《穿过云层都是阳光：贾平凹文学对话录》，北京联合出版公司2016年版，第137页。

史的隐喻？原本孕育生命之物，却成了吞噬生命的力量，可谓吊诡至极。

《山本》将《山海经》及其中山水的写法、笔意，无声无痕无形地纳入现代史叙事，更有思想、精神和美学的创化。炮火下的涡镇尸体遍地，血肉横飞，遍地废墟，而"远处的山峰峦迭嶂，以尽着黛青"。小说至此结束，定格为耐人寻味的抒情时刻。此时此刻，情思的表达是含蓄的、间接的，"秦岭"以无色相之神性、佛性关联着它的生命与美。

"天地有大美而不言"，"大味至淡"，"秦岭"无法被固定，无法被人所拥有，亦无法被文字所阐释，它不落言筌，只能在内心领会和体悟。秦岭，"山之本"，"生命的初声"，这是带着深挚抒情意味的表述，它浑厚、坚硬，亦轻柔、润泽，饱含深情。"秦岭"，是自然、宇宙，化育万物，亦承载万物、涵容万物。涡镇的人众、生灵，秦岭的山岩峭壁、植物药草、灵禽异兽，历史的纷扰争斗，都是"秦岭"可感知的表象，表象的背后是大美不言的和谐。一切表象都在不言的沉默中化解、消隐了。"秦岭"的天地境界，如拈花微笑的佛，如漠然如是的神，无影无形，却四处弥漫，无处不有，它超出一切的控制，亦容纳万有。"神出古异，淡不可收"。《山本》作者深谙此道，才避免以肤浅的意义，或以哀伤、悲痛的呼喊与质询加诸其上，"我与历史神遇而迹化"，看山还是山看水还是水。《山本》叙写充满暴力和无常的历史，却淡化背景，消隐那些现代历史叙事中习见的重大时间界标，人物仿佛生活在风雷雨雪、叶落花开、云收雾起、四时更替的情境中。

无论是《周易》的"天地之大德曰生"，儒家的"万物之生意最可观"，还是道家的"一阴一阳之谓道"，都注重世界和天地万物的生命精神，其渗入文化便是对活泼生命精神的表现有一种生意盎然、生机勃勃的风姿韵致。《山本》写人间烟火、历史烽烟，是一个躁动、嘈杂，充满人欲、利欲、权欲的世界。小说借细密写实的笔法，切近历史与生活，获得现实感、历史感。同时，小说又以叙述时间向自然时序的回归，超越历史的写实，获取更深邃的生命内涵。从历史理念上说，这种回归不乏对现代性历史时间的规避或解构，从叙事美学上说，此番由历史时间向自然时序转换，使《山本》的历史叙事由以现代性史诗叙事向抒情诗意叙事回归，由宏大、绚丽、阳刚美学向日常、朴素、阴柔美学回归，绚烂而归于平淡。这是《山本》历史叙事范式与美学的双重调整。《山本》回归平淡且混沌的抒情美学，不止表现在文体、风格上，亦在意识形态上。情感向度与感官向度的深度敞开，既为我们提供了一个对历史观、生命观和文学观进行反思和自我省思的机会，亦使我们有机会走出那些具有排他性的受局限的观念和视点，向众生，向万物，向各种版本的"历史"与"现实"敞开，深及万物与生命之本。

但我们未可轻易下结论，认为《山本》的意义在于接续中国传统文脉——这固然是事实，却只是部分事实。小说将一己情感升至家国乃至人类高度，固然提供了一种包含大悲悯的众生情怀与宇宙生命向度，但在对历史暴力的叙事中，它葆有反省自我生命的贞素情怀，面对万物的生灭，葆有与物同情的谨肃心意。那种以人为内核的现代人文精神和历史感，始终坚硬地存在着。秦岭是"中国最伟大的一座山，当然它更是最中国的一座山"[①]。如同涡潭的意象，四季轮换的结构，既是自然运行的规则，何尝不是中国现代历史的隐喻？自然界的草木荣枯、阴晴雨雪，何尝不是历史的升降浮沉、此消彼长？革命前的古炉村，自然景观有唐诗里的诗情画意，但这风景即将被革命象征话语召唤为一种宏大抒情意象。秦岭的"山水"是否能在现代历史"风景"中返归本真？《山本》作如此书写，何尝不是一种对历史暴力轮回的警醒与反思？在此，抒情与史诗的辩证未尝或已。也正因此，作家需要那个铜镜，以鉴人心、鉴世相、鉴历史、鉴自心；才需要那个瞎了眼的郎中陈先生，以儒道之思归化民众，抚慰人心；才需要那个地藏菩萨，弘传德业，救度众生。正是借助人之历史，小说方得以开出精深广阔的想象，将一己内在的经验汇入瞬息流变的世界。这一世界既鼓荡着对历史中那些卑弱、微渺生命的悲悯之音，又有与宇宙万物生命契合的淡然与欣悦。这是历史叙事与抒情话语的辩证，是源自活泼生命的智慧，亦是源自民族文化深泉的声音。这是抒情的极致。

《山本》抒情话语的再造，有其久远、繁复的历史脉络和多元美质。它所

[①] 贾平凹：《山本·后记》，作家出版社2018年版，第522页。

关联的问题超出文学本身，涉及历史、道德、文化、意识形态等多种区域。就这两年来说，陈彦的《主角》、刘庆的《唇典》可谓其中有不同资源、品质和风姿的抒情力作。前者以秦腔艺人为主人公，将秦腔戏曲这一抒情艺术融入小说叙事，借此化解现实主义叙事美学范式，又以秦腔历史血脉的掘发，激活历史与现实，深掘民族传统文化刚烈、明朗而又韧性、婉约的生命化情感质素。后者写前现代风景与现代历史交融、碰撞中，生命的辗转与抗争，借助萨满神性仪式与幽远吟唱，召唤前现代幽灵以质询现代历史，以神秘幽邃的生命抒情重构小说叙事的史诗向度。[①]为何在这所谓的"后宏大叙事"时代，抒情的声音此起彼伏，不绝如缕？是日常化美学时代个体的浅吟低唱，还是散文化时代以抒情重构史诗的历史化实践；是现代性巨石下惨痛的呻吟或执拗的反抗之音，是后现代情境中返归故园的一脉乡愁，还是民族文化复兴时代共同体的情感化重构？由《山本》关联起的斑斓的当代文学抒情图谱，实非小道，有着亟待考释的深层命题。这就是《山本》历史叙事与抒情话语相交错，以历史书写再造抒情，以抒情重述历史的征候性意义。

（本文系与王金胜合作完成）

---

① 关于《主角》《唇典》的具体分析，参见吴义勤：《生命灌注的人间大音——评陈彦〈主角〉》，《陕西日报》2018年2月1日；吴义勤、王金胜：《历史的光影与现代的幽灵——〈唇典〉论》，《扬子江评论》2018年第1期。

《装台》 俗世人心 自有庄严

陈彦的长篇新作《装台》是一部透视装台人生活状态和生命庄严的现实主义力作。作家以宽厚博大的人道主义精神，借助现实与人心、俗世与庄严、高贵与卑微的多重辩证，深入独到地开掘常人生命的宽阔深邃和灵魂的庄严面相，在当代中国复杂而沉重的现实中，突出地塑造了一系列性格鲜明、心理复杂的职业手艺人形象。

陈彦的长篇新作《装台》是一部透视装台人生活状态和生命庄严的现实主义力作。作家以宽厚博大的人道主义精神，借助现实与人心、俗世与庄严、高贵与卑微的多重辩证，深入独到地开掘常人生命的宽阔深邃和灵魂的庄严面相，在当代中国复杂而沉重的现实中，突出地塑造了一系列性格鲜明、心理复杂的职业手艺人形象。小说中，具普遍意义的人间情怀，发自内在生命的凛然庄严，传统中国美学的绵长内蕴，经由作家沉静朴素、扎实谨严的叙述，得到了极富精神和艺术感染力的表达。作为2015年中国好书文学类第一名和中国小说学会年度小说排行榜长篇小说第一名的作品，《装台》既继承了"五四"以来中国现实主义小说的优秀传统，又为中国当代小说创作贡献了新的艺术经验，代表了近年来中国长篇小说创作的最新成就与水平。

一、生活之"重"与艺术的可能

陈彦的《装台》是一部透析不为常人所知的特定底层人的生活和生命的小说。装台人的生活，在市场的、时尚的聚光灯下，处于暗处和阴影当中。成功者是生活戏剧的光鲜的主角，他们的唱念做打，成功地吸引着人们或艳羡或惊奇的目光，而这些真正处在戏台"底层"的人众，在主角和观众的眼里却是陌生而边缘的。装台人已经习惯于这种被漠视的境遇，并在其中自得其乐。他们处于现实的暗角，而非死角。他们既在现实的底层，又在现实的表层。他们被强硬的现实逻辑所排斥，却又是现实的有力支撑。他们，从身体到精神、灵魂，都是实／虚、明／暗、强／弱、功利／道义、痛苦／欢乐、忍耐／享受的统一。

小说书写的主体内容是在强大的生存压力之下，装台人生命与情感的窘迫和破绽百出、自顾不暇。生活中的他们有各种不为人所知的困境和难处，这些困境和难处常被隐藏在纠结的内心——他们多数不善表达，不"讲理"

而重情。在现代都市生活中,他们时或感到自己与人的隔膜与无知。他们可能也不无私心杂念,迫于生活压力,他们自然也会关注自身利益,也会偷奸耍滑、小奸小坏。他们的想法是现实的。在变化着的时代和规则面前,他们常显得不合时宜,却又合乎情,合于理——不是大的道理,而是做人做事的"规矩"。他们遵守职业道德,无时无刻不把现实的规则或潜规则以及那些常被看作"传统的"、过时的、守旧的人情事理,作为自己权衡和做出选择的重要因素。因此,他们往往活得不轻松、不快乐,却也知足和安心。一根火腿肠一个鸡蛋一个鸡腿,就能抵消额外的工作量带来的困乏。这是一群简单的人,"下苦"是他们的职业和本分。这是一群复杂的人,他们的生活总是纠缠着各种矛盾、无奈和焦虑。清楚的道理,总是无法理清缠绕的生活和说不清道不明、斩不断理还乱的伦理关系和情感关系。

正是如此,《装台》以简单、纯粹与复杂、纠结之间的张力,呈现着生活的辩证法,心灵的辩证法。

小说的主人翁刁顺子是一个集中体现着作者写作理想的人物。小说以他的行状为主线展开故事,刻画人物,关联起各类人群的生活、心理和精神状态。在职业中,为顺利开展工作——如为村委会主任老爹丧事搭建戏台、为寺院新年祈福晚会搭建舞台、为金秋晚会搭建舞台、为豫剧团搭建戏台——身为装台班子老板的顺子只能装孙子,低三下四地求爷爷告奶奶——正如他的名字,既有着中国现实生存所需要的特殊智慧和头脑,也有着因生存艰难、地位卑下而造就的顺从和谦恭。顺子的口头语"都是下苦的,不好亏待人家",既是对这一没写进七十二行的新型职业人的低下地位的事实陈述,也是一种以退为进的生存话语,更是一种个人道德良心的天然表达。世事艰难,"看来谁活着,也都有自己的难怅"。

在饱受职业困扰的同时,顺子也在纠缠不清的家庭生活中备受煎熬。与装台相比,各种伦理亲情关系——顺子与大哥刁大军、顺子与亲生女儿菊花、与养女韩梅、与第三任妻子素芬的关系,菊花与韩梅、与素芬、与大军伯伯的关系,素芬与韩梅的关系,乃至终未被顺子明察而一直暧昧延续着的素芬与三皮的关系——更让他纠结、苦恼。作为继父、作为丈夫，他无力保护韩梅和素芬不受菊花的欺凌、侮辱。为化解矛盾、解决难题，在外面，他给剧务主任寇铁下跪，在家里，他给女儿们下跪，忍受屈辱，怀抱对家人的歉疚。他觉得自己日子过得苦焦、窝囊，欠缺掌控家庭、处理父女和家里几位女性之间关系的能力。在菊花眼里，这个蹬三轮、装台的父亲，简直就是"窝囊废""臭流氓"。

为给装台队揽活，为着自己和弟兄们的利益，他点头哈腰地争取装台的机会，软硬兼施地讨要被欺骗或拖欠的金秋晚会、寺院祈福晚会和秦腔剧团演出的装台费。因为墩子亵渎神佛，他被迫顶香跪拜菩萨整整一晚，为着猴子手指骨折、中指被手术切除的索赔问题，为着大吊因带病坚持装台而猝死的索赔问题，他三番五次地与剧团交涉、谈判，狼狈不堪，却又执着如怨鬼。

小说通过装台队为各种演出活动装台、拆台的行踪，广泛地表现了市场消费与实利逻辑和权力对当下生活的控制和改造，深刻透视了历史转型时期，市场和权力对人们生活的渗透及其所引发的灵魂变异。冠冕堂皇、声势浩大的"金秋田野颂歌晚会"成为少数来路不明的权势者敛财骗钱的工具；城郊村主任老爹风光无限的出殡仪式，成了各级官员和富商巨贾云集和"孝子贤孙"展示后台和自身影响力的戏台。尤其滑稽的是，作为出殡程序的最后环节，歌舞晚会上红男绿女的艳俗表演，这更显示了欲望被合法化公开化之后横行无忌对人心、道德的败坏和毁灭。在这里，生命、死亡应有的肃穆和庄严被彻底剥蚀，蜕变为某种实际需要的工具或流行恶趣的宿主，庄严与恶俗、死亡的肃穆与欲望的狂欢，形成了颇具荒诞反讽效果的错位。

与此相类的悖谬，同样出现在装台队为寺院的新年祈福晚会搭台一事上。原本六根清净的佛门圣地，同样被权势和金钱污染。住持大和尚趋炎附势，看人下菜碟儿，伪善而势利。他既以玷污佛门、亵渎神佛的名义，不依不饶地要严惩代墩子受过的顺子，罚其在菩萨塑像前顶香跪拜整整一夜，却又对有脸面的排场人物露出一副毕恭毕敬点头哈腰的丑恶嘴脸，甚至掌掴、恶骂恪守佛门规矩的小和尚，至于演出中让演员扮和尚，多数节目是歌星唱流行歌曲之类，也就不足为怪了。除了不谙世事的小和尚能保持内心清静外，反倒是俗人顺子在受罚跪拜中，能心怀虔诚。这是又一重荒诞与悖谬。

《装台》有着广阔的现实视野和深切的现实情怀，色调缤纷、光怪陆离的西京都市生活，城中村的世事百态，以寺院和演出团体为中心的浑杂事相，尽收笔底。其中，秦腔剧团与顺子的装台队联系最为密切，也因此小说对剧团中微妙的人际关系和微观权力机制的表现，围绕着团长、导演、"角儿"（当红的或过气的）、剧务主任、舞美灯光等各类工作人员的职称、工资、住房、奖金、津贴以及是否头牌等貌似极不起眼却关涉每个人切身利益的问题所展开的你来我往、钩心斗角的描述，举重若轻，幽微剔透。

《装台》中的生活，客观地呈现着它的实然状态，有不幸有苦难，遍布着生活的扭曲和心理的非常态，甚至时常遭遇病痛和死亡。顺子第一个妻子田苗与人私奔，不知去向，第二任妻子赵兰香在家庭生活刚步入幸福时身患绝症离世，第三任妻子素芬也因无法解开家庭和情感的死结而无奈离家。大吊父母年迈，为给毁容的女儿整容常年在外打工，最终活活累死；大军终生以赌博为业，看似豪爽大气，最终却死于贫病交加；猴子在装台时，手指骨折中指被截……此类惨事，不胜枚举。人物的命运仿佛被推到了极端，几乎承受了所有的苦难与不幸。从这个意义上看，小说充满了戏剧性，是一部关于生活的戏剧。

与习见的"底层叙事"相比，《装台》的特别之处在于，你在小说中看不到伤痕累累的苦难展示。它的朴素的叙述方式和风格，赋予了小说以某种生活的直接性、常态性。在这里，生活的真实的质感，并不以对生活的阴暗化、极端化、生命的本能化和灵魂的扭曲变态化处理为代价而获得。作家甚至没有太多直接的主观介入，没有对那些生活和情感经历各不相同的人，做简单的归纳概括、归类分析和道德评价。虽然小说写的是"装台"这个职业、"装台人"这个群体，但从文学意义上看，作家显然并没有强调他们的特殊性，而是通过一个个人物，一个个围绕着人物而展开的故事和事件，在故事、事件的每一个环节、场景和情境中，写出普遍性的人，或者特定情境下人的具共性的心理、情感体验和他之所以成为自己的个人化体验——所谓芸芸众生中的"这一个"。"这一个"在作家悲悯体贴的善意中,透出深沉久远的人文关切。

通常而言,文学对生命之"重"的表现往往带着沉重的氛围和格调,似乎对于任何生命的轻描淡写,都是对生命的辜负和轻侮。但《装台》对生命之"重"的表现,却有其独特的"轻"与"重"的辩证。当生命的"心"与良知,被质朴本色地讲述,当广阔平凡的生活被如此坦诚、沉静地表现,你就会觉得,任谁都没有资格对那被不仁天地视为刍狗的世间万物,对这世界指手画脚。作家自然也不例外。

在这个"意义"经由各种话语言说后,变得膨胀起来的世界中,在这个关于意义的言说成为各种嘈杂的声音,而几乎掩盖了"意义匮乏"这一事实的世界中,作家仍旧要别无他顾地找寻意义,用别人所无法替代的方式,找寻和构筑意义世界,为自己也为更多的人。在高度整合的意义世界离析之后,这个被寻找的或被构筑的意义世界,并非来自某种外来的理念(即便是如真善美这样的美词、大词)的刻意经营。在《装台》中,我们可以看到,作家显然愤怒于那些想做农民工的"吸血鬼""南霸天"的城里人或手握权柄者,但在叙述中,作家却并不想站在道德高度做出截然的分判。他要做的是,将对某些令人不满的现实的批判和浓郁的道德意识埋伏起来,正如小说将"偶然""极端"埋伏起来一样,而端直提供给读者一份观感、一份听感,一份感同身受的体验,一份情感的潜行绵延,一份包容着至诚情感的道德意识的浸润。在其中,我们发现并把握生活、生命的内在意义,发掘文学之为自身的可能性。

二、由摹写现实到烛照生命庄严

作为一部将装台人推上前台,让其进行本色表演的小说,《装台》将现实感和文化感相交融,复杂人性和生命的庄严在其间获得有力的表现。

在整体性历史认知崩解之后,现实变成了无数平面化的事实——"事实"

的无序游荡和平面化拼贴。装台队所引出的故事，与其说是"现实"，不如说是"事实"——无所不在也无法否认的事实。事实也是现实。现实感的生成端赖事实。比如，"角儿"出色的演出是事实/现实，"角儿"之间的名利相争是事实/现实；宝马奔驰是事实/现实，三轮出租也是事实/现实；"洪常青"是事实/现实，"南霸天"也是事实/现实；城中村常年赌博是事实/现实，红汗淌黑汗流地挣命也是事实/现实；"素心"是事实/现实，"荤心""黑心"也是事实/现实。事实/现实是缤纷的，也是分裂的。问题是，怎么把它们捏合到一块儿？进一步说，事实是如何成为现实的，或者，事实如何获得"现实感"？

目前汉语叙事文学处理这一问题的通常方式是，让生活中触目可见的事实直接作为现实置入文本，文本也就成了事实的无节制的繁衍、复制、拼贴。鸡毛蒜皮、鸡零狗碎、细节膨胀、絮絮叨叨扯闲篇儿或拉拉杂杂的流水账，成了90年代直至新世纪文学普遍的美学风格。其强大的现实经验性和主体体验性，似乎让人无话可说无言可对：生活原本如此，你又要怎样？但——也让人无法满足：如果文学仅仅以被动地模仿现实（其实是"事实"），又有何益？人们通常以"视点下沉""接地气"来论证此类写作的合理性和合法性，这不能说没道理。人们对于眼光高高在上的写作，大多不再信任甚至反感、厌恶。那么，可以进一步追问的是，视点如何下沉、沉到何处，怎样接通何种地气？问题的关键就在于此，作为人/属人的实践，文学内在地体现着人对世界的认知和处置方式或模式。一种美学风格的建基，有其所处时代眼光的潜在塑造，是一种也许难以触摸的强大的现实认知模式在起着强大的引导和规约作用。亦步亦趋地紧跟经验、事实，意味着主体无法以强有力的文学方式，突破强大的现实逻辑。这是文学无奈的失败，而不应是其获取合理合法性的资本与徽章。

从这个意义上说，《装台》是一部溢出通行的现实书写美学规范、突破了强大现实逻辑的出色的汉语叙事文学。它的"现实感"的获得，没有借助传统现实主义书写深层本质的方法，而是让巨大而含混的"现实"，在从理想主义的圣洁光辉跌入污泥浊水之后，再次得到文学与生命的双重拯救。正如作者谈起写作的缘由："装台人与舞台上的表演，完全是两个系统、两个概念的运动。……反正上帝的归上帝，恺撒的归恺撒，装台的归装台，表演的归表演。两条线在我看来，是永远都平行得交汇不起来的，这就是我想写装台人的原因。"①通过对装台人故事的讲述，两条平行线交汇了，分裂的现实也借助作家情感和艺术的重构得以弥合。

应该注意的是，这种弥合不是硬性的理念强加和叙事焊接。小说突破强大现实逻辑的方式是，以切实逼真的细节、场景再现生活的原初本真面目为基础，不拘泥于美与真（所谓客观事实层面）的结合，走常见的写实路子，而是追求美与善（主体心理、灵魂、精神层面）的结合、真与诚的结合。小说所追求的真实或现实感，不是外部社会现实生活形态的真实性再现，而是以"人"为中心的思想、情感的真实。"真者，精诚之至也。""真在内者，神动于外，是所以贵真也。"②与其说小说是在刻画现实，不如说是在感映世道人心。相对于历史的波澜汹涌，相对于现实的横流急湍，世道之移易何其缓哉，是"常"中之"变"，"变"中之"常"，是"常"与"变"的微妙辩证。人心，亦是如此，人心是世道的人心，是情境与场景的人心，是言谈举止的人心，它见于世道，显影于情境与场景，呈现为言行等日常细节。如此观之，《装台》毋宁说是一部"写心"之作，"见心"之作。

事实上，分裂、破碎的事实/现实之所以能够在叙述中得以弥合，根本的原因在于，作家择取以"人"，以"人"的心理、情感逻辑为依据，而不是以"事实/现实"为中心的叙事策略。这种选择，不以展示历史转型期广阔的中国城乡现实生活画面为中心而进行史诗性书写为目的，而是注重讲述"人"的"故事"，"人"的生活故事、生命故事、人性故事。细节、场景和画面的精雕细刻紧紧围绕着"人"的故事旋转、衍展。对于笔下的人物及其故事，作家内心自有其情感偏好和价值标尺，但出之描述则一视同仁、绝不偏颇。他

---

① 陈彦：《因无法忘却的那些记忆——长篇小说〈装台〉后记》，《装台》，作家出版社2015年版，第431页。

② 陈鼓应：《庄子今注今译》（下），中华书局1983年版，第823页。

谦恭、谨慎地让人物自己出场亮相、登台唱戏，品性不同，各有声口，公道却自在人心。小说细致描绘各色人等的出身渊源、人际关联，言谈的用词、口气、声调，透视其心理的纹路和情感情绪的质地与色调，他们的饮食喜好、神态动作，说话的轻与重、曲与直、雅或俗……生活、生命之光与影的随时随刻的无穷变化，在作家笔下获得自主自然的缓慢生成，小说遂成微观物理学、情感学和心理学。生活，与对它的描述同时获得了自主性自然性。作家的沉静，造就了描述的舒缓节奏，让小说以其经验性、感受性，获得了贴身细察和绵厚地表现生活与生命之细部及其内在细节的扎扎实实的美学品格。

文学中的人性不是吃喝拉撒的琐屑铺展，不是美丑善恶的多元拼贴，不是某种抽象的理论演绎。《装台》的人性表现，根植于经验性体验性的生活，源自内心对生活和生命的深刻体认和倔强辨识，源自对受苦受难的弱者、不幸者的感同身受的体悟、理解和同情。因此，《装台》并没有如常见的叙述那般在"阶层"意义上，为鲜活的生命鸣冤叫屈，为之鼓与呼。它没有大悲大恸，大喊大叫。作家为他们的不幸与屈辱所触动所震撼，却并未出之以凛然义愤，也没有将他们刻画成被不义不公的现实扭曲了心理和灵魂的、绝望的个体或愚顽的反抗者、报复者。

面对复杂的现实、生活，作家有温和的时候，也有直面的时候，且总带着一种设身处地的心境，不用一己的情感偏好做冷热分判的对待，这皆因作者并不满足于做一个纯粹的道德审判官和正义使者，更不满足于做讽刺者、嘲弄者或批判者角色。由理解而同情，因同情而注视，作家少不了或温热、或冷郁、或关切、或谴责的感情，但作家的谦谨、含蓄与克制，使得情节的戏剧性悄然消融在坦然淡然的笔调中，叙述也就不再带着激荡冲撞的峻急，仿佛生活本然朴素的面目。

刁顺子，虽在别人甚至女儿眼里，活得促狭、窝囊，没有尊严。但在耿直端方的朱老师看来，这个唯一的每年都按时拜望老师的学生，并不窝囊、低贱、丢人、没出息，而是活得"钢梆硬正"，"靠自己双手吃饭，活得干干净净堂堂正正"，靠自己的脊梁，"撑持了一大家子人口，该你养的，不该你养的，你都养了，你活得比他谁都硬朗周正"。他不以成败论英雄，不以财富和权力为衡量人的标准，"关键是人咋样。人不行了，挑个大粪，蹬个三轮车也不行。挑大粪，他会把大粪故意泼得满街都是；蹬三轮车，他会偷鸡摸狗、顺手牵羊，那才叫活得没名堂了呢"[①]。顺子是装台队的"灵魂"。他把装台工当人当自己的兄弟看，带头干重活累活。他不贪心不乱拿，做事讲究分寸。正因此，他建立了装台班子的向心力凝聚力。他还用他的道行和"柔术"——说下话、服软、求情，凭他糅瓢的性子、知进知退以退为进的智慧和策略，支撑起一个成员各有来路、性情各异的装台班子。

的确，顺子被动地接受了一个个无法逃避或不能回避的事实——三任妻子或私奔或病逝或离家，周桂荣携女进家门并将成为他的第四任妻子，养女不顾养父的惦念决绝地弃家而去，不安生的亲生女遭遇挫折再次回家……但真正的关键在于，他接受事实，却拒绝接受现实的通行规则。对现实，他已能够做到坦然、淡然。对于他而言，无论是否情愿，生活还是要继续。

刁菊花是小说的又一主角。这个人物主要承担着两方面的叙事功能。首先，她的故事、行状，构成顺子之外的另一叙事主线，直接勾连起城中村及周围城市的场景与故事。小说尤其对村民、年轻人的生活方式、生活观念和价值趋向进行了剖析——随大流、赶时尚，无信念、无目的，心理迷惘，缺乏明确、久远的价值追求。对于他们来说，生活不过是填充着时尚流行元素的、纯属个体领域的、具有偶然性和身体性特征的欲望和实践这一欲望的简单的行为。其次，也是更重要的，作为刁家的大龄剩女，小说对其扭曲的心理、极端的言行，及其与顺子和其他家庭成员的关系，进行了饱满细腻而又透辟入骨的刻画。其中，父女间的隔膜、矛盾、冲突是表现的重点。这涉及不同代际间生活方式、人生态度和价值观念等方面的差异，是两种不同精神、文化的对照式存在。但小说的重点显然不在这种带有"成长"意味的主题表现，而是将菊花极端心理和行为的形成，放在家庭罗曼史和顺子的三次婚恋史中，从更深层揭示菊花心理言行的极端扭曲、变态的成因，从而给予了她

[①] 陈彦：《装台》，作家出版社2015年版，第296—299页。

宽厚的同情和理解。她的自私、狭隘和不包容,与其强烈的自我保护心理有极大关系,跟她容貌的丑陋、她的平庸及由此导致的感情伤害有直接的关系。卑微的出身,心灵的伤害,严重甚至毁灭性地挫伤她的自尊自信,而极度扭曲的自尊,导致了她极度的自卑感、虚荣感、嫉妒心,使其逐渐脱离、隔膜甚至对立于家人,使后者成为她鄙夷、排斥的对象、对手甚或"敌人"。她的内心被仇恨、敌意所操纵,爱与善逐渐湮没于黑暗的潮水。作家对此不无自己的价值衡量,但又以极大的耐心和善意,进入人物幽微曲折的内心生活,掘发出坚硬中的柔软、冷漠中的暖意。她对生病住院的父亲的照顾,得到"过桥米线"谭道贵的求爱并获得去韩国整容的机会时的神情言谈,昭显着她被冻结的爱、善与父女之情正不自觉地复苏。对人性微光的小心翼翼的发现、呵护和深蕴悲悯情怀的表现,使作家超越了抱怨、审判,让这个给顺子、素芬、韩梅等家人带来深刻伤害,并造成家庭的四分五裂的人物,获得了一个敞开自我、言说内心的宝贵机会:一个看上去狭隘霸道、蛮横恶毒之人,也有不为人知的可理解可宽恕的内心,也有自尊和良善之心。

素芬,一个承受着多重情理矛盾煎熬的、"地母"般的女人。为着自己的爱,也为着维持一个时刻可能崩溃的家庭,她忍耐着菊花变本加厉的刁毒挤兑,直至感到无望和生命受到威胁时,才放弃对爱的坚持。她对顺子的情感也是纠结矛盾的,既感激顺子对困境中自己的收留和爱,理解顺子的无奈、痛苦和尴尬处境,又埋怨和不满顺子"太窝囊、太瘟三、太扶不起的猪大肠"。这让她不由得记起前夫的血性、蛮勇——尽管她也不满于前夫的粗野、狭隘和鲁莽。她对三皮的死缠烂打心有余悸而对他有所疏离,但他的真诚又使她陷入剪不断理还乱的情感旋涡。她的最终离去,既出于摆脱这旋涡的考虑,也为着维护顺子和自己的尊严。

疲于奔命的生活,千疮百孔的家庭,时时被袭来的隐痛折磨的灵魂,纠缠着长久苦痛和短暂快乐的复杂心境,仿佛刻镂在心灵巨石上的谶语,却都被以纯朴的本色笔致叙述着,坦然而神秘地喻示着生活内在的生机和自然性。"这就是人道主义的生活态度:人道主义者并不企望上苍的拯救。他们把自己的双脚坚定地踏在大地之上,而且,他们有着普罗米修斯的坚强意志,运用人文科学、自然科学、同情心、理智和教育,为自己和同胞创造出一个更美好的世界。"[1]《装台》那些人物,可感者,可敬者,可鄙者,可爱者,沉沦者,持守者,猥琐者,病态者,生路奔波者,苟且混世者,形形色色俗世生命的苦乐与悲欢,作家慧眼识之,宽厚待之,以温润的笔墨,将他们聚拢在一起,浸淫出生活的真意和生命的真味。作家赋予了他们真正的同情,以超越了居高临下姿态的高远,引领着他们超越困境。比广阔的生活画面更深邃、更生动、更动人的是人的内心,是浩瀚如海洋和星空的内心的尊严与庄严。小说再次重申了同情作为人类最高贵的美德,最圣洁的情感,对于文学的本源性意义,即它不是一种外在的附加和施舍,它流淌自善良的心,并与此心同生共长。作家眼里的装台人,"不因自己生命渺小,而放弃对其他生命的温暖、托举与责任,尤其是放弃自身生命演进的真诚、韧性与耐力。他们永远不可能上台,但他们在台下的行进姿态,在我看来,是有着某种不容忽视的庄严感的"[2]。掘发生命深处不可磨灭的庄严,使小说获得了内在的庄严和敬畏。它不把庄严外在地赋予生命,生活不从生命的外部获取庄严和附加意义,庄严从生命自身获得能量,《装台》也从生命自身的内在获得庄严,获得能量和意义,作为自身文学生命不息的理由。

这部以尊严和庄严为主题的小说,从表面上看似乎看不到鲜明、强烈的精神力量和思想力度,作家带着沉默的善意,以极大的耐心、细心、诚心,剥丝抽茧,慢慢地梳理人的内心,细细地看取生活与生命的纹理,让被模式话语凝固的生活慢慢融化、积淀,庄严遂由此而生成和显影。当生活被纳入某种话语秩序而固化,当内心被各种诱惑搅浑时,我们尤其需要这种沉静而朴素的精神召唤力和艺术感染力。正如《装台》所告诉我们的那样。

---

[1] [美]保罗·库尔茨:《世俗人道主义与Eupraxophy》,徐爱华译,[美]大卫·戈伊科奇等编:《人道主义问题》,东方出版社1997年版,第424页。

[2] 陈彦:《因无法忘却的那些记忆——长篇小说〈装台〉后记》,《装台》,作家出版社2015年版,第432页。

三、俗世的庄严及其美学流脉

细读《装台》，文字间依稀有老舍、汪曾祺乃至张爱玲、赵树理的墨色慢慢洇染开来，仿佛沟通了二十世纪中国文学的独特一脉。表面看，几位作家的个性、风格如同泾渭，细察则有内在沟通，如"地方性文化"资源对小说思情、韵味的资助，现实勾画中的民间视角与意趣，安守本分的下层人像的塑造，戏剧曲艺等传统艺术资源的镜鉴等。仅就最后者而言，作为小说的《装台》便有戏剧艺术的滋润，以及对俗世人情物理的洞悉与体悟：它的戏剧笔法的化用，使得故事情节曲折，张弛有序，富有画面感；它的戏剧般的对人物、语言、对话的偏嗜与借重，使得人物鲜活，而从平民百姓中汲取、提炼的语言，有民间的生机与活气，出自人物之口，则有呼之欲出的生动与神采。

老舍写北平，借胡同和四合院的色彩、声音、风景、人情、日常生活和茶馆的芸芸众生、民俗世相，在生命的体悟和古都文化的氤氲中，写出市井细民悲欣交集、苦乐交织的百味人生。而《装台》中的那一群，则如在底层挣扎、与命运抗争的车夫祥子，皆是良善的劳动者，辛苦恣睢，凭自己的血汗挣取微薄的收入。他们自尊自重，却爱情无着，婚姻不幸，人格受辱。在他们，时时处处都是人生的关口。《装台》如同写江湖艺人的《断魂枪》《鼓书艺人》，皆书写现实中人性和美的闪光，让一种隐忍着的、未失底线和气节、拒与卑污同流的精神之美，透过生活的灰色熠熠闪光。顺子这些装台人，如同夜深人静时的沙子龙，至柔至润的人性与至刚至大的人格糅杂一处，其中亦有一种貌不起眼却神秘奇异的美。除此之外，两位作家的梨园资历，也使其作品饱蘸戏剧的五彩：在情节的曲折多变化、结构的淬炼与提纯，以人物内心、动作、对话来营构冲突、推进故事，对话的性格化、动作性和对节奏、声腔的着重等等方面，不一而足。

在装台人，装台不仅是一个谋生的手段，一桩苦而累、日夜不得休息的苦役，又是一门讲究技术的职业，一门"一般人无法来抢的手艺"。他们讲究职业道德，有强烈的职业荣誉感。制景、绘景、装台、搬景、打追光、拆台，他们的生命被机械地镶嵌在一道道严格到苛刻的工序中。在沉重器械的拆装搬运中,看不到关于原始强力的故事,看不到对于自由纯粹的理想化生命形式的赞颂和向往。《装台》奇异地揭橥了装台人的"复杂性"。一方面,他们的身体在重体力劳动中变得滞重、伤痕累累。另一方面,他们也在机械的程序中反复寻找艺术的感觉、"艺术的呼吸"。他们不是剧团的专业舞美队,而是一群常年以装台为生的普通农民工,但他们的舞台装置技术达到了庖丁解牛般炉火纯青的地步,"装台都快装成精了","有了艺术创造的含量"。在他们,装台"玩的是劳力,是配合,也玩的是艺术感觉"。对于完美无缺的追求,使他们进入"技近乎道"的境界。汪曾祺书写底层民间生活者的日常生活状态和工作状态,往往也从具体微小的细节入手,一丝不苟,缓缓道来,大巧若拙。《八千岁》中的米店老板,"每天的生活非常单调",但作家对八千岁"量米"过程的描述却不急不缓、从容流畅、严丝合缝,在细致入微中写出饱满蕴藉、兴味盎然的民间生活与生命状态。在平淡、简单、"单调"中,在似有意又似无意间,流溢着丰富的意味和趣味,艺术韵致于焉生成。

在小而充实的屋子里辗转劳作的车匠(《戴车匠》),摆摊卖熏烧的掌柜王二(《异秉》),放弃带来巨大荣耀的表演才能和事业梦想而选择爱情的杂技艺人王四海(《王四海的黄昏》),技艺娴熟的产科医生陈小手、敬业而要强的陈四、急公好义的陈泥鳅(《故里三陈》)……这些日常生活中的普通人,所作所为皆包蕴个人性情,有着蓬勃的生命力和朴实的倔强。无论手工如何简单如何单调,无论生存压力如何沉重,他们都秉持着对"职业""活儿"的执着和严谨的态度。"职业"中见性情,对"活儿"的细巧、用心,显现着一种出自个人性情和职业认知的生活态度。通过将日常生活、凡俗生命与职业、工作联结,作家写出了人物的心理世界、灵魂世界和情感方式、生命信念。"人走到他的工作之中去,是可感动的。"[1]《装台》中的老骨干大吊、猴子、墩子、三皮,新成员素芬、桂荣,都是走入陌生城市挣苦钱的底层人,勤劳、质朴、

---

[1] 汪曾祺:《戴车匠》,《汪曾祺全集》第1卷,北京师范大学出版社1998年版,第141页。

善良、醇厚，卑微而本分，如同陆长庚(《鸡鸭名家》)，高大头、朱雪桥(《皮凤三楦房子》)，陶虎臣、王瘦吾(《岁寒三友》)，谈甓渔、高北溟(《徙》)，其具体身份或可有异，但都是善良的无野心无恶念的弱小者。他们凭自己的体力和能力，本分做人，踏实做事。他们相互扶持、彼此体谅包容，在普通而贫瘠的生活中，葆有一种积极、美好的人生态度。顺子带着病体和满目疮痍的家庭、情感四处奔波，大吊因劳累过度而猝死，墩子担心演出开幕搞砸，在胳膊受伤骨折的情况下，专门到剧场为布景鼓掌，手指伤愈的猴子总控剧团进京演出的灯光……

其余各色人等，如宽厚包容、善待装台人的瞿团，痴迷排戏、有真性情的靳导，演艺精湛却为名利困扰的各色"角儿"，是雅人，有雅趣，却也不在俗世之外的别一世界。剧务主任寇铁，顺子，素芬，大军，更是本然俗世之人。小说既写出雅人之俗，更在俗世里捕捉美的暗示，在幕后，在戏台舞台底下、在剧场不为人知或人所不屑之处，发现美，创造美。

作家眼里的装台，是一门手艺，装台人，亦是手艺人。这跟汪曾祺笔下那些在纷扰世界中艰难谋生的普通人（大多为手艺人）——如深谙艺术三昧的卖果子的叶三(《鉴赏家》)，在菊影婆娑下专心修鞋的高大头(《皮凤三楦房子》)，在日复一日年复一年的敲打声和锉刀摩擦声中劳作的金匠，还有那些皮匠、剃头匠、卖糖郎(《晚饭花·三姊妹出嫁》)，酱园老板(《茶干》)，卖眼镜的(《卖眼镜的宝应人》)——是同类。顺子自小爱看戏，多年浸淫其中，算是个摸着门道的老戏迷了。他对"角儿"的亮相、表演、唱，能品，能赏，进入戏中，心事皆忘。在秦腔剧团靳导这个"一排上戏，就爹娘六亲不认"的"戏虫""戏疯子"眼里，干粗活的顺子可算得上"半个艺术家"："要是评职称，我觉得你拿个舞台主任技师，副教授级，比现在有些拿了这职称的人还称职。"[①]顺子会为剧情感动而流泪。他最佩服的是编戏的人，最喜欢"苦情"戏，对《铡美案》《窦娥冤》《赵氏孤儿》《雷打张继保》百看不厌。

苦情者，乍看之下，似与顺子的生活遭际和心境相贴合，细究则不然。

---

① 陈彦：《装台》，作家出版社2015年版，第310、311页。

所谓"苦情"戏并非纯然的悲苦,里面或有死亡、毁灭、不幸,但也有滑稽调笑的喜剧成分,"大团圆"的结局尤见喜乐元素之于"苦情"的有机性的不可或缺。"词之能动人者,惟在真切,故古本必直写苦境,偏于琐屑中传出苦情"[①],"苦情"戏于凡俗琐屑、伦理家常写苦情,实则苦乐交错、悲欢穿插复沓的中国传统的精神与审美。在《窦娥冤》演出中,顺子出场"演活了死尸",获得交口赞誉。为了扮好《人面桃花》中"狗"的角色,得到观众、导演和剧务主任的认可,顺子甚至悟出了要"把握角色""创造角色"。他可以在劳累七天七夜、疲惫不堪地回家的路上唱秦腔《十五贯》中小旦的戏,可以在为村主任老爹出殡搭台唱戏时,蹲在舞台一侧,闭起眼睛跟着哼《祭灵》戏,可以连日哼唱《清风亭》中《盼子》一折老生和老旦的对唱,可以边干活边一唱三叹秦腔欢音慢板,可以在繁重的劳作中惊艳和震撼于艺术的绝妙境地。而在小说最后,菊花因男友造假酒被抓、整容手术半途而废,再次"凤还巢"时,在轮回的无奈中,顺子禁不住哼唱起了《人面桃花》。古典戏剧"福祸相倚、祸尽福至"的情节结构体现着一种秩序感,它所包含的意义或者产生的意识形态效果是善与恶的因果报应。戏剧中的经验、经历,是个别的、具体的、可感知的,戏剧中人的生活和行为是完整的、统一的秩序结构——国家的、社会的,也是道德人心的秩序,如张爱玲所欣赏的申曲唱词,"文官执笔安天下,武官上马定乾坤",是本身具有意义的存在。"苦情"戏彻入人心的哀婉调子和以果报形式体现的人物某种愿望的最终实现,是顺子悲郁心怀的舒缓流泻、无奈寄托和某种程度的补偿,也是他装台多年、长期劳作,浸淫其中积淀而成的生命体验和认知。如此才能理解,为何顺子能在演"狗"的过程中感到"高尚""重要"和有"尊严"。这不能仅仅看作不敢正视现实缺陷、自我麻醉、安于现状、用以自欺且以欺人的"精神胜利法",其中有着善必胜于恶的乐观信念和顽强坚韧的生命意志与抗争精神,蕴含着作家的博大良善的同情心。

---

① 祁彪佳:《远山堂品曲》,中国戏曲研究院编:《中国古典戏曲论著集成》六,中国戏剧出版社1959年版,第24页。

在装台这一下卑苦微贱的营生中,装台人以出色的劳动奠定美的基座,劳动本身已臻艺术美的境界,这使他们的生活充满一种生命的满足与欢愉。戏,艺术,在顺子而言,不是额外和奢侈的享受,而已融为生命,如盐入水,不着痕迹,使窘迫的生活多了些从容平和。"室雅何须大,花香不在多",所言不虚。及至自我"退休"之后,顺子的读报观棋玩鸣虫,看似别扭滑稽,仿佛只是实现了童年少年时代对"退休干部"生活的憧憬,只是找到了与老西京居民共同的生活方式和节奏,但从更深层说,他只是寻回并接受了自己内在生命的另一部分。他对日常生活的享受,出自内心,不受规矩约束,也非刻意追求,只是那些在重重家庭和生活压力之下,无法自由裕如伸展的个人心性的自然释放而已。他既能在装台中得到成就感,体会到职业带来的幸福(虽然这种幸福和成就感,时常被生存压力所驱赶和排斥),也能够沉浸于世俗平民生活,品赏它所特有的舒散韵味。

雅人有俗心,俗人有雅兴;佛门未必清静,俗世自有庄严。《大淖记事》写的也是一个类似装台班子的锡匠群体。锡匠讲规矩、有职业感。当十一子受了权势者的殴打和欺凌之后,他们负担结成一支沉默的队伍,行走于街巷,表达着无声但不妥协的抗议:"这是个沉默的队伍,但是非常严肃。他们表现出不可侵犯的威严和不可动摇的决心。这个带有中世纪行帮色彩的游行队伍十分动人。"[1] 这是属于"弱者"的庄严,他们因自身力量的弱小,时有逆来顺受的消极,但在忍辱负重里也深蕴着巨大的爱、善良、勇气和道德力量,这内在于生命的力量使他们具有超越一切异己、障碍和限制的能量和感觉。

另有一例,可做进一步的注解。作家陈彦与张爱玲有着相近的对于中国戏剧曲艺的嗜好与深厚的戏剧美学涵养。秉信自己文章里那些"不彻底的"小人物"虽然不过是软弱的凡人,不及英雄有力,但正是这些凡人比英雄更

---

[1] 汪曾祺:《大淖记事》,《汪曾祺全集》第1卷,北京师范大学出版社1998年版,第432页。

能代表这时代的总量"①的张爱玲,谈及中国现实中的悲剧和京戏时如此说:"中国的悲剧是热闹,喧嚣,排场大的,自有它的理由;京戏里的哀愁有着明朗、火炽的色彩。""它的美,它的狭小整洁的道德系统,都是离现实很远的,然而它决不是罗曼蒂克的逃避。"②由此观照《装台》,想来不会太过乖离。

更进一步看,却又不尽然。陈彦笔下的装台人,不是张爱玲笔下没落的高门巨族的老爷少爷小姐丫鬟姨太太少奶奶——那些只是他们搭建的戏台之上的戏剧角色,而非他们自己。相比之下,身居幕后台下的他们,更具俗世俗人的质朴、简单和粗糙。蚂蚁,这数次出现于小说中的极具象征性的意象,既是顺子自身作为生活主体的精神镜像和灵魂投射,也是作家对装台人的精神和灵魂的略显急切的现身表达:小说写顺子在长梦中变身蚂蚁,搬运百足虫,队伍"行进得整齐庄严,他甚至还产生了一种身为蚂蚁的骄傲和自豪"③。小说结尾,顺子看到负重数倍于己身的蚂蚁在忙碌而有序地行进时,"他突然觉得,他们行进得很自尊,很庄严,尤其是很坚定。要是靳导看见了,说不定还会让顺子给它们打追光呢"④。如此思想表达的文学性问题姑且不论,其中隐含的俗世中国俗世人心的那种无奈、旷达、乐观,和洞悉世事之后的超然、豁然与随意,却是真切而贴心的。

嚷闹的街市,潮涌的车流,路灯下的对弈者,烟气呛人的赌场,传言中豪入豪出的澳门,闲散杂乱的城中村,夏雨冬雪,寒来暑往,锣鼓喧闹,好戏开场,假戏真做,哀婉断肠,鸣虫轻唱,曲韵悠扬。偌大的世界,偌大的西京城,它的形、神、声、气,它的神情和风情,它的人与事,悲哀与幸福,被作家用温厚仁心去感受,获得了一种智慧而超然的穿透。在这里,西京的古都色调被还原,俗世间的冷与暖、虚与实、爱与恨、疏与近,都是切己的存在,世

---

① 张爱玲:《自己的文章》,止庵编:《流言》,北京十月文艺出版社2009年版,第187页。

② 张爱玲:《洋人看京戏及其他》,止庵编:《流言》,北京十月文艺出版社2009年版,第11、12页。

③ 陈彦:《装台》,作家出版社2015年版,第348页。

④ 陈彦:《装台》,作家出版社2015年版,第428页。

间万物，人世百态，在注目凝神中，自带着庄严本相，神秘地运行。这让人想起余华在结束《活着》写作之后的那句话："作家的使命不是发泄，不是控诉或者揭露，他应该向人们展示高尚。这里所说的高尚不是那种单纯的美好，而是对一切事物理解之后的超然，对善与恶一视同仁，用同情的目光看待世界。"[①] 或许将顺子与福贵、许三观们，将《装台》与老舍、汪曾祺们的作品纳入同一文学谱系，难免有方枘圆凿的尴尬，但在他们之间，是否可能共享着某种"中国小说戏剧中之中国心情"[②] 呢？

小说的美学品格与此也是呼应谐和的。它是沉痛、苦痛的，却又不是撕裂、绝望的；俗世中的生命，经受着现实的折磨和命运的捉弄，却不能从根本上改变其内在性。在黑暗与阴暗中，在曲折坎坷中，生命如蚁般艰难而执着地行进，拖着他们自己的，连同伙伴的断肢残躯。在坚硬的现实、深不可测的生活断崖和隐伏着玄机的命运面前，生命似乎无路可退，但对内心的韧性守护、对善与爱的温柔呵护，使他们能够绝处逢生，能够在最普通最平凡的生活中获得慈悲与庄严的体认。心怀叵测的可怕的命运，并未将生命吞没，也未将其推入隔膜绝望的个体化境地，在朴素深厚的生活和生命土壤上，一株株看似孱弱的苗子在执拗地伸展着莫名的力量。

（本文与王金胜合作完成）

---

① 余华：《活着·中文版自序》，作家出版社2012年版，第3页。
② 此说出自钱穆《再论中国小说戏剧中之中国心情》一文，参见钱穆：《中国文学论丛》，生活·读书·新知三联书店2002年版，第179—189页。

《重新生活》照亮被遗忘的角落

《重新生活》仍然聚焦当前的时代主题：反腐，但与以往不同的是，张平这次所关注的不再是反腐力量和腐败官员激烈交锋的主战场，而是斗争的外围和侧面，是腐败官员家属在反腐过程中的生命遭际和存在困境。

一直以来，张平被视为"主旋律小说"的突出代表，被打上了"反腐作家""主旋律作家"等醒目标签。这种符号式的标签对一个作家来说既是幸运的，又是不幸的。幸运的是这种符号式的命名在特定的条件下可以让作家"暴得大名"并成就一种引人瞩目的文学现象。不幸的是这种符号式的命名一定是粗暴的、简单化的、以偏概全的，并一定内含着种种对作家的误读。对张平来说，我们当然不否认对其进行符号化命名的现实逻辑，这主要源于张平本人的从政身份——一方面，他是高级官员，对政治和官场非常熟悉，从经验角度讲具有先天的基础和优势，很容易被看成是官场和政治的代言者；另一方面，从实际创作来看，张平既有的创作的确主要集中在政治题材小说上，尤其是其最具影响力和代表性的作品中，政治题材小说毫无疑问地占据了主要位置。除了早期以《祭妻》《姐姐》为代表的少量"家庭苦情"系列小说，构成张平文学大厦的就是一系列政治题材作品，比如《天网》《国家干部》《十面埋伏》《抉择》等，其中尤以《抉择》的影响最大，并获得了茅盾文学奖。尽管如此，我以为简单粗暴地给张平扣上"反腐作家""主旋律作家"之类的帽子是不妥的，虽然这也是一种荣誉和认可，但这种符号式的命名也形成了对作家作品的丰富性、复杂性和可能性的遮蔽。这种遮蔽至少体现在两个方面，一是鉴于对"主旋律"之类概念本身的误读和产生歧义，对张平的"符号化"实际上遮蔽了其政治题材小说本身的丰富性，使人们简单地认为政治小说就是政治事件或反腐过程的简单记录，就是历史事件的简单呈现、简单揭露或正面歌颂。二是在突出或放大其作品的政治性、故事性的同时，忽略了作品的文学性，使人误认为这类作品就是政治的一面镜子或者传声筒，政治功用强而文学性弱。如果仔细研究张平的创作，我们会发现这种遮蔽其实是非常严重的，它造成了一种普遍性的误读，这种误读现象不仅在普通大众读者中间存在，在专业的文学研究者中也普遍存在，这一点从张平的名头很响、作品很多，但相关研究文章却很少上就可以明显看出来。可以说，张平作品的复杂性、丰富性远未被发掘和表达出来。

但张平并未被这种符号式的命名所困扰，他对自我风格的坚持、对文学本身的热情与探索从未停止。作家出版社即将推出的长篇小说《重新生活》可以说是他近年来文学积累和思想、生活积累的又一次大爆发，在政治题材小说的主题开掘和叙事探索上都做出了新的尝试。《重新生活》仍然聚焦当前的时代主题：反腐，但与以往不同的是，张平这次所关注的不再是反腐力量和腐败官员激烈交锋的主战场，而是斗争的外围和侧面，是腐败官员家属在反腐过程中的生命遭际和存在困境。这一叙事视角的转换体现出作者的探索意识和文学敏锐性，也带来了作品叙事空间和文学性的极大释放，使得这部小说呈现出明显不同于以往的艺术质地和意义指向。

一、从正面强攻到侧面呈现

一般来说，反映现实生活尤其是政治生活的小说常以正面呈现、正面强攻居多，即正面描述反腐斗争的曲折艰难、正反势力的斗智斗勇，从而呈现斗争的艰巨性以及反腐的正义性和必要性。周梅森、陆天明的反腐小说大多具此特征，张平以往的小说创作中也多为此模式。以《天网》为例，县委书记刘郁瑞与村支书贾仁贵及其背后各种勾结势力形成了针锋相对的正反两派，上访户李荣才是横在二者中间的一个矛盾焦点，同时也是双方交战的"主战场"。在李荣才事件的推动下，双方展开了激烈的博弈，这种博弈最终以李荣才的胜利告终，这也标志着反腐斗争的最后胜利。这种借助于一个矛盾事件从而推动正反双方进行殊死搏斗的模式在张平的小说中屡见不鲜，"正反对峙""三角关系"也成为其反腐小说很经典的一种叙事模式。这种模式很有传统小说的影子，结构简单、冲突激烈，叙事明快，人物性格鲜明，可读性强。但这种模式也容易带来主题先行的概念化、情节的简化、人物的脸谱化的弊端，从而在某种程度上降低了小说的文学性。

在《重新生活》中，我们看到了张平面对同类题材叙事时所进行的艺术探索和自我突破，面对同样的反腐题材，他采用的是更具文学性的新视角和新策略,即从正面强攻转为侧面呈现。虽然仍然是展现反腐斗争这一时代主题,但张平不再正面面对斗争的主战场,不再呈现如何层层剥茧侦破腐败案件、拿下腐败官员的斗争过程,而是将主要叙事对准了腐败官员被清除之后的"余波",对准了"地震"后的官场生态以及"地震"后的官员家属们,简言之,小说主角发生了根本性的变化,小说的意义空间也得到了新的开拓。

从腐败官员到官员家属,这一视角的转移既体现了张平的探索精神,也体现了他敏锐的文学嗅觉。同正面波澜壮阔的反腐斗争不同,"地震"之后的官场生态显然更能显影官场的复杂和人性的幽深,而在官员家属们所经历的动荡变化中也能看到更多的世情和人情,看到更多的人性、社会和生活的本质。显然,这里蕴藏着巨大的人性的可能、伦理的可能和文学言说的可能。

视角的转换其实也是空间的转换,它带来了叙事空间的极大扩展。由于小说主题从激烈的政治性极强的正面战场撤出,小说中正反双方的矛盾就存在了性质转化的可能,就有可能从非此即彼的敌我矛盾,转化为可调和的"人民内部矛盾",在叙事上就有了更大的表现空间和自由度,就有了让小说从"历史规定性"中解放出来的可能。而事实上,张平的确通过对主角的身份设置将小说从传统的模式中解放出来,让叙事变得开放而多元。这部小说的主角中没有原罪意义上的罪犯,也没有绝对意义上的胜利者。被抓的市委书记魏宏刚只是小说的一个隐藏的线索,是小说的"前戏",小说所讨论的不再是纯粹政治意义上的反腐,而是延伸到了个体存在本身,延伸到了他的家人魏宏枝、母亲、丁丁、绵绵等身上,并由他们各自的生命遭际和心灵历程来探讨人之存在的困境和出路问题。因此,从叙事上来讲,《重新生活》打开了广阔的文学空间,外在情节的惊心动魄被人性和心灵的惊涛骇浪所取代,小说的政治性和文学性具有了彼此交融的可能。

二、特殊群体的罪与罚

现实主义文学强调对典型人物和典型形象的塑造,人物形象的典型性在某种程度上决定了小说思想艺术的高度。《重新生活》的成功首先也体现在其人物形象塑造的成功上。小说塑造了一系列全新的具有典型意义的人物形象，丰富和充实了中国当代文学的人物谱系。小说的主角不是腐败分子魏宏刚，也不是反腐战线上英勇的纪检人员，而是魏宏刚的姐姐魏宏枝、姐夫武祥、母亲、侄女绵绵、儿子丁丁，他们有一个共同的身份：官员家属。更确切地说，是一个有腐败问题的官员的家属。

本尼迪克特·安德森在民族主义研究中提出"想象共同体"的理论，认为一个民族基于共同的历史、文化、情感存在一个"想象出来的政治意义上的共同体，它不是许多客观社会现实的集合，而是一种被想象的创造物"。这一理论衍生出更多的同类概念，比如宗教共同体、人类命运共同体。但实际上，在所有的"共同体"之中有一个最基础也是单元最小的"共同体"：家庭（家族）共同体。这一共同体建立在血缘关系基础之上，内部联系和情感关系非常紧密。如果说民族共同体带有巨大想象的话，那么这个家族性的共同体则有更多的现实物理形态，是现实中各个家族成员的集合。同时，这个共同体由于存在稳定不变的基础（血缘）而成为一个牢固的整体，在困难时互相支援，在成功时分享荣耀，形成了一个实际上的利益共同体。这种情况在每个家庭（家族）中普遍而广泛地存在，但它一旦驶入政治领域，就变得十分危险，它可能不再是为了获取事业成功而同舟共济的共同体，它有可能演变成塌方式的集体性腐败的共同体。因此，这种家庭共同体有时也是十分危险的。一旦有人落马，整个家庭共同体也会被波及、牵连，这种牵连虽然不是传统的株连九族，丢身舍命，但精神、心理、人性和其他层面的冲击亦具有巨大的破坏性。《重新生活》这部小说从某种意义上写的就是一个家族共同体在核心成员消失（落马）之后，如何面对巨大的冲击，重新建构生活的过程。

从社会世俗心理层面来说，这个家族共同体的每一个成员都会被人想当然地或幸灾乐祸地视为"有罪的人"，被武断地认定为"罪人"。所谓近朱者赤近墨者黑，官员落马，他们不可能毫无干系，他们甚至可能早就成了帮凶，这在已经披露的案件里屡见不鲜。但张平笔下的这些主人公们虽不是一群出淤泥而不染的例外者，但也不是"罪人"和"恶人"，他们只是一群有着自己酸甜苦乐的普通人,虽然也曾从中受益,但均属在不知情状况下有所得。最典型的比如魏宏枝,她没有渊博的学识和显赫的身份,仅仅是一个工厂的工人,但她有最朴素的道德理念和人性底线,她既是魏宏刚家庭意义上的长者,也是他工作生活上的监督者。在做官与做人的基本原则问题上,她一直都是魏宏刚的警示者,甚至因此被魏宏刚嫌弃。在现实生活层面,魏宏枝的确曾因弟弟的身份而在某种程度上获益,比如绵绵因此可以转学以及担任班干部、校学生会干部,但这些事情均是在不得已的情况下的被动接受,甚至是学校为了靠近市委书记这个政治资源而使出的手段。而在她名下放价值几百万的房子,更是在她毫不知情的情况下魏宏刚的自作主张和利用。魏宏刚的姐夫武祥,虽然也身在体制内,但并没有因为有市委书记小舅子这棵大树而平步青云获取利益,临近退休也只不过是一个小小的科长。绵绵和丁丁更是两个令人痛心的形象。丁丁的被"打伤"不仅是肉体的"受伤"更是心灵的伤痛和精神的伤痛,他的"失踪"既是个体的成长,也是对社会的一种拷问。绵绵承受的不仅有家族巨变给她的压力,还有当代的教育体制和现实的人心险恶对她的挤压,她最后的"失常""崩溃"发出的就是令人心酸的"呐喊"。

  张平笔下的这个群体内涵丰富又充满张力,他们既靠近权力中心,又未主动从中获益,他们与腐败官员既有亲情上的血肉联系,又有法律上的剥离关系。他们的生活曾因核心成员的步步高升而充满荣耀,也曾因共同体的塌陷而坠入黑暗和深渊。共同体被迫解体之后,他们惊慌失措惶恐不安,他们试图逃离而又无处可逃。这个群体是现实中极易被忽视的群体,甚至是被蔑视、被污辱的群体,也是最具"文学性"的群体,张平以现实主义精神和人道主义情怀直面这个群体灰暗的生活图像和崩溃的精神世界,是对"五四"以来"人的文学"传统的继承和弘扬。

  小说命名为《重新生活》,寄寓了重新归来、重新开始、重建生活的情感期待,体现出作者面对这一特殊人群的悲悯之心,也蕴含了作者对于这一群体责任与权力如何划分的立场判断。这样一个特殊的群体,他们的罪与罚应该如何界定,他们的生命权力与生活之路应该如何尊重,这是交织了情与理、个体与整体、人性与法制的多重难题。显然，面对这一切，作家的思考是有温度的。从个体命运到社会伦理，从生命遭际到人性和道德，从政治生态到世道人心，要"重建"的不仅是一个"家族"、一群人或者某个个体的"心灵"与"生活"，而是整个社会。一切才刚刚开始。

三、"人民性"与政治小说

陈晓明在论及张平的小说创作时，曾指出张平小说的"新人民性"特征，"在张平这里，'人民性'这个概念难能可贵地具有了真实性，'人民'的形象被还原了它的弱者的形象，它是在更为平等和个人深切体验的基础上被创建的"。在张平的小说中，"人民"的确是他小说中非常重要的一个元素，是他一直着力塑造和表现的对象之一。从早期的"家庭小说"中的妻子、姐姐等家庭成员，到后来反腐小说中的上访户、受害人，在张平的小说中，具有"人民"属性的基层民众从未缺席，他们也始终是张平人文关怀的对象。在波诡云谲的反腐斗争中，张平从来都是以"人民"的胜利来体现政治胜利的，政治的胜利也是以"人民"的胜利为最终旨归的。

在一次访谈中，张平说："我们为什么会关注并选择这类政治主题去写作，大概与我的个人生活阅历不无关系。我一直生活在社会的最底层……历尽坎坷。所以我更关心现实生活中老百姓的喜怒哀乐和他们关心的问题。我的创作道路应了那句话，物质决定意识，是生活教会我去解读平常人的心和决定自己的好恶取向。"[①] 可见，虽然创作被归为具有宏大叙事属性的政治写作，张平的初衷仍然是从人民出发的，写政治也是在写人民，政治小说也是人民小说。

但是，对比张平以往的小说创作，我们可以发现在《重新生活》中，"人民"的角色和位置发生了重要的变化。在以往的小说中，"人民"虽然也是处于弱者地位的受伤害的群体，但其主要作用在于推动政治体制内正反力量进行更为尖锐的搏斗，是作为双方斗争的一个矛盾点而存在的，比如《抉择》中

---

① 林红:《关注现实，关注百姓——作家张平访谈录》，《中国文化报》，2000年7月20日。

的中阳纺织厂的广大职工,《天网》中的上访户李荣才,他们是触发正反双方进行搏斗的一个"爆点",虽然看起来很重要,但从叙事上来讲,更多的是推动叙事前进的功能角色,是一个重要"行动元",是为叙事主线服务的。但在《重新生活》中,"人民"不再作为一个辅助角色存在,而成了叙事的主角。武祥、魏宏枝、绵绵、丁丁这些具有人民属性的家属成了主角,反腐的对象魏宏刚包括反腐过程反而成了小说的暗线,成了小说的背景。

可以说,在这部新小说中,张平将"人民"真正推到了小说的中心位置,真正将人民性灌注到了小说之中。以魏宏枝、武祥为代表的小说主角,不仅没有卷入腐败的旋涡,还牢牢将精神根基深植于人民的沃土之中,他们家族虽有"一人得道",但并未"鸡犬升天",他们的人民本色从未消退。他们既作为反腐的对象存在于反腐斗争的内部,又作为"人民"的代表脱离了反腐对象这一身份,甚至还因身份的特殊而成了反腐的正面力量。他们既作为腐败官员的共同体而存在,又在实际的生活和工作中同腐败官员划清了界限甚至成为腐败官员的监督者和警醒者。可以说,他们不仅是人民的一员,且是经受了腐败考验的意志坚定的人民。他们身上所具备的朴素的品质和信仰正是人民精神的光辉写照。因此,《重新生活》是一部充分彰显人民性和人民精神的小说,是张平人民理念的深度阐释和体现,是人民性与政治小说的成功联姻,它为政治题材小说开拓了新的路径,贡献了新的经验。就张平的个人创作来说,这是一次新的尝试,也是一次重要的突破。

米兰·昆德拉在《小说的艺术》中指出,"一部小说,若不发现一点在它当时还未知的存在,那它就是一部不道德的小说"。昆德拉的这一说法是从小说要提供知识的角度来论述的。同样,这一说法也适用于小说的叙事对象层面:小说要关注未知的世界和人群,提供新的经验和风景,小说要用艺术之光来照亮那些被遗忘的角落,给予那些被暗影笼罩的人们以情感的抚摸和精神的关怀,这也是小说的使命之一。《重新生活》正是这样一部以艺术之光照亮了一群生活在暗影中的人们的作品。小说强烈的人民属性和悲悯情怀在照亮人物的同时也照亮了它自身。

《喜剧》
日常性语境里的中国故事

《喜剧》的荒诞感是生活、人性、世道人心中的荒谬、荒唐、怪异的文学表现,属于我们所在的有着民族感、历史感、现实感和时代感的当代现实。小说以荒诞、魔幻的形式揭示了更深层次的现实机理与肌理。那些不合常情常理仿佛不正常的不可能之事,以乖谬、歪曲或荒诞的形式发生与存在,而它们对人物的命运轨迹起着根本的甚至决定性的作用,构成了当代中国暗流涌动的世情画面。

陈彦在其长篇新作《喜剧》中塑造了贺少天、贺加贝、潘银莲、南大寿、万大莲、贺火炬等各具特色的艺术形象，挖掘他们的心理世界和情感世界，在此基础上形成对现时代人们内在精神结构的梳理和整体把握。小说通过喜剧这一介于传统与现代之间，广受人们欢迎的戏剧形式，关联广阔的时代生活和不同人群，进入作为时代生活之根源的历史文化和民族传统深处。小说接通民间民族文化，体现出当代情境下的"文化寻根"意向。

一、戏剧性与常态性：陈彦小说的"不奇之奇"

中国传统小说的叙述多为概括性叙述，通过人物言行揭示其心理，而人物言行又极为简练。"五四"以来的中国现代小说强化了对人物言行和心理的细腻描述，尤其是心理剖白和深层意识的表现，这成为小说现代性的重要标志。陈彦小说一方面有着丰富细致的心理和情感表现，另一方面又保持了戏曲、戏剧对语言和动作描写的重视，注重通过语言、动作刻画人物，揭示人物在特定情境下的心理情感状态，尤其是双方人物内在心态的复杂性、矛盾性和冲突性。《喜剧》叙事动作性强，可谓性格动作化、动作性格化的典型。

作为一部以传统戏剧为表现对象和切入点的现实主义小说，《喜剧》既有着传统意义上的戏剧性因素，又尽力避免因人物事件的离奇性而造成不真实感。

就前者而言，陈彦的《喜剧》立意描写"生活和生命的常态"。常态自然是指常人的平凡普通、平淡无奇的生活形态和生命形态，但这并不意味着作者要走日常化审美的路子。实际上，小说表现出的是对富有戏剧性的人物和题材的青睐。相貌丑陋的丑角父子三人，贺加贝带荒诞悖论色彩的命运遭遇，贺少天对喜剧时代即将来临的预言，贺氏父子的绝活儿，贺加贝对万大莲始终不渝的单恋，潘银莲的忍让、包容，乃至万大莲与潘银莲难分彼此的长相容貌等，都带有程度不同的、超越生活常见形态的传奇性。尽管在我们的日常生活中,也不乏奇人异事,但如此多的奇艺怪异、荒诞、怪诞的人事集中在一部人际关系和叙事空间较为有限的小说中,却颇能说明问题,即小说以典型化、戏剧化的手段高度集中地表现冲突矛盾:将复杂的社会生活和人物的生活经历进行艺术简化处理,删削那些与人物和情节无关的生活内容,强化冲突和人物、事件之间的因果逻辑,将原初形态的生活集中提炼成为戏剧性的人物、冲突性的情节结构及事件,使戏剧与时代、演员和观众、喜剧与悲剧与闹剧之间呈现出短兵相接的状态,形成一种张力。同时,《喜剧》还多方运用巧合(如万大莲与潘银莲容貌的极端相似)、突转(如当贺氏父子喜剧演得热闹红火时,贺少天被发现已到癌症晚期;贺加贝在高档别墅区买楼时,万大莲恰好因丈夫的犯罪行为而逃离别墅)、误会(如贺火炬因怀疑和不满贺加贝、潘银莲夫妇,而发生兄弟失和、叔嫂矛盾之事)等方法,让矛盾冲突在有限的时间空间内迅速形成、发展、激化、推向高潮并迅速得到解决。

就后者来看,现实生活中固然有戏剧性人物和事件,但现实主义小说却尽量克服神秘性、传奇性。韦勒克认为将现实主义与浪漫主义区分开是不难的:"现实主义确定不移地抛弃了浪漫主义对自我的推崇,对想象的强调,对象征手法的重视,对神话的关注以及浪漫主义的有生命的自然观念。"而现实主义与古典主义之间的界限则不是那么清晰,两者在追求客观性、塑造典型和注重教谕性等方面是相似的。不过韦勒克认为:"现实主义排斥了古典主义的'理想性',把'典型'看作社会典型而不是普遍人性;现实主义摒弃了古典主义认为存在着一种高贵的题材的设定;打破了古典主义的风格层次理论和它固有的社会排外主义。"在谈到19世纪小说区别于18世纪以菲尔丁、理查生的作品为代表的现实主义小说的新因素时,他认为,这主要应归因于其所处的历史环境,"18世纪与19世纪之交剧烈变革的意识,工业革命,资产阶级的胜利(18世纪英国就已出现了其先声),随之而来的新的历史感,人是一个社会的存在而不是一个面对上帝的道德的存在这样一种更为伟大得多的意识,以及对自然的解释从18世纪的自然神论、目的论和机械论世界观向

19世纪科学决定论的更加反人性的和非人性的观点的转变"①。《喜剧》的现实主义特质体现在,作家虽然以有着悠久历史和文化蕴涵的古典戏剧为表现主体,却并未将小说应有的客观的现实人生的描写叙述,简化为戏剧性的片段,其表现的当代中国社会、人生虽然充满某种程度的戏剧性转折,但非戏剧性片段的组合——毕竟现代小说再如何戏剧化,也并非传统戏剧。当陈彦由戏剧创作转向小说时,已潜在地说明,无论是传统戏还是新编现代戏,其"形式的意识形态"性在某种程度上已不能满足作家的表达需求。因此,在第四部长篇小说中,他将更多笔墨和更大笔力集中于平凡人物的现实人生,同样注重在平淡的日常生活情景中展现人的命运遭际,揭示作为"社会典型"而非"抽象人性"的人物的内心世界,表现生活和生命本身的"内在戏剧性",书写生活和人的"不奇之奇"。

《喜剧》不仅故事情节带有一定的戏剧化色调,人物亦是如此。贺少天是闻名遐迩的"大艺术家",贺加贝、贺火炬兄弟虽然比不上父亲,但也是广有影响的著名丑角演员。作为现实中的人物,他们的相貌、扮丑技艺和绝活儿,无疑具有一定的神秘性、传奇性,但作家没有刻意突出其荒诞怪异,没有夸大这种传奇性神秘性,而是在现实生活中,通过鲜活的生活画面和平常的人际关系、矛盾冲突,在世情和民情的层面和向度上,自然而然地写他们作为普通人不无烦恼、痛苦和无奈的人生体验。因此,《喜剧》不仅是现实主义作品,而且是在教谕性、历史感和真实性等方面带有陈彦特色和气质的中国式现实主义作品。

二、真实性与荒诞性:穿透日常生活经验的文学方式

《喜剧》写出了一种日常性的社会"真实":通过丑角人物的行迹、命运写戏曲在当下现实中的命运;通过丑角、喜剧,关联广阔的城乡和更广泛的人群,写出当下社会生活的真实一面;通过人物之间的爱情、亲情、家庭、婚姻

---

① [美]勒内·韦勒克:《批评的诸种概念》,罗钢、王馨钵、杨德友译,杨雷雨校,上海人民出版社2015版,第238页。

等,写出当下民众的伦理道德和心理情感的真实。但陈彦显然不满足于停留在这种具有真实感的日常性层面,而是试图通过超越经验性的现实描述,进入一种超越日常性的层面和境界。

其一,通过贺少天、潘银莲等进入中国人的深层情感结构。这些人物都表现了喜剧/戏剧与中国/中国人的现实生活之间的关系。贺少天、潘银莲,尤其是前者,在小说中并不占有太多叙事篇幅,却有着不容忽视的重要性:贺少天寄托着作家对喜剧之为喜剧的"本"性思考,小说通过他,侧重从艺术方面考虑戏剧要契合时代变动中的国人审美趣味;潘银莲虽非戏剧艺人,但她从艺术的现实基底意义上,构成对喜剧/戏剧的"根"性观照,小说通过她,侧重从生活方面考虑喜剧/戏剧要贴近中国人的生活现实和道德经验。无论生活如何变迁,戏剧如何变革,都要守持艺术(美)之"根"之"本"之神髓或更本真的生活与生命形态。如果说,贺少天与《主角》中的"忠孝仁义"和秦八娃一样,代表的是一种面对时代挑战却又生生不息的艺术美学传统,那么潘银莲则类似《主角》中的忆秦娥,代表着一种遭受现实挑战却绵延持久的伦理道德传统,他们分别在审美和伦理向度上蕴含着作家对传统与现代之关系的思考。

伦理与美学的"传统"并不与"现代""时代"矛盾。对于小说来说,这一问题以人物、形象和情感的方式得到具体的颇具复杂性的表现。其中,关联二人也即关联这两种传统的人物主要是贺加贝。贺加贝与贺火炬在喜剧演艺问题(实际上也是喜剧在现实中的"演绎")上的歧见,贺加贝与潘银莲在感情、婚姻、家庭问题上的矛盾,突出了现时代社会现实中"审美/艺术"和"伦理道德"的分流、分化与分歧。就此而言,贺加贝是一个叙事结构中的网结,也是传统说书艺术或民间说唱文学中的"扣子"。作为文学形象的"贺加贝",是一个体现着作家"结构意识形态"的人物,他是"形式"也是"内容"。换一个角度看,在审美/艺术问题上,贺加贝与贺少天、贺火炬形成对照;在伦理道德问题上,贺加贝与潘银莲、潘银莲与万大莲、潘银莲和她的嫂子"好麦穗"同样形成对照。这何尝不是一种兼具"形式"与"内容"的戏剧性设置?

其二，由日常性生成荒诞感，揭示存在于常态生活和生命中的荒诞体验。在这个意义上，《喜剧》是现实感与荒诞感的融合。小说扉页关于喜剧/悲剧、虚构故事/对号入座的表述，便是这一荒诞/现实的直观表述。

但《喜剧》的荒诞不是《等待戈多》式"荒诞派戏剧"那种存在本体论意义上的荒诞，它所传达的不是普遍的生存的空虚、绝望和意义缺乏、真理隐遁。《喜剧》的荒诞，近似宗璞、王蒙的"中国荒诞派小说"的荒诞，有着中国的现实情景做根底和依托。作为生活与生命的常态，"荒诞"通过强烈的戏剧化场景、细节，揭示一种现实中的怪诞体验和荒谬感受。如贺少天的遗体告别仪式，不仅完全有违逝者初衷，更因过于郑重其事而又喧嚣闹哄而几乎变成闹剧，此可谓悲、喜、闹难辨。再如贺加贝对万大莲痴情不改，却不断落入与若即若离的万大莲共同编织的"心造幻影"中，此可谓真假难辨、"虚实相生"。贺加贝、潘银莲夫妇本意是为贺火炬做长远规划，却遭到后者的误解，兄弟阋于墙。著名喜剧编剧南大寿经历屈辱后放弃喜剧，最终以散文家和动物保护协会名誉顾问闻名于世。传统喜剧没落后，喜剧笑点和"包袱"要靠电脑和数字模型计算出来。生意红火的葫芦头泡馍店的老板王廉举转行做喜剧演出，历经大红大紫，最终落得街头卖艺……红火与塌火、快乐与悲伤、痛苦与欢乐，彼此轮换、纠结、缠绕，可见日常中的荒诞，充满荒诞的日常，是"生活和生命中的常态"而已。《喜剧》的荒诞源自生活经验和个人生命体验，是生活、世态中的荒诞使然，蕴含作家对现实社会和世道人心的体悟和理性认知，体现着作家深感世间之人与事可笑、可悲或可悯的态度，这便使文本中生出杂糅幽默、讽刺、戏谑、调侃、夸张等复杂意味的喜剧效果。

此外，小说中那只被潘银莲收养的流浪柯基犬，也颇有魔幻色彩。柯基犬令人心酸的坎坷经历，折射出现实中的残忍与残酷、无趣与无奈。通过柯基的"魔幻之眼"看到的同样是"现实"的荒诞。柯基犬的遭遇、见闻及其所关联的小说人物置身其中却不自知的"视角"，借由一种对照和反讽的叙述，提供了对现实和人性的具有弥补性效果的体验与认知。在此意义上，流浪犬的"魔幻性"提供的却是一种现实主义式的生活和人性景观，是生活中不为常人所关注的隐秘面。

《喜剧》的荒诞感是生活、人性、世道人心中的荒谬、荒唐、怪异的文学表现，属于我们所在的有着民族感、历史感、现实感和时代感的当代现实。小说以荒诞、魔幻的形式揭示了更深层次的现实机理与肌理。那些不合常情常理仿佛不正常的不可能之事，以乖谬、歪曲或荒诞的形式发生与存在，而它们对人物的命运轨迹起着根本的甚至决定性的作用，构成了当代中国暗流涌动的世情画面。看似夸张幽默、令人莞尔却又无可奈何的尖锐的现实，在陈彦笔下得到了兼具同情、反讽和批判的揭示。

一方面，《喜剧》有对人物心理的矛盾性的揭示，力图展现人物内心情感的复杂性，这是陈彦小说的现代性表征，其中有鲁迅、陀思妥耶夫斯基等中外现代文学大师的影响。另一方面，陈彦小说又超脱了个人与社会与时代之间的对立性设置，不同于现代文学创造作为典型的个人展示从传统向现代转型的历史趋势和现代性本质。在陈彦小说中，个人不仅是她或他自己，也是一个具有相对恒定性和稳定性的整体。这个整体或者是那些处于社会底层的弱势群体，或者是传统文化、思想、道德和美学的艺人。在他们身上，陈彦表现了一种民胞物与的传统人道主义悲悯，对其个体心理情感、生活命运的热切关注，同时，他在他们身上体验到并发掘出更多的更丰富的东西——人性、情感、欲望等。

需要注意的是《喜剧》人物塑造和人物关系设置上的戏剧化倾向。小说中，个人的有限性和超越有限性的无限追求之间，个人情感愿望与理性和伦理道德规范之间，人物的丰富性、人物关系的矛盾性与人物塑造上某种程度的脸谱化和叙事的程式化之间，存在着某种程度的龃龉或不协调。从另一角度看，按现代小说的艺术惯例说，陈彦小说的人物塑造有扁平化特点，人物关系设置也倾向于矛盾冲突关系。这是传统戏曲文艺形式造成的弊病，还是陈彦寄托遥深的新颖之处？显然，这并非戏剧思维的无意识渗透，而是陈彦自觉选择的结果。"中国戏曲的脸谱化，有其弊端，也有好处。弊端是一眼望穿,难有惊喜改变;好处也是一目了然,明牌亮打,观众不易上当受骗。"①《喜剧》在人物上,体现着陈彦在"传统与现代"之间的选择。这不仅是一种美学选择,也是一种伦理道德价值判断的选择。这一选择发生在陈彦获得"现代"和"传统"的双重自觉之后,因此是颇有意味的,也颇有赵树理经历"新文学"挫折之后,对民间文化传统和民间说唱艺术如民间故事、快板、戏曲曲艺的选择。只不过,在陈彦这里,人物不再是竹内好所称赵树理小说人物"个人就是整体"的状态,"个人与整体既不对立,也不是整体中的一个部分,而是以个体就是这个这一形式出现的",或者说,陈彦小说更具"人生观或美的意识"的现代性。②

三、传统民间戏曲与戏剧:《喜剧》的喜剧品质

传统民间戏剧是为满足乡民和市井小民的娱乐追求而兴起的,其内容贴近民众生活,以家庭伦理戏和惩恶扬善、为民做主的清官戏为主,其中不乏带庸俗、迷信和淫秽色彩的娱乐性小戏,甚至曾被官方和精英阶级视作淫词俚曲而遭到注重民风教化的正统文化的贬斥和查禁。但因在乡民和市民中颇受喜爱,戏剧仍在城乡社会和文化中占据着重要地位。可以说,传统小戏表演是一种广受民众欢迎,并为其所共同享有的草根文化形式。从内容和形式上看,民间戏曲取悦民众的娱乐性更为突出,以喜剧和闹剧为主,而悲剧较少。即使是包含悲剧和正剧内容的大戏,其中嬉戏逗乐的成分亦不可少。娱乐、逗趣、引人发笑的技艺和内容在戏曲表演中一直占有重要地位。

按照学界对"戏曲"一词的通常理解,"曲"指声色之美,"戏"为嬉戏之趣。前者来自声色的特质、情感情境以及观众对声色的反应、感应,而非声色本身。"物色尽而情有余",情绵延不绝,韵味可慢慢欣赏、回味和辨析其

---

① 陈彦:《喜剧是人性的热能实验室——长篇小说〈喜剧〉后记》,《文艺报》2021年3月5日。

② [日]竹内好:《新颖的赵树理文学》,黄修已编:《赵树理研究资料》,知识产权出版社2010年版,第431页。

中的微妙。后者则以嬉戏逗乐的方式，让观众娱乐开心，根据观众的喜好和心理惯例、预期，安排情节，设置场景、细节和结局，使之心理放松，精神愉悦。为满足观众的娱乐要求，戏曲的编剧、表演往往充满演员的各种技艺展示和诸多令人开怀的插科打诨。《喜剧》中贺氏父子的"戏曲改良小品"对人物相貌、装扮和声色技艺的追求，在20世纪80年代以来中国日益世俗化、商业化的氛围中体现得尤为明显。在小说中，普通市民和乡民观众在观看戏剧表演时喜欢"戏"的内容及剧中热闹的部分甚于演员自身的表演，他们更关心戏的技术层面，而非艺术层面。因而丑角、扮丑、唱丑在"热闹"和"技术"上更受观众欢迎。比起生角、旦角等角色行当，丑角更能以科诨表演博观众一乐，即便在这些嬉戏逗趣中多无聊、庸俗、低俗成分而缺少深刻内涵。出洋相、做怪样也能够活跃气氛，娱乐观众。因此，当秦腔等传统戏曲以及万大莲、廖俊卿为代表的秦腔剧团走向衰落时，贺氏喜剧却随时代大潮迅速走红。但当贺氏喜剧专为迎合观众趣味放弃戏剧的美学品位和严肃的教化作用，制造噱头，与低俗趣味妥协，失去品位追求和艺术底线时，喜剧也就被搞得不伦不类，日趋败落，沦为一种表演夸张，以插科打诨和制造噱头吸引观众的低级滑稽文化了。喜剧之热火与塌火，除了时代原因，亦有观演关系的难以处理：完全排除夸张和噱头会失去观众，从根本上影响喜剧发展；完全迎合观众的趣味而缺少对现实的切实关注和对艺术品质的尊重，喜剧也只能成为市民生活的点缀和小玩意儿，同样会失掉它的价值。这是《喜剧》思辨的重要内容之一。

喜剧是幽默、搞笑、滑稽、调侃、讥讽、教训等多种元素均包容其间的艺术形式。它或者体现为酸辣尖刻的嘲讽，或者体现为冲淡自然的幽默，或者以噱头笑料营造滑稽效果。喜剧可以批判，亦可歌颂，它可以沦为无聊的文字游戏，亦可表达严肃的、悲剧性的崇高主题。喜剧可以顺应形势失去批判功能，亦可以成为特定文化情境中的异质性力量。它可以逃避现实、粉饰现实，又可以挑战现实、对抗现实。《喜剧》通过贺氏喜剧的兴衰沉浮，编剧、演员与观众之间的关系，揭示喜剧与时代与具体历史情境之间的关系，展现喜剧的多种实践形态与内涵，表达对喜剧及其关联的现实生活和人性的严正思考。寓庄于谐，是《喜剧》的基本手法；"含泪的笑"是小说的基本美学风格；以杂糅写实、荒诞和魔幻甚至"元小说"手法（借柯基犬之口说出小说的情节发展和结尾）对现实生活中的荒诞及令人痛惜、心酸之人事的讽刺与同情，使《喜剧》具有讽刺性写作的内在品质。

在这一点上，《喜剧》的喜剧品质颇接近鲁迅的讽刺观。1933年，鲁迅在关于"幽默与讽刺"的论争里为讽刺辩护说："并非是作家要去讽刺，而是因为现实生活中那些令人发笑的事情本身的存在，讽刺就自然生成了。只不过写实的写出来。"他又说："现在的所谓讽刺作品，大抵倒是写实，非写实决不能成为所谓'讽刺'；非写实的讽刺，即使能有这样的东西，也不过是造谣和污蔑而已。"[1]《喜剧》以带有夸张色彩的写实形式，对现实中的荒谬和不合理进行真实"再现"，"戏仿"、嘲笑也批判荒谬的现实生活。这样的讽刺喜剧，对于现实的逼真再现和对于道德价值的捍卫，所引发的是带有现代启蒙主义性质的笑声。

詹姆逊在谈到对喜剧的看法时说，莫里哀、阿里斯托芬、乔伊斯和拉伯雷的文本"目的都是通过重构一种想象的实体说明一个给定文本的本质或意义——喜剧或悲剧的'精神'，情节剧或史诗的'世界观'，田园诗的'感伤'或讽刺的'看法'——仿佛它是单个文本背后一般化的存在的经验"[2]。在詹姆逊的喜剧理论中，喜剧不仅是一种对于人类欢乐情感的表达，而且是一种"喜剧的精神"，一种具有认知价值和颠覆的行动力的"想象的实体"。值得注意的是，詹姆逊所看重的是喜剧的挑战、越轨和颠覆意义，这主要是针对那种讽刺性批判性的喜剧而言，这种观点是否忽视了喜剧的内在含混性和丰富性，将喜剧简化为一种写实性（现实主义）的讽刺和批判模式。

陈彦虽然受到鲁迅、陀思妥耶夫斯基等批判现实主义大师的影响，但他

---

[1] 鲁迅：《论讽刺》，《鲁迅全集》第6卷，人民文学出版社2005年版，第278、279页。

[2] ［美］弗雷德里克·詹姆逊：《政治无意识》，王逢振、陈永国译，中国社会科学出版社1998版，第94页。

对中国传统戏曲之民间性、草根性的认知和理解,又使他的写作与通常所谓的启蒙主义精英文学区别开来。《喜剧》既非启蒙主义写作,亦非民间主义和趣味主义写作。这部小说可以说是《主角》之后,陈彦以丑角、喜剧的形式,对"另一种"更加具体的戏曲与小说融合方式的探寻,也是作家对更适宜、更有力的"理想喜剧"(非文类意义上)的探寻。《喜剧》是否定的、解构的,也是肯定的、建构的,其中有讽刺、批判,也有调侃、嘲谑和滑稽。这一杂糅理性与感性、清醒认知和感觉狂欢色彩的特点,不仅体现在贺加贝、王廉举、史托芬、潘银莲等人物形象上,也体现在贯穿小说的向上生长或向下探源的执着不息的精神力量上。这是一种包含作家理性精神、民族意识和伦理正义的、进入历史的向上向前的努力。

20世纪90年代以来的中国小说出现了类似于雷蒙·威廉斯所不满的"畸形"现实主义。"当日常性私人性成为文学/历史舞台上的唯一主角时,它们就放弃了对自身内在的省思而专注于'展示'自己的形象,文学话语的历史性维度、政治意涵和尖锐性以及日常生活的潜在能量,被心安理得地放弃了。"[1]威廉斯认为,这种小说完全背离了昔日现实主义文学传统,它们对个人的前所未有的重视,使"个人"成为小说的全部内容,使小说陷入了无法表达人类的某种共同的生活经验的僵局。这种"个人现实主义"源自社会生活中个人与社会的分裂、对立。因此,他认为需要重新界定现实主义,以"创造性的发现"打破僵局。他称为"新现实主义"的小说具有"从个人品格的角度来创造和判断一种整体生活方式的性质",它继承现实主义的伟大传统,"具体地体现了那种生气勃勃的互相贯通——思想渗入感觉、个人融入共同体,变化转为安定——作为一些生长点,它们正是在我们这个分裂的时代里所需要的"。[2]威廉斯没有把现实主义看作一成不变的僵死之物,他的"新现实主义"

---

[1] 王金胜:《"总体性"困境与宏大叙事的可能》,《中国当代文学研究》2020年第6期。

[2] [英]雷蒙·威廉斯:《漫长的革命》,倪伟译,上海人民出版社2013年版,第295、304页。

并非"恢复"或"回归"传统现实主义，而是一种对现实主义的"发现"。"新现实主义"不仅要吸收传统现实主义的神髓和精华，也要汲取20世纪的重要成就——个人现实主义（即现代主义）的成果，以后者对个人及其主观感受的发现作为对传统现实主义自身弊病——过于依赖自然观察、过分强调客观实录的纠偏。

除了突出人的创造性和能动性，威廉斯的"新现实主义"给予语言以充分重视，突出语言符号本身的干预作用和创造性功能，把语言与人们在现实世界中实实在在的劳动及他们生活在其中的诸种复杂纠缠而又始终处于变动中的意义结构联系起来。陈彦的小说以戏曲为装置，连接了个人与社会、民族、传统文化智慧，建立了个人与民族、世界和人类之关系。同时，陈彦的"戏曲"又具有"语言"和元符号的性质，潜在地反驳了专注个人、内心和私人生活的创作倾向，干预了惯常小说叙事姿态、立场和美学品质。如果说现实主义的真实性源自语言的创造性功能，那么戏曲（传统）与流浪狗（现代主义）的介入，使《喜剧》不再停留于反映、再现性表达，而是借助戏剧的创造性功能，展示了我们生活于其中的意义结构和精神结构。

四、喜剧的现代形态与命运：从话剧《茶馆》到小说《喜剧》

现代生活尤其是城市生活瞬息万变，光怪陆离的景观，形形色色的人群，层出不穷的新异事件——各种人事景观因其新鲜感、刺激性、怪异性，极易成为喜剧的素材。喜剧在这样的时代和现实情境下，有着广阔的发展空间。

喜剧往往紧贴时代脉搏，紧贴市民生活，表现其生活情状，以轻松戏谑、生动活泼的形式和风格，把都市万象和市民生活的现世相，展示给市民观众看。即便是对农民或进城务工人员的表现，也往往贴合市民趣味，以农民之"土"映衬市民之"洋"，而在"土"和"洋"的纠缠而非对立中，隐藏着一颗"俗"心。喜剧的观众看的是别人，也是"我"和"我们"，表述"俗"的则是噱头、机灵、包袱的手法，戏谑、调侃、嘲弄、讥讽的语气和俚俗的语言。喜剧并不排斥批判的或歌颂的、肯定的或否定的较为严肃的主题。但在严肃的场合,过于离奇、夸张、荒诞的内容和格调低俗,涉及特定地域和人群的歧视性内容,会接受过滤和筛选,避免将严肃的思想庸俗化。"笑"是喜剧追求的效果,也是其重要特征,但片面追求"笑"的效果,堆砌笑料、增添无谓的噱头、穿插无聊的科诨枝节,迎合观众趣味,演员为搞笑而搞笑,观众为笑而笑,则是对喜剧的表面和片面的理解,如此做法,不仅会将严肃的思想庸俗化,降低喜剧的思想水准和艺术品位,亦无法长久保持其艺术生命力。《喜剧》中贺加贝喜剧时代的没落,便源于此。

生活中有喜剧、闹剧也有悲剧,生命有喜剧体验也有悲剧体验,悲喜杂糅、苦乐相间,原为生活和艺术的常态和本相。时代、现实的运行机理,生活的复杂肌理和艺术辩证法,决定了"喜剧"绝非如其字面意义那么简单纯粹。①《喜剧》以贺少天父子两代三人、南大寿等喜剧艺人为贯穿性人物,以"镇上柏树"、王廉举、史托芬等编剧、演员和策划人为连续性线索人物,将喜剧在时代变迁中的实践形态和脉络,进行细致梳理和形象展现,并思考其危机,展示其可能与生机,揭示这一特定戏曲艺术形式的时代命运、现实调整、历史与生命潜能。

在现代中国,曾经发达的中国传统喜剧,形成了幽默、讽刺和歌颂等不同类型。在20世纪50年代至70年代间的"革命中国",喜剧划分为讽刺性(暴露性)喜剧和歌颂性喜剧,前者又有表现"敌我矛盾"和"人民内部矛盾"之区隔。"百花文学"时期,何求的《新局长到来之前》、李超的《开会忙》、杨履方的《布谷鸟又叫了》等便属于讽刺性喜剧,邵力的话剧《李双双》、郭沫若的《蔡文姬》则属歌颂性喜剧。老舍的《龙须沟》《茶馆》在新旧社会的对比中确立了歌颂主调。讽刺或歌颂,中国戏曲古已有之,但时代政治的影响

---

① 陈彦在《喜剧》后记中,如此谈及喜剧的性质与功能:"喜剧是人类调节生存情绪的最佳良药;喜剧是洞悉人性弱点的一面显微镜;喜剧也是自我反观后会把自己吓一跳的凹凸镜;喜剧还是讽刺敲打他人的一种尚留情面的'投枪'方式;当然,喜剧也是一种抹了'丹顶红'的欢乐'投毒';喜剧更是一种比悲剧愈加悲惨无情的'无意义生命揭穿'。"参见《喜剧是人性的热能实验室——长篇小说〈喜剧〉后记》,《文艺报》2021年3月5日。

和历史的"组织"作用,却催生了喜剧的类型划分依据,并在根本上决定其主题、内容、戏剧冲突的设置和人物形象的塑造。正因此,才有了1961年前后关于"歌颂性喜剧"的论争,才有了讽刺性喜剧的消长沉浮。总体来看,"革命中国"的喜剧长期游走、盘旋于讽刺、批判和歌颂、肯定之间,承担着休闲,游戏和教谕民众,塑造"新人""英雄"的功能。新历史新时代的开启,决定了喜剧的歌颂性风貌。老舍如此谈论喜剧:"我以为在我们的不断革命的时代里,喜剧的材料是用之不竭的,因为既是不断的革命,内部矛盾就必层出不穷。由团结—批评—团结的态度出发,内部矛盾是可以得到很好的解决的。这就供给了许多喜剧材料。"毋庸置疑,在老舍看来,喜剧即以反映人民内部矛盾为主,包含讽刺性却以歌颂为主调和目的的歌颂性喜剧。老舍也谈到了喜剧的思想品格:"喜剧切忌庸俗。没有一个远大、宏伟的思想照耀着全剧,庸俗便不容易避免。"[①] "寓教于乐"不仅是文艺的通常功能,更是喜剧实现其严肃目的的重要路径,彼时"教"之含义为"远大、宏伟的思想"。"乐"虽是形式手段、技法技巧,却并非目的和"笑"的效果,其核心是一种审美效应,前提应该是审美品质。"教"也应不限于"席勒化"地传达某种宏伟远大的思想理念,而应有"讽刺"维度。总体来看,20世纪50年代至70年代间,喜剧在一体化文艺空间中,以歌颂或批判的方式提供了一种不那么严肃僵硬的、充满一定活性和弹性的艺术方式,在宏大史诗性美学和庄严肃穆的崇高空间中,展露了一种带有世态性、生活性和人性气息、情感气息的日常化审美可能,展示了社会主义文艺内在空间和构成的复杂性和历史变动性,并在客观上构成了对主流文化机制的某种程度的"偏移"和"反讽"。自然,这种"偏移"和"反讽"只是在特定时间和程度之内存在,是主流文化运行机制的一种自我调节、调整,是维持其自身生机和活力的一种权宜手段,性质与作用不宜过于夸大。

在当下与历史之间,陈彦与老舍在喜剧之特质和功能的认识上,颇有"对话"的空间。相比悲剧的沉思表情,喜剧仿佛天生带着一副欢乐的面孔,

---

① 老舍:《老舍论创作》,上海文艺出版社1982年版,第249、250页。

但其切近的生活性、世俗性和生命本性特征，使之始终面临着如何避免庸俗化的问题。老舍用宏伟远大的"思想"避免庸俗化，陈彦在《喜剧》中通过南大寿之口将庸俗化称为"杂耍""搞怪""胡球鸡巴闹"，称"那不是艺术"，"现在的喜剧不叫喜剧，那叫把人压倒，硬咯吱人的脚板心哩"。喜剧或丑角艺术是"高台教化"。在肯定喜剧之教谕功能上，陈彦与老舍是相通的，区别在以何教化和教化的目的。

在历史叙述的美学处理上，陈彦与老舍也有某种意义上的对话性。《龙须沟》《茶馆》对现代史的叙述，是建立在历史与现实的新旧对比上，以"当代"眼光、价值观照和叙述历史虽然具有的，体现着历史叙述的当代化和历史发展的进步主义路向。《喜剧》《主角》的历史叙述虽与老舍的叙述有很多不同，却也不乏历史／现实的对照和理想主义精神。

对于喜剧的现代(当代)历史际遇，《喜剧》的处理颇有意味："火烧天这就算正式参加工作了。后来多次被拉出来'运动'，那是后话。"——一笔带过，并未将此作为叙述重点。小说在此将喜剧遭遇概述性地转化为一个人的遭遇，意味深长。陈彦类似的叙述策略早在《主角》中已现端倪。在这部近八十万言的长篇小说中，作家开篇就讲述了秦腔在"革命中国"被当作"封建主义遗毒"而封存、焚毁的遭遇，并就此塑造了"忠孝仁义"等老一辈艺人形象，传达传统文化历经劫难、薪火相传之意。这一叙事中包含的当下或现时代历史意识也是清晰可见的。

老舍借助话剧形式传达历史认知和政治意见，原因在于这一戏剧形式之无文字门槛限制的大众化、视觉化和听觉化特征，戏剧自身的特质、艺术、历史和文化渊源等并非《茶馆》所表现的内容和关注、思考的对象，作家利用的是观众与戏剧这一大众化艺术之间的"默契"和观演域的聚集和共鸣效应。《喜剧》作为小说，将戏剧纳入自身叙述使之成为自身叙事内容和观照对象，又由此延伸和关联当代社会现实以及历史区域，并在历史与现实、戏剧与小说、喜剧与悲剧之间建立对话和沟通关系。在《龙须沟》《茶馆》中，"历史"因戏剧的意识形态设定，成为与新时代新政府相对立的负面镜像：统治者压榨和剥削民众，民不聊生，历史处于不断的倒退中。陈彦小说中的"历史"处理策略有二，一是对"当代史"的简略处理，二是对历史的长时段化处理。《主角》将激进政治时代转换为老艺人不为时代所动，暗中练功，保留戏曲火种的"断"中求"续"的胆识和韧劲，使命与担当。同时，小说把历史长时段化，进入更开阔深邃的传统文学、美学和艺术的"传统"之中，建立了绵延不绝的"历史之链条"。《喜剧》以贺少天"多次被拉出来'运动'"将当代史一笔带过，着眼喜剧与20世纪80年代以来中国社会现实变迁之关系，同时也将喜剧、丑角艺术带入长时段历史即"传统"之中。相对于老舍戏剧中历史的意识形态化，陈彦小说中的历史叙事是文化化和艺术化的；相对于老舍将历史与现实设定为新旧社会、时代和政府并进行对比，建立二者的对立和"断裂"关系，陈彦更强调历史与现实的连接和承续；老舍的"历史"是应该也已经告别的对象，陈彦的"历史"则是需要汲取和借鉴的资源。

老舍以戏剧形式批判旧事物、歌颂新事物，陈彦以小说为形式、以戏剧为入口和线索，建立新旧事物之间的有机性整体性。二人不约而同地关注了戏剧与时代之关系。

新中国的历史性建立，开启了老舍的戏剧之路，使之由现代小说家一转而为戏剧家，戏剧创作成了他顺应时代之政治美学实践。或者说，时代促生了戏剧家老舍。在老舍身上，我们看到的是戏剧与时代之间的顺应或呼应关系。陈彦将戏剧（戏曲）作为小说观照对象，同样有着时代动因——"民族文化伟大复兴"。对此，小说在叙述贺火炬重返西京，欲重振喜剧事业时写道："西京秦腔团这时也在慢慢恢复元气，说是又要重视传统文化了。"但《喜剧》也颇有意味地写到了，在解放前，贺少天所在的戏剧班子一时被"国军"征为慰劳队，一时被"共军"编成文工团，成为喜剧与历史、时代之错位乃至悖谬关系的征候性写照。《喜剧》特别关注这种喜剧艺术和喜剧艺人的吊诡性处境，如贺少天对喜剧时代来临的前所未有的准确预言；如曾经红火一时的旦角、生角、净角在"新时期"的没落；如贺加贝明明是个喜剧演员，却始终经历着悲剧性或闹剧性的情感波折，其个性气质与所演角色也是偏离和乖谬的:他在台上演出时,"剧情要求他色胆包天、气焰嚣张,他却偏是缠绵悱恻、羞羞惭惭";再如,为了适应观众趣味和要求,贺氏喜剧多番实验,甚至动用高科技手段,却离喜剧的本真和神髓越来越远。对于个人来说,悲欢离合,悲喜交集,人生多番滋味纠缠难言;对于喜剧来说,既要不拘泥僵化、与时俱进,又要不迎合观众趣味,被时代风潮裹挟,既要守住初心本心,又要做出调整和"修订",但何谓艺术本心、喜剧本真,如何调整"修订",其依据何在,尺度如何把握?更深层的问题是,如何处理"传统与现代"这一带有原命题性质的大话题,如何实现"传统的现代转换"?这是《喜剧》所思考的问题。

与老舍将"新旧"处理为悲剧/喜剧关系不同,基于生活和艺术的辩证法,陈彦并没有将时代与喜剧做直接的对应——悲剧还是喜剧的认定,取决于不同的视角、存在环境和生命感受——小说借追随潘银莲的流浪柯基犬写道:"喜剧让人智慧而陶醉;悲剧让人开悟而警醒;而正剧,就是大家现在正在进行的生活,离喜剧和悲剧也就一步之遥。"悲喜与否具有相对性、具体性、偶然性和变易性?这是艺术的、美学的辩证法,也是对时代生活之复杂性与可能性的认知。问题的关键还在于"人",在于如何理解和处理自己与时代、现实和世界的关系,如何理解和处理时代、现实与历史、传统的关系,以及如何在这个时代和它的历史连续性中,通过自己的生活和艺术实践,在交汇、融通、激荡的全球化语境中,在"液态"流动的高度现代性情境下,建立自己稳定、切实和开放的个体和民族群体文化认同。

五、"传统"和"乡村":在当下进入"中国之心"

陈彦运用小说的形式,以戏曲、戏剧和角色行当为入口,描述并反思审视那些偏离艺术和人性人伦轨道的人物行为,确立道德立场和超越意识,借助传统文艺范式模型,重述民众熟知的故事,将所谓低级的喜剧形式吸纳进一种二元性道德系统,在长篇小说中探讨伦理道德文化和艺术等问题,探讨艺术的承传与革新,艺术与时代生活之关系,思考艺术的人性基础、民族意识以及人应该怎样生活，怎样的生活是正当的，如何获得个人以及超越个体之人的尊严等问题。

上述问题，可简要概括为：个人/族群如何在传统/现代之复杂关联中，获得安身立命之本，如何在高度现代性语境中建构有效的主体认同。个人的身份不能只在当下的经历和体验中找到，中国的身份亦摆脱不了"传统"的根基，但"传统"并非对抗现代或西方的工具、手段，它只是全球化时代的中国建构自身主体认同的一个价值向度，其意义不能只在对抗现代西方的冲击、渗透时获得，否则，它只是一个东方主义式的被凝视的存在。"传统"作为一种现代的发现或发明，不应只存在于学术话语和理论思辨中，它更应作为一种现实实践形态，存在于生生不息的社会现实生活中。

《喜剧》以"传统"和"生活"为资源，以长篇小说的形式探寻传统与现代、中国与世界的具体的个体的连接方式。陈彦的思考和探寻，是"五四"以来中国新文学发展历史过程的一个环节，也是现代性个人主体和国族主体建构的一种变奏。在当代都市生活之外，《喜剧》发掘了生活深层的另一个世界，重构、重显了"传统"和"乡土"的普遍性。

首先是"传统"。小说中的"传统"包括伦理道德传统和美学艺术传统，主要通过戏曲、戏剧艺人及相关的其他人物形象（如潘银莲、潘五福、罗天福等，尽管他们并非戏剧中人，但与戏剧相关，而且他们身上也承载着传统伦理观念）的塑造得以体现。民族戏曲、戏剧是从我们自身传统中生长出来的艺术形式。与话剧、歌剧等借鉴西方却被视为普遍性的现代艺术相比，戏曲、戏剧具有传统性、本土性、民族性和区域性特征，体现着中国传统文化的独特性。但同时，这些独特的传统的意义也需要在当今语境下加以诠释，以重新展示其"好处"和"不好处"。好处与不好处，自是相对而言，且二者相互缠绕纠结，常为一体两面的存在。如陈彦所言："现代性是和传统对照出来而不是孤立形成的。没有传统，也就没有现代。有些现代是对传统的反叛，而更多的现代仍然是对传统的继承、发展和螺旋式上升。社会肯定要向现代化进发，是不以个人意志为转移的。但现代和传统之间不是非此即彼的对立撕裂,而是水乳交融、轩轾难分的,是驮着历史辎重前进的演进关系。"①关键问题是,现代生活、时代发展对艺术之特质、功能及表现形式与程式,提出了不容回避的挑战;观众的审美趣味和艺术观念亦有新变,这对既有传统观念及其表现形式也有了新的要求。戏剧既深刻扎根于中国传统和中国民众日常生活中,又是"五四"新文化运动和左翼文化运动的重要载体和组成部分,它在当下面临的挑战更为严峻。《喜剧》《主角》分别写出了喜剧和秦腔在当下遭遇的困境和转型的可能,并进行了颇具根源性、本体性的思考。

在老一辈戏曲、戏剧艺人那里,"传统"显示为一种"乡愁"式的美感经验。他们意识到时代巨变无可阻挡,意识到自己所信仰和坚持的技艺正在年轻人的趣味和喜好面前,失去曾经的魅力。陈彦以挽歌的形式写出了这种"乡愁美学",也写出了这一老魂灵新生的必要和可能。在陈彦小说中,"乡土"既是与市场消费文化主导下的当代都市空间相对的另一处"异质性空间",更是戏曲得以产生和获得持续生长动力的"民间"。就前者而言,《喜剧》写到潘五福潘银莲兄妹,潘五福好麦穗夫妻,好麦穗与其情人这对亡命鸳鸯等"乡村世界"的人物,他们的世界同样是驳杂的而非纯粹的美与善的世界,却沉实而饱满。相对于过于势利和世俗的扁平化的都市空间,它包含的情义,它的立体性和饱满性、充实感,却是都市所不能相比的。它与"土"相伴,从"土"中获得营养和滋养。相对于动荡不居,充满流动感和机动性的时代生活,它处于底层和偏远荒僻之地,但只有依托它,居于大地和世界之中的人,才能创造出比平面化的"当下"更高的更具超越性的生活,在彼岸消失时,才能避免沉沦于"当下"。因此,《喜剧》中的"乡土",既是过往和历史,又是赋予"现在"以可期望的前景和可能的"未来"。相对于当下,它是一个异质性空间,其异质性建立在不同于"当下"的、既在历史之中却又超越历史的时间性——一种独特的历史性之上。相对于历史与时代之宏大,它是"小"的;相对于历史与时代叙述之身居高位,它处于"下位",但它能以小见大、自下而上。存在于宏大叙事和大写历史中的小与大、上与下

---

① 刘茜:《陈彦:"一手伸向传统,一手伸向生活"》,《中国文化报》2021年1月26日。

的结构性关系,并未在此消失,这就是陈彦小说中"独特的历史性",这也是陈彦在《主角》之后,通过《喜剧》重构普遍主义和总体性美学的历史哲学依据。①

《喜剧》借助"人同此心,心同此理"体现着共情的力量,通过人物的生活体验和人生阅历,让人感受人物所处的情境、所遭遇的生活和心灵的困境,感受他们及塑造他们的作者所投入所倾注的情感和态度。同时,小说又没有沉溺于人物的心理、情感,而是由内心而向外延伸、辐射。这在某种程度上弱化了主观性,使情感走出封闭的内心而走向广阔而复杂纠缠的社会生活。正如《主角》没有停留在主人公忆秦娥的个人生命体验或其心灵世界中一样,《喜剧》同样没有聚焦在一位或几位丑角艺人的生活和情感世界,而是通过喜剧这一艺术门类和丑角行当,容纳广阔的社会生活内容和丰富的思想和文化面向。如此叙述,既有共情,又暂且跳出了内心,减弱了内倾性,而多了一份沉静和通透。《喜剧》的现实观照是关于中国现实心理和精神结构的,而非追随时代做镜像式的反映。小说中大大小小的人物,都属于人学意义上的人,但也都是当代中国现实生活中的中国人,他们都有这个时代的心理、性格,也有时代性所不能涵盖的、在长期生活中形成的世俗性、历史性和文化性格。他们的遭遇是每一个生活在中国社会现实中的普通人都可能会遭遇的问题。小说在"问题"中塑造人物,描述他们应对问题的方式,由此在社会现实、时代生活和心理结构、情感结构之间建立呼应和联系。这种叙事方式,或可称为陈彦式的世俗心理结构分析。《喜剧》《主角》中的便是这种世事洞明、人情练达的"在地性"中国现实主义,不仅是贴着地面,贴着中国人的实际生活和当下中国现实状况的思考,也是进入"中国之心"的思考。

---

① 关于《主角》的历史主义叙事哲学与现实主义总体性重构问题,可参见王金胜:《现实主义总体性重建与文化中国想象——论陈彦〈主角〉兼及〈白鹿原〉》,《中国当代文学研究》2019年第4期。

《西京故事》如何守住我们的"尊严"?

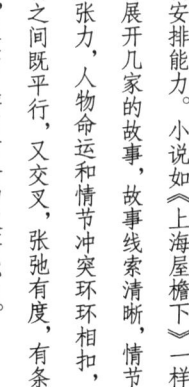

《西京故事》体现出了高超的驾驭复杂社会生活的叙事能力和多重情节线索结构安排能力。小说如《上海屋檐下》一样平行展开几家的故事,故事线索清晰,情节充满张力,人物命运和情节冲突环环相扣,人物之间既平行,又交叉,张弛有度,有条不紊,显示了游刃有余的叙事能力。

在近年涌现的现实题材长篇小说中，陈彦的《西京故事》以强烈的忧患意识、鲜明的时代气息和饱满的人文情怀直面中国当下的精神问题，呈现了独特的思想与艺术品格，极为引人瞩目。作家承接中国现、当代文学的优秀传统，以"尊严"作为小说的主题词，以具有思想和情感震撼力的笔触深刻探究当下社会城里人与乡下人，父辈与子辈两类人、两代寻梦者的精神危机与精神尊严问题。一方面，小说对老一代农民进城后的生存困境与精神苦闷进行了深刻的观照与揭示，标志着城乡冲突题材小说的新探索、新突破。在中国现当代文学史上，"城市"与"乡村"的冲突与融合、碰撞与磨合是经久不衰的母题之一。"五四"时期，从鲁迅开始的"乡土文学"书写传统中，乡土文化作为落后、封闭、被批判的对象，在小说中常常是通过自省式的批判和对自身弊端的挖掘来实现向现代性的靠拢的。新中国成立后，宏大革命叙事话语确立，"进城"成为具有革命话语意味的词语。城市没了其优越的、象征现代性的地位，成为带有腐败性、诱惑性，用于检验革命战士纯洁性的标杆，乡村文化则以其传统的道德感与善良的人性美而受到褒奖。到20世纪80年代，"城市"与"乡村"又一次站在了对立面上，城市祛除了"革命话语"的规约，保留了其现代、发展、前进的文学审美性，而"乡村"也因其传统文明的留存而备受赞扬。到90年代，随着进城打工狂潮的出现，描写城市异乡打工者的底层文学兴起，城市成为寓意社会转型期人们思想情感裂变的染缸，"苦难"成为"卖点"，人物形象单一化、片面化现象突出。新世纪以来的文学创作中，普适性的人性关怀开始回归，单纯的苦难书写、道德批判，转为对人性复杂与丰富的尊重。城市异乡人在都市奋斗的人性美，以及都市的包容和都市人的心酸无奈，城市文明与乡村文明的冲突与融合，都得到了较为全面的表现。《西京故事》正是此类作品的代表。作家没有理念化地将农民工作为简单歌颂的对象，也没有将城市简单塑造为欲望都市，而是站在中立的基点，在人性的视野内，审视两者的关系，以此凸显民族精神在压抑中的延展。另一方面，从时代与人的关系而言，小说对新一代青年知识者所遭遇的峻切的精神命题也给予了形象而深刻的回答，是对中国当代代际冲突小说的深化与发展。当下中国正处于一个众声喧哗、价值混乱的时代，一个人生观、价值观面临新的考验的时代，应该追求什么样的人生价值以及如何实现人生价值再次成为一个尖锐的现实问题。这一问题，对当下特别是来自农村的青年一代来说尤其难以回答。《西京故事》延续了20世纪80年代的《人生》和《平凡的世界》所开创的思想传统，直面现实，本着"为普通人立传"的主旨，紧紧扣住"尊严"两个字，努力挖掘并呈现时代之痛与当代人的心灵之痛，全面展现当代人的生存困境与精神困境，立体而多维地展示了当代中国人的心灵史、人性救赎史。

"西京故事"就是中国故事，作家笔下的"文庙村"就是当下中国社会的象征与缩影。如同老舍的"茶馆"、夏衍的"上海屋檐下"一样，陈彦的"文庙村"也是个聚集各色人物的大舞台，是一个极具象征意味的生存空间。一个因孔庙著称的神圣地带，一个曾经被传统文化深深浸染的封闭与安祥的村庄，现已被现代文明叩开了大门，成了地地道道的"城中村"。如今的文庙村挤满了进城打工的农民，不再有宁静儒雅的尚孔之风，不再有神圣庄严的祭祀之礼，取而代之的是拥挤不堪的嘈杂和物质欲望的喧嚣。怀揣不同梦想、来自不同地域、有着不同挣扎的人们，为了生存暂居一起，建构了一个光怪陆离的"小社会"。在这个灯红酒绿的大都市一角，现代文明的工业马车张扬跋扈，以惊人的速度碾压着传统文明与传统文化。传统的文化、价值、伦理在巨大的现代工业文明的阴影之下，奄奄一息地发出哀叹，苍凉微颤地一步步走向衰败。"一切美好的东西都烟消云散了"，在这里，传统文明和文化的尊严正遭受着前所未有的严峻挑战与考验。传统走向何方？传统的尊严如何捍卫？陈彦在《西京故事》中对此的思考是沉重的，但沉重并不绝望，在作家笔下的小人物身上，我们仍然能感受到传统文化血液的流淌，能感受到他们捍卫文化尊严和文化价值的悲壮。

罗天福是小说中一个充满悲剧感和崇高感的极具魅力的典型形象，是传统文化和传统价值的符号与化身，是老一代中国儿女的精神世界、伦理世界和人格境界的绝好诠释。罗天福的身上，积淀了中国传统农民最为典型的道德操守与价值观。他勤劳善良、吃苦耐劳、保守隐忍。他一个以卖饼为生的城市异乡人身上继承了中国民族精神优秀的道德品质，同时也诠释了陕西人"不惹事、不害人、能下苦、肯背亏"的品质，是千百万奔波在大都市的底层打工者的代表。这些底层打工者默默无闻，血液里却始终蕴藏着传统民族精神的精髓，恪守做人的本分，并将这弥足珍贵的传统代代传承。他们是历史的创造者，社会发展的推动者，从他们心路历程的转变，可以看出中国社会发展的内在力量。正如东方雨老人所说的，罗天福就是"民族的脊梁"："他以诚实劳动，合法收入，推进着他的城市梦想；他以最卑微的人生，最苦焦的劳作，坚持着一些大人物已不具有的光亮人格。我对他挫折频出的梦想充满期待，那两个来自乡村的孩子，如若不被城市急功近利的超级利己主义臭气所熏染，而以父亲的人格理想做依托，一点点去丰满自己的羽毛，我就觉得罗天福的西京梦是有价值的……"在山区老家，罗天福当过民办小学老师与村支书，乡村知识分子的精神品质与文化性格深深烙印在他的血液中，"他身上有许多中国古代圣贤身上的东西。所谓圣贤，就是那些始终在持守社会常道，一旦发现人类恒常价值、恒定之规遭到歪曲、肢解和破坏时，就站出来说几句话，提醒人们不要有狂悖心理，要守常、守恒、守道，要按下数出牌的那些人"。他的文化自豪感和价值尊严在儿子、女儿考上名牌大学这件事上得到了极大的实现。为了捍卫这种文化自豪感和价值尊严，他决心到城市里打工以支持两个孩子完成学业。然而，他坚守的价值观和道德操守，与纷繁复杂的都市生存法则构成了巨大的矛盾：一到城市便处处遭人白眼；推销自家东西，被当成盗贼打成重伤，对方赔了点钱草草了事；房东郑阳娇怀疑他偷鞋；被人诬陷自家的饼掺假；房东儿子金锁轻薄罗甲秀，被罗甲成痛打，罗天福步步退让，赔礼道歉，将所有积蓄赔给房东，甚至还想卖掉老家的古树……城市的排斥与冷眼，使这个老农民举步维艰，自尊心严重受挫。尽管饱尝艰辛和屈辱,罗天福也没有屈服,但儿子罗甲成的弃学出走却给了他致命的打击。这个老实本分的农村老汉,这个一心信奉靠自己劳动吃饭的自尊老人,因儿子的出走而彻底崩塌:儿子是他的希望所在,尊严所在,光荣所在,价值所在,是他奋斗的精神支柱,儿子的反叛、质疑以及出走,给了他巨大的心理伤害和价值困惑,加之旧伤复发,他终于病倒了。他到矿井区求儿子回校的那深深一跪,震颤了无数读者的心。这一跪满含他对儿子炽热的爱与疼惜,饱含一个男人自尊被毁灭的无可奈何,也饱含他对其所信奉的传统文化价值和文化伦理的深深迷茫。"罗天福真不想说了,他知道,他肚子那点墨水,已经说不过儿子,也说不转儿子了,把他浑全找回来,还没死,他也就觉得自己是尽到父亲的责任了。他这阵就想放弃,放弃一切。这个西京梦,可是把他做苦了,他也不想再做了,再做也是徒劳无益的。他这阵儿就想躺在塔云山的那个大炕上,把凉飕飕的脊背焐暖和,过几天消停日子,你罗甲成爱弄啥弄啥,你就是再去死,罗天福也不找了,罗天福认卯了,罗天福投降了,罗天福是绝对给儿子投降了。"最终罗天福的精神危机在小说中得到了某种缓解,这缓解来自女儿罗甲秀的聪慧懂事和自我价值认同的坚定,来自罗甲成的归来与醒悟,更来自东方雨老人的智慧与启迪。在小说中,东方雨老人与千年唐槐、老紫薇树,都是传统文明、传统文化价值的象征与隐喻,是民族精神之根。罗天福一家遭受危机时,"卖老紫薇树"一度成为解决问题的唯一选择;在城市扩张的进程中,"千年唐槐"也成为被废弃和消灭的对象。奶奶死守着老紫薇树、东方雨老人整日给千年唐槐打针,这正是对日渐衰落的传统文明的守护与挽救。罗天福的痛苦,是今天所有还在坚守民族美德和传统文化价值的人们的共同痛苦。作家一方面浓墨重彩地展示着主人公人性的善与美,另一方面又深刻剖析着人物的精神痛苦与内心矛盾,从而把对当代社会的批判思考与对传统文明危机的审视上升到了时代和哲学的高度。

在小说的人物谱系中与罗天福等老一代中国儿女相对照的青年一代的人生困惑和价值痛苦更为触目惊心。青年一代怀揣梦想来到光怪陆离的都市，他们渴望成功、渴望尊严、渴望梦想和自我价值的实现。但是梦想和现实注定有着遥远的距离。在20世纪80年代，知识可以改变命运，高考可以改变命运。高考成绩和学习成绩常常是很多年轻人实现自我价值、自我尊严的支撑与保障。但是，随着现代化的高速发展和物质欲望的膨胀，物质对人的价值观和人生观产生了巨大的冲击。对罗甲成、罗甲秀这些来自乡村的穷困大学生而言，高考成绩与考试成绩带来的尊严远远抵抗不了他们因贫穷而产生的巨大自卑。在物质面前，在贫困面前，何为尊严？怎么才能守住尊严？这样的问题沉重而尖锐。成功与失败已被重新定义，他们究竟是成功者还是失败者？他们的内心挣扎和痛苦由此而来，他们面临着前所未有的孤独与迷惘。在这新的人生考验面前，罗甲秀以女性的聪慧和坚强交出了一份合格的人生答卷。她不向命运屈服，自强不息，自食其力，以自己的勇敢、自信、韧性与毅力，走出了一条属于自己的路。她的拾荒、捡垃圾，表面上是放弃了人生的尊严，实际上却是对自我尊严的极大捍卫，是相信自己的双手能改变自己命运的高度自信的表现。而罗甲成则交出了一份失败的答卷。罗甲成在乡村社会一直是罗天福的骄傲，他的令人称羡的学习成绩，他的考上名牌大学，为他赢得了巨大的荣耀与尊严，也坚定了他对自我的认同。但当他怀揣梦想与自信，来到西京学习，大学生活、新的环境却使他渐渐迷失了自我。官二代与富二代舍友的攀比炫富之风，使他看到了自己物质方面的巨大窘迫；面对美丽的教授女儿童薇薇，他内心的自卑日渐加重。极度自尊带来的极度虚荣、极度自卑使他的内心越来越封闭，性格越来越孤僻，宿舍舍友也因此成了他内心的"敌人"和排斥的对象。他只能依靠拼命、刻苦的学习来维持脆弱的虚荣与自尊。姐姐与父亲的拾荒、捡垃圾，让他觉得丢脸、无法忍受，让他暴跳如雷。他的人格和心理被极度扭曲：他羡慕同学有手机、电脑；他不愿穿母亲做的衣服；他厌恶自己农村人的身份和贫困的家庭；为获得以童薇薇为代表的城市人的认同，他不惜包场请童薇薇看电影；为竞选学生会主席，他到网上发帖子抹黑竞争对手……当他对童薇薇产生的狂热而虚幻的爱情之梦最终破灭之后，他的心理防线全面崩溃，他陷入了彻底的黑暗与迷茫，只能仓皇出逃。罗甲成是当今时代具有典型意义的人物形象，是高加林、孙少平、孙少安以及于连等人物形象的混合体，他的矛盾与痛苦是几乎所有底层青年的普遍矛盾与痛苦，只要城乡差距存在、贫富差距存在、社会地位等级差距存在，这种人物永远都会存在。罗甲成的意义在于，面对物质的压迫与权力欲望的诱惑，人生道路的选择对每一个人来说都是严峻的考验，堕落还是毁灭，沉沦还是救赎，答案不在别人，不在环境，而在自己的内心。小说中，作家没有让罗甲成毁灭，而是让他在东方雨老人那里获得了救赎。东方雨老人代表的传统文明对其心灵的洗涤，使罗甲成重新找到了自我定位，逐渐从自我迷失中走了出来。他主动帮助父母干活，并开始与人交往。这是人性的回归，也是传统价值与精神的回归。陈彦擅于用苦难的人生拷问人性的价值。一方面，为摆脱卑微的生活背景与社会地位，主人公人性的弱点在苦难中膨胀，他以自我放逐的方式对抗苦难，最终失去了自我；另一方面，传统的文化与价值、个体的道德感与责任感作为最后的信仰，仍制约着个体的行为，并引导主人公跳出苦海，实现了自我救赎。这两种力量充满张力地不断拉扯着主人公，构成了人物思想上的撕裂感、行为上的无奈与荒谬感。小说对于罗甲成最后精神获救、人性获救的处理虽然带有某种理想主义和乌托邦的色彩，但这背后突显的则是陈彦对于人性和传统人文价值的坚定。

不光对城市外来者艰辛生活的表现很出彩，《西京故事》对西门锁这样的城市暴发户的精神世界的揭示也非常成功。作家没有简单化、道德化、脸谱化地处理笔下的人物，而是把人性的关怀、"善"的观念与"爱"的情感结合，对社会各阶层的精神与人性问题进行了深入的挖掘。西门锁是西京本土居民，是城中村内因出租房屋一夜暴富的有钱人。小说中，他一出场便因婚外情而与老婆闹得不可开交，但作家终究没有将他塑造成简单保守、站在道德天平另一端的单薄形象，而是对他充满了同情与理解，并赋予他丰富饱满、有血有肉的性格。他是生活的成功者，也是失败者。他也有着他的现实困境、人性困境与精神困境，他也同样需要拯救与救赎。行为苛刻的妻子郑阳娇、不学无术的儿子金锁,都让西门锁对家庭生活充满失望。他的婚外情,既有人性堕落的成分,也有自我放逐的意味。他善良的前妻赵玉茹因他的背叛,带着女儿映雪离开,也使人到中年的西门锁内心充满自责。女儿在北京上学,前妻突患癌症,这给了西门锁自我救赎的机会。对前妻无微不至的照顾弥补了他内心的愧疚,赢得了女儿的认可与接纳,但也引发了他与现任妻子无休止的争吵。夹缝中的西门锁最终遵循自己的内心,坚持照顾前妻直到其离开人世。对待罗天福一家,他也显现了宽容的一面。面对妻子对罗家的无尽责骂,他也总在想方设法地为罗家说话。可以说,西门锁与罗天福、罗甲成代表着在西京寻梦的两个不同阶层,代表着淹没在人海中苦苦挣扎的所有可怜人,让读者看到了在每个光鲜的形象背后,潜藏着的痛苦挣扎的心。在这里,陈彦兼怀历史责任感与时代意识,展示的是现代社会人生苦难的丰富光色,呈现的是普适性的人文情怀。他通过逼视生活和直面心灵的困境与矛盾,用真实、细致的笔触描写个体在当下社会中心理结构的崩塌及重构,传达了对个体生存的人文关怀。

  艺术上,《西京故事》体现出了高超的驾驭复杂社会生活的叙事能力和多重情节线索结构安排能力。小说如《上海屋檐下》一样平行展开几家的故事,故事线索清晰,情节充满张力,人物命运和情节冲突环环相扣,人物之间既平行,又交叉,张弛有度,有条不紊,显示了游刃有余的叙事能力。与此同时,小说重视对人物心理和情感的挖掘与展示,注重通过对人物的行为、语言、细节、场景的描写刻画人物性格。小说在表现人物的思想、情感、性格转变方面,显示出了精湛的功力。这突出表现在罗甲成身上,其性格的巨变、精神情感的苦苦追寻、灵魂的裂变与痛苦,在小说中得到了层层深入的揭示。宿舍失窃事件导致的心理波动及各种本能性的反应、对童薇薇自我幻想性的情感心理等在小说中被展现得一波三折、扣人心弦。此外,小说的语言也极具特色,既个性化又有浓郁的地方色彩,特别是方言俚语的成功运用,为小说增色不少。比如,蔫驴与罗甲成喝酒时的语言就极有魅力:"甲成,有啥过不去的坎你说嘛,兄弟再无能,总还是能帮上你一点忙吧。你能来找这个挖煤的兄弟，说明你看得起我，我很高兴。我总想你能有啥大不了的事，缺钱？兄弟没有多的，万儿八千还是拿得出来的。其余还能有啥事？要知足兄弟，咱那几面山几条沟的人，能活到你罗甲成这份上的不多，说实话，几条沟的人，除了你，我还真没看上几个，包括现在那几个掌权的货，倒是个屄，有屄本事吗？把沟里的日子过不前去还有脸当，有脸争，有脸斗，当屄呢，争屄呢，斗屄呢。甲成，你满足吧你，塔云山将来出不出人，也就看你了，你这一屄包，塔云山还有屄的戏。来，喝。我比你大几个月，就是你的哥，你遇事来投奔哥，哥这脸就斗大了，你爱说不说。爱说，你就说出来，不爱说，你就往死里憋，憋死了我把你背回塔云山，投老祖坟去。屄啊，喝。"这样的语言，契合人物的性格、身份和故事情境，具有原生态、毛茸茸的生活质感，体现了作家对民间语言的熟稔。

《秦腔》乡土经验与"中国之心"[*]

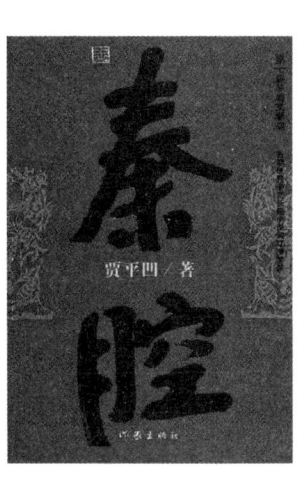

《秦腔》引发的不同意见的反差之大，争论之激烈都是近年来所罕见的，堪称继《废都》引发议论之后的又一次"贾平凹现象"。

[*] 本文为山东省泰山学者建设工程项目成果。

2005年的中国文坛又是一个令人振奋的"长篇小说年",老、中、青作家在长篇领域里的共同表演,再次激起了广大读者对中国文学的期待与信心。在这些作品中,贾平凹的《秦腔》可谓风头最健,引起的争议也最大,肯定者认为"这是贾平凹《废都》之后最好的一部作品;是一九四九年以来中国文学创作上一部不可多得的上乘精品——可以进入经典作品行列的作品;是可以写入现当代文学史的一部作品;这更是给我们提出了几个难以回答的问题的作品;这是将从事文学研究的人置于非常尴尬境地的作品——提出了一些现有理论无法阐释这部作品的问题"[1]。否定者则视这部作品为"一部粗俗的失败之作"[2]。《秦腔》引发的不同意见的反差之大,争论之激烈都是近年来所罕见的,堪称继《废都》引发议论之后的又一次"贾平凹现象"。如果说当初的"《废都》现象"更多的是由媒体策划炒作而成的话,那么《秦腔》则正好相反,它所引起的热烈争鸣自始至终都有着浓烈的学术色彩,它在纯文学和纯理论层面上所展开的许多话题都有着相当的学术深度和现实意义,而这也恰恰是《秦腔》独特文学价值的体现,因为在这样的一个时代,文学很多时候都是令人失语的,泡沫性的炒作之外,能够真正在学术层面上引起读者话语欲望的情况实在是太少见了。从这个意义上来说,围绕《秦腔》的争论,其实并没有我们想象的那么"严重",各种"分歧"之间的"对"与"错"的较劲也并不重要,重要的是它提供了一个认真检视中国当代文学的历史和现实的视角与平台,促成真正意义上的文学"对话"的发生,并使我们可以通过对一个特殊"文学标本"的解剖来重新思考一些具有超越性和普遍性的更深层次的文学问题或理论问题。

---

[1] 韩鲁华、许娟丽:《生活叙事与现实还原》,《当代作家评论》2005年第5期。
[2] 李建军:《〈秦腔〉:一部粗俗的失败之作》,《中国青年报》"冰点周刊"2005年5月18日。

一、乡土叙事传统与百科全书式诗学

在20世纪中国文学的发展历程中,乡土叙事一直是一条主线,并因此形成了稳定而顽固的叙事传统。虽然这种叙事传统有很多矛盾,甚至对立的模式与走向,学术界对此的概括、认识和理解也各有不同,但总的来看,"厌乡"和"怀乡"仍然是这个传统中最基本、最醒目的两个模式,中国乡土文学的诸种叙事形态可以说都是从这两个模式中演绎出来的。而从精神指向和思维惯性来看,这两个模式在对"乡土"的态度上又有着内在的同一性,这表现在:其一,中国乡土文学的叙事伦理是典型的启蒙伦理,对"乡土"的批判、歌颂、怀念甚至"怜悯"都是建筑于"高高在上"的启蒙立场之上的。在这个意义上,鲁迅和沈从文其实并无本质的不同,他们都是把"乡土"作为"他者"或"客体"来观照的,"乡土"从来也没有获得过与"作家"平等的"主体"地位。其二,中国乡土文学的叙事方式都是以"土地"的抽象化和符号化为手段的,"乡土"的被"悬置"常常使"乡土"被遮蔽,无法呈现自身现象,最终变成了暧昧的工具性的存在。这两点其实也正是中国的乡土叙事总是给人"不及物"之感的原因。中国的乡土叙事虽然传统悠久、规模庞大,却似乎总是令人失望地无法触摸到中国乡土经验的本质和内核。贾平凹新时期以来的写作,总体上看仍是这种乡土启蒙叙事传统的延伸,虽然他自称是"一个农民",但他从新时期之初的《腊月正月》等中短篇小说到20世纪90年代后期的《高老庄》等小说中都无一例外地贯穿着对"乡土"和"农民"进行启蒙的叙事视角,因此,不管小说写的是什么"乡下事",知识分子话语系统不证自明的优越性和崇高感都天然地造成了其与真实的"乡土"之间的隔阂、矛盾与游离。这大概也是贾平凹困惑和痛苦的地方。在我看来,《秦腔》正好是一个转折。贾平凹在这部小说中找到了一条反抗和突破乡土启蒙叙事传统的方式,找到了一条让"自我成为自我,乡土成为乡土"的方式。这主要表现在以下几个方面。

首先,叙事者启蒙身份的消解。《秦腔》的叙事人问题曾引起了文学界的广泛争议，有些批评家甚至由此认为小说的叙事是失败的，缺乏逻辑根据。对此，我有不同的看法。我觉得，《秦腔》的叙事人实际上是三个：一是白痴引生，他是小说的显叙事人和主叙事人；一是作家夏风，他是小说的次叙事人；三是隐含作家，他是小说的隐叙述人。三个叙事人的三个叙事层次、三种叙事视点形成的对话、冲突、矛盾，构成了小说的叙事张力与叙事魅力。白痴引生作为小说的主叙事人，似乎对小说的真实性或逻辑性造成了伤害。因为作为第一人称的叙事小说，作品对那些叙事人未能亲历的场景的叙述确实令人怀疑，而魔幻、荒诞、神秘、超验成分的加入也并不能从根本上弥补小说叙事上的裂痕。但是对《秦腔》来说，这样一个叙述人的设立却是有着非同寻常的意义的，一方面，他以一个疯疯痴痴的非理性的形象彻底颠覆了启蒙叙事传统中理性的正人君子式的叙事者形象——可以说，"疯子"的定位正是对叙事者身份的有效回避。另一方面，他又以自己的"全知性"的"疯言疯语"烛照出了知识分子的启蒙话语系统的虚假性。在小说中，引生实际上是一面"镜子"，具有鲜明的"镜像功能"，夏风、隐含作家在这面镜子面前都只能自惭形秽，根本无法行使"真理代言人"式的启蒙职责。我们看到，与引生相比，夏风在爱情、亲情、家庭、伦理等方面都堪称"失败者"，也从根本上失去了启蒙的资格。他对白雪的爱情远没有白痴引生的爱纯洁、执着，他对乡土文化的感情也没有引生深厚，作为一个被夏天智驱逐出家门的"浪子"，他有着"负心汉"和"不孝子"的原罪，因而他的所谓成功与荣耀最终全部都变成了"道德劣势"，他不仅不能启蒙他人，还不得不接受引生的道德审判。这也是在小说中夏风作为一个作家，叙事却没有那个身体和心智都不健全的引生理直气壮的原因。而对隐含作家来说，夏风又是自我的一面"镜子"，他反讽性地隐喻了作家本人的困惑与矛盾。诚如贾平凹在《秦腔》后记里所表白的那样："这部书稿真的一直在惊恐中写作，完成了一稿，不满意，再写，还不满意，又写了三稿，仍是不满意，在三稿上又修改了一次。""我的写作充满了矛盾和痛苦，我不知道该赞歌现实还是诅咒现实,是为棣花街的父老乡亲庆幸还是为他们悲哀。"①

其次,百科全书式日常乡土诗学的建构。启蒙叙事是一种现代性的叙事,它追求的是对叙事对象理性、逻辑性掌握。就乡土小说而言,它造成的直接后果就是乡土经验的被简化、被遮蔽,以及乡土美学的原生性和丰富性的丧失。《秦腔》对启蒙叙事传统和启蒙叙事话语的背弃,使小说具有了从日常生活层面切入并原生态地呈现乡土经验的可能性。这方面,贾平凹充分显示了他对自我乡土经验的自信,他以"密实流年式的写法"和现象学的具象呈现的方式,倾其所有地奉献出了他的乡土经验。日常的生活画面、精彩的人生戏剧、丰富多彩的乡村细节……,使得小说成了名副其实的乡土经验的集大成者。虽然小说叙述的只是清风街一年间发生的故事,但是作家的美学追求已经远远超越了"时间"的域限,他要建构的是一个"大而全"的原生态的乡土世界,在这个世界里,不仅三教九流悉数登场,而且乡村日常生活的所有面,比如"生老病离死,吃喝拉撒睡",婚丧嫁娶,风俗人情,乃至自然界的风雨雷电等,都得到了尽态极妍、淋漓尽致的表现。小说采取的是空间叙事的方式,时间似乎是静止的,这种叙事具有很高的经验"浓度"与"密度",但是这种经验的高密度拼接,却正好使小说拥有了百科全书的结构功能。正是在这种百科全书式的结构中,"乡土"获得了它长期被改写的"主体性",获得了全方位、多层次、立体性地展示自我的机会,"乡土"藏污纳垢的本性得以真正呈现。应该说,在这部小说里,贾平凹对乡土的美学想象和文化想象都达到了极致的境地,这是一种真正放松的写作——贾平凹从高度的现代性焦虑和启蒙焦虑中解放出来,同时也解放了"乡土"。小说的叙事就像流水,时而波涛汹涌,时而风平浪静,但它不是人为操纵控制的,而是依土地的本性,在经验的河床上自然流淌的,"清风街的事,要说是大事,都是大事,牵涉到生死离别,牵涉到喜怒哀乐。可要说这算什么呀,真的不算什么,太阳有升有落,人有生的当然也有死的,剩下来的也就是油盐酱醋,吃喝拉撒睡,日子像水一样不紧不慢地流着"。

---

① 贾平凹:《秦腔·后记》,《收获》2005年第2期。

对于贾平凹来说,"经验"的流淌带来的不仅是自我解放的快感,还使作品有着浓郁的美学、文化学、民俗学、社会学和心理学价值。我们完全可以理解贾平凹在呈现乡土经验时的欣赏、赞美、炫耀甚至不乏卖弄的得意姿态,因为在他眼中,"乡土"生活的藏污纳垢本身就有天然的美感,只有从启蒙叙事的偏执传统中走出来,作家才能发现、宽容和理解这种美感,才会超越建筑在优越感基础上的批判性伦理取向,而建构一种平等、宽容的乡土叙事新伦理。

二、"中国经验"与"中国之心"

《秦腔》所追求的百科全书式的乡土诗学,体现了贾平凹对"中国经验"的思考。但是,"中国经验"在中国乡土文学中经由知识分子话语的转换,常常会发生某种程度的变异,这种变异的最严重后果就是李敬泽所说的"中国之心"的偏离。一次,在山东大学演讲时,李敬泽指出当代中国文学的最大"窘境"就是难贴中国之"心",他说:"回到文学上,'心'的意义上的文学一直是非常少非常弱的。而'灵魂'意义上的文学一直是中国文学主流,也是文学阐释的主要方向。中国小说的现代建构从根本上说是个'灵魂',是希伯来式的想象对文学、世界和自身的梳理。真正能够触摸到'中国之心'的小说是凤毛麟角。"他又说:"'心'与'灵魂',无法绝对地分出好坏,但对'中国之心'的漠视与抑制百年来没有改变。关于'中国之心'的言说在现代小说中一直是被高度抑制的,那么现在,贴近'中国之心',重新走向'中国之心',理应成为现代小说的根本性取向。"[①]

在这里之所以大段引用李敬泽的话,是因为他确实洞穿了一个被掩藏了很久的问题,并揭示出了中国小说一个世纪以来被遮蔽的"真相",他所说的"窘境"其实正是中国启蒙文学现代性叙事的窘境,他所说的"根本性取向"也正是贾平凹在《秦腔》中所追求的叙事目标。首先,在这部小说中,贾平凹成功地在乡土小说中实现了以明清小说的叙事风格替代现代知识分

---

① 李敬泽:《小说精神与中国之心》,《齐鲁晚报》2005年10月18日。

子话语系统的尝试。贾平凹对中国传统叙事资源的看重一直贯穿着他的写作历史，在他看来，对于小说的创新和突破，西方化叙事固然是一条路线，用中国小说的叙事传统特别是明清小说的叙事传统叙事则是另一条常常被忽略的，甚至是更重要的路线。对比现代知识分子叙事，明清小说的叙事传统显然更适合中国经验的表达，更符合中国人的审美期待与审美习惯，也更能贴近"中国之心"与"中国精神"。明清小说家的写作立场总是贴近底层民间的立场，民间的生活观与价值观与小说的生活观具有天然的同构性，作家对市井众生和民间生活情态、人情世故的执迷使中国小说洋溢着浓郁的人间烟火气，这是明清小说深受市民喜爱的独特魅力所在。贾平凹的小说对这种叙事传统有着天然的亲和力，这也是他的《废都》等小说总是有着浓烈的《金瓶梅》《红楼梦》印迹的原因。而《秦腔》对清风街芸芸众生的描写，同样也深得明清小说叙事传统的精髓，《金瓶梅》《红楼梦》的流风遗韵在小说中可谓随处可见。

其次，在《秦腔》中，贾平凹对"乡土"的本性和"中国之心"的乡村形态进行了多维度的挖掘。从《秦腔》百科全书的美学而言，上文我们提到的小说对乡村的人生世态的具象化、细节化的"密实"呈现了只是作家诗学建构的一个方面，作家更深层次的追求则是对乡村"中国之心"的独到发现与体认——对土地味道的品尝，对乡下人精神、心理、思维、情感的透视。可以说，在《秦腔》中，贾平凹要建构的正是中国最底层农民的"心灵博物馆"。小说以群像化的手法写活了各种不同类型的农民，写出了他们复杂而微妙的"中国之心""乡土之心"。

夏天义是老一代农民的典型，在他身上，我们看到的是中国农民对土地的纯正情感。他的价值观以土地为中心，他对土地有着质朴而执着的感情，他坚信农民离开了土地就不成其为农民。也正因此，他才要租种出城打工的俊德家抛荒的土地，他才要坚决反对君亭建农贸市场、反对用鱼塘换七里沟的计划，他才要让孙子辈到七里沟接受教育，他才要一个人到七里沟去像当代愚公一样独自翻地，他才会对孙子辈离开土地如此伤感："使夏天义感到了极大的羞耻的就是这些孙子辈,翠翠已经外出,后来又是光利,他们都是在家吵闹后出外打工去了。夏天义不明白这些孩子为什么不踏踏实实在土地上干活,天底下最不亏人的就是土地啊,土地却留不住了他们!""后辈人都不爱了土地,都离开了清风街,而他们又不是国家干部,农不农,工不工,乡不乡,城不城,一生就没根没底地像池塘里的浮萍吗?夏天义叹息着这是君亭当了村干部的失败,是清风街的失败,更是夏家的失败!"小说最后,夏天义吃土的细节以及最终死于七里沟地震的情节无疑有着强烈的象征意义,隐喻了夏天义这代农民与土地割舍不断的情感与命运。但是令人遗憾的是这种情感和命运又充满了悲剧性,不仅与时代的气氛,与君亭等后代的追求格格不入,而且也让同代人对他充满了不理解。具有反讽意味的是我们看到在小说中,夏天义最坚定的支持者其实只有哑巴和白痴引生两个人,其他人如三踅等只有需要利用夏天义时才会成为他的支持者。在某种意义上,夏天义算得上是中国大地上的"最后一个农民"。在这里,贾平凹令人痛心地唱响了一代农民给土地的挽歌,把"农民之死"和"土地之死"的悲壮图景真实而令人心酸地展现在我们面前。

夏天智是乡村知识分子的典型,如果说夏天义是"土地之心"的代表的话,他就是乡村"文化之心"的代表。他对秦腔的热爱和夏天义对土地的热爱遥相呼应,表征了中国农民价值观的另外一个方面,即对乡村的文化人格和道德化生存方式的执着。他在深夜为夏家四周埋"固本补气大力丸"的细节很有象征意味,象征他这一代人对乡村生存方式的迷恋。作为乡村小学退休的校长,他享受着乡下人对他知识、道德和精神的崇拜。他乐善好施,无论在家族内部还是在清风街都是令人尊敬的"权威"。但是在小说中,我们看到夏天智同样是一个"复调"式的人物,他内心的矛盾以及与时代不可避免的冲突注定了他悲剧性的结局。一方面,夏天智有着根深蒂固的文化虚荣感,他所浸淫其中的乡村文化本身就具有复杂性,他难以摆脱其中的封建性愚昧文化因子对他的影响。从这个意义上说,他其实正是他所崇拜的文化的牺牲品。例如,为了陪商业局长吃熊掌,他出于乡村知识分子的脸面"哲学"和"受宠"心理,穿得正正规规,差点热昏、饿昏。而一听说林县长要见他,他更是激动得寝食不安,可见"官本位"思想对"文化人"夏天智同样杀伤力巨大。另一方面,无论是在家族还是在秦腔问题上,他都慢慢地成了"失败者"。"文化"的虚荣不但不能拯救夏天智和乡村的命运,其自身也正在成为"问题"。夏天智无法挽救夏风与白雪的婚姻,把夏风赶出家门也并不能掩盖他的"失落"。秦腔是他的精神寄托,但对于秦腔的衰落,他同样无可奈何。小说从头到尾写了好几次秦腔在清风街的演出,但无一例外地都以闹剧收场。秦腔剧团面临解散,其演出甚至还没有乡村业余歌手陈星演唱的流行歌曲受欢迎。秦腔演员们只能靠在乡村婚丧仪式中"走穴"生存。夏中星当秦腔剧团团长时制定了雄心勃勃的振兴秦腔计划,可到最后不但演出时没有一个观众,人还差点被打了。夏天智出版了秦腔脸谱,每天坚持在家里播放秦腔,可他的收音机最后还是哑了。他身患癌症,最后死去,他的死是身体的死亡,更是一种"心死",所隐喻的正是乡村文化之死。

在《秦腔》中,"村官"也是一个非常重要的人物形象谱系。从老一代村官夏天义到新一代的夏君亭、秦安、上善、金莲、竹青等,贾平凹令人信服地诠释了中国式乡村意识形态的复杂性与戏剧性。如果说乡村是中国民间社会的典型缩影的话,那么村官无疑处于这个民间社会结构的最上层,他们是乡村意识形态的主体,也是乡村"权力意识"和"权力之心"的载体。小说中的"权力"斗争主要在两个层面展开:一是现任村官和"老书记"夏天义的冲突;二是现任村官之间的矛盾纠葛。就前者而言,夏天义是一个有着"光荣"革命历史的老"干部",尽管他的价值观念与时代发展之间有了隔阂,但是他对土地、对国家、对党的信仰都是真诚的。然而,在"建农贸市场"和"鱼塘换七里沟"等事件上,为了在与现任村官君亭的斗争中取得优势,他也不得不采用了"合纵连横"的意识形态手段,他在用电问题上对三踅的要挟与利用、他在串联和签名告状上的热心都让我们看到了乡村权力意识形态的巨大影响力。就后者而言,我们看到,现任村官君亭玩弄意识形态的能力显然比夏天义高出了一筹。他先是用向派出所"打小报告"的手段，让玩麻将的秦安乖乖交出了"村支书"的宝座，又通过巧妙的"捉奸"计使得三踅帮夏天义告状的计划流产，而对付上善的"二心"，他更是借对上善与金莲偷情事情的轻轻一点就起到了敲山震虎的作用。甚至在家庭内部，君亭在意识形态方面的能力也大有用场。他在丁霸槽酒楼嫖妓被老婆发现，可一回到家他就把老婆收拾得服服帖帖，第二天还公开到酒楼道歉。应该说，发生在村官之间的意识形态戏剧其实只是小说中最为表层的部分，而从深层来看，在清风街的每一个角落上演的每一个故事背后都有着意识形态的内涵，从社会层面上的缴费收税风波，到清风街居民之间的日常交往与矛盾，再到各个家庭内部的一幕幕喜剧、闹剧或悲剧，比如夏天智家的父子冲突、夏天义家子女间的争吵等，都有着显而易见的乡村意识形态和"阶级斗争"的痕迹。这对贾平凹来说，也许是极为伤感的事，他试图"回乡"，但记忆中、想象中的"乡土"已经回不去了，那种原始的、纯净的"乡土"已经不存在了，他"还原"的"乡土"，其心脏和血液里流淌着的都是意识形态的音符。中国式的"乡土之心"是什么？贾平凹给出了"意识形态"的答案。这样的结果，多少有点残酷，但又是不得不正视的真实。

《秦腔》对乡土"中国之心"的建构还表现在对中国式的乡村道德和伦理关系的透视上。中国的乡村是建筑在儒家伦理学说基础上的，而伦理其实就是一种关系，贾平凹正是通过清风街人与土地关系、人与人之间关系的变化折射了中国乡村和中国乡土的伦理变迁。就人与土地的关系而言，农民离开土地正在成为一种不可抗拒的趋势，与此同时，"土地"对农民的意义也正在消失。"农贸市场""砖厂""酒楼""鱼塘"等在小说中都是与"土地"意象相对立的象征意象，它们的崛起对应的正是土地的衰落。"七里沟"是小说关于土地的最后的象征，它在最后崩塌正是对土地命运的隐喻。土地公、土地爷的重现，"麦王"的诞生，"泰山石敢当"的石碑都无法抗拒这种命运。与此相呼应，"农民"的流失也是乡土的永恒之痛，清风街的下一代都选择离开土地，剩下的都是老弱妇孺，当夏天智死时，我们看到，清风街连抬棺的劳动力都没有了，这无疑是一个象征性的细节——它象征了土地和农民的双重异化。就人与人的关系而言，贾平凹面对的同样只能是人伦关系破碎的现实。小说中，羊娃在省城杀人被抓、屈明泉砍死金江义的老婆、书正夫妇因签名事件对夏天义的讹诈等情节，勾画的都是乡村人伦关系异化的情景。在清风街，夏家是旺族，也是乡村伦理关系的表率。夏家四个兄弟分别以"仁义礼智"命名，也许正是对这种伦理文化的绝好诠释。小说写道："在清风街，天天都有致气打架的，常常是父子们翻了脸，兄弟间成了仇人，惟独夏天义夏天礼夏天智一辈子没吵闹过，谁有一口好的吃喝，肯定是你忘不了我，我也记得你。"但是，在小说的现实中，夏家的这种温情脉脉的人伦关系已是越来越难以维持了。夏天礼热衷于赎卖银元，最后死于凶杀，夏天义、夏天智在家族内的"权威"也日渐消失。夏天义不但在村里失去了象征性的"父亲"的伦理权威（村支书下台），在家里也成了被儿子欺辱的对象。苞谷风波、红木桌冲突、在儿子家轮流吃饭的悲哀都让我们看到了亲情伦理死亡的悲哀。而儿女们关于父母迁坟出钱多少的争吵以及他死后儿女们关于立碑经费分摊问题的争吵都是乡村亲情伦理和道德伦理崩溃的真实写照。夏天智本是清风街道德文化的典范，但夏风对白雪爱情的背叛让他建构的道德大厦顷刻间坍塌了。夏家逢年过节仍然要一起吃喝，但这已成为一种勉强的"仪式"，那种情感的、道德的、人伦的内涵其实早就被耗空了。比较而言，小说中的两条狗倒似乎比人更具有伦理内涵和道德内涵。来运和赛虎的爱情可歌可泣，使小说中人间的爱情比如白雪与夏风的爱情相形失色，就是对于"秦腔"的"理解"，狗也比人更强。文化人夏风跟赵宏声说："我就烦秦腔。"而来运却能"唱"秦腔："音乐还在放着，哑巴牵着的那只狗，叫来运的，却坐在院门口伸长了脖子鸣叫起来，它的鸣叫和着音乐高低急缓，十分搭调，院子里的人都呆了，没想到狗竟会唱秦腔。"不仅如此，在夏天智死后，来运表现出来的"情义"和道德，也让未能尽孝的夏风自惭形秽。在坟地，"来运突然地后腿着地将全身立了起来，它立着简直像个人，而且伸长了脖子应着秦腔声在长嗥。来运前世是秦腔演员这可能没错，但来运和夏天智是一种什么缘分，几天不吃不喝也要死了却这阵能这样长嗥，我弄不清白"。正是在这个意义上，两条狗的命运以及人对狗的残酷与残暴，才更衬托了人性的黑暗。

三、细节叙事与"震惊"效果

关于《秦腔》的争论与对其叙事艺术的认识有很大的关系。事实上，贾平凹的这部小说在叙事领域的探索是最为独特和用力的。小说采取"密实流年式"的叙事，这种叙事方式，正如上文所说到的，对于乡土经验的传达有其优势，有助于让小说最大可能地呈现乡土的百科全书式的具象并贴近"乡土之心"，但是另一方面，它又有先天的局限，那种高密度的乡村生活经验、乡村生活细节，极易给人"沉闷""堆砌"之感，极易造成阅读和审美疲劳。因此，对贾平凹来说，能否突破"经验"的重围，达到艺术上的"破闷"效果，是《秦腔》能否取得叙事成功的关键，"我唯一表现我的，是我在哪儿不经意地进入，如何地变换角色和控制节奏"[①]。我们看到，正是在这一点上，贾平凹显示了其叙事上的不俗功力，而其过往小说写作中的许多局限，在《秦腔》中也都有效地转化成了艺术上的优势。这无疑标志着贾平凹对叙事艺术的把握又达到了一个新的境界。

首先，叙事人是小说"破闷"的重要叙事手段。小说的主叙事人引生是一个"白痴"，但是整部小说都笼罩在他"超常"的视线之内，其"身份"的超常性，使得小说故事在虚与实、真与假等问题上的纠缠变得不再重要。而引生思维的奇特、情感的执着、认知的怪异又赋予了小说叙事以更大的自由度与灵活性。可以说，经由他的目光、情感和思维的过滤，小说对日常生活的叙事的逻辑困难被自然而然地化解了，而平淡、沉闷、流水账似的生活经由他主观性、偏执性的"误读"也变得神秘、荒诞，充满了戏剧性。更重要的是，叙事人一方面对世界的认识存在障碍，另一方面，他又是一个比正常人

---

① 《秦腔·后记》，《收获》2005年第2期。

更有洞见性的"全知性""上帝式"的叙事人,他的视角是复合的,这使小说兼有第一人称和第三人称叙事的特征,也使小说叙事的显在层面和隐在层面的、可见的与不可见的、现实的与历史的、过去的与未来的、可能的与不可能的事物都有了"超常"拼接的可能性,第一人称叙事在进入人物内心时的盲点以及主观视野一维性的局限性都因为叙事人的特殊"身份"而迎刃而解了。小说不仅赋予叙事人"窥视"一切的特权,还让他身兼发现者和阐释者的双重身份,他凭"特异功能"沟通了人间与冥界、人与自然、人与动物,他对生活中各种"秘密""真相"或"隐情"的发现与道破,构成了小说内蕴上最为绝妙的反讽,小说的意味由此变得深不可测。正因为他的存在,小说所揭示的各种深层价值冲突变得清晰而集中,而情节的转折和反逻辑性的叙事也变得符合情理,水到渠成。

其次,日常生活戏剧性的发现是小说"流水账"式的叙事具有高潮迭起的震惊效果的保障。《秦腔》的整体风格追求的是对乡土和"乡民"众生相的还原,因此,素描、白描无疑是贾平凹使用最多的手法,那些油画般的乡土风俗场景、那些精雕细刻的日常生活细节、那些具象的浮雕式的人物形象都体现了贾平凹对于乡土经验的熟识与自信,他笔下的"乡土"正是因为这种出色的白描功夫而变得感性、立体、丰满。在某种意义上,《秦腔》呈现的正是乡村生活细节的盛宴,书正端汤的细节、夏天礼吃烧饼和卖羊的细节、梅花掏雷庆口袋里钱的细节、引生偷白雪胸罩的细节等,都可见贾平凹乡土生活体验的深厚以及对乡村各式人物性格、心理、人性精细入微的了解与把握。但是,贾平凹显然并不满足于这种百科全书式的展览,他还希望赋予这种百科全书式的"乡土"以内在的冲突和戏剧性。他追求的是"静态"场景中的"动态"效果。因此,我们可以看到,在《秦腔》中贾平凹充分展示了他发现和挖掘日常生活"戏剧性"的能力,整部小说仿佛一部多幕剧,一个又一个的戏剧性场景、戏剧性情节、戏剧性人物在小说中不断涌现,整个剧情也是一个高潮接一个高潮,不仅毫无"流水账"和"沉闷"之感,而且把乡村生活的内在张力演绎得淋漓尽致。一方面,《秦腔》特别重视对戏剧性的"事件"的描写。小说从头到尾写了很多"死亡",从夏天礼到夏生荣到夏天智再到夏天义,他们的葬礼既有"文化仪式"的意味与内涵,是乡土生活、乡土文化的活标本,又有很强的戏剧性,它在最短的时间内把所有的人都聚集在同一视点里,使各自流淌的生活突然有了交叉与交汇,有了冲突,有了戏剧性。小说中的婚嫁、庆寿、建房等场景和事件也都具有同样的叙事效果。另一方面,小说又特别注意对生活中所掩藏的"内在戏剧性"的挖掘。作家并不满足于"事件"本身的外在的戏剧性表现,而总是在"事件"背后挖掘情感、道德、伦理和人性的冲突,以此赋予小说一种内在的紧张感。比如,在夏天智家白雪的婚姻风波中,既有着代际的冲突,文化的冲突,又有着人性的、道德的和伦理的纠葛;在夏天义、夏君亭、三踅的关于"鱼塘"承包的事件中,我们也看到了权力意识形态的复杂以及正义、邪恶、阴谋、欲望之间的奇妙冲突;而在抗税事件中,反抗的激情与丑恶的宣泄、群体的狂热与自私的欲望等也都处于一种特殊的张力关系中。对小说来说,外在事件的戏剧性是一维的时间性的,但由此引发的"内在戏剧性"却是持久的,反复的,多维的,它贯穿小说的始终,使小说具有了绵长的韵味。

再次,怪诞、神秘、夸张、魔幻性情节的设置也是小说重要的"叙事"破闷手段。《秦腔》所采取的叙事手法总体上看是非常写实的,但这种写实又分明有着"极端"的效果,这是贾平凹的特长与魅力所在,也是他的小说最受人诟病的地方。贾平凹对神秘、荒诞的事物有特殊的偏好,这既是他的文化背景、审美趣味和思维习惯决定的,也与他的个人气质和话语风格密不可分。《废都》等小说屡遭非议,虽有特殊的背景,但也不能说与贾平凹在"性"描写上的夸张、极端无关。《秦腔》对于怪诞、神秘、荒诞的"怪力乱神"的表现,虽说较《废都》等小说大有收敛,但作家在此方面的"神来之笔"仍然时有所见,《秦腔》所受到的指责很大程度上也都来于此。比如,三踅嘴里进蛇、引生自残、夏生荣死亡、乡人打狗、引生在坟地里朝自己砸粪便以及夏风小孩没屁眼等细节都有夸张和极端之处。对贾平凹来说,对乡土生活这种怪诞、神秘、夸张的处理,是他的认识论决定的——他始终认为乡土民间的生活就是一种"混沌"的、"藏污纳垢"的生活，他自言，"建立在血缘、伦理根基上的土性文化，它是粘糊的、混沌的"，"以往许多写农村的作品写得太干净"[1]，而在贾平凹的世界观中，生活的神秘与荒诞从来都是无法掩盖的。同时，这种处理也是一种叙事手法，正是这些荒诞、神秘而夸张的情节使小说中原生态的"生活"被"搅浑"，生活的皱褶被放大，使"密实的"生活细节有了让人惊奇和"延宕"的效果。从叙述学的意义上说，这正是一种行之有效的"破闷"手法。与此对应，小说语言层面上方言土语的运用，以及"粗俗"语言的大量登场[2]，也有着异曲同工之妙，这既是对语言等级性和意识形态性的打破，又有助于作品完成对乡土"混沌"形象的还原，因而这也是叙事"破闷"的重要手段，因为对于一部由"无边无际没完没了的闲言碎语"[3]组成的小说来说，语言的陌生化常常是化解语言滞闷压力的有效手段。

最后，大量对联和"秦腔"曲牌的插入也有着重要的"透气"功能。前义说过，《秦腔》的语言以生活化的方言、口语为主，但是知识性和具有文化气息的语言在小说中也大量存在，比如关于脸谱的那些"诗赞"以及日常生活中不时出现的"对联"，都有着打断语言的惯常流向的叙事功能，这种反差既是语态的反差，又是价值的反差，对于破除叙事的沉闷有着显而易见的作用。而对于"秦腔"，众所周知，其在小说中既是重要的情节因素，又是一个象征性的因素。关于"秦腔"的内涵及象征意义，评论界已有多种阐释，我在上文也略有提及。在这里我更想强调的是"秦腔"的叙事学意义。对贾平凹来说，"秦腔"当然是小说重要的价值寄托，但这种寄托可能更是虚化的而不是实在的。例如前文所提的来运会"唱"秦腔便无疑是具有反讽和象征意味的。在

---

[1] 《贾平凹与王彪对话：有关〈秦腔〉的几个问题》，《南方都市报》2005年1月17日。

[2] 对此，李建军先生在《〈秦腔〉：一部粗俗的失败之作》中有详细的例证，此处不再赘述。

[3] 郜元宝、贾平凹：《关于〈秦腔〉和乡土文学的对谈》，《文汇报》2005年4月1日。

小说中,"秦腔"首先是一种更高分贝的"声音",是一种"唤醒"的声音,既是道德唤醒、文化唤醒、价值唤醒的声音,又是叙事唤醒的声音,它让读者不至于被"密实流年"的生活窒息;同时,"秦腔"还是一种"形象"、一种"图谱",它在小说中频繁出现,无疑有着特殊的视觉效果,它使平面的密实的文字大幕被撕开了"天窗",从而有了立体感和"透气口",也因此在语言的视觉层面上达到了"破闷"的效果。

《古炉》阅读札记

对于小说来说,《古炉》的成功其实远远超越了作家对「文革」进行反思的理念与勇气,它最令人印象深刻的仍然是其卓尔不群的「经验」美学。小说中的「古炉」村是20世纪60年代中国乡村的缩影,作家以百科全书的方式尽态极妍地呈现贫穷、沉闷、无聊的乡村的方方面面,既有日常生活的全景画面,也有对乡村政治伦理、情感、权力的剖析,既有生老病死、人情冷暖的体验,也有对「革命」的狂热冲动所激发的人性扭曲、欲望疯狂的场面的刻画。

文学界曾普遍认为,《秦腔》是贾平凹乡土书写的终结之作,"废乡"的主题以及大量呈现的饱满的乡村生活经验也似乎验证了这样的观点。然而,《古炉》的出现彻底打破了人们的认识与想象。对贾平凹来说,乡土经验不但没有"终结",反而如一条奔腾不息的河流,取之不竭、用之不尽,充满了无穷的魅力与"可能"。从题材与主题层面来说,《古炉》确实有着巨大的开拓性以及对宏大叙事的追求,那就是对"文革"在乡村展开的方式与过程的全景呈现与反思,如贾平凹在小说后记中反复强调的:"我想,经历过'文革'的人,不管在其中迫害过人或被人迫害过,只要人还活着,他必会有记忆。""其实,'文革'对于国家对于时代是一个大的事件,对于文学,却是一团混沌的令人迷惘又迷醉的东西,它有声有色地充塞在天地之间,当年我站在一旁看着,听不懂也看不透,摸不着头脑,四十多年了,以文学的角度,我还在一旁看着,企图走近和走进,似乎更无力把握,如看月在山上,登上山了,月亮却离山还远。我只能依量而为,力所能及的从我的生活中去体验去写作,看能否与之接近一点。"但是,对于小说来说,《古炉》的成功其实远远超越了作家对"文革"进行反思的理念与勇气,它最令人印象深刻的仍然是其卓尔不群的"经验"美学。小说中的"古炉"村是20世纪60年代中国乡村的缩影,作家以百科全书的方式尽态极妍地呈现贫穷、沉闷、无聊的乡村的方方面面,既有日常生活的全景画面,也有对乡村政治、伦理、情感、权力的剖析,既有生老病死、人情冷暖的体验,也有对"革命"的狂热冲动所激发的人性扭曲、欲望疯狂的场面的刻画。就乡土经验的原生态、丰满性、开拓性以及思想、情感、人性的容量与开掘深度而言,《古炉》无疑又是一部突破了贾平凹自身审美极限的优秀作品。

《古炉》的力量首先来自小说对乡土中国立体式、全方位的审美呈现与原生态的"还原"。"文革"前后的中国乡村在文学想象中曾经被高度政治化、抽象化和符号化,"乡村"成了一个空洞的所指与符码,而"古炉"则被还原为一个原生态、具有活生生的日常生活气息的感性而具体的"乡村"。这是一个"有病"的乡村,小说写了古炉村人各种各样的"病":"古炉村里许多人都得着怪病。秃子金的头发是一夜起来全秃了的,而且生出许多小红疮,婆让他用生姜汁抹,拿核桃的青皮和花椒籽一块捣烂了涂上拔毒,都没用。马勺娘一辈子心口疼,而马勺又是哮喘,见不得着凉,一着凉就呼哧呼哧喘,让人觉得他肚子里装了个风箱。来声的娘腰疼得直不起,手脚并用地在地上爬了多年。六升的爹六十岁多就夹不住尿了,裤裆里老塞一块棉布。跟后的爹是害鼓症死的,死的时候人瘦得皮包骨头,肚子却大得像气蛤蟆。田芽她叔黄得像黄表纸贴了似的,咽气那阵咽不下,在炕上扑过来扑过去,喊:'把我捏死,把我捏死!'谁能去捏死他呀,家里人哭着看他折腾了一夜,最后吐了半盆子血人才闭了眼。几乎上年纪的人都胃上有毛病,就连支书,也是在全村社员会上讲话,常常头要一侧,吐出一股子酸水。大前年,自从长宽他大半身不遂死了后,奇怪的是每每死上一个人,过不了两三个月,村里就要病或死一个人。水皮他大是和水皮的舅吵了一架,人在地里插着秧,一头栽下去再没起来。后来是护院的大瘫在炕上,再后来是八成媳妇生娃娃生了个肉球,没鼻子没眼。"病态村庄内的生活自然也是病态的,小说也写了开石媳妇的难产、狗尿苔认干儿子、霸槽与杏开的爱情、天布与半香的偷情、来声与戴花的偷情等乡村生活的微观层面。而正是通过对这些有"古炉"特色的生活场面的呈现,小说实现了对世道人心精妙至极的挖掘与把握。古炉村同时还是一个充斥着各种节气、习俗的村庄,是一个生活气息与文化气息混杂的村庄,小说写了各种死人的场景与葬礼,马勺妈的病死、欢喜的被毒死、满盆的被气病与吃肉被噎死、开石的生疥而死、立柱的被气死、灶火的被炸死、马勺的被打死、霸槽等的被枪毙,都是沉静的日常生活中的戏剧性因素,其附着的文化含量与人性含量极为丰厚。古炉村还是一个由各种生活细节堆砌而成的村庄。贾平凹是一个真正的细节大师,他对乡土生活可以说是烂熟于心、完全吃透了,因而小说的叙事不急不躁,充满耐心。在贾平凹的笔下,古炉村的生活徐徐展开,就如一幅清明上河图,男女老幼各式乡村人物以及日常生活中的家长里短、柴米油盐、吃喝拉撒、生老病死如流水般呈现在小说中。小说就仿佛是乡村生活细节的百科全书,各种细节的描写高密度地铺陈在小说的空间里,让人目不暇接。"狗尿苔又回到了场上,却发现几乎所有歇下的,并不是坐在场边的碌碡上,他们从麦草集子那儿过来坐在了麦粒堆上,或者在麦粒堆上躺下伸懒腰。三婶坐下后在腰里抓痒痒,顺手将一把麦粒放在了裤腰里。上了年纪的妇女都是扎了裤管的,在裤腰里塞进什么都不会漏下来。"这是村里人偷麦子的细节。"婆在门槛上梳头,她的头发还厚实,但全白了,梳一会就要从梳子上取下一些脱发,绕一绕,塞到门框边的墙缝里。"这是婆梳头的细节。"猫钻在桌腿下,说:啊疼,啊疼?狗尿苔把猫踢了一脚,没喊疼。婆说:打你你还不跑?!狗尿苔这才往门外跑。婆还撑着打,其实她已经把笤帚朝狗尿苔的腿后的地上打;狗尿苔都跑到巷口了,婆仍在拿笤帚打着院门框子响。"这是中国式老人打孩子的细节。"狗尿苔不吐核儿,趁不注意把柿把子塞进鞋壳。""狗尿苔是一出门就开始吃饼,那不是吃,是尝,忍不住尝尝,拧下那么一点塞在嘴里,再拧下那么一点,塞在嘴里,才走到河堤上,饼子就剩下手大一片了。不准吃,坚决不准吃了,狗尿苔警告着自己,就蹴在河边掬水喝。"这是饥饿年代人面对食物的细节……可以说,就小说细节的密度和原汁原味的浓度而言,当代小说对乡村经验的挖掘还无有出《古炉》其右者。

当然,在小说中,贾平凹对"古炉"的塑造与还原其实是沿着两个层面展开的,一是外在的、日常的、在表层的"物态"乡村,一是内在的、心灵的、情感的、政治的、伦理的、人性的"乡村"。因此,在表层的、原生态的细节和场景背后,我们看到的是古炉村人的心理与人性的真实。比如:"狗尿苔看不见自己耳朵,用手摸摸,是干了,说:那是冻的!狼吞虎咽吃起了,他觉得那一碗饭是那样香,一口饭还没咽下喉,另一口就吃进去,喉咙里像是伸着一只手,要把饭和碗都要拉进去。一碗饭吃完,他的脑袋上热气腾腾,再去锅里盛时,竟然能端着空碗一个跃身从丁香树下跳到了上房台阶上,婆说:你疯啦，你疯啦！狗尿苔走过了婆的面前，婆的碗里却是米汤菜糊糊，里边仅有一根短面，漂着像一条鱼。狗尿苔愣住了，说：婆，你没吃面？婆说：我先把面捞的吃了。狗尿苔进了厨房，发现锅里也仅是米汤和菜，知道婆是把所有的米和面条都捞给他吃了，便拿过了辣子瓶子，说：婆，我给你夹些辣子。辣子是腥油炸的，狗尿苔给婆的饭碗里夹了一疙瘩辣子，又夹了一疙瘩辣子，腥油花花漂起来，油是多了，却辣得婆吃不下去。"从这样的吃饭细节里，我们看到的是婆对狗尿苔无尽的爱以及婆孙两人相依为命的情感。而同样是吃饭的细节："迷糊的碗里是白玉白银一样的米饭，冒着一团热气，热气就像是米饭闪出的光亮，太阳从屋檐上斜着照下去，光亮里有了五彩的颜色。面前的地上是一碗酸菜，迷糊夹起一筷子酸菜了，放在米饭上，绿是绿，白是白，然后连菜带饭抄起一疙瘩，那疙瘩足足有烧酒盅子大，他眼睛看着，嘴就张开了。他的嘴那么大，能咧到耳朵根。当饭菜送到了黑窟窿嘴上，舌头就和嘴唇一起响，而眼睛却受活地闭上了。狗尿苔的嘴也动起来，但没有响声，满嘴里却有了唾沫。迷糊耸了耸肩，伸开一条腿来，浑身却透着一种满足和舒服，开始往下咽了，眼睛仍未睁，嘴皱紧了简直就像鸡的勾子。牛铃已经不看了，小声说：吃你妈的×哩！坐在地上生气。"迷糊在家"偷吃"的场景，把饥饿年代人对食物的渴望表现得淋漓尽致。再比如，从"霸槽打狗"与狗尿苔"放狗"的细节，我们可以看到人心深处野蛮与善良的分野。另外如"霸槽似乎很失望，伸手把墙角的一个蜘蛛网扯破了，那个网上坐着一只蜘蛛，蜘蛛背上的图案像个鬼脸，刚才狗尿苔还在琢磨，从来都没见过这种蜘蛛呀，霸槽就把蜘蛛的一条长腿拔下来，又把另一条长腿也拔下来，蜘蛛在发出咝咝的响声。狗尿苔便不忍心看了，他身子往上跳了一下。霸槽是古炉村最俊朗的男人，高个子，宽肩膀，干净的脸上眼明齿白，但狗尿苔不愿意霸槽这么拔蜘蛛的腿。他跳了一下，想去把霸槽额颅上的一撮头发拨开去，这样可以阻止拔蜘蛛腿，可霸槽的个子高，他跳了一下也没有拨到那撮头发"。在这个细节中，我们同样可以看到霸槽内心的残暴与黑暗，以及狗尿苔的善良与仁厚。此外，霸槽分粮失败后，对田芽、灶火、土根、半香四人关于"霸槽吃肉问题"的查问,让我们看到的则是乡人的聪明与狡猾。再比如,守灯中漆毒后,请蚕婆治疗,水皮找支书告状,守灯恼羞成怒,就把漆毒传给了水皮:"守灯给水皮勾手,水皮就走过去,守灯突然一下子抱住了水皮,把自己的脸在水皮的脸上蹭。水皮挣扎,但挣扎不开。守灯的脸在水皮的左脸上蹭了,右脸上又蹭,然后一推手,水皮坐在了地上。水皮娘就骂守灯:你中了漆毒了还让水皮也中,你狗日的咋这瞎呢?守灯说:我是阶级敌人我不瞎?!"从这样的细节与场景中,我们看到的是两个人内心世界的阴暗。与日常生活相比,古炉村的政治生活是表现得比较隐蔽的,但权力、阶级、出身、分配等引起的政治性事件也时隐时现。水皮告密事件、村人的互偷钥匙事件、守灯毁坏天布家长藤的事件、开会时婆与守灯站着被批斗事件等,都是乡村生活政治性的体现。当然,对权力的追逐仍然是乡村政治的核心。古炉村唯一的刑事案件就是麻子黑对欢喜的谋杀,他的动机就是当村长。而对狗尿苔来说,他最大的焦虑就是身份焦虑和出身自卑,"狗尿苔确实不知道他是从哪儿来的","直到两年后,他才从村人口中得知自己就是要来的,至于是如何要来的,谁也不直讲,他也不再追问了,可从此身世成了一块疤,不想让谁去揭"。正因为这一点,村里人面对他时就有着优越感,秃子金摸了摸狗尿苔的头说:"啊,狗尿苔呀狗尿苔,咋说你呢?你要是个贫下中农,长得黑就黑吧,可你不是贫下中农,眼珠子却这么突!如果眼睛突也就算了,还肚子大腿儿细!肚子大腿儿细也行呀,偏还是个乍耳朵!乍耳朵就够了,只要个子高也说得过去,但你毬高的,咋就不长了呢?!""霸槽说:你得听我的!我告诉你,我和你不一样,我是贫下中农,谁也不能把我怎么样,你出身不好,你就得顺听顺说。"古炉村政治性的大爆发得之于"文革"的到来。"文革"延伸、渗透进古炉后,古炉村的平静被打破,日常生活让位于政治生活。乡村生活的政治性走上前台,"潘多拉的魔盒"被打开后,人性的贪婪、残忍、丑恶、阴暗得到了放大式的表现。但是需要指出的是,古炉村的"革命",不是抽象化的革命,而是日常生活充盈着的、充满了乡村式的阴谋与狡猾的"革命"。小说淋漓尽致地呈现了"革命"山雨欲来的过程性,痒病的蔓延、洪水的泛滥、猪瘟的出现都是"革命"的象征性前兆。在小说中,"革命"有着阿Q式的特征,跟后因灶火曾经抢了他的模范荣誉而有报私仇的快感。牛路的革命动力也来自曾被少记了三个工分的仇恨。水皮喊错话的"反革命事件"、守灯和麻子黑的"复仇"心态都是古炉村人心灵世界的展示。 黄生生吃麻雀和蛇的画面、牛铃偷鸡杀鸡的情节、天布他们杀水皮家猫吃的场景也都是对人性凶残、丑恶一面的揭示。

与此同时,《古炉》的世界还是"人"的世界与动物的世界相融合的世界。狗尿苔是连接人的世界与动物的世界的桥梁。狼、狗、猫、猪、牛、鸡、乌鸦、燕子、苍蝇、蜜蜂、蛇在小说中自成一个独立的自足的世界,人与动物通灵,动物参与人的故事,动物的命运投射着人的命运。在小说中,鸡过生日的情景、牛与欢喜的感情、杀牛及分食牛肉的场景、偷吃死猪的情节等等,背后都蕴藏着丰富的人文批判内涵。而以狗尿苔的视角看来,人与动物其实就是同类:"把霸槽认定了是白熊转上世的,霸槽就从此真的有意学着白熊的模样,他走路胳膊都是在身后甩,步子再不急促,岔着腿走,原来发问说:咹?现在动不动就低沉地吼:噢?!笑起来头仰在肩膀上突然嘎嘎嘎地笑,能把人吓一跳。而狗尿苔也更怯火了霸槽。他越是怯火着霸槽,但霸槽越是对他亲热,竟然有兴趣和他给全村人判定谁是啥转上世的。比如支书老披着衣裳,走路慢腾腾的,没事就低眉耷眼的,嘴窝着又腮帮子鼓圆,吃东西整个脸都在剧烈地活动,但眼要一睁,嘴要一咧,却特别厉害,是老虎变的。灶火眼突出,嘴张开是方形,能塞进个拳头,是蚧蚪子蛤蟆变的。半香腰这么细,一走就扭,是水蛇变的。面鱼儿圆脸没胡子,额颅上的皱纹像刀刻出来的,是猪变的。马勺坐没坐相,总爱窝蜷在那儿,别人说起与他无关的事他霜打了一样蔫,一旦与他有关了,眼睛忽地就睁开,尤其他能和戴花半香杏开她们说话,越说越有精神,而戴花半香杏开和他说过话后都喊叫乏困,那马勺就是老狐狸变的,他和女人说话就是吸女人气。麻子黑的目光游移不定,声又破,狼变的。长宽是树变的吧,噢,应该是核桃树。老顺是老榆木疙瘩变的。迷糊一定是狗变的,瞎狗。水皮呢,水皮也是蛇变的,他这蛇和半香的蛇不一样,他是草丛里或墙缝里钻着的蛇,衣服华丽,这种蛇按不住它的三寸,能把你缠死,但按住了,提起尾巴一抖,它的骨头就一节一节碎了,像一条草绳。他娘是鸡变的。牛铃的耳朵被老鼠咬过,老鼠爱啃土豆,但他不是土豆,绝对是个山猴变的。满盆是牛变的,鼻子大,爱叫唤。天布死犟死犟的,像驴像牛像狗像狼,也都不像,是四不像。田芽话多,除了吃饭睡觉嘴就没闲过,是蛤蟆变的,可蛤蟆大肚子,她肚不大呀,啊是麻雀变的。他们每判定一个,就十分得意,而且越想越得意,就张狂得大呼小叫。霸槽说:狗尿苔,那你就真是狗尿苔转上世的。狗尿苔说:我是老虎。霸槽说:屁,说是老鼠还行。狗尿苔说:我才不是老鼠。霸槽说:老鼠好哩,有人吃的就有老鼠吃的,虽然老鼠上街人人喊打,可五年前闹地震,头一天老鼠满巷道跑,去年州河涨水,河堤上老鼠都上了树,老鼠精得很。狗尿苔说:老鼠有板牙,我一口碎牙能是老鼠吗?霸槽想不出狗尿苔是啥转世了,说:来回是从河里捞的,又是噘噘嘴,可能是什么鱼变的。狗尿苔心里咯噔一下,倒害怕霸槽从来回的身世联想到他的身世,就赶紧说:我啥也不是。霸槽说:你长成这个样子也实在不容易,那就是从天上掉下来的一块石头?狗尿苔想了想,石头也好,守灯恐怕也是石头,但守灯是厕所里的石头吧。他说:那我是陨石!"

其次,《古炉》的力量还来自小说以群像化的方式对"革命"年代乡村人物谱系的成功建构。小说塑造了古炉村夜、朱两大姓几十个乡村人物,所有的人物都被赋予了独特的典型性内涵。这些人物的出场方式都是平等的、原生态的、非道德性的,作家以平面扫描、散点式的方法让人物一个个轮番登场,演绎他们的故事与人生,无论男女老少,并无侧重,每个人的故事和性格都很完整,每个人都有其独立的话语方式和完整的性格逻辑。从谱系学的角度来看,小说主要提供了五类人物谱系:一是乡村政治性人物谱系,以支书、霸槽、黄生生、马部长、灶火马勺、天布、磨子、水皮等为代表;二是地痞无赖式的乡村人物谱系,以迷糊、秃头金、麻子黑、守灯、牛铃等为代表;三是典型的传统乡村农民谱系,以满盆、欢喜、老顺、面鱼儿等为代表;四是游离于乡村结构中心的边缘人物谱系,以善人、婆、狗尿苔、来声等为代表;五是各种各样的乡村女性典型形象谱系,以半香、戴花、来回、杏开等为代表。在这些人物中,又以支书、霸槽、狗尿苔、善人、婆五个形象的塑造最为成功。

支书朱大顺是乡村权力的化身。小说对他的塑造是比较含蓄而中性的。在古炉村,他虽然有着至高无上的威望和权力,但是在小说中他并不是以性格张扬且霸道的形象出现的。相反,他行事低调而沉稳,处事公道、周全,有较高的威信。他私占公房给儿子结婚也做得堂而皇之,看不出任何问题。只是在偷吃牛肉的细节中,我们可以看到他凭特权多吃多占的隐秘的一面。如果不是"文革"到来,他在古炉村的地位几乎是不可动摇的。如果不是霸槽在"革命"时期查账,他贪污瓷器的事也不会暴露。被夺权后,他的表现也不失尊严,其遭遇和行为还很令人同情。在作家笔下,他是一个有着鲜明历史时代痕迹的政治人物,其思想行为有着自身的边际,小说既没有丑化他,也没有漫画化他。

霸槽是"革命"年代躁动不安的具有流氓无产者特征的新型农民的代表,是乡村秩序与权力的挑战者与颠覆者。在狗尿苔眼中,"霸槽是古炉村最俊朗的男人,个头高大,脸盘棱角分明,皮肤又白,如果不说话不走动,静静地坐在那儿,他比洛镇学校的老师还像老师,可他一走动一说话,却有一股子霸气和邪劲能把人逼住"。霸槽有着流氓无产者的习气,有着对现实的不满与愤怒。他蛮横霸道,与杏开恋爱气死了队长满盆,开小店、投机倒把、耍无赖,村里人谁也奈何不了他。"文革"给了他机会,他迅速找到了出人头地的机会,与黄生生联合成立了造反派组织。在这个过程中,他的狡猾、凶狠、残暴得到了极大的释放。他挑动了村里的武斗,并使多人丧命,最终自己也被枪毙。霸槽是使古炉村陷入灾难的关键人物。但是,小说中他也没有被符号化,而是一个自身逻辑与历史逻辑、历史命运与个人命运、时代悲剧与性格悲剧相融合的人物。

狗尿苔是小说真正的中心人物,他是作家观察世道人心的重要视角,是小说最重要的批判与反思维度,某种意义上他就是隐含作家本人。狗尿苔有着预言灾难的奇异嗅觉:"狗尿苔觉得很委屈,因为他真的能闻到那种气味。

而且令他也吃惊的是,他经过麻子黑的门口时闻到了那种气味,不久麻子黑的娘就死了,在河堤的芦苇园里闻到了那种气味,五天后州河里发了大水。还有,在土根家后院闻到了一次,土根家的一只鸡让黄鼠狼子叼了,在面鱼儿的身上闻到了一次,面鱼儿的两个儿子开石和锁子红脖子涨脸打了一架。"而这种嗅觉无疑对于小说具有特殊的叙事意义,它其实正是小说情节演进的一种内在动力。狗尿苔是一个弱者,是一个被侮辱与被损害者,"狗尿苔毕竟是有大名的,叫平安,但村里人从来不叫他平安,叫狗尿苔。狗尿苔原本是一种蘑菇,有着毒,吃不成,也只有指头蛋那么大,而且还是狗尿过的地方才生长。狗尿苔知道自己个头小,村里人在作践他,起先谁要这么叫他他就恨谁,可后来村里人都这么叫,他也就认了"。"狗尿苔完全忘却了婆的叮咛,他觉得这日子就像是节日,天天都是节日。他是不嫌人作践的,到哪儿受人作践着就作践吧,反正是苍蝇,苍蝇还嫌什么地方不卫生吗,被作践了别人一高兴就忘了他的身份,他也就故意让他们作践。水皮说:狗尿苔,你身份那么不好的,咋比我活得滋润,你知道为啥?狗尿苔偏说:我人缘好么。水皮说:啊呸!你是个狗尿苔,侏儒,残废,半截子砖,院子里卧着的捶布石!人自己把自己看大了也就大了,自己把自己伏小了也只是小。"在小说中,他的最大幻想就是有一件隐身衣,能躲避别人对他的嘲笑与欺侮。但同时,他又是良知和美德的化身,他至善至真,能与万物通灵对话,有着对自然万物和对动物的悲悯与热爱,是一地鸡毛的古炉村的"天使"。他虽然很卑微,但是心地纯洁、高尚,对他人宽容而有同情心,守灯做坏事他替其顶罪、霸槽被人诅咒他悄悄把霸槽他大坟上的木橛子拔了。只要与牛铃对比,我们就能充分感受到狗尿苔这个形象的美与善。因此,小说最后,善人要把古炉村的希望寄托在狗尿苔身上:"善人却对狗尿苔说:你要快长哩,狗尿苔,你婆要靠你哩。狗尿苔说:我能孝顺我婆的。善人说:村里好多人还得靠你哩。狗尿苔说:好多人还得靠我?善人说:是得靠你,支书得靠你,杏开得靠你,杏开的儿子也得靠你。"贾平凹也丝毫不掩饰自己对狗尿苔的喜爱,在后记中他说:"狗尿苔,那个可怜可爱的孩子,虽然不完全依附于某一个原型的身上,但在写作的时候,常有一种幻觉,是他就在我的书房,或者钻到这儿藏到那儿,或者痴呆呆地坐在桌前看我,偶尔还叫着我的名字。我定睛后,当然书房里什么人都没有,却糊涂了:狗尿苔会不会就是我呢?我喜欢着这个人物,他实在是太丑陋,太精怪,太委屈,他前无来处,后无落脚,如星外之客,当他被抱养在了古炉村,因人境逼仄,所以导致想象无涯,与动物植物交流,构成了童话一般的世界。狗尿苔和他的童话乐园,这正是古炉村山光水色的美丽中的美丽。"

婆也是小说中的被侮辱与被损害的形象,是与狗尿苔具有互补性的人物。因为丈夫逃到台湾,她背负了一辈子的重负,是批斗会上的固定对象。但是她善良、宽厚、隐忍、博大,是具有伟大品格的中国传统女性的化身。她是古炉村的灵魂,也可以说是守护神,是民间伦理的化身,为人治病以及为人喊魂是她一辈子热衷的两件事。同时,婆也是一个能超越个人好恶而对所有人物都充满同情、悲悯,具有大爱大德并真正能与万物对话的具有宗教情怀与境界的人物。"在古炉村,牛铃老是稀罕着狗尿苔能听得懂动物和草木的言语,但牛铃哪里知道婆是最能懂得动物和草木的,婆只是从来不说,也不让他说。村里人以为婆是手巧,看着什么了就能逮住样子,他们压根没注意到,平日婆在村里,那些馋嘴的猫,卷着尾巴的或拖着尾巴的狗,生产队那些牛,开石家那只爱干净的奶羊,甚至河里的红花鱼,昂嗤鱼,湿地上的蜗牛和蚯蚓,蝴蝶、蜻蜓以及瓢虫,上下翻飞着前后簇拥着她。这些动物草木之所以亲近着婆,全是要让婆逮它们的样子,再把它们剪下来的。"

善人的形象相比而言虽然有某种理念和说教的特征,但对贾平凹来说他却是小说不可或缺的另一个重要伦理维度,他代表了古炉村神性和形而上的一面,这其实也是贾平凹反思"文革"、反思"文革"之所以会在古炉村造成巨大灾难的一个重要角度。贾平凹在小说中是从宗教和哲学层面上定义他的:"善人是宗教的,哲学的,他又不是宗教家和哲学家,他的学识和生存环境只能算是乡间智者,在人性爆发了恶的年代,他注定要失败的,但他毕竟疗救了一些村人,在进行着他力所能及的恢复、修补,维持着人伦道德,企图着社会的和谐和安稳。"他在村里给人说病,针对的主要是人的内心的疾病、伦理的疾病和精神的疾病。他仿佛是一个布道者,又如一个启蒙者,他不断地试图唤醒人们沉沦的心灵。"善人说:这就对,社会就凭一个孝道作基本哩,不孝父母敬神无益;存心不善,风水无益;不惜元气,医药无益;时运不济,妄求无益。一个人孝顺他的老人,他并没孝顺别人的老人,但别人却敬重他;一个人给他的老人恶声败气,他并没恶声败气别人的老人,但别人却唾弃他。伦常中人,互爱互敬,各尽其道,全是属于自动的,简单地说,道是尽的,不是要的。父母尽慈,子女尽孝,兄弟姐妹尽悌,全是属于自动的,才叫尽道。"他同时也是一个殉道者——善人最后与古炉村的风水树白皮松同归于尽了,善人自焚时的冲天火光无疑是对古炉村人的最后一次警诫。

再次,从艺术上看,《古炉》是"新写实"手法在乡土小说中的成功实践,贾平凹的贡献在于提供了把琐碎、庸常、一地鸡毛式的日常叙事提升为具有震惊效果的美学形态的审美能力与审美经验。贾平凹是写实的大师,擅长于大巧若拙的日常叙事,总是把宏大叙事融入日常生活,从而使作品在整体上呈现出见微知著的文化反思品质与大智若愚、浑然天成的审美风格。正如贾平凹在后记中所说的:"我依然采取了写实的方法,建设着那个自古以来就烧瓷的村子,尽力使这个村子有声有色,有气味,有温度,开目即见,触手可摸。以我狭隘的认识吧,长篇小说就是写生活,写生活的经验,如果写出让读者读时不觉得它是小说了,而相信真有那么一个村子,有一群人在那个村子里过着封闭的庸俗的柴米油盐和悲欢离合的日子,发生着就是那个村子发生的故事,等他们有这种认同了,甚至还觉得这样的村子和村子里的人太朴素和简单,太平常了,这样也称之为小说,那他们自己也可以写了,这,就是我最满意的成功。"小说开辟了一条众声喧哗的多声部呈现的充满艺术张力的小说道路。就小说美学风格与思想、情感、艺术结构而言,小说达到了在快与慢、静与动、宏大与微观、叙述与描写、写实与写意、野蛮与善良、阴冷与温暖之间的巧妙平衡。比如,就动与静的平衡而言,小说前半部以静态展示为主,叙事耐心舒缓,充满生活密度,小说后半部则以动态的情节展开为主,直到榔头队和红大刀武斗,人物命运和故事情节加速度运行。但是,这种"静"和"动"又不是绝对的,而是静中有动、动中有静,充满着结构的张力。小说开场所描写的乡村场景就是"静景",就如鲁迅在小说《风波》中所展现的那样,无聊、沉闷如一潭死水。沉闷的打破或戏剧性的出现来自狗尿苔的出现以及人们对狗尿苔的捉弄。其后,杀猪、看病、皮影戏、水皮与霸槽比吃豆腐、看星妈与儿媳吵架、天布媳妇骂街、野狗与跟后家母狗连蛋等乡村戏剧性事件不断地使沉闷的乡村生活泛起涟漪,静态就这样不断被打破,又不断回归平静。而下半部虽然总体上是动态化的戏剧性情节的展开,武斗时的狂热与血腥成为小说下半部的主线,但"革命"的缝隙仍然如前文所说的充满着静态的乡村生活的场景与片段。即使在小说最后,霸槽等被枪毙时,小说也穿插了围观者们准备抢食脑浆的"闲笔",让人不能不想起鲁迅的《药》中华老栓买人血馒头的笔墨。再比如,就语言而言,原汁原味的民间方言、粗俗化的生活语言与政治性、伦理性的语言的张力也使小说的语言修辞充满魅力。很多人对《古炉》的语言的粗鄙化颇有微词,认为小说有太多的屎、尿、屁的描写,但我觉得语言的还原正是作家还原真实的古炉村及其芸芸众生的重要手段,这种充满屎、尿、屁的语言其实就是原生态的真实的人物语言,或者说就是人物的生活本身,离开了这种语言,人物就不成其为他们自身。另外,语言审丑也是一种文学风格,并不是粗鄙一词所能说明的。在小说中,作家这样写狗尿苔与牛铃比喝尿:"返回走到三岔巷,放下柏朵去一个厕所里要尿,厕所里咳嗽了一下,里边有人,他们就绕到厕所墙外的尿窖池子边去尿,从裤裆里一掏出来,却兴趣了比谁尿得高,两股子尿就高高地扬起来,在太阳底下银亮亮发光。牛铃先伸着脖子拿舌头接了一下尿水,说:咸咸的。狗尿苔也伸出舌头尝了尝自己的尿,说:就是咸的。"这样写迷糊在厕所里吃凉粉:"迷糊一出厕所就端起了锣,说:啊狗尿苔,吃凉粉呀不?狗尿苔说:你才在厕所吃了,还吃呀?!以为迷糊说狂话。但见锣里果然是凉粉,就说:吃哩!迷糊夹了一疙瘩凉粉给狗尿苔,狗尿苔发现了迷糊的手指上有一点粪便,说:看你这手,你这手!迷糊一看,有些急了,却立即把手指在嘴里一舔,说:酱辣子,酱辣子!狗尿苔没有吃,一转身,咕咚一声恶心得吐了。"这样写公鸡母鸡吵架:"一只黑公鸡在骂一只母鸡:你的公鸡弄我的母鸡就弄啦?我要弄你呀你就上了墙?!双方叽叽咕咕吵架,后就相互掐斗,落了一地鸡毛。"此外,小说写到的迷糊养母猪兽交、明堂咬毯等场景也是这种原生态语言的代表。与此对应,小说又充满了政治性的语言,比如面对狗尿苔,村里人就会自然而然地具有政治、道德上的优越感:"秃子金便恼羞成怒了,说:你个残渣余孽,我抽了你的舌头!""霸槽给他讲,出门带火有啥丢人的,你个国民党军官的残渣余孽,是个苍蝇还嫌厕所里不卫生?何况这只是让你出门带火。"在这两种语言形态的张力背后,我们既可以看到人性的元素,也可以看到文化的、伦理的反思。再比如,就叙述与描写以及写实与写意的张力而言,小说把白描的手法发挥到了极致,对生活细节的捕捉与描写可谓淋漓尽致,但同时,小说中又不乏象征性的意象、浪漫甚至诗情的描写。如贾平凹自己所说的,"写实并不是就事说事,为写实而写实,那是一摊泥塌在地上,是鸡仅仅能飞到院墙"。他重视美术手法在小说中的运用:"而中国的书,我除了兴趣戏曲美学外,热衷在国画里寻找我小说的技法。西方现代派美术的思维和观念,中国传统美术的哲学和技术,如果结合了,如面能揉得到,那是让人兴奋而乐此不疲的。比如,怎样大面积地团块渲染,看似塞满,其实有层次脉络,渲染中既有西方的色彩,又隐着中国的线条,既有淋淋真气使得温暖,又显一派苍茫沉厚。比如,看似写实,其实写意,看似没秩序,没工整,胡摊乱堆,整体上却清明透澈。比如,怎样'破笔散锋'。比如,怎样使世情环境苦涩与悲凉,怎样使人物郁勃黝黯,孤寂无奈。"例如,小说对于太岁意象的表现就是虚和实结合的典范,而白皮松意象在小说中也具有文化和人格的象征意义。狗尿苔不满霸槽与杏开恋爱时,对两棵树的描写更是充满了浪漫的诗情和童话色彩:"墙拐角是两棵树,一棵是香椿树,一棵是榆树。两棵树近是近,并没有挨着,原本树干光光的像柱子一样,但榆树却从一人高的柱杆上生出一丛枝条,伸向了香椿树,香椿树的柱杆上也生出一个枝条伸向了榆树,枝条和枝条就扭扯在一起。"

总之,《古炉》是贾平凹式审美观念与艺术能力的又一次极致的表演。他以对乡土经验无所不包的挖掘与呈现,拓展了中国乡土文学的传统,重新确证了文学与生活的关系以及现实主义的力量,展示了文学与生活的双重魅力。当然,对小说来说,琐碎转换成美学,也必然会带来艺术上的风险。这表现在:其一,琐碎的美学有时会因为其沉闷、平面化、缓慢性、静态性而构成对读者阅读耐心的挑战;其二,高密度的细节固然会强化小说思想、生活含量的浓度与密度,但这本身也是对作家写作的一种考验,可能会导致小说前后内容的重复甚至矛盾。比如关于霸槽鸡巴上痣的问题以及天布照壁上的藤萝开花的问题,小说的前后叙述就有矛盾之处。

《带灯》"贴地"与"飞翔"

有人说,贾平凹的小说本质上是反结构与反时间的。家长里短、柴米油盐的展示没有什么特别的时间性,由生活与日子推动着信马由缰地滑行也无需什么结构。但是《带灯》却是结构意识和时间意识特别强烈的作品。

贾平凹在多年前就宣布过"封笔",但是"封笔"宣言带来的却是其创造力爆炸式的喷发,他仿佛是一个文学的"火山口",如他所说:"社会是火山口,创作是火山口。火山口是曾经喷发过熔岩后留下的出口,它平日是静寂的,没有树,没有草,更没有花,飞鸟走兽也不临近,但它只要是活的,内心一直在汹涌,在突奔,随时又会发生新的喷发。"从《秦腔》《古炉》到《带灯》,他一次又一次地给我们震撼与惊喜。这其中每一部作品我们都以为用尽了他的"经验"与"资源",是他的最后一部作品,但他又总是一次又一次地突破"极限"并淋漓尽致地呈现崭新的审美经验。他似乎是一个文学的精灵,总是能在自己的文学魔方里变幻出灵异莫测的花朵。《带灯》无疑又是盛开在文学领地里的一朵奇异的花,从这里我们可以看到贾平凹那蓬勃、旺盛、源源不断的创造力,可以看到他对文学的激情与梦想,可以看到他对土地、乡村的熟稔于心的观察,可以看到他笔下丰满鲜活的细节美学,可以看到他对底层中国儿女的关切,可以看到他对于现实的忧愤情怀,更能看到他在艺术上的突破与变化,看到他的小说在"贴地行走"与"诗意飞翔"之间的张力。

与贾平凹既往小说相比,《带灯》在思想、艺术上的张力无疑更为突出。从审美习惯来说,贾平凹的小说最擅长的是"贴地叙事",是对鸡毛蒜皮的生活细节原生态的呈现与展示。他通常无意对生活中的"脏"与"丑"进行净化与升华,因而他小说中的环境、生活场景常常是原汁原味,甚至屎尿横流的;他笔下的人物也是未经"典型化"的匍匐在土地上的人物,他们脏话连篇,把肉麻当有趣,甚至恶心、变态,但他们就是活生生的、最土、最本质的乡民,作家没有对其语言、行为进行叙事的提升与转化,他们是自我呈现自己,自己言说自己,而小说叙事者往往是旁观者或局外人,他们同样是弱者,是一些特殊的灵异人物,他们无力去塑造别人,无力把这些匍匐在地上的人"拎起来";而从叙事与描写的关系上看,贾平凹的小说更重视描写,常常以细节取代情节,流水账一样的生活细节随波逐流,构成了叙事的主体,其中没有逻辑性的因果关系对叙事的强大推动。有时候他的小说中拥挤的、密不透风的细节的铺陈、堆砌甚至会因为密度太大、浓度太高而给人以沉闷、透不过来气的感觉。《带灯》在叙事上呈现了明显的变化,一方面,"贴地"的原生态的经验与"细节"仍然在小说中占有重要的比重,并构成了小说魅力的一个重要方面,但另一方面,小说情节的重要性在小说中得到了强调,其情节更有统摄力和张力,也更富逻辑性,人物更集中,更中心化了,叙述视点也由散点变成了定点,叙事者不再是旁观者和观察者,比如狗尿苔那样的超越正常性的灵异人物,而成了故事的主体。这一切无疑给小说带来了巨大的艺术张力,让我们在感受"贴地叙事"风格的同时,又能体会"飞翔叙事"带来的诗意、浪漫、理想与美感。

《带灯》的"贴地叙事"针对的是当下中国农村最尖锐的社会现实。小说选取"综治办"作为观察的视角,对基层的村镇选举、上访、土地开发、乡村恶势力、自然灾害、民生疾苦、官场百态等乡镇政治生活、现实生活的各个方面进行了原生态的描写与揭露。贾平凹显示了其对现实生活异乎寻常的观察能力和透视能力,无论是对书记、镇长、副镇长等乡镇干部的心计、阴谋、嘴脸的入木三分的刻画,还是对王后生等上访钉子户心态和生活窘境的描摹,抑或对元黑眼、拉布等乡村黑恶势力的揭示,都包含着强烈的批判精神和忧愤情怀。如果说贾平凹既往的写作更多的是一种掩藏价值倾向的"零度"情感叙事,那么在《带灯》中,他的叙事立场、叙事伦理以及由此而来的作品的认识价值可谓跃然纸上。不过,对贾平凹来说,其对乡镇干部群体的塑造有着复杂的情感维度,他不是为了批判而批判,也不是要对乡镇干部进行漫画化、段子化的简单处理,而是在批判的同时有着人性的理解与同情,因此,在小说中,干部们虽然各有心计、各有权谋,但不是十恶不赦的恶人,他们也是受害者、受难者,作家是想通过他们去更好地透视与了解我们变化着的时代,就如他在后记中所说的:"可我通过写《带灯》进一步了解了中国农村,尤其深入了乡镇政府,知道着那里的生存状态和生存者的精神状态。我的心情不好。可以说社会基层有太多的问题,就如书中的带灯所说,它像陈年的蜘蛛网,动哪儿都落灰尘,这些问题不是各级组织不知道,都知道,都在努力解决,可有些能解决了有些无法解决,有些无法解决了就学猫刨土掩屎,或者见怪不怪,熟视无睹,自己把自己眼睛闭上了什么都没有发生吧,结果一边解决着一边又大量积压,体制的问题,道德的问题,法制的问题,信仰的问题,政治生态问题和环境生态问题,一颗麻疹出来了去搔,使得一片麻疹出来,搔破了全成了麻子。"它让我们看到,贾平凹拥有的不仅是对那沉闷不变的、静态的乡土经验与乡土记忆的出色表现能力,更有着对当下迅急变幻的乡土现实的特殊敏感与令人称道的把握与穿透能力。就对现实观察的广度与深度、思考与批判的力度以及描写的精细与准确度而言,《带灯》堪称同类题材现实主义小说中不可多得的力作。

《带灯》的"飞翔叙事"则主要体现在主人公带灯身上。"综治办"是现实矛盾的尖锐聚焦处,是乡镇政治的火药桶与救火队,但这样一个水深火热的地方,偏偏让带灯这样一个女同志来任主任,而带灯又偏偏是一个充满浪漫诗性的乡镇"文艺女青年",于是反差就来了。在贾平凹小说的女性人物谱系中,带灯这个人物无疑是独一无二的,她有着全新的气质与内涵。她面对的是污泥浊水,内心却一直在向远方飞翔。在她身上,贾平凹设计了两种笔墨、两种叙事,一种是她面对现实处境的写实性的情节叙事,一种是服从于她的内心追求的虚拟性的象征叙事。但是,实与虚又不是绝对的。带灯的现实叙事也因着她人性的善良、深切的悲悯与同情心而传达出超越现实的诗性的温暖力量。这不仅表现在她对后房婆婆的关切与理解上,表现在她与竹子的闺密情谊与深厚友谊上,更表现在她对分布在各个村落的自己的"老伙计们"心贴心的同情、关爱与照顾上。在今天的官场小说和各类现实题材小说中,带灯这样的底层官员无疑是带有作家理想的一种形象,仿佛是出淤泥而不染的荷花,散发出的点点"萤光"给人以温暖与希望。带灯诗性飞翔的另一个重要方面就是她与元天亮的关系以及表现此关系的作为小说结构重要一极的"短信叙事"。对带灯来说,用短信对元天亮进行倾诉以及乌托邦式的爱情,已经成了她超越现实、飞越现实的重要寄托。元天亮的形象既是实的,又是虚的,在小说中他一直在远方,实际上一直没有出场。他象征着带灯心中终极的、形而上的渴求。带灯喜欢读书、做梦，常常到郊外、野地独处、沉思、吹埙，并在这种远离尘嚣的环境中给元天亮写短信。她给元天亮描述自然中的花鸟虫鱼，给元天亮叙述樱镇的变化以及民生的疾苦，给元天亮解析自己心中的苦恼与困惑，更重要的是给元天亮诉说她心中对他的想象与爱慕。在小说中，我们可以看到，"短信"成了带灯的精神支柱，使她有力量去帮助和拯救那些需要她帮助的匍匐在地上的人们，使她有力量、有勇气去面对阴谋、陷害与种种令人不齿的恶形。然而，带灯毕竟是一个弱女子，她一个人终究对抗不了吃人的现实（在小说中，副镇长吃流产小孩的行为无疑也具有象征意义），她的理想主义的浪漫、善良不但拯救不了别人，也救不了她自己。她只能成为一个疯子，成为现实的祭品，成为现时代一个真正的另类"文艺女青年"或"2B青年"。她的发疯是小说极为沉重的一笔，是小说悲剧性的集中体现，也是小说最打动人心的地方，作家传达的是对现实清醒的批判、无言的悲愤与绝望的控诉。在某种意义上，这无疑也是对"五四"以来启蒙主义"吃人"主题以及"人变成鬼"主题的富有时代感的真实演绎。对作家来说，他对笔下的人物有着特殊的情感，有批判，更有深切的理解与思考，有赞赏，更有无声的叹息与悲伤，他关心的是"比如在民族的性情上、文化上、体制上、政治生态和自然生态环境上，行为习惯上，怎样不再卑怯和暴戾，怎样不再虚妄和阴暗，怎样才真正的公平和富裕，怎样能活得尊严和自在"这样的命题。

有人说，贾平凹的小说本质上是反结构与反时间的。家长里短、柴米油盐的展示没有什么特别的时间性，由生活与日子推动着信马由缰地滑行也无需什么结构。但是《带灯》却是结构意识和时间意识特别强烈的作品。结构上，"互文性"的双线结构可谓精心设计，实与虚、远与近、现实与自然、此岸与彼岸、世俗与精神、出场与不出场、理想与悲情、写实与象征在小说中互相交织、互为结构、互为因果、互为逻辑。这使得整部小说读来清新疏朗，毫无沉滞之感。那些抒情的段落、那些直抒胸臆的短信、那些清新自然的风光都赋予小说文体以变化。而各种象征性意象的穿插，更是拓展并延伸了小说的意义空间。萤火虫是小说中最重要的象征,它是带灯精神、理想、人格与诗情的象征,是带灯命运的写照。而她所吹的埙也同样是一种象征,是她逃离现实的呐喊,是心灵的回声。无处不在的虱子则是污泥般的现实的象征,虱子虽小,力量却无穷,渗透力极强,带灯与虱子进行的战斗,可以说正是她与现实丑恶势力抗争的一个缩影。而从时间的角度来说,《带灯》显然有着强烈的时代感与当下性,一方面,带灯的成长是时间性的,她的心路历程、她的悲剧性结局都是有着时间的幻灭感的,另一方面,小说中春夏秋冬的季节转换也是对应人物的精神状态与心灵感受的。

贾平凹一直是一个对自己的写作有着深刻反思的作家,在《带灯》后记中,他说:"几十年以来,我喜欢着明清以至 30 年代的文学语言,它清新、灵动、疏淡、幽默,有韵致。我模仿着,借鉴着,后来似乎也有些像模像样了。而到了这般年纪,心性变了,却兴趣了中国两汉时期那种史的文章的风格,它没有那么多的灵动和慰藉,委婉和华丽,但它沉而不糜,厚而简约,用意直白,下笔肯定,以真准震撼,以尖锐敲击。""我的品种里有柔的成分,有秀的基因,而我长期以来爱好着明清的文字,不免有些轻的佻的油的滑的一种玩的迹象出来,这令我真的警觉。我得有意地学学两汉品格了,使自己向海风山骨靠近。"从语言风格上说,《带灯》的语言一反其过往小说滞重的风格,显得清新、轻快、明丽,亦颇有语言"飞翔"之感。比如,"松云寺的那棵松在第二年的四月开满了花。樱镇人还从来没有见过这棵汉松开花,或许是开过,开得极小,没有留意,突然花开得这么繁,且颜色深黄,开一层落了一地;再开一层,再落一地;半个月里花开不退,树上地上,像撒了金子。""正是傍晚,莽山已经看不见了树木,苍黛色使山峦如铁如兽脊,但天的上空还灰白着。她们才一到河弯,二猫就知道了,撑了排子吱呀吱呀划过来,让她们坐好,悠悠向芦苇和蒲草深处荡了过去,而顿时成群成阵的萤火虫上下舞飞,明灭不已。看着这些萤火虫,一只一只并不那么光明,但成千的成万的十几万几十万的萤火虫在一起,场面十分壮观,甚至令人震撼。像是无数的铁匠铺里打铁淬出火花,但没火花刺眼,似雾似雪,似撒铂金片,模模糊糊,又灿灿烂烂烂,如是身在银河里。带灯说:这么多的萤火虫呀,哪儿就有了这么多的萤火虫?! 哇哇叫唤。竹子好久的日子里都没有见过带灯这般快活了,她也大呼小叫,声音从芦苇蒲草里撞在莽山上,又从莽山上撞回来,掠过水面,镇街上的人都听见了。""带灯用双手去捉一只萤火虫,捉到了,似乎萤火虫在掌心里整个手都亮透了,再一展手放去,夜里就有了一盏小小的灯忽高忽下地飞,飞过芦苇,飞过蒲草,往高空去了,光亮越来越小,像一颗遥远的微弱的星。竹子说:姐,姐!带灯说:叫什么姐!竹子顺口要叫主任,又噎住了,改口说:哦,我叫萤火虫哩!就在这时,那只萤火虫又飞来落在了带灯的头上,同时飞来的萤火虫越来越多,全落在带灯的头上、肩上、衣服上。竹子看着,带灯如佛一样,全身都放了晕光。"这样有意境、有情趣、有意象,既诗意盎然又充满情感力量与悲剧美感的文字在小说中随处可见,这无疑标志着贾平凹小说的语言美学又达到了一个令人称道的新境界。

不过,苛刻一点说,《带灯》也还有着不尽如人意的地方。比如说,为了突出带灯对元天亮的柏拉图式的感情,小说对带灯原有感情婚姻生活的处理就太简单化了,在小说中,其丈夫几乎成了完全被忽略甚至被放逐的人物,这不利于人物性格的复杂性、丰富性的呈现,也不利于人物性格发展逻辑的揭示。再比如说,短信叙事虽然对小说的文体、内涵、人物刻画都很重要,但作家忽视了现实层面的技术障碍——小说中有时有长达几个页码的长短信,已经近乎散文了,超越了手机短信的容量可能,显然不是很真实。

《麦河》新乡土史诗的建构

《麦河》的主题以农民与土地的关系为聚焦点,沿历史与现实两个维度交叉展开叙事。就历史的叙述而言,小说通过白立国在坟场与狗儿爷曹景春等亡灵的对话传奇性地再现了农民与土地关系的历史变迁,从曹老大开荒到土地的被掠夺、从土改分地到成立农业合作化互助组、从分田到户到土地流转、在农民与土地分分合合的悲喜剧中,小说既呈现了史诗的宏大与沧桑,又融入了对政治、历史、人性、欲望、道德、伦理等复杂内容的阐释与思考。

最早被关仁山的小说吸引是看到他在20世纪90年代创作的《九月还乡》《大雪无乡》等一批被冠为"现实主义冲击波"的中篇小说。这些小说，不是简单地以"问题小说"的方式再现现实中的矛盾与问题，而是努力从"现实"背后发掘失落的诗性和纠结疼痛中的人性，大时代的悲喜剧总是扎根在小人物情感与命运的细节中。因而，他从历史和现实的双重纬度对中国农村现代化转型所带来的人性困境的思考与观照就既有道德的激情、深刻的忧思，又不乏善意的同情和浪漫的温情。《九月还乡》中"九月"被侮辱和被损害的形象令人心痛，《福镇》《大雪无乡》既有对现实冷峻而内敛的理性批判，也有对乡镇基层干部心灵危机令人震撼的揭示。《太极地》《落魂天》《天壤》在敏锐地表现外国大资本入侵、乡村微观政治秩序变革、传统宗法关系变化、土地兼并后的农村凋敝、乡土中国现代化的难度以及城乡之间永恒的文化对立等"乡村问题"时，作家的思考也始终站在人性和人道的立场上，这使得他的小说超越了简单的乡土"政治学"，而呈现为一种颓败和伤感的乡土美学。而长篇新作《麦河》的出版则堪称关仁山新现实主义小说风格的总结与超越之作，其《九雪还乡》时期的小说品格得到了更清晰的呈现和全新的升华，其对"新乡土史诗"美学的追求与建构，无论是对作家的创作历程还是对中国当代的现实主义写作而言都具有突破意义。在这部新长篇中，关仁山既以诗性的情怀、理性的哲思对农民与土地关系的历史变迁进行了史诗性的呈现，又以敏锐的眼光对现代性冲击下的新农村、新乡土、新农民进行了深入的解剖与深刻的思考。小说以盲人白立国和百年苍鹰虎子的"穿越"视角叙述小说，克服了意识形态视域以及现实的困惑对于小说写作的制约，实现了历史与现实、真实与虚构、思想与艺术在小说中的有机融合，为现实主义小说提供了既真实再现现实又成功超越现实的崭新审美经验。

《麦河》的主题以农民与土地的关系为聚焦点，沿历史与现实两个维度交叉展开叙事。就历史的叙述而言,小说通过白立国在坟场与狗儿爷曹景春等亡灵的对话传奇性地再现了农民与土地关系的历史变迁,从曹老大开荒到土地的被掠夺、从土改分地到成立农业合作化互助组、从分田到户到土地流转,在农民与土地分分合合的悲喜剧中,小说既呈现了史诗的宏大与沧桑,又融入了对政治、历史、人性、欲望、道德、伦理等复杂内容的阐释与思考。这里,我们既看到了农民对土地的深厚情感,又读到了农民在各种政治运动中不能主宰自己命运的困惑、无奈与痛楚;我们既看到了地主对土地的贪婪以及由此而来的罪恶,也看到了在命运的悲剧降临时他们无力拯救自己的惨烈与沉重。就现实的书写而言,小说主要书写的是在农村现代化转型的背景下,土地、农业与农民的现代命运。作家以农民曹双羊挖煤矿、办方便面厂、兴办现代农业、参与土地流转的历程,真实再现了在现代化冲击下中国农村的复杂现实。小说既有对乡村政治权力以及各种恶势力疯狂掠夺土地和财富的丑恶行径的犀利批判,又有对金钱、资本所激起的各种欲望侵蚀传统的乡村道德、文化和伦理的忧虑,既有对新型农民向往新生活的美好愿望的呈现,也有对老一代农民在时代巨变面前不知所措的困惑的深刻揭示。在这方面,《麦河》以其敏锐的触觉和宏阔的视野,几乎涉及了中国当下农村所面临的所有问题,并以新的艺术品格拓展了从鲁迅、赵树理、柳青、路遥等作家一路发展而来的中国乡土小说的"史诗"传统。

应该说客观而历史地再现有着几千年农业文明传统的古老国度现代化转型的艰难,既是世界文学中独特的中国风景,也是历史赋予中国作家的庄严而沉重的使命。这一宏大主题在鲁迅的《故乡》、赵树理的《三里湾》、柳青的《创业史》、路遥的《平凡的世界》等作品中均有各具特色的深刻表现。然而,到了关仁山这里,同样的主题却遭遇了比这些作品更高的表现难度。这种难度表现在:其一,从鲁迅到路遥的时代,一直是高度政治化和意识形态化的时代,读者对文学的理解与要求,常常是从政治、历史和意识形态视角出发的,文学作品的意识形态话语对作家、读者而言都不成问题。但经过了20世纪80年代以来巨大的文学观念变革之后,人们对文学话语的要求已经发生了根本的变化。其二，文学对历史的表现，常常不是对历史的一种即时性的再现，而是一种"滞后性"的呈现，甚至是一种相反相成式的呈现。文学总是在历史的沧桑之后，表现出可贵的精神反思和人文关怀。而正在进行的新一轮的中国农村现代化转型，从20世纪70年代末期的改革开放至今，已有了相当的历史长度。能否在一种比较独立而超越的更为文学化、人性化的视角下，对之进行清醒的叙事，无疑是对作家的能力和勇气的双重考验。如果不能如此，这样的小说题材，就有着变成"新农村和谐社会建设"的"文学翻版"的可能。因此，今天对于转型期农村和农民的表现，就不仅要求作家要有雄厚的生活积累，还要求他具有坚实的人道主义和人性主义的信仰，以及宽广而深刻的历史理性思维。资本的成长，带给我们的从来都是血淋淋的征服、赤裸裸的野心和对传统伦理道德的背叛。失败的英雄于连用死亡捍卫自己的尊严，而成功的英雄拉斯蒂涅，则在资本的雄心中走向了占有物质的疯狂。这既是人类文明的史诗，又是凄美的传统丧失的挽歌。乡土的消失，在很多作家笔下，都是一曲美丽的挽歌，就如哈代的小说《卡斯特桥市长》。无论哪种写法，归根结底，都要以成功呈现人性的变迁为前提。其三，难度还在于，今天的中国现实并不是一种非此即彼的"清晰"现实，而是一种悖论化的社会文化时空，呈现出前现代和现代、后现代并存的局面。这种缠绕而复杂的局面，使得很多重树信仰的努力，都变成了可怜的玩笑。很多作家在处理这类题材的时候，都以狂欢化美学，将之引入了价值虚无的领地。他们无法在小说中形成内在的价值境界，无法通过小说呈现真正的深刻性和启示性，也无法让小说在真实性和人性的反省之间达成有机的统一。

《麦河》的成功在于作家没有简单化地处理新乡土与新现实，而是始终把乡土、现实的复杂性与人的复杂性结合在一起进行审视，在对新型农民心路历程和精神历程的解剖中完成了对土地蜕变和人的蜕变的双重揭示。关仁山不满足于道德化地评判农村的现代化进程，他对土地的深厚感情没有因为现代化带来的困惑或困境而减弱，相反，他总是能够在绝境中找到希望，并通过笔下一个个鲜活的新型农民形象印证并描述转型社会新的希望。《故乡》

中,鲁迅将消除城乡差别、知识者和农民心灵壁垒的希望汇成了"新路"的意象。《创业史》中,在合作社成立的爆竹声中,在梁三老汉的泪眼中,柳青赋予梁生宝的道路一个美好的开端,可惜也停留在了这个开端。《平凡的世界》中,乡土致富的农民企业家孙少安,经过短暂的迷失后,在兴办教育的过程中找到了自己心灵的安放之地。然而,这种向传统的有限回归,依然无法解决现代性所强加在后发现代国家身上的转型之痛。如何在保留原有的田园之淳朴的同时,走入真正的现代?是在物质的疯狂中走向毁灭,还是适应新的环境,实现自身的凤凰涅槃? 柳青的《创业史》之所以感人,能够成为穿越时空的经典,其意义并不在于小说对于合作化运动是否正确的判断,而在于柳青以道德拯救的激情,为人类消除贫困和不平等所奉献的爱心和想象。乌托邦也许并不完美,也许并不具有现实的最终实践性,然而,乌托邦却给人们提供了可能性。梁生宝这个大公无私、思维活跃的青年人,这个既有传统美德,又有着创新思维的社会主义新人,最终在历史的长河中成为一个孤独的标高。质朴的孙少安对土地有着异样的虔诚,对命运有着不屈的抗争精神,但也有着对于转型期社会的迷惘。他努力寻找价值和归宿,试图保持农民的本色,但他注定了无法找到自己。在他这里,土地的现代性转型更多地呈现为"意识形态与乌托邦"的双向纠结,而土地所代表的"和谐"的伦理化理想,更对现代性形成了反思性的审美参照,如学者曼海姆所言:"一种思想状况如果与它所处的现实状况不一致,则这种思想状况就是乌托邦。这种不一致常常在以下事实中很明显:这种思想状况在经济上、思想上和实践上都朝向在实际环境中并不存在的目标——我们可以称作乌托邦的,只能是这样一些超越现实的取向:当它们转化为行动时,倾向于局部或者全部地打破当时占有优势的事物的秩序。"[①] 和上述人物相比较,《麦河》的主人公曹双羊则更具有典型性和复杂性。曹双羊是中国当代文学史中一个不可多得的成功穿梭于农村与城市之间的资本英雄的形象,是一个集善与恶、正与邪、忠诚与

---

① [德]卡尔·曼海姆:《意识形态与乌托邦》,黎明等译,商务印书馆2000年版,第196页。

背叛、高尚与卑鄙于一身的"圆形"人物。他的三次蜕变惊心动魄，既有鲜明的时代色彩，又有着深刻的人性内涵和道德内涵，他对金钱财富的态度、对资本的态度、对爱情的态度、对土地和乡亲的态度正是在三次蜕变的过程中发生了深刻的变化。他是鹦鹉村产生的一个奇迹，也凝聚着作家关仁山多年来对中国农村发展道路的深刻思考。随着城市化进程的加快，农村的衰败和打工人口的迁徙、房地产的新圈地运动、农村基层政治的家族化等复杂地纠结在了一起。农村中的恶势力，如陈锁柱，依靠自己当县长的兄弟陈元庆，在与新兴经济势力的结盟中，不但取得了政治上的优势，而且控制着经济上的权力，对农民和农村土地，进行敲骨吸髓式的压榨和疯狂的掠夺。与此相对，曹双羊的道路是什么呢？他要带领村民们共同富裕，他要适应现代都市工业文明的游戏规则，如标准化制度，然而，这直接导致了桃儿继父韩腰子的惨死。他要把麦河变成真正的机械化农场，把农民们变成企业的员工。然而，一个完全工业化的麦河，还是那个有着美丽田园的麦河吗？曹双羊清醒地认识到了自己在资本面前的迷失，认识到了原始积累的丑陋和对人性的伤害，特别是金钱对资本持有者本身的伤害：资本可以毫不留情地把一个善良的好人变成横行无忌的铁石心肠的资本机器。曹双羊就挣扎在这样一种伦理的困境中：一方面，必须将资本的力量控制在为善的范围内，必须让资本为自由民主的未来秩序多做好事，必须与陈元庆、陈锁柱这样的恶势力进行坚决的斗争；另一方面，让资本为人类的幸福谋利，让子孙们生活在文明的天空下，又不可避免地要牺牲这一代人很多美好的东西，诸如自尊、慎独——特别是那魂牵梦绕的土地。小说中，为了打开上海市场，曹双羊忍痛劝说白立国将与其相依为命的百年苍鹰——虎子，送给大老板那有自闭症的儿子。面对虎子，曹双羊流着泪说："对我们这些农民，不管是免税，还是土地承包，土地流转，都不重要了，都是一个过程，一朵小小的浪花，再过一百年，我们回头看，唯一留住的，只有我们对土地的感情，虎子，我们都带着这份情感走吧！"确实，在历史发展的长河中，在不可抗拒的现代化转型面前，个人永远是渺小的，当沧海变桑田，唯有对土地真挚的情感是我们需要怀念并保存的东西。这个过程无疑充满着扭曲的痛苦和内心的毁灭，只有坚强的心灵、广阔的境界和悲悯的情怀，才能实现这个苦心孤诣的目的。小说结尾，那神奇的百年苍鹰虎子，居然历经万难，飞回了鹦鹉村，并在白立国的怀中死去，这不能不说是一个历史性的隐喻。民族传统的精魂就这样以自戕的方式实现了凤凰涅槃。

当然，就人物塑造的成就来说，围绕着主人公曹双羊，《麦河》还有着庞大的人物谱系。这里，既有着被权力和欲望异化了的陈锁柱、陈元庆之流，也有着张洪生、赵蒙、丁汉、黑锁等邪恶的现代"工业"怪胎；既有曹玉堂、郭富九、刘凤桐、韩腰子等具有"传统"土地观的老一代"农民"，也有曹小根、大强等正在觉醒的"新农民"，更有桃儿、曹凤莲、麦圈儿、转香等被侮辱、被损害的"乡村女儿"。尤其是桃儿，她的形象在小说中塑造得极为成功。这是一个与曹双羊相辅相成的人物，在她身上，我们看到了关仁山早期小说中"九月"这类被城市吞噬的农家女孩的身影，回答了这些堕落了的女孩回乡后怎么办的问题，以及她们能否被拯救、如何拯救的问题。桃儿的"死而复生"，她对新的事业的投入以及对姐妹们的拯救，她与白立国的爱情，都与曹双羊的"蜕变"相呼应，从而具有了另一种凤凰涅槃的美感。

就小说叙事而言，《麦河》在叙事艺术的探索上有很高的成就。整部小说采用的是瞎子白立国的第一人称叙事，这种弱者化的叙事角度的使用，为小说的叙事在深度、广度上寻找到了与众不同的切入点。从白立国的叙事出发，小说既可以从超然的角度看待曹双羊资本帝国的建立，避免了单纯的道德批判的狭隘，也能以客观、冷静的态度，再现资本原始积累的扭曲与痛苦。与此同时，这种弱者角度还给小说带来了一种宽容而感性的叙事心理，从而将当代中国广大农村现代化转型这一宏大题材进行了更为个人化、文学化和感性化的处理，避免了对这一题材进行理念化、概念化、意识形态化处理的危险。瞎子白立国，可以说是一个冷静的警醒者，也可以说是曹双羊性格的另一个侧面。他既能未卜先知，也能与死去的亡灵对话。他疾恶如仇，又睿智灵活，当陈锁柱和打手们殴打无辜村民转香一家、强迫他们退耕地的时候，白立国挺身而出，为捍卫弱者的尊严，被打得鼻青脸肿。他一直站在曹双羊的背后，支持他、鼓励他。当曹双羊在上海打市场，急需要某老板的支持时，白立国忍痛割爱将虎子送给了老板的儿子做宠物。而当曹双羊迷失了自己的时候，白立国又毫不客气地对之进行批判。例如，曹双羊抛弃了桃儿，白立国逼着他去认错。曹双羊的土地流转策略，侵害了农民的利益，白立国不惜以决裂的态度，对曹双羊进行规劝。我们看到，在小说中，瞎子的叙事角度的使用，瞎子的边缘化身份，使得白立国能心平气和地看待鹦鹉村几代人的奋斗历程，对家族恩怨、个人情感纠葛，能抱有比较散淡的心态。而恰恰也因为是瞎子，白立国更为珍惜生命中美好的事物，例如爱情、友谊、亲情。这也造就了他刚烈、敏感、自尊与善良、宽容、闲散并存的性格特征。他对初恋情人曹双羊的姐姐念念不忘，多次帮助她走出生活的低谷，又在她生命垂危的时候，陪伴在她的身边。他以一片痴心和舍身为人的付出，打动了年轻貌美的桃子。而他对曹玉堂一家人的情感，更让人感到了浓浓的亲情。更重要的是，瞎子视角与苍鹰虎子全知全能叙事视角的配合，极大地拓展了小说叙事的表现领域，使得小说叙事自由灵动，具有了超越时空局限的"穿越性"。例如，因为无法看到事物，听觉和嗅觉、触觉就成了白立国的主要描写角度。这些角度，不但可以揭开那些正常化叙事视角所掩盖的人性虚伪，而且可以让那些日常化的事物，比如世态人情，那些概念性的历史逻辑，比如土地承包的历史作用，具有了更为感性化的呈现。这样的写作，难度是很大的。但在那些如泣如诉的文字中，文学的审美性功能与文学的认识功能，有了完美结合的可能。

  不过，这部小说也不是十全十美的，小说虽然语言有特色，对风俗民情的描写生动传神，但人物长篇大论的对话过多，有时会影响小说情节推进的速度，而某种程度的知识分子腔也与人物的身份多少有些不符。叙事视角方面，在因瞎子叙事导致的视角盲区的处理方面还存在一些细节上的漏洞。但瑕不掩瑜，《麦河》显示了中国当代现实主义文学的特殊力量和巨大的生命力与艺术上的可能性。现实主义所展现出来的对现实复杂性的深刻认知，以及其所表征的现代性的目标的宏大神话(例如现代理性、民族崛起、自由民主等),在当代中国悖论化的社会中,依然具有表述的合法性。一般说来,西方现实主义是一种借唤起读者的社会历史认同而获得成功的资产阶级艺术形式。雷内·韦勒克指出:与19世纪现实主义小说紧密相关的是工业革命这样巨大的历史变迁,它带来了一种崭新的历史意识——人们更为强烈地认识到自己生活在社会之中,而不再是直面上帝的伦理存在[①]。与西方的后现代社会状况不同,在有中国特色的现代化进程中,在悖论化的中国当代社会,对历史的怀疑从来都是和重塑历史特别是国家民族历史的雄心悖论式地连接在一起的。"现实主义的幽灵",从来没有失去在该土地上存在的合法性。也正因为如此,《麦河》这样反映中国现代转型,特别是广大农村社会的现代转型的文学作品,对于中国文坛而言,依然有着强大的号召力和现实表现力。它不但表达了现代化转型时期中国人对土地深深的眷恋,而且暗示着未来中国摆脱悖论化的现代化的束缚,实现真正的人的自由和幸福的可能。麦河的水依然流淌在那片广袤的土地上,现代性转型的历史,依然还在继续,它将成为我们永恒思考的梦中的故乡。

---

① 安敏成:《现实主义的限制——革命时代的中国小说》,江苏人民出版社2001年版,第17页。

《日茂庄园》和《逃跑的老板》
文学的现实性与现实的文学性

文学与现实的关系问题,现实主义文学与美学问题,文学尤其是小说的现实主义问题,正在新时代的中国本土语境中得到聚焦和凸显。这显示着作家们对中国问题的关注、本土意识的增强和讲述中国故事的文学自觉。

虽然跟普玄没有见过几次面,但我很早就很关注普玄的小说。一是因为他业余写作者的身份——他不是专业作家,但对文学有着异乎寻常的痴迷,旺盛的创作力令人惊奇,特别是前些年,他几乎每年都能在《当代》等重要刊物发表好几部中篇小说,是近年来在中篇小说领域取得突出成就的优秀青年作家之一。文学界流传过很多有关他的故事,但直到读到他的令人心痛的《疼痛吧指头》,我才由对一个普通文学青年印象式的关注而达致对其真实的生活和人生的真切同情与理解。二是因为他小说的品质,他的小说现实感强,人物和题材有着最鲜活的人间烟火气,对当下中国社会生活有着及时而独特的观察与思考,尤其擅长从非主流人群的生存困惑和精神困境出发,深刻而尖锐地探讨整个时代的精神病症,有着独特的现实生活的温度,有着非典型性的"人文关怀"。在当下的中国文学中,现实是一个重要的观照和表现内容,是被大多数怀有重大抱负的作家所深切体认和深入思考的对象。文学与现实的关系问题,现实主义文学与美学问题,文学尤其是小说的现实主义问题,正在新时代的中国本土语境中得到聚焦和凸显。这显示着作家们对中国问题的关注,本土意识的增强和讲述中国故事的文学自觉。在这当中,贾平凹的《带灯》《极花》,陈彦的《主角》《装台》,张平的《重新生活》,刘震云的《我不是潘金莲》《吃瓜时代的儿女们》等,均为有影响的代表作。而普玄,在面对现实的时候,交出了与众不同的文学答卷。几年前,他曾发表一部中篇小说,《日落庄园》,把现实生活的疼痛感表达得入木三分,现在他又推出了长篇新作《逃跑的老板》,以更具有现实质感的手法直面当下中国的现实问题。两部小说有着内在的呼应和互文关系,如果再联系他的非虚构作品《疼痛吧指头》,我们完全可以探究和找到普玄思考和表达当下中国现实的精神路径。

《日落庄园》在叙事上虽然不乏生活化、口语化甚至幽默的色调,但小说聚焦的并不是人物命运的故事性,而是人物内在的生命状态和精神状态,读来让人倍感沉重和辛酸。小说以福利院"日落庄园"作为故事空间,以侯家婶的第七次嫁人作为情节的聚焦点,让社会、家庭、学校等的不同阶层、不同年代的各式人物轮番登场,使生存的艰辛、活着的苦痛、人性的善恶、情感的困惑、心灵的挣扎等得到了淋漓尽致的表现。七十四岁的侯家婶已在福利院种菜十年,但在第六个男人鱼塘周死去之后,面临两难选择:要么回家替养女侯菊花放牛,要么嫁给光棍夏留在福利院。小说就是从福利院院长张白条劝说侯家婶嫁给光棍夏开始的,这也构成了小说的主要情节线。张白条、侯菊花以及光棍夏本人都以各种说辞力图让侯家婶再嫁一次。但"名声不好"的侯家婶这次却特别在乎名声,坚决不嫁光棍夏——她蔑视光棍夏,看不上他的流氓历史,他的无耻和他的恶。在侯家婶身上,一方面,她的不幸和苦难,她的生存韧性,她的隐忍让人深感悲凉。特别是她回家放牛,住牛棚,没饭吃,只能在汉江边捡野食甚至烧老鼠吃,而女儿侯菊花和朱柴火却在家偷偷包饺子吃的细节,让人对世态的炎凉和人心的冷漠有着痛彻心扉的感慨。另一方面,她生存的自尊,她对侯队长以及生命中每个男人的爱意与怀念,她对南瓜、小藕、包菜的关爱,她对常瘫子的照顾以及她最后虔诚地"盘头发"的场景,都传达出令人感动的温暖。不错,她是一个生活无着落,有家不能归,甚至"名声"不怎么好的老人,她是被侮辱与被损害者,但是她的人性的光芒和精神的尊严却盖过了小说中其他所有人。与她相比,张白条、胡叉叉、侯菊花、朱柴火、光棍夏等人都成了实实在在的"侏儒"。与侯家婶相呼应,小说中还有一位精神上的"强人",那就是常年瘫在床上的常瘫子,他浑身散发出体臭,儿女在外打工,无人理他,但他始终坚持着自己的"事业"——每天画画,画太阳,画心中的日落,"一张一张地画,太阳啊,月亮啊,还有一大堆一大堆画",用画笔顽强地画着心中的生活与历史。他在生活中是一个瘫子,但在精神上却是一个强者,一直有尊严地站在那里。心灵的相通,正是侯家婶最后决定嫁给他的原因。与他们两位相比,张白条和胡叉叉夫妇虽然表面强悍,有权,有体面的工作,但他们内心空虚、偏执,他们才是生活中真正的弱者和失败者。张白条四肢无力，打架都打不过自己的老婆。胡叉叉更是自以为是，以自己的僵化和霸道逼死了儿子南瓜。而侯菊花和朱柴火夫妇更是成人世界令人恶心的"另类"。作为弃儿，侯菊花被侯家婶抱养大，长大了不但不知报恩，反而把侯家婶赶出家门，其人性的恶毒令人毛骨悚然。

如果说，成人世界的苦难、是非、因果只是小说的一条线索的话，作为对照，小说另一条线索则着力呈现了孩子世界的不幸。与成人相对，小说塑造了南瓜、胡萝卜、茄子、魔芋、包菜、毛豆、黎蒿和小藕等孩子的形象。这些十七八岁正在上学的孩子，长年坚持到福利院帮侯家婶做义工种菜。但青春期的孩子，面对社会、家庭以及成人世界的一切，陷入了困惑、迷茫和绝望。南瓜因为与小藕的早恋被胡叉叉发现，被关在家里，他幻想飞到空中，最后跳楼自杀。包菜因为被工头弄大了肚子，也陷入了深深的绝望，如果不是侯家婶劝说，她也许早已跳了汉江。胡萝卜、茄子、魔芋、毛豆、黎蒿和小藕等孩子也都面临着各自难解的问题，有的父母有外遇，有的被父母所弃，有的苦恼家庭的分裂，有的不满父母的所作所为，有的遭遇了情感和身体的困境。他们心地善良，对世界充满向往，但遗憾的是他们看到的却是生活的灰暗和丑恶，父辈的形象、道德伦理亲情、美好的生活都在他们面前崩溃了。他们很稚嫩，还无力对抗生活强加给他们的重压，他们得不到理解，看不到未来，只有深深的绝望。因此，"飞到天上去"就成了他们的梦想。南瓜飞了，小说结尾，侯小藕也爬到树上想"飞上天"。孩子的痛苦和绝望在某种意义上正是成人世界罪恶和丑陋带来的结果。当我们在为孩子们的命运扼腕叹息的时候，也实在无法平抑心中对成人世界的怀疑和愤怒，这怎能不让人想起鲁迅当年"救救孩子"的呐喊？

可以说，在《日落庄园》中，普玄以自己独特的视角对"老年人"和"孩子"这两个特殊社会阶层的生存状态和生命苦痛给予了特殊的观照与表现。这两个世界联结着人的青年和老年，普玄关注的是人如何老去、老了如何办、老了去哪里，以及年轻人如何面对社会、走向未来的问题，普玄对生命和死亡的表现与思考,既是对人道主义价值观的捍卫与弘扬,又是对自身人文主义情怀的坚守,其在对世界和人的态度上体现出了一种具有哲学意味的"非典型"性的人文关怀特质。他在小说中有着对现实的批判,但更多的是对人本身的关爱与理解。他的小说充满张力,爱与恨、善与恶、批判与颂扬、现实与理想交织在一起,既有坚硬的现实叙事,有着灰暗和苦难的呈现,又有着人性的呵护和情感的温暖。他怀疑、批判、否定、揭露,又温情而悲悯地维护着生命、人性、爱情、青春、友谊本身的高贵与尊严。他的小说叙事不是理念化的,高高在上的,而是口语化的、絮叨的、贴地的、紧扣人物内心世界的。他理解并心疼着笔下的每个人物,他笔下没有绝对的好人,也没有绝对的坏人,他们都是值得同情的个体。他的小说风格是现实的,但内在基调却是唯美的、抒情的。比如:"侯家奶奶正在压嫩南瓜芽子,她手里托着一只嫩南瓜,正在压土的时候,嫩南瓜突然从藤子上掉下来了,侯家奶奶听到喀嚓一下断裂的声音,从很远很远的地方传来的断裂声。""张白条走了,侯家婶翻身把嫩南瓜捧在手里,她想把摔破的嫩南瓜粘起来。多嫩的浆汁,多嫩的南瓜籽,黄黄白白的嫩丝,她用左手托着,右手在地上抓灰,嘴里朝灰上吐水。她一下一下粘,却怎么都粘不住。但是她半天吐不出唾沫,她的嘴巴早已经干了,已经没有了唾津。她对着夕阳念念有词。她求太阳老爷保佑南瓜平安。她希望自己的预感不要应验。她求太阳让她粘住这个嫩南瓜。粘住粘住。南瓜,南瓜孙子。粘住。"这是多么感人肺腑的文字,多么令人心痛的文字,其所传达的那种至爱至痛无疑使小说具有了令人回味的审美品格与情感质地。

普玄的长篇新作《逃跑的老板》则是一部颇有作家自己思想和艺术个性的长篇小说。虽然这部小说的题目我不太喜欢,感觉太直露了,缺少文学应有的含蓄与蕴藉,但普玄式的现实书写经验和血淋淋的真实感所带来的巨大冲击力却是今天的中国文学非常稀缺的。

一、故事性与现实性

《逃跑的老板》写的是一个民营企业老板逃债跑路的故事,小说以企业老板胖子陈四处逃跑躲避追债者的曲折经历和见闻感受结构全篇，并串联起挣扎与博弈于商场上的形形色色的人物，尤其是各行业各领域的老板形象，提供了一幅较为广阔的中国特定时期城乡特定阶层的时代画卷。

这是一部充满故事的小说，具有很强的趣味性和可读性。小说中的故事，以人物为依据来划分的话，包含着如下大故事：一个贫苦出身的农民子弟由读书、就业、拼搏、创业、成功至濒临破产，带着孩子躲债跑路的故事；一个军人家庭出身的少女因青春期叛逆离家出走、仗义帮助被音像市场老大欺侮的音像小摊主并与其共同创业、发达后被动吸毒、意欲回归家庭重新生活而不得，最终沦为一个陈白露式的歌厅妈咪的故事。大故事里又包含若干小故事：胖子陈的婚姻家庭故事；"老板们"的故事；自闭症儿子的故事；断臂妈咪的故事；岛蛮子的故事；等。如果以故事类型来划分，我们可以从《逃跑的老板》中看到改革小说、国企改制小说、反腐小说、商场小说、官场小说等类型因素，其中某些类似于黑幕、秘闻的通俗文学元素，更能引起普通读者的好奇和阅读兴趣。

但众所周知，故事仅仅是小说的一种初级形态，故事要成为小说、成为有真正的思想和艺术价值的文学尤其是现实主义文学，必须建立密切的内在逻辑关系，必须在人物、情节和自然社会环境之间建立起富有想象力和创造性的意义秩序。一个作家如何面对现实，如何思索和介入他所处的现实，如何以艺术的形式来表现他所处的时代，才是文学所要关心和处理的问题。在这方面，《逃跑的老板》做出了自己的努力并以文学的形式展现了其介入现实的力度。

小说以躲债老板胖子陈的跑路为主线，关联起形形色色的老板形象，如铁矿主王老板，酒厂的马厂长，地产的门老板、汪老板，贩钢材的牟老板，等。这些人物各有各的故事，这些故事往往由一些隐秘的惊心动魄的事件构成，猎奇性和趣味性很强，但也很容易因故事／事件难与人言的隐秘性，流于"奇闻"或"景观"的存在。仅仅以胖子陈的跑路为"见证奇迹"的叙事契机，将现实以"景观""奇闻"的形式植入叙事，无疑是一种颇为省劲的策略，但现实却会在"奇闻""景观"的连缀和铺排中变形甚至流失,剩下的只是现实的躯壳或似是而非的影子,与有着自身内在规定性和逻辑性的现实形似而神异、貌合而神离。严格地说,这是远离真正现实主义精神的非现实主义或反现实主义。

《逃跑的老板》中,胖子陈一路奔走,寻找能够收留自己的人——这些人多是他昔日在生意场上结识的朋友,其中还有自己曾经收留过的逃债者。小说在处理逃跑者胖子陈和收留者的关系时,让两者之间在"现实"的深层发生交流、碰撞和互动,并让这种关系遵从"现实"的规定性和切实的社会逻辑性。小说甚至让胖子陈介入有利害关系的收留者之间(如门里虫老板与稻草人行长之间、牟老板与光头老金之间),从而在逃跑者与收留者之间建构起一个具有真正现实性、社会性的可进行社会学经济学分析的空间。从叙事上看,这些曾经或当下的老板们的故事,在小说中并不是以"景观""传闻"的形态存在的,也不是由主人公勾连起来的现实碎片或片段的拼贴。

小说不仅讲故事,更注重揭示"故事"的内在发生机制:贪污腐败、官商勾结、权钱交易、权色交易、欺行霸市、恃强凌弱等。胖子陈的文化公司本已完全具备与国有企业钢铁集团公司合资的资质,却因钢铁集团公司董事长的私欲膨胀、贪得无厌,不仅合资失败,更"莫须有"地引来了国企纪委办案人员、地方司法和税务人员的调查。尽管在调查过程中,胖子陈反复陈说合资事宜及相关企业中的违法行为,办案者却置若罔闻,终致农业生产基地杂草丛生、大面积抛荒。同样荒诞的是酒厂马厂长的遭遇。在国企改制过程中,马厂长和董事长周某先是密谋算计,合谋将国有资产盗为己有,后周某意欲独占资产,导致二人合作破裂,刀兵相见,周某在省城搬动司法办案,将马厂长打入牢狱。而被周某独占的酒厂也在其家族式管理方式和不高的管理能力之下,陷入生产和营销困境。胖子陈的两个朋友门里虫与稻草人,从一个来自乡村的建筑小工和一个乡镇储蓄所主任,做到襄江市首富、地产老板和城市银行行长。两人也从就着面条喝酒盟誓、情同兄弟到拔刀相见、你死我活,曾经相互支持、以命相托的兄弟因为股份和分钱问题而闹得鱼死网破、满城风雨。岛蛮子,一个对流行音乐元素敏感有悟性的年轻人,一个有品位的小音像摊子的摊主,曾经怀抱将全市音像市场带到全国一流水平的抱负,但当他打败市音像市场老大并取而代之后,却失去了目标。一个曾经为梦想而奔波、以弱胜强的英雄堕落为一个欺侮弱小的吸毒贩毒者。其他如催债公司头目、黑道人物丁直眼,从当年县里的高考状元沦为黑道中人,一个靠非法拘禁讨债的公司头目;还有那位在语言培训中心弄丢了自闭症儿子并身处困境和绝境的不知名的妈妈,她始终陷于他人质疑的眼光之中,并为持久的愧疚所纠缠。几乎所有人物都不同程度地沦陷于困境或苦难之中,经历着他们相同而又不同的辛酸、困苦或表面风光内里窘迫的人生,尤其是对于胖子陈、自闭症儿子、断臂妈妈来说,生活已经破裂,他们独自承受着无家可归、无处可逃、无所归依的后果。这是《逃跑的老板》所揭示的现实,粗鄙、坚硬、冷酷,充满无法躲避的命运感和令人哑然无语的荒诞感。

文学是处理"实然生活"与"应然生活"之关系问题的艺术。《逃跑的老板》在客观呈现"实然生活"的同时,也包含并传达了对"应然生活"的期许和希冀。曾经叱咤风云的改革家马厂长,在身陷囹圄之后,回顾自己初到酒厂时与老职工老营销员共同生产奔波的艰苦创业的道路,开始反思"一个人"与"社员"的关系,"过人的气力"和"虚空""静"的关系,"公"与"私"的关系。他终于抛弃一己之私,而真正地将个人的喜怒哀乐与酒厂和"社员"建立了血脉联系。而他对胖子陈及其儿子的关切和叮嘱,既出于患难与共的兄弟般的情谊,也显示着一个人从沉沦者、躲债者到醒悟者的深层复归。即便是对并不占有太多篇幅的人物,作者也给予了同情与理解,如老金。曾经的老板、破产之后沦为诈骗犯的老金,自知"早该死了",却为了不让自己成绩优秀的儿子丧失希望,彻底沉沦,而"坚持熬一熬拼一下",不惜在牟老板和他人面前自轻自贱、忍辱负重,自扇耳光。同样,小说所说的胖子陈的逃债,并非永远消失的跑路,而是争取时间找个"说理的地方"。在逃跑的过程中,除了思考生意失败的原因和如何东山再起外,胖子陈不同于一般失败跑路者之处在于,他也在思考自己支离破碎的婚姻和千疮百孔的人生。因为担心讨债者绑架儿子,他一路带着病儿子,既是逃亡又是带他到上海去看病。作者将主人公的逃亡过程,深刻地表现为一个心灵遭受煎熬的过程,一个父与子心灵碰撞交流的过程和一个人思考和成长的过程。

正如布斯所说:"当给予人类活动以形式来创造一部艺术作品时,创造的形式绝不可能与人类意义相分离,只要有人活动,它就隐含在其中。"小说艺术形式的创造、人类的审美活动,始终或明或暗地与意义、价值,与作家的伦理观念、道德意识和价值选择联系在一起。文学或文学性始终关联着更广阔更丰厚的意义世界和价值世界。

二、苦难意识与敞开的文学性

"苦难"是反复出现于《逃跑的老板》的一个语词,也是进入小说的一个关键词。"苦难"体现着作者对现实生活的一种根本性认知和判断。小说以胖子陈、他的自闭症儿子和断臂妈妈为核心,通过对苦难经历和体验的反复书写,揭示造成苦难的社会的、体制的、心理的根源,展示人对苦难的体味、忍受、反思和隐忍的抵抗。胖子陈和自闭症儿子深陷躲债卖房、家破逃亡的悲惨境地,这并非个人的道德、智慧和能力问题所导致的,而是时代、社会和体制使然。因此,小说的苦难叙事有着社会现实批判色彩和某种意识形态内涵。这一批判指向,体现了作者正视苦难,并试图从社会政治、经济体制、伦理道德等层面思考其根源的努力。

但值得注意的另一现象是,"苦难"更频繁地出现是在小说后半部分,第一次出现则是在第二部"烟雾和地图"中断臂妈妈对胖子陈的描述,"后来她才知道,他从小没有母亲,父亲另外娶人后也不管他,他很早就一个人在社会上混。他的苦难都像烟雾一样罩在他的身上"。由此开始小说叙事,前半部分关于胖子陈和"老板"们的叙述让位于胖子陈父子之间和胖子陈与断臂妈妈之间的情感纠葛,前半部分对外在社会性因素的侧重被后半部分对伦理性、情感性因素的侧重所替换。小说前后两部分叙事由"外"向"内",由"他"向"我",由"客观"向"主观"、由"事"到"人",由"社会""体制"向

"心理""情感"的倾斜，意味着小说对"问题""困境"的社会学探究转移到了对"苦难"意识的自觉体味和对造成苦难之根源的寻找——小说在此问题上颇费笔墨，涉及了诸如家族遗传基因，个人性格懦弱、缺乏狼性等问题。这样的叙事安排是否好，或可见仁见智，但有一点是我们的文学写作应该充分珍视的，那就是文学的"真"。文学的"真"包括外部的现实与生活之真和内在的心灵、情感之真，小说前半部分用力于外部之真，后半部分相对侧重于内部之真，都是值得称道的。

从这个意义上说，小说叙事的偏移似乎昭示着作者对灵魂之神髓与精神之混沌的探究——对"苦难"难以释怀的深味和苦思冥想，作为一种更高的更本质的心灵真实，以象征、暗示也即文学的形式予以表现。生存的压力、生活的波折、情感的挫折、事业的挫败，既造就了选择的困境，也造就了选择的决绝。小说写出生活的真实、生命的真实，也就产生了文学的真实性的力量。

我在谈"'底层文学'热"时，曾特别谈到其中存在的"以'文学的名义'进行的对文学的歪曲与遮蔽"，"'底层文学'也好，'打工文学'也好，都只有在'文学'的层面上才有意义。它不是因为我们的同情、怜悯、特别关照或降低门槛而进入文学领地的，而是因为本身就具有文学的品质"，"实际上，对于'底层文学'来说，真正有价值的是那种源自切身生命体验与精神冲动的原生态、自然、粗犷、野性的文学性，这对于那种长期以来被各种文学观念、文学教条、政治与道德说教所反复修饰、污染过的文学性而言，无疑是清新、原始而有力量的"。虽然《逃跑的老板》并非狭义上的"底层文学"，但这个观点同样适用于对普玄小说的评价。尽管小说没有写失地农民、进城打工者、下岗职工等草根阶层、弱势群体，而是写了常人眼里的"成功人士""中产阶级""富人"，但小说对这个阶层在中国社会经济政治结构中的生存状态、心理状态的表现，是简洁而有力的，也是沉重和厚重的，有一种源自生活本身的复杂性的力量和源自生命本身的深切体验。小说借助"故事"对"问题"进行揭发，借助"人"对"生命""苦难"进行发掘，这是作者提供给我们的"文学性"财富。

作为一部现实主义小说,《逃跑的老板》塑造了个性鲜明、情态各异的人物形象,其对处于特定社会关系、利益格局和权力场域中的"老板"形象的塑造,是小说的一个富有新意和个性的文学贡献。作家塑造这些形象时,摆脱了正面人物或反面人物的二元对立模式和脸谱化概念化套路,深入具有深度的现实本身和复杂的人性,展示处于权力和利益逻辑中的"人"的位置、处境和心理,既以典型的形式写出隐含在"现实"中的普遍性,又以"文学表现"的自觉将自我、现实和世界作为他者加以审视和超越。

作者通过小说告诉我们,现实是混沌的、复杂的,但正是这种复杂性反向激发了人作为生命存在的超越意志,同时,这种混沌性也孕育着多种可能性——从异化到回归的可能,如马厂长;从沉沦到拯救的可能,如断臂妈咪。这里不得不提的是一个极具文学性的情节:地产汪老板就像蚊虫一般,飞度了劫难之海。蚊虫之所以能飞过大海,凭借的是蚊虫的决心、智慧和自己飞达的高度。现实如此,文学之现实性的获得如此,现实之文学性的获得及达到一定的高度亦是如此。它们都需要智慧、视界和精神、心胸。世界打开视界,视界也同时打开你的世界,文学性,则是世界和视界的双重打开,从根本上讲,文学性意味着对世界、人和语词、形式的有多种可能性的尝试和冒险,可以产生无限可能性。

如上所述,胖子陈是小说的主人公,其余众多人物都以他为中心线索展开自己的故事,他的躲债跑路构成小说的中心情节线索,他与儿子、与断臂妈咪的情感关系是小说的重要内容,也是小说中最打动人心的部分。但在他所处的现实中,胖子陈却不是中心人物,他只是一个惶惶然无家可归者,一个合资失败、濒临破产的小企业老板,虽然他有自己的名字——陈三酉,但他只是也只能是胖子陈,人们总是有意无意地遗忘了他的真名,甚至在他儿子那里,他也只是"胖子陈"。

不仅主人公如此,他儿子的姓名陈门栓,歌厅女老板玮玮的姓名,也不以姓名出现,而出之以更为直观的形体生理特征或泛泛的职业身份,他们是

"董事长""门里虫""稻草人行长""岛蛮子""汪老板""王老板""马厂长"。小说人物的这种"无名""失名"状态，显然有悖于长篇小说人物命名的通常做法，作者是在告诉我们，面对当下的现实，传统现实主义文学典型化方法的"失效"吗？在强大的现实面前，人还能否保持现实主义文学中那种典型的完满和圆融度？正如胖子陈、断臂妈咪、稻草人行长们被动无奈、狼狈不堪的生活状态和生命状态一样，当人被自己的欲望所捆绑或沦为规则与潜规则结构中的一个环节时，他们还是一个有目的有意义有信仰的充实饱满的存在吗？在我看来，胖子陈这一人物形象的"无名""失名"，意味着现实——无论是现实本身，还是人物形象所处的文学现实，并不是以他为中心的，他周围的人物——更准确地说，由他所关联着的那些人物，和他一起，共同代表了一种不可化约的现实和人性本身的复杂性。小说所探究的这种复杂性驳杂性，正与现实本身的状态形成了别有意味的互文和镜像关系。

同时，这部小说在开篇和每一章的开头都征引厄普代克的《兔子，跑吧》中的一段话，构成文本层面上的"互文"。这些引用分别涉及"不放弃的抗争""惶恐中轻盈的奔跑""没有目的和信仰的生活中，精神的扭曲和欲望耗尽的空虚""作为奇特而美妙的天赋的生命"等哲思性命题。作者在追求这些命题与人物生活状态、灵魂状态与生命意志的隐秘契合。此外，《逃跑的老板》以一个普通人的命运为线索，揭示当下现实中人的生存处境与命运走向的写法；运用内心独白和叙述视角的转换营造叙述的模糊性，剖析人物心理、灵魂以求全面把握人物内心的手法；在故事情节推进过程中，插入简短的概括性回忆，以补叙人物历史、调整叙事节奏、丰富叙事韵律的做法，都与厄普代克的小说有相通或呼应之处。

《逃跑的老板》在艺术手法的运用上也有自己的个性特色，较为突出的是意象、象征、感觉及通感等的运用。如榆树是胖子陈老家村子生长得最多的树，也是小说中出现得较多的意象，其意义和作用是多重的。榆树代表着主人公对家乡和少年时代的记忆，时时将叙述拉回过往，形成过去和现在、乡村与城市、舒缓的生活与生命状态与急躁烦躁的生活与生命状态的对照。小说开始写到胖子陈丢了儿子之后，情急之中看到上海街上的灯光像榆树被点着火熊熊燃烧的幻觉，和他对少年时代两次榆树着火的回忆，就因兼容幻想、联想和对照，而使得主人公焦躁的心理、慌乱的情绪和对生活的混乱的感受，得到了令人印象极为深刻的文学表达。同时，榆树也是人的生命映像——它木质较为疏松，生命却长久坚韧。再如小说多次写到胖子陈和自闭症儿子的对"甜"的敏感嗅觉，后者还能闻到门里虫身上那种混合着铁锈和寒冷的兵器味道，能闻到财神赵公明身上那根铁鞭的铁锈味。他凭借自己惊人的嗅觉，连续两次抓住黄鼠狼，并能闻到人之将死的气味，预知人的死亡等。这些读来颇为神秘和有趣的内容，作为小说中更为广阔的现实的组成部分，以隐喻或象征的方式，借助反复出现的情节和细节，按照文学自身的规律和规则开启了现实的多种可能。

如果我们不对现实做先验的观念化的理解，现实就会呈现出令人意想不到的混沌性和可能性。同样，如果我们不对文学性做偏狭的理解，而是将作家的精神境界、人格境界和高远的文学品味自然地容纳于其中，那么，文学包括现实主义文学就是葆有无限生机和前景的，是有深度、力度和无限可能性的文学。这样的文学，这样的文学性，拥有重新发现现实、重新发现文学本身的强大力量。无疑，我们需要这样的文学，这样的文学性。

《穿心莲》当爱已成往事

《穿心莲》堪称一部女性的成长小说,其对现时代女性的心理、精神历程的挖掘与呈现,既承续了『五四』以来近一个世纪中国女性小说的传统,又开辟了关于女性问题思考的新视角与新空间。

我一直很喜欢潘向黎的中、短篇小说,她的《十年杯》《白水青菜》《永远的谢秋娘》等堪称当代小说中的精品。其对现代女性情感与人性隐痛的细腻表现、对生活中某些稍纵即逝的情绪的捕捉、对各种生活与人生哲理感伤而不失幽默的表达,再加上对语言的特殊敏感以及源于女性又超越女性的叙事气质,都使她的小说具有很独特的情感与艺术力量。这一切,在她的第一部长篇小说《穿心莲》中同样得到了很好的呈现。

《穿心莲》堪称一部女性的成长小说,其对现时代女性的心理、精神历程的挖掘与呈现,既承续了"五四"以来近一个世纪中国女性小说的传统,又开辟了关于女性问题思考的新视角与新空间。关于"五四"时期的女性解放,在"冲出旧家庭""爱情自由""婚姻自由"等口号之外,鲁迅曾冷静地提出了"娜拉走后怎样"的疑问,并通过《伤逝》中子君的悲剧命运提出了"经济独立"的命题。新时期以后,女性解放的话题在当代小说中则经由"爱的权力"的呼唤发展到了"身体解放""欲望解放"的层面,其间各种女权主义、女性主义思潮起到了推波助澜的作用。如果说,一个世纪以来的女性写作更多的是一种"政治性"的写作的话,那么,今天我们会发现,当许多"政治性"的问题解决之后,女性的问题似乎并未迎刃而解。女性各个层次的"解放"都实现了,经济也独立了,女性却似乎陷入了更大的困境。《穿心莲》就是这样一部超越了"政治性"视角的女性小说文本,它是回到女性情感结构、人性结构本身对女性精神史和成长史的探究,是回到女性生命起点和精神源点对新女性情感困境的解剖。

小说的主人公申兰(深蓝)是一位卓有成就的作家,是一位高级知识分子,也是一位情感问题专家,并常以"知心姐姐"和"爱无痕"的名义为各种有情感问题的女性答疑解惑、指点迷津。用她自己的话说,"其实我是很正常的人,正常到有点乏味。我日落则作,日出而息,每天作息规律,我一日三餐，虽然素着一张脸，但每天沐浴，长发滑爽清香，除了每天无限量的咖啡，我甚至没有任何坏习惯"。"之所以选择写作，是因为我无法在任何一个地方工作超过两年。如果不是因为写作，我到今天已经不知道换了多少工作了。写作就像一个好丈夫，终止了我在无数可能之间的流浪甚至放荡。""我都是晚上十点以后开始写，那时候周围渐渐安静，而我的脑子开始从混沌走向清晰，有如大雨过后的天空，不，像没有一丝波纹的水面，生活里的一切都投影在上面，纤毫毕现。"同时，她也是一位高度独立的女性，更重要的是她还拥有属于自己的"房子"，正如她所渴求的那样："我一定要有一个自己的家。让我自己是那个小城堡的唯一主人。而且不要让一个男人进来，男人总是习惯于主宰，习惯于命令，他们不知道如何理解女人，如何善待女人。"然而，就是这样一位成功的女性，在情感领域却是一位失败者和怀疑者，是一个不折不扣的"宅女"与"剩女"，"虽然已经29岁了，但是我还是单身。单身，不仅使不上班的梦想变成现实，而且压力也减轻到最低限度，因为不需要对任何人负责，也不需要解释"。她可以在小说、信件中大谈爱情问题，在现实生活中却对爱情婚姻甚至男性充满绝望，如她自己所说，"我的心里有一条标语：警惕男人！""如果你说，你只对我一个人好，那要吓坏我了，我肯定跑得比兔子还快。我不要人家对我专一，也不要人家对我负责。我一听这两个词就头疼，以前多少男人被我赶走，就是因为他们动不动就要对我负责。我是个成人，我对我自己负责，我干吗要别人来负责？一旦进入那种一对一的关系，剩下的就是猜疑、伤害和背弃、厌倦了。正经一点的说法是：把自己的心放在别人的手上，那种风险太大，大到可以和在爱里合而为一的诱惑抗衡。""这年头，被辜负的都是真心的人，因为谁也不可能去辜负一个不真心的人，更不可能辜负一个没有心的人。所以，爱就是身不由己飞蛾扑火，是天下第一件傻事，聪明人是不干的。"申兰仿佛一个爱情领域的得道高僧，早已看透爱情的本质和男性的本质，她是如何做到这一点的呢？小说从两个层面进行了揭示：

其一，她父母的爱情悲剧。申兰从小就生活在父母爱情失败的阴影里，对母亲的怜惜和对父亲的怨恨在她的情感世界里占有很大的比重。"我父亲刻板武断,头脑聪明助长了他的自以为是,而且天生的大男子主义,觉得女人就是比男人矮一头,所以母亲就应该围着他转,累死累活伺候他是应该的,经常为伺候不周而训斥她,哪怕她也是大学毕业,有一份体面的工作——从特级教师一直当到中学校长,而他倒是怀才不遇,在机关里做了一辈子,连一个正处级都没有升上。""父亲是农民的后代,小时候受穷受惊吓,长大了又经历那么多运动和压抑,他其实不知道正常的生活是什么样的,正常的人是什么样的。他在家里像一个阴郁的暴君。妈妈和我,像他统治的奴隶。"可以说,正是父母的婚姻这剂"毒药"使主人公对爱情婚姻有了绝望感与恐惧感:"我无数次在心里发誓,长大了我绝对不要结婚。就是不要结婚。我不让任何人有可能这样对待我,哪怕这种可能是百分之一,我也决不允许。我也不要生小孩,因为我不想像妈妈这样,自己痛苦的时候,还对孩子内疚。"

其二,她个人失败的爱情史。主人公本来以为,爱情会是一剂治愈其因父母的不幸爱情而来的创伤的"解药",但没想到她遭遇的仍是一剂又一剂的"毒药"。先是失败的初恋,"初恋是我想摆脱毒药的第一帖解药,但是我身上的毒反而更厉害了"。后是木耳的"花心"——木耳本来是一个爱情的拯救者,他使主人公真正变成了女人,但他的背叛制造的是更深刻的绝望:"男人就是这样,如果他爱你,你的手划破一个小口子他也会心疼半天,让你恨不得多流一点血;可是一旦不爱你,你就是放弃了性命变成了一具冰凉的尸体,他也不会怜惜,更不会忏悔,只会觉得你愚蠢,不可理喻。我对他就像过了期的电影票一样毫无价值,也像落到地上的雨水,除了惹人厌烦再没有任何意义。"为此主人公发誓:"我再也不要恋爱了。我不要再忍受。那种痛楚和悲哀,那种因为最爱的人难以置信的变化带来的对人性最深的怀疑,那种坍塌和坠落,孤单和绝望,永远都不可能治愈,只能说正在经历或者经历过,如此而已。"她相信,"我的心死了,然后,我的肉身得到了拯救,我不想死了,因为没有必要"。再后来是同居男友薄荷的"离去"。其实与薄荷的"同居"对主人公来说已与爱情无关,"我的爱,是不可再生资源,消耗了就减少,现在我爱的能量似乎耗尽了,而且我此后短短的几十年里,不可能再产生出来了"。"我不爱谁,我只怜悯。因为所有的人,其实都是可怜的。有的男人如果停止怜悯,我就会对他们生出恨意,因为他们明明有能力让这个世界更有生机更有温度,但是他们总是不去那么努力。""哀莫大于心死,这样,就可以心如死水地过下去,无欲无求,无是无非,成为金刚不坏之身。"也正是与薄荷的平静的"同居"与平静的分手让主人公更清楚地反思了爱情的本质:"恋爱,我是知道怎么回事的。青涩的时候,恋爱是走着走着,突然咕咚一声掉进了一个大坑,好不容易掉到底了,却怎么都爬不出去。你甚至没有机会看清那让你掉下去的是个什么人,不,是不知道那是个人,还是一只如假包换、永远变不成王子的青蛙。后来,恋爱是你好好地走着,突然一张大网从天而降,把你劈头盖脑地整个裹进去,而且它是透明的,别人看你好好的,没有人知道你在网里挣扎得多么辛苦,等到挣脱出来,整个人已经生生被蜕了一层皮,要疼上很久很久,你还不可以哭,否则会成为全世界的笑柄。再后来,我渐渐变得明哲保身,知道爱情不是人生的唯一的意义,知道在爱情里那让你笑的,迟早会让你哭,而且当初笑得越甜,后来的眼泪越苦。"

然而,就在申兰已经心如止水的时候,就在她的主体已自觉和强大到足以对男性和爱情说"不"的时候,爱情却以不可思议的方式重新进入了她的生活。生活就是这么充满悖论,一个自己的情感问题都解决不了的人偏偏要做别人的精神导师,一个理性上对爱情充满绝望的人却时刻可能被爱情迷惑与麻醉。申兰就是这样,出版社关于《深蓝手册》的一个出版创意,一次海边小岛的神秘之旅,与已婚男人漆玄青的一个共同的邮箱以及一次次非经意地碰撞,把申兰爱情的死灰又点燃了。尽管她在内心一次一次地克制与逃避,尽管她在理性上一次次告诫自己:"这么多年,再落魄再孤单,我没有和已婚的男人有任何瓜葛,我想就是一辈子嫁不出去,我也不要和别人的丈夫拉拉扯扯。这和道德无关,为了爱情,我可以把自尊心放在口袋里,但是不能踩在脚底下。如果和已婚男人拉拉扯扯,我自己都会觉得像个小偷,随时心虚,觉得有一个女人有权力劈头打我一个耳光,或者把一杯水倒到我头上。那样对我这种只剩可怜的自尊心的女人来说，就是人生的尽头，世界的末日。只要一息尚存，只要没有发疯，任何一个人都不会自取灭亡，我当然也不会。""男女之间，只要心动了，就像钟摆一样在幸福和灾难之间来回摆动，只要不动心，就算山崩地裂水倒流，改朝换代天下乱，都是平安无事的。所以，不论他喜不喜欢我，我是不会动心的。"但所有的一切都无济于事，她再次陷入爱的泥塘不能自拔。不幸的是，漆玄青老婆的自杀以及漆玄青的失踪，再次让这段爱情失去了未来。仿佛命中注定，申兰的爱情就像她的小说一样"总是在开头"，不能正常结局。不过，与前几次失败的爱情不同，申兰从这次失败中收获的不是绝望，也不仅是漆小雨的友谊，而是自我的发现与升华，是对爱情的一次否定之否定的认识，是自我的重新苏醒，是唯美与诗意的感悟。她坚定地说，"没有自由的爱，没有爱的自由，我都不要"。恰如那一树梨花，申兰在最后时刻心无旁骛、璀璨地开放了。"人生的许多感情，就像去掉了莲心的穿心莲子，你可以一直珍藏着，但不能指望它真的发芽"，但经过了这段爱情，当小说最后申兰对漆玄青的背影发出"欢迎你回来"的呢喃时，谁又能说"穿心莲"不会发芽呢？

从艺术上说，《穿心莲》对女性情感与心理的开掘采取的是多声部的复调结构，与申兰的情感史相呼应，还有着多重文本的穿插。这些多重文本包括小说中的小说，如《等红灯时谁在微笑》《白石清泉公寓》《紫苏的味道》等，还有小说中的"情书"，小说中的"回信"等。这些文本与申兰的故事构成了在真实与虚构、形而上与形而下之间互相阐释、互为补充的"互文"关系，从而拓宽了小说探讨女性情感与心理问题的维度与视角，使得小说具有了从个人性与特殊性上升到普遍性与时代性的可能，极大地丰富了小说的蕴涵与思想。而小说的叙事风格介于古典与现代、浪漫与唯美、感伤与忧郁之间，灵性华丽的文字，收放自如的情绪，信手拈来的感悟与哲思，都使小说呈现出一种特殊的魅力。我相信，在新生代女作家的作品中，潘向黎的《穿心莲》是一部值得重视的优秀女性小说。

《莉莉姨妈的细小南方》
大时代的『小生活』*

《莉莉姨妈的细小南方》表现的是大时代的『小生活』，在大时代的布幕上，作家注视的恰恰是生活和时代的『小细节』，这种注视使得历史／时代完全内心化与精神化了。小说的时间跨度其实是很大的，它涵盖了从20世纪50年代到21世纪头十年的中国社会生活，从激情而狂热的红色生活经验到商品经济大潮中的人生百态，小说都有涉及。

---

* 本文为教育部哲学社会科学研究重大课题攻关资助项目《中国当代文学批评史》中期成果，项目批准号：10JZD0010。

历史／时代与人的关系是文学作品惯常的母题，历史／时代的不可抗拒以及人与历史／时代命运同步是大多数文学作品处理这一母题时的基本模式。对历史／时代主体性及其对人的命运支配性的强调常常使得某些文学作品给人一种"历史／时代"大于"个人"的感受，"历史／时代"成为文学的主角，而"人"反而成了配角。这当然没有什么不好，特别是对于某些具有现实主义品质的文学作品来说，这反映了作家对于历史／时代的观察的深度与广度，是文学力量的一种证明。但从另一方面来说，这样一种追求，在某种程度上又是对文学"超越性"的一种主动放弃，是文学过度粘着于现实的一种表现，也是对文学丰富的可能性的一种削弱。在这方面，朱文颖的长篇新作《莉莉姨妈的细小南方》呈现了一种全新的处理模式，它让我们看到了文学在处理历史／时代与人的关系时的一种更文学化、更人性化的可能性。在朱文颖的笔下，历史／时代不仅不是支配性的、绝对性的主体，甚至已经不是影响人物命运的"背景"。它当然仍然在人物的命运中发挥着作用，但对比于人物本身的那种强烈的主体性，对比于人物那种强大的内心生活和精神生活，对比于人物那种情感与精神的超越性，历史／时代已经成了一种"第二性"的可有可无的存在。

《莉莉姨妈的细小南方》表现的是大时代的"小生活"，在大时代的布幕上，作家注视的恰恰是生活和时代的"小细节"，这种注视使得历史／时代完全内心化与精神化了。小说的时间跨度其实是很大的，它涵盖了从20世纪50年代到21世纪头十年的中国社会生活，从激情而狂热的红色生活经验到商品经济大潮中的人生百态，小说都有涉及。但是小说的重心并不在于对这种历史／时代的变迁所带来的戏剧性进行展示，而是努力要呈现历史／时代之外的另外一种"生活"与"人生"。可以说，小说叙述的是"生活"之外的"生活"，"时代"之外的"时代"，"人生"之外的"人生"，而这种"生活"与

"人生"在绝对性的历史／时代叙事中常常是被遮蔽和忽略的。因此，小说的叙事动力不是来自历史／时代的戏剧性变迁，而来自被压抑在历史／时代边缘处的情感观、价值观、世界观与那种宏大的历史／时代的冲突。小说的故事情节围绕童家和潘家两个家庭而展开，这两个家庭的悲欢离合，既有着现实的故事，又有着传奇性的"前史"。其中有两个叙事元素特别引人注目，它们一是爱情，一是孤独。

先看前者。爱情传奇是整部小说的情节核心，就"前史"部分而言，童有源与王宝琴在上海滩的爱情，因为有着阔小姐与浪荡子的私奔等因素而充满传奇性；潘母与车夫的私奔以及历史、身份被隐瞒后与潘父的爱情也有着神秘的传奇气息。就现实而言，潘菊民与童莉莉的爱情、潘小倩与常德发的爱情以及童莉莉与吴光荣的爱情，都称得上"不谈爱情"时代的爱情传奇。这些爱情传奇背后隐含的人生态度、价值观以及生命、情感与思想内涵可以说都是与主流的历史／时代的前行路径背道而驰的。而恰恰是这种背道而驰使得"爱情"有了丰富的表现形态，也使得"爱情"隐现其中的历史／时代具有了温度和情感，具有了文学性和审美意义。童有源与王宝琴的爱情是一种爱到极点又恨到极点并由爱生恨的复杂的爱情。在"我"的眼里，外婆"一直是那副强忍悲伤的脸"。"'撕心裂肺'，这是一个可以同时用在外公和外婆身上的词。但与外公不同的是，我的外婆一辈子都在哭。她只是勉强挣扎着诉说了一次，然后就再也不说了。在心里哭。"而在童莉莉眼里，"她母亲一辈子最重要的两件事，就是爱她的父亲童有源，以及恨她的父亲童有源。""不管刮风还是雨雪，母亲王宝琴总是永远穿着深藏青色的衣服坐在那儿，没有人知道她在想什么，更没有人知道她是否在想念那个名叫童有源的人，那个有着闲散而修长身材的男人，那个无所事事的赌棍、嫖客，那个美雅之人……她直到死还爱着他。"这样的爱情有着爱恨交织、忠诚与背叛等复杂的情愫，有着刻骨铭心的疼痛，也有着感伤的悲剧的美感。潘母与潘父的爱情，则是平静优雅中隐含着风暴的爱情，潘母的历史真相是隐藏着还是被洞悉的？潘母的内心是分裂的还是安宁的？去教堂是对上帝的真实信仰，还是内心挣扎、忏悔与救赎的一种方式？在这个"花粉飘散般轻柔安静的家庭"，潘父与潘母的内心其实是包裹着的，也许直到潘母死去，他们才得到了真正的解脱。而对比于上一辈的爱情，莉莉姨妈们的爱情同样是病态而残缺的。童莉莉与潘菊民的爱情最初有着古典主义和浪漫主义的色彩，但潘菊民的迟滞不归造成了童莉莉永远的伤痛，恰如小说所写的："这个世界上有很多东西是无法解释的。比如说，吴光荣对童莉莉的爱；比如说，潘小倩对常德发的爱；又比如说，童莉莉对潘菊民的爱。除了无法解释的，剩下来那些就是能够解释的，比如说，有很长一段时间童莉莉一直觉得，潘菊民的爱和她的爱是同一种爱——但是，什么样的理由能让一个爱着的人不回来？让一个承诺过的人突然消失、音讯全无？而且是整整一年，还要再加上半个桃花盛开、柔肠寸断的春天？没有理由的，不存在理由的。即便有，也是需要非常漫长的解释的——那么，如果是这样，潘菊民的爱和她的爱就完全是两种爱。"她和吴光荣的分分离离其实都是潘菊民的背叛带来的后果。她对潘菊民长达几个月的追踪是她一生最辉煌的经历，也是她人生悲剧的缩影。潘小倩与常德发的爱情也是由浪漫狂热而最终走向毁灭的，潘小倩的霸道与常德发的胆怯形成对比，常德发怕潘小倩，"他怕她怕得恨不能马上转身逃走"。而潘小倩最后的"洁癖"与"厌食"则让我们看到了爱情由浪漫走向绝望后的沉重。"我"的爱情是"新时代"的爱情，作为童莉莉三妹的女儿，"我"同样是一个有着家族精神遗传的问题女性，"我"的人生观、价值观、世界观与前代人有了根本的不同，但对爱情的渴望在根本上是相通的。"对于黑暗我是个有着天生感知的孩子。我对美艳的罂粟没有欲望，但那种毒却早已在心里了。和亲爱的莉莉姨妈一样，和这个虚荣、做作的女人一样，我的深情和暴烈像毒一样埋在心里。毒液注满了我的身体，它们在里面奔涌、冲突、挣扎，它们是运河里掩埋千年早已腐烂的沉积淤泥。""我"有两次爱情的经历：一次是与秋先生，优雅的秋先生"孤独"的倾诉最终吓跑了"我"："我觉得他甚至有点眼泪汪汪的。很真诚。确实很真诚。但我不知道这种真诚和爱情有什么关系。我甚至不知道这种真诚和坐在他对面的我有什么关系。他那莫名其妙的忧郁、迷离、悲伤以及恍惚，这些莫名其妙的东西都不是把我和他拉近，而是活生生地扯远。越来越远。""让我觉得我只是他摆脱孤独的一种道具。"一次是与白先生，白先生旁敲侧击"我"是否是处女的行为击溃了"我"，它让"我"对新时代的浪漫主义、理想主义或封建主义、保守主义、古典主义的关系产生了深刻的怀疑，并进而对爱情本身产生了绝望感。

再看后者。小说中的人物，除了与时代精神高度同步、"我最大的梦想就是当一个管机器的工人"的吴光荣之外，几乎都是孤独者——小说对那些渴望热闹而不得的生活在生活之外的人的孤独感的表现可谓惊心动魄。在一个热闹的时代，孤独者其实就是被历史／时代甩下的人，是时代的"病人"。在童莉莉看来，他们全家都是"病人"。这种"病"当然是物理意义上的，比如，童有源有肺病，王宝琴有抑郁狂躁症，童莉莉有肾病，童莉莉的几个妹妹则有点弱智。但他们更多是精神和心灵层面的"病态"，"其实很早的时候她就知道了这一家都是疯子。充满了热情的疯子"。"为什么这一家人和周围绝大多数的那些是那样格格不入呢？和艰苦朴素、快乐健康的穷人格格不入，和生活窘迫拘谨、内心却按捺不住兴奋的穷人仍然格格不入……"这种疯狂和病态的源头是童有源。童有源是一个与时代和正常的生活格格不入的人，"他的一生奇怪而又神秘"。"新时代来了。新世界铺天盖地在四周、在全中国、在长江中下游平原、在阴雨不断然而又热气腾腾地伸展开来……然而，在这个刚刚来到的新世界里，她的父亲却像一个幽灵一样地晃悠着。他更像一个局外人。或者几乎可以这样说：他简直就不太像这个世界上的人。他要干什么呢？放着一个好好的家，放着一个美丽幽怨的女人和几个不知所措的孩子……他到底要干什么呢？""在童莉莉的记忆里，父亲似乎总是在路上。"他总是来去无常。"这个父亲总像是被什么东西藏起来了，或者他自己心甘情愿地把自己藏起来了，所以她几乎很少能见到他。"而在母亲王宝琴眼里，童有源更是一个不正常的人，他辞了职位，"他说他们管他，而他不能忍受没有自由的生活，所以就把职给辞了"。"他说他只想做一个废物。""乡下的那些地早被他卖了，我的那些钱也被他败得差不多了。读书人不像读书人的样子,生意人不像生意人的样子。他哪里像个做父亲的呢,他又哪里像个做丈夫的呢,他简直连个好好的人都完全不像。"在他生活的时代,童有源算得上一个"时代"的奢侈品和零余者,他对自由的向往,对浪漫的无拘无束的生活的向往,对流浪与行走的生活方式的热衷,都使他成了一个不折不扣的孤独者,并作为一种病毒影响了童莉莉们。童莉莉为因患有肾病不能融入外面火热的生活而苦恼,"她,年青而热情的童莉莉是多么希望挽起街上迎面走来的哪个人的手,汇入那浩浩荡荡的人流里面去。和大家在一起,和人民群众在一起,和大街小巷涌动着的那些简直无法解释的力量在一起——但是,那么多人从她身边兴高采烈地走过去了,他们的眼睛是明亮的,他们的歌声是嘹亮的,他们手里的红旗是鲜亮的,但是他们看都没有看她……""某种意义上,她是一个把革命与浪漫联系在一起的理想主义者。她没去过北京,但她向往北京。那个火红的、纯净的、轰轰烈烈的地方。然而,她又是这样一个理想主义者:她喜欢在蓝天下看鲜红的国旗迎风飘扬,却也喜欢在月圆之夜的梅树底下听父亲童有源吹箫。"她觉得,"孤独的人是可耻的。走在到处散落着小红纸屑的石板路上,这位名叫童莉莉的姑娘突然觉得,在这样一个欢欣鼓舞、人心振奋的春天,却得了绵延无期的肾病,同样也是可耻的"。"童莉莉总是独自一人。或者说,她总是觉得自己是独自一人。""她是一个人。她的这个奇怪的家庭造成了她只有独自一人。她为这种几乎强加在她身体上的孤独烦恼不已。"正如小说叙述者所说:"我忘了说了,那条夜航船驶过的大河对外公和莉莉姨妈的意义。他们都曾经疯狂地往返于河流之上。在夜航船破旧不堪、风雨零乱的航线上,他们经历着独自漫无边际长而黑暗的旅程。他们擦肩而过,彼此憎恨,敌视。在这个落日般腐朽的家族里,有很长时间,彼此的怨恨与折磨完全掩盖了那深水般配潜流的爱意。他们悲怆而倔强地独自挣扎。他们踽踽而行,完全看不到身边同样溺水的人。"正因为此,与潘菊民的爱情才成了她的救命稻草,她希望爱情能拯救她的孤独。第一次见潘菊民,莉莉姨妈就被潘菊民的一张唱片迷惑了,"重要的是对于童莉莉来说,对于那个名叫童有源的人的女儿来说,潘菊民放进留声机里的不仅仅是一张简单的唱片,而且更是一种令她既迷恋又痛恨的生活方式"。"潘菊民的到来点燃了她的希望,现在,她只有一个希望,她渴望一种力量,和另一个人(现在是潘菊民)一起,去和这个硬得让她心痛的世界对抗的力量。她要拉着他的手,就像她那连体婴儿般的父母亲那样。他们要在一起,死也要在一起。一起去争取胜利,一起去承受失败,而不论能成,还是不能成,这种手拉手的日子让她的生命有意义了。而生命一旦有了意义,孤独也就随之死去了。"只不过,潘菊民似乎并不是一个强大到能够拯救她的孤独的人,潘菊民不仅是一个孤独者,还是一个悲观主义者,"在淡淡的眩晕和深重的麻木之中,他感觉自己是个没有激情、没有温度的人。街上静悄悄的,但好像突然之间连空气都燃烧起来了,有人大声地说着话,还有人笑着跑了起来……潘菊民把头深深地埋在了被子里面,老天知道呵,街上的那些人们,他爱他们,他真的是爱他们,即便隔着被子,他听到闷声闷气的鞭炮声仍然感动得会哭……但他从来都没让人看到过。他就是这样了,他的世界已经崩溃了,光凭爱解决不了了"。这注定了潘菊民只能做一个逃跑者,而不是一个拯救者。一场逃跑与追逐的游戏既是对孤独的逃离,也是对生活和时代本身的一种逃离。他没有拯救潘莉莉的孤独,而是进一步放大了她的孤独。

《莉莉姨妈的细小南方》就这样以柔软的、女性化的叙事方式"重述"着历史,并通过对"爱情"与"孤独"两个主题词的诠释,让我们看到了一群大时代的"另类"生存者。他们作为坚硬的、枯燥的历史/时代一道异样的风景,使历史/时代变得饱满、丰富而有趣,使历史/时代具有了非同寻常的文学性和精神意味。莉莉姨妈无疑是一个具有特殊美感的典型文学形象,是朱文颖的审美观和历史观的象征,"我经常会在雨天的时候想起亲爱的莉莉姨妈,我外公外婆的长女。她就站在青石板路那棵最老的梧桐树下,背对着我们,腰肢处有着细微柔软的弧度。我的莉莉姨妈直到真正的老年降临时还有着少女般的动作和姿态,她的少女和老年时代没有真正的界线。她内心有一种奇怪的东西,谈不上好坏,难以论雅俗。正是它们,最终打败了她的年龄以及她脸上垂褶累累的皱纹"。"她那细高跟的鞋子发出的声音。清脆的,激越的,仿佛仍然在和什么东西赌着气。仿佛也在和自己赌着气。和自己以前没有坚持赌气下去的那一部分赌着气。这次再也不握手言和了。这次一定要再赌气下去。真的,她就是这样的。她摇摇晃晃走路、对着镜子美美地描摹口红的时候就是给人这样一种感觉。"她的形象撕破了历史／时代的坚固帷幕,证明了在任何时代都有可能存在另外的"生活",证明了个体生命自我选择的可能性与合法性,证明了忠于心灵和爱本身的价值观的美丽,如她自己所说:"真的,我觉得那三十几个像疯子一样没日没夜、没天没地的日子,它们突然美丽了起来,再次流动了起来,它们改变了模样,那几乎就是我生命里最充满力量也是最美好的时光。"

《南方》抽象地理学与具象伦理学

艾伟竭力避免自己笔下的人物向善恶的两极滑动,像杂技高手一样维系着一种扣人心弦的平衡。一方面,他想要向读者展示人性在欲望诱惑面前的失重,以及个体命运在时代碾压下的无力;另一方面,他又相信「并非一切坚固的东西都烟消云散了」,人终究是有伦理基点和道德底线的,在此基础上甚至还有更高层次的追求。

在中国当代新生代小说家中，艾伟无疑是创造力和思想力特别旺盛的一位。他不仅始终保持着稳定的创作节奏，一两年就能推出一部长篇小说，而且从不重复自己，每一部小说聚焦的都是令人读来深为震撼的现实问题、人性问题和伦理问题。其长篇新作《南方》就是又一部打上了鲜明的"艾伟印记"并具有特异思想和艺术品质的优秀作品。卡夫卡曾经在致朋友的信中提到："我们应该只读那些咬伤我们、刺痛我们的书。所谓书，必须是砍向我们内心冰封的大海的斧头。"在我看来，艾伟的《南方》就是可以咬伤、刺痛读者的"斧头"。和小说中罗忆苦的濒死体验一样，在阅读的过程中，一种"就像一块玻璃被砸碎，灵魂一下子在破碎处开出花朵"的通透感会贯穿我们的心灵。

一、抽象地理学

小说的名字叫作《南方》。一个指示方位的名词，是否是在暗示读者：这是一部与地理学有关的小说，或者说我们可以用"地理学"的方法去解读它？博尔赫斯有一个著名的短篇，名字也叫《南方》。"谁都知道里瓦达维亚的那一侧就是南方的开始。达尔曼常说那并非约定俗成，你穿过那条街道就进入一个比较古老踏实的世界。"（《杜撰集》）单凭这句话，你能理解博尔赫斯的"南方"究竟是什么吗？艾伟的"南方"同样暧昧不明。他笔下的故事大都是在一个叫作"永城"的地方展开的。根据作者自述，"永城"即"甬城"，也就是宁波。宁波通常被定义为一座"南方城市"，这似乎可以视为艾伟"南方"的一个坐标。然而，"南方"从来都是相对而言的。在小说中，罗忆苦和夏小恽私奔到广东，这里是"更南的南方"，而"本地人把这里当成唯一的南方"。将视域进一步放大，小说中出现的"南方"还有主人公流亡的西双版纳，以及他们想去却终究没能去成的传说般的香港。如果将这些地点在地图上——标明，几乎半个中国的版图都被纳入其中了，这个所谓的"南方"因此失焦了。

由此可见，用"具象地理学"的方式去解读《南方》，注定会误入歧途。艾伟为读者营造的，是一个只可意会不可言传的"抽象南方"。它被作者通过一些意象，甚至一些感觉描述出来，就像放映机投射在银幕上的光影，可见、可感，却永远不可触摸。

——这是一个炎热的地方，似乎永远都是夏天。扑面而来的是潮湿而沉闷的热风，你坐在那里都会被烤出一身汗水。炎热使人内心躁动，加速了荷尔蒙和肾上腺素的分泌，它们使人不能老老实实地安坐在房间里，而是需要争吵、斗殴、偷情、私奔，或是在更为堂皇的名义下掀起红旗如海、歌声高亢的革命运动。

——这是一个植物疯长的地方，田野上的墨绿透出旺盛的生命力，恰如人们内心深处蓬勃的欲望。这里的男孩女孩似乎都早熟，精力过剩，急于在收获季节来临之前便品尝禁果，甚至一发而不可收。而年龄的增长也束缚不了成年人的心智，由"欲望"编导的人间惨剧次第上演，触目惊心。

——这是一个与"水"有着剪不断、理还乱的关系的地方。在艾伟的大多数小说中，都流淌着一条名叫"永江"的大河，永城的居民世世代代在这条河边生活，它见证了无数的生老病死与悲欢离合。在《南方》中，水域除了永江，还有护城河。罗思甜死在永江中，罗忆苦的尸体则在护城河边被发现。而无论是罗家姐妹，还是夏小恽、肖长春、肖俊杰的命运，都早早地被那个漂荡在夏夜永江上的、承载着新生婴儿的洗澡桶决定了。

——这是一个水草生长得格外旺盛的地方，它植根于人们，特别是肖长春的心底，几乎成了一种"无意识"。当肖长春看到罗忆苦的尸体时，留下的第一印象是她有像水草一样散开的长发；在罗忆苦被火化时，肖长春闻到的是南方空气中常有的水草味，而且脑子里浮现出的也是荡漾的水草。水草荡漾的形象，是罗忆苦一生经历的缩影，也是"南方"居民乃至整个人类命运的象征。欲望洪流携裹之下的方向迷失、个体生命在时代波涛冲击面前的脆弱无力,定格于罗忆苦骨灰盒上镶嵌着的水草图案。

——这是一个各种气味混杂的地方,当然,这只有像杜天宝那样对气味敏感的人才能觉察:首先是水边的潮湿气息,它让空气变得滞重,宣示着一种湿漉漉的存在感;其次是江上的水草味、晒制鱼干的腥臭和西门街上的麦芽糖香气;再次,是车站广场上各种各样的食物的味道;此外,"连人们的汗水里都有一股甜腻腻的糖浆味"。各种气味挥发、交织,"南方"的日常生活在空中渐渐显影,并由此呈现出与"北方"不同的质地。

——这是一个雾气弥漫的地方,众多不可告人的隐秘事件在夜晚和清晨的雾气掩盖下被谋划和实施。雾气潮湿又略带清冷,恰如犯罪现场紧张而令人心悸的气氛;毛玻璃般的视觉效果,使原本就含混不清的"南方"愈发缥缈、迷蒙……

炎热、潮湿、欲望、水草、气味、迷雾,这六个词语,有的本身就是抽象的,有的虽然形象具体,却有着抽象的指向。在《南方》中,艾伟以"抽象地理学"的方式,用这六个关键词建构了属于自己的"南方"。然而,它坐标不明,边界模糊,其存在的意义还需要借助其他途径加以确认,而这一途径,便是"具象伦理学"。

二、具象伦理学

阿摩司·奥兹曾经借用契诃夫小说《带狗的女人》的情节来说明一个好的开头对于小说是多么重要:"几乎每个故事的开头都是一根骨头,用这根骨头逗引女人的狗,而那条狗又使你接近那个女人。"[①] 我相信艾伟不会不明白这个道理,因此,《南方》的开头便值得我们细细品味。"需要闭上眼睛,用尽所有的力气才能把过去找回来……那年爹的死他记得清清楚楚。"作者经由这段话提示我们,在这部叙事人称不断变化的小说中,以第三人称叙述的杜天宝的故事,其实质是"傻瓜/白痴"杜天宝对往事的个人回忆,它的时态应该是"过去时"。顺着这个思路去观察用第二人称叙述的肖长春的故事和

---

① [以色列]阿摩司·奥兹:《故事开始了》,杨振同译,2012年版,第3页。

用第一人称叙述的罗忆苦的故事,我们可以发现,在小说中,肖长春的故事基本上呈现为"现在时"或者"进行时"的形态,而罗忆苦由于"一天之前已经死了",成了一个鬼魂,因此可以超脱时间的限制,在"过去""现在"和"将来"(小说结尾曾提到罗忆苦的灵魂"能看到将来")之间任意穿梭。

叙事人称或叙事时态的频繁切换,不免让人联想到威廉·福克纳,而福克纳恰恰是艾伟最为心仪的小说大师。"我喜欢这个美国人……重读福克纳从来也不会令我失望,从某种意义上说,他的小说是可以当教科书的……他的视角经常变换,但从没让人感到混乱,在视角的变换中,他制造出一个时有矛盾的复杂的世界。福克纳在某些细部上相当繁复,但往往在关键处省略,非常大胆,根本不顾及读者是否看得懂。这种设置阅读障碍的方式,增加了他作品的神秘感,对那些喜欢挑战的读者来说,能带来智力上的愉悦感。"[1]而在福克纳的代表作《喧哗与骚动》中,"傻瓜/白痴"的自述、令人眼花缭乱的人称变换和时态交错是其最鲜明的风格,凌乱、分散、孤立的片段由此交织成了一幅相对完整的画面。在《南方》中,艾伟创造性地借鉴了福克纳的叙事技法,并且找到了最适合用这一技法来表现的内容,使丰满的躯体(内容与思想)和华美的衣服(形式与技巧)相得益彰。一桩渊源颇深、头绪复杂的杀人毁尸案,在作者精心谋划的叙事实验中不时闪现出神秘的微光,而这点点微光又常常会随着叙事视角或时态的变化而迅速变得晦暗不明,激发起读者更大的探秘热情。从这个意义上说,艾伟是在以一部悬疑形态的小说向福克纳致敬。

所有的犯罪问题都是伦理问题,即一个人的内心在不同情境下对道德和责任做出的选择,因此所有的悬疑小说都可以被视为伦理小说。由此出发,我们或许可以直达理解《南方》的核心,即对伦理的追问,亦即艾伟所说的探寻"向人物内心掘进的方向"。他曾将这一方向概括为"把人物内心最隐秘的部分转换成身体的感觉,把内心转换为外部冲突,转换为情节,从而对人的

---

[1] 艾伟、马季:《探求生存困境中伦理变迁》,《大家》2008年第3期。

外部行为作心理意义上的捕捉"[①],而我则更愿意将其称为"具象伦理学"。

在我看来,《南方》的众多人物形象中,肖长春最引人注目。这不仅是因为艾伟选择使用极为罕见的第二人称叙事的方式来讲述他的故事,从而赋予这一人物以重要的叙事学意义,还因为他的身上集中体现了作者多年来一以贯之的伦理观,爱、恨、善、仁、欲望、忠诚、节制等伦理学范畴被一一具象化,沉淀在肖长春的人生长河中。警察的身份使肖长春看上去是正义的化身,然而仔细思考他与其他人物之间的关系,我们便可发现,这并非一个毫无争议的正面形象。相反,几乎所有人的悲剧都与他有着直接或间接的关系,正如作者借罗忆苦之口告诉我们的,"他亲手把一切都毁掉了",而他的行为和心理也屡屡暗示他内心有沉重的负罪感。他直接导致了夏泽宗后半生的悲剧,后来又亲手造成了夏的死亡,尽管这两次选择的出发点都是善意的:第一次是为了让夏"弃暗投明",第二次则是为了减轻夏的痛苦。正因为如此,夏泽宗才成为肖长春的"心魔"。肖俊杰的死也是由肖长春造成的,而且比夏泽宗之死更令人痛心。父亲签署枪毙自己儿子的命令,这本身便是一场人间少有的悲剧,但这场悲剧又有着更为深远的历史根源:当年肖长春投身地下工作,导致周兰在后方对儿子的溺爱,进而造就了肖俊杰桀骜不羁的性格,而日后肖长春在家庭中的专制与暴虐,也在婚姻问题上为儿子的人生道路埋下了祸端。肖俊杰的死将母亲周兰刺激成了疯子,也造成了罗忆苦对肖长春的仇恨乃至报复……肖长春自始至终都处于一系列伦理困境之中。从他的身份出发,在其他作家的笔下,他极有可能被抽象化为意识形态的魅影或具象化为"专政机器"上的一枚螺丝钉,但艾伟并没有对其进行简单化的处理,而是将肖长春塑造成了一个有自己的信仰,也有世俗性价值判断与道德标准,有"圣人理想"和"英雄情结",也有凡人七情六欲的形象。巨大的心理张力使他始终处于焦虑之中。就职业操守而言,他不徇私情枪毙儿子肖俊杰、克服困难以一己之力侦破杀人毁尸案,甚至在极端年代从人性出发保护囚犯免遭非理性折磨,其行为几乎可以满足大众对一个好警察的所有想象,

---

① 艾伟、马季:《探求生存困境中伦理变迁》,《大家》2008年第3期。

然而儿子的死以及由此给家庭成员带来的梦魇也就成了他的"原罪"之一。就家庭关系而言，二十多年来他未曾抛弃发疯的结发妻子，以一个"模范丈夫"的形象示人，然而其内心深处亦有众多不可告人的秘密：甫一登场，他呈现给我们的居然是一个颇有情色意味的梦境；随着叙述的展开，读者能隐约觉察出他对自家保姆的暧昧感情；直至小说临近结尾处，他当初面对儿媳罗忆苦报复性的诱惑时心旌的摇动已经昭然若揭。但他又不是一个道貌岸然的伪君子，他的心理与行为并不可恨、可鄙，反倒是让人生出些许可怜、可叹之感。

不仅仅是肖长春，小说中罗思甜与罗忆苦兄妹、夏小恽、须南国、杨美丽等人物的行为，都可以视为伦理判断具象化的结果。在"具象伦理学"的显影作用下，"南方"这一"抽象地理"的底片逐渐现出活的色彩，其存在的意义也随之得到确认。

通过有分寸的叙述，艾伟竭力避免自己笔下的人物向善恶的两极滑动，像杂技高手一样维系着一种扣人心弦的平衡。一方面，他想要向读者展示人性在欲望诱惑面前的失重，以及个体命运在时代碾压下的无力；另一方面，他又相信"并非一切坚固的东西都烟消云散了"，人终究是有伦理基点和道德底线的，在此基础上甚至还有更高层次的追求。除了肖长春，作者在塑造小说中的其他人物形象时也力求达到这种平衡。例如，作为现代人，哪怕在多重生存困境中，也要矢志不渝地寻求突破的可能。就此而言，小说中反复出现的"降落伞"是一个非常重要的意象，它就像杜天宝"迷恋飞翔"一样，代表了人类对摆脱尘世滞重的渴望。艾伟的这一选择或许可以视为对当下文坛现状的一种反拨。毋庸讳言，的确有一些作家片面地理解了鲁迅"不惮以最坏的恶意来推测中国人"的说法，创造出不断突破"恶"之底线的人物。在他们构建的小说世界中，残酷的生活现实就像黑洞一样，吞噬着我们这个时代残存的人性光芒。但其实这一类作品更接近鲁迅定义的"黑幕小说"，很容易成为被诟病的对象。艾伟小说的高明之处就在于呈现出了一种悲剧精神，即对伦理底线的坚守，即使这种坚守是无意识的。

这个特点其实在艾伟的早期创作中就已成形，并成为他持续性的追求。在短篇小说《乡村电影》中，无论是被侮辱摧残的"四类分子"滕松，还是处于他对立面的"恶"的代表守仁，在观看朝鲜电影《卖花姑娘》的时候都"泪流满面""泣不成声"。在卡尔维诺那里，"使实体失去重量"的手段是幽默，艾伟则找到了属于自己途径——眼泪，《乡村电影》的结尾因此被汪政称赞为"由重而轻的典范"[①]。在日后的写作中，艾伟不断将这种"轻"与"重"的辩证法发扬光大，在最近几年的作品里更是"举重若轻"。尽管艾伟承认"写作的最大敌人是重复自己"，但是他也相信"有时候，写作者是有命的，有些写作者注定一辈子写一个母题，不管形式上如何变化，他还是在写那个他最感兴趣的主题"[②]。而这个母题在一定程度上，也与福克纳在诺贝尔文学奖颁奖演说中提及的"坚守"不谋而合——"我拒绝接受人类末日的说法，因为人是不朽的。人的不朽是因为他有灵魂，有使人类能够同情、牺牲、忍耐的灵魂。"

---

① 汪政：《轻逸诗人艾伟》，《当代作家评论》2003年第3期。
② 艾伟、马季：《探求生存困境中伦理变迁》，《大家》2008年第3期。

《山川记》为游荡在山川大地上的精灵立传

《山川记》以新中国成立五十多年中的重大历史事件——「土改运动」「反右运动」「浮夸风」「文化大革命」「推行土地联产承包」「大办乡镇（村办）企业」「倡导个人创业」为背景，以对桃花村三代人的不同命运际遇的书写为线索，以点带面地呈现了中国五十多年来的社会历史发展进程及在此过程中桃花村人心灵和思想的变迁过程。

王妹英是近年崛起于中国文坛的优秀青年作家之一,她的长篇小说《福满山》,中篇小说《一千个夜晚》等都因坚实的内容、特异的风格和个人化的品质而引起了广泛的关注与反响。而长篇新作《山川记》更是能代表其文学创作最新追求和最高水平的力作。在这部小说中,王妹英倾其全部的生活积累和人生经验,精心构撰,所"记"不仅是"山川",还有"历史""心灵"和"风俗"。几代山区农民的生活史、情感史、心灵史,以及大历史裹挟下个体命运的隐痛与挣扎在小说中都得到了原生态的鲜活呈现。那些在中国西部山川大地上演的悲喜剧,那些游荡在山谷间或粗粝、或细腻、或卑微、或深邃的灵魂令人感动而震撼。小说意蕴深厚而复杂,乡土民间的情感伦理、政治伦理、道德伦理、权力欲望等相互交织,呈现出多元而饱满的人性景观与思想景观。

一、记录时代,反思历史

《山川记》以新中国成立五十多年中的重大历史事件——"土改运动""反右运动""浮夸风""文化大革命""推行土地联产承包""大办乡镇(村办)企业""倡导个人创业"为背景,以对桃花村三代人的不同命运际遇的书写为线索,以点带面地呈现了中国五十多年来的社会历史发展进程及在此过程中桃花村人心灵和思想的变迁过程。首先,小说通过对二喜一家发家致富历程的详细描写,展现了桃花村人在新时代里的精神风貌。二喜一家从一贫如洗,到成为桃花村首个"万元户",再到成为首个村办企业的承包者、经营者,其物质财富的积累与发展和整个改革开放的历史步调是高度一致的。而且,二喜的精神世界并没有随财富的增加被金钱所物化,而是成为反哺村民、帮弱助残的乡村慈善家。他在村里盖起了养老院,老人们在此安度晚年,其乐融融。可以说,二喜的创业过程及其慈善行为传递了一种温暖人心、催人奋进的正能量。其次,小说除了展现桃花村人思想上由旧趋新、物质上由穷到富的发展历程外,还对历史上曾经发生过的违反发展规律、脱离生活实际、有悖人情人性的政治运动进行了全面而深刻的反思。瘸子村长始终怀疑亩产万斤粮的报道,绝不瞒报产量,甘愿成为全乡的落后分子。一个不识字的农民凭着本能和常识对"浮夸风"现象有自己的认知,表现出了抗拒。而陈五类不堪忍受桃花村人的批斗而上吊自杀,小山私挖盗采致使二十多位雇工活埋于矿洞内,则从反面提供了介入、反思历史和发展病症的典型案例。前者是历史错误造就的命案,是软弱的个体被残酷而荒谬的历史运动所吞灭的历史见证;后者是现代化发展过程中,人类毫无节制的贪欲造就的生命悲剧,是命运不能自主把握的底层民众被资本和权力活生生吞噬的例证。此外,小说还借助人物的自我反省,从人物的心灵和精神世界进入历史的细部,从而在更深层次上达到了反思历史的目的。二喜在少年时代曾是一个有名的"混混",是批斗"五类分子"的积极参与者。他猛烈批斗陈五类,陈五类不堪其辱,上吊自杀,这给成年后的二喜的心里种下了愧疚的种子。二喜发家致富,盖了新房后,专门腾出一小间,供上她的牌位以祭奠这位自杀者,而且每逢节日都要到陈五类的坟前祭扫。作家在这里张扬的是一种忏悔意识,而忏悔也是人类反思历史、现实和自我的一种方式。

二、探索心灵,呵护生命

探索心灵,呵护生命是《山川记》写得最富神采,最打动人心的部分。记录时代,反思历史,仅仅是小说的浅层内容,它的深层意蕴在深入表现人的生存意志和人性样态。小说所讲述的故事,所塑造的人物,所流露的情感,无不指向这一审美目的。这在小说中又表现为几个层次:

一是展现桃花村人坚韧而顽强的生命力。这在桃花村老一代人身上得到了完美体现。无论是具有"生铁愣劲"和"棒槌精神"的铁石队长,因炸坝而"废了一条好腿",但仍然苦干实干的瘸子村长羊虎,兵荒马乱岁月里先被遗弃,后被响马(土匪)欺凌,但仍能顽强活下去的地主婆香莲,还是常常遭受后妈毒打、虐待,但从未放弃追求美好生活的秋兰,他们的生命本身所体现出来的韧性、活力,都给人以巨大的感染力。而二喜妈对于生存和生活的意志力,尤其让读者为之动容。她生活不幸,生养的孩子多,家庭极度穷困,丈夫非但不和她同舟共济,还整日离家,明目张胆地和三寡妇鬼混在一起。二喜妈身体、精神及心灵上都承受着难以言传的苦痛。为摆脱饥饿,养护孩子,她整日游荡在桃花村的山川大野里,寻找或捡拾可供活命的食物,甚至还遭遇了黑熊和野狼的袭击。在作家笔下,这个女人的生存意志是与大地精神融为一体的,大地拯救了她和她的孩子,"桃花川"赠予了其延续生命的食粮和精神动力。后来,她和儿子二喜去县城"炸油糕"谋生,成为桃花村第一个"万元户"。再后来,她支持儿子二喜开办养殖场,承包村里的耐火材料厂,创办乡村敬老院。这个表面上粗放、泼辣、卑微的农村妇女,其生存的耐力和智慧,其身上所蕴藏的巨大生命活力,都给人以深刻的印象。

二是表现桃花村人健康、优美的人性。小说中的几个女性角色真纯而善良,她们相互帮助,彼此宽容,传唱了一曲曲人性美的赞歌。其中,秋兰和蓝花堪称典范。秋兰从不歧视地主婆香莲。当香莲没有奶水,不能养活女儿蓝花时,她毫不犹豫地出手相助,并在夜里给其留着门——在20世纪50年代,地主及其子女都是被专制、打倒的对象,秋兰以母乳喂养地主家的孩子,无疑存在着风险:在无端上纲上线的年代,她的这一行为万一被人揭发,就有可能被批斗。但是朴素的同情与善良战胜了一切,人情超越了阶级,人性超越了阶级性,这些日常性的细节,置于特定的历史语境中,无疑具有丰富而深刻的意义。而蓝花这一人物形象更是体现了作家对纯正美好人性、人情的向往。她活得很真、很纯,心底很善,言行很美。她和东明先是不离不弃,后又不得不弃,其情也真挚,其意也绵绵。无论是曾经的相依相守,还是后来的各奔东西,他们彼此的包容、理解以及为爱而勇于付出的精神,都将人性本源的真善美纯化、提升到了极点。蓝花对东明的爱恋可以阐释为"包容""牺牲"和"奉献",而绝非"自私""纵容"和"小气"。她嫁给二喜,也并未因当年二喜欺负过她而对其稍有怨恨,她以一个女子的柔性情怀和温暖的力量，辅助二喜成为桃花村的能人和善人。可以说，她就像《边城》里的翠翠，从外貌到心灵，都是无比美丽的；她是大美的女人，是黑暗年代的拯救者，她和两个男人的爱情也如同一首诗，让人难以忘怀。

　　三是探索桃花村人爱的真谛与伦理。爱情是人类最美好的情感。人类对爱的寻找和呼唤，对爱情本质的探讨与争论，自有人类以来就未曾停止过。爱情主题宛如一根红线，贯穿于古今文学史中，成为人类反观自我、呵护生命、叩问生之意义的古老命题。《山川记》对爱情的表现与探索是多层面的，不同人的不同爱情经历蕴含了不同的生命内涵。如果说羊虎之于银妮的爱恋、东明之于蓝花的爱情，都是成长过程中自然萌发出来的青春之爱的话，那么，他们因父母为之定下"童养媳"之约而不能迈入婚姻的殿堂，从而陷入"厌家""厌婚"深渊，或者走上心灵漂泊之路，就多少体现出了生命的悲剧色彩。羊虎和东明面对各自的妻子，都丝毫体验不到生之乐趣，于是，羊虎钟情于豆腐西施长寿媳妇，东明独自孤守而很少回家，他俩的情感悲剧不单单具有抗拒世俗生活和命运安排的意味，也有寻找或坚守一己精神家园的深层命意。二喜爹和三寡妇的长相厮守，超出了我们对一般爱情的定义。一个破落的、已婚的乡村男人，一个并不美丽的、寡居乡村的中老年妇女，他们何以长相厮守，而且不惧任何外界的风言风语？这是畸形的偷情还是真实的爱情？二喜和蓝花结婚，表面上似乎与爱情无关，是残酷命运酿造的苦酒，但是他们婚后的生活却顺风顺水，堪称和谐，他俩于日常生活中建立起来的世俗情感，之于蓝花和东明的初恋，难道不是另一种更具美感质地的"爱情"吗？在我看来，这些乡村小人物的爱情都是在一种自在、自为的状态下发生的，看似不现实、不合乎生活逻辑的表象中，其实也隐含着人类共有的精神诉求。他们的爱情经历背后虽然有着民间伦理、乡村政治、封建意识等造成的异化与扭曲，但也隐含着有关孤独体验、漂泊意识、家园寻找等具有抽象色彩的生命主题。正是从这个意义上说，小说对爱情的表现和探索，是富有艺术深度的。

三、记录个体成长，塑造日常英雄

人类需要英雄，历史需要英雄，时代也需要英雄。对英雄形象的崇拜与向往，源于人类或个体反观自我的本能需要。文学是人学，塑造英雄人物，表现英雄情结，一直是文学的重要任务。《山川记》中的东明就是被作家当作"英雄"来塑造的。首先，他是一个苦难和不幸的悲剧英雄。他出身卑微，家境贫寒，从出生那刻起，就注定了童年、少年生活是贫苦而坎坷的。他的爱情和婚姻阴差阳错，"童养媳"的宿命让他和蓝花真挚而美好的爱情中途夭折。结婚后，他有家不回，自甘忍受孤独和心灵的痛苦，这也是他为成长和事业所付出的代价。其次，他是一个有正义感、有担当、有开拓精神的时代英雄。他初中毕业后，先后担任民办老师，考入县师范学校，进教育局当秘书，顺利转至县委工作，不久任乡（镇）长，后被提拔为副县长、常务副县长，直至担任县长，仕途可谓一路顺畅。为了证明其从政经历的合情、合理性，作家着重展现了他"鞠躬尽瘁，死而后已"的清官形象。比如，他勤于基层调研，善于开拓事业，常常能创造性地开展工作，赢得上级领导和老百姓的肯定和欢迎；他作风正派，不贪不腐，一身正气。可以说，他是一个被作家高度提纯了的英雄形象。

四、描写自然风景，展现乡土风俗

若从题材上归类，《山川记》可归入乡土小说的范畴。既然是乡土小说，对风景、风物的描写，对乡村风俗的展现，必然是其不可或缺的因素。这也是中国乡土小说的固有传统。《山川记》中的景物描写大体可分为两类：一类是单纯的对山水风景的描写和对桃花村独异的自然风貌的展现。比如："长满了枝条的野桃树漫山遍野，春来的时候惹上几枝桃花，远看都是一片春意。……枝上栖息的山雀，脑袋藏在翅膀底下，不知所以地打着深夜的最后一个盹儿；在堆积的厚厚的干树枝和黄叶中，灰黑杂色的野兔，偷偷地来往。偶尔有一只褐色的松鼠窜出，往前冲了一气，觉得走错了路，忽然停顿，仿佛心怀疑虑，又回头搜检上年秋来时，跌落在树叶里的半颗野桃充饥，就像命中注定要吃的那样……"像这样大段的景物描写在小说中比比皆是，它们即使脱离文本，单独成篇，也能展现写景散文的优美质地。另一类是衬托桃花村人的言行、性格和命运的景物。比如："看见崖边一棵干掉的酸枣树，挂了几颗红酸枣，爬上土坡，够了一颗，想填进嘴里。""抬眼看见东方有一股子明，红灿灿、亮晶晶的，太阳正要升上来，给孩子起名叫东明。"东明妈怀了孕，自然想吃酸，她去摘酸枣，不小心摔倒，致使孩子早产。这样，对酸枣树的描写自然就与人物的生命活动联系起来；生孩子那一刻，东明妈看见了东方太阳升起前的光芒，这样，小说对天边风景的描写和她对新生儿的美好祝愿也顺理成章地结合在了一起。新世纪以来小说家笔下被主动弱化或驱逐了的风景描写在这部小说中大量涌现，其意义和价值自当得到充分的重视与肯定。

对王妹英来说，《山川记》在艺术上也有诸多突破。首先，语言朴野、滞涩。"朴野"是指小说的语言不加雕饰，力求准确地表达意义，传达情绪、意境，其最为突出的表现就是，将生活化的口语、俗语和高度客观化的叙述语融为一体。比如："二喜妈多亏是个泼皮娘们儿，总算情急生智，捡了一条命回来。衣衫不整，半个奶头甩出来，沾满麦草和核桃树皮……""生这么多七狼八虎的，有啥用呀！还得照办法填饱他们的肚皮，到头来竟不如那死了男人的三寡妇，活得恣意痛快，亮晌午大暑天，人家在自己家的院子里，劈开腿躺进热水盆里洗身，不费一根杂草的力气，白得了一个男人……"第一段是叙述人的语言，第二段是小说人物（二喜妈）的语言，但无论第一段中的"泼皮娘们儿""半个奶头甩出来"，还是第二段中的"七狼八虎""亮晌午大暑天""劈开腿躺进热水盆里洗身"，都是原汁原味的生活语言，带有十足的朴野格调。所谓"滞涩"是指小说的语言以动宾句为主，且多为短句，句与句之间常有一定的跳跃性，加之口语、方言语汇的运用，致使读者阅读不流畅，速度快不起来。比如："还要会喂猪，会垫圈出圈，会养羊，善于针头线脑，纺织棉线，家务农活，勤俭耐劳，会养鸡仔儿，会调教儿女，没病没疼，身强力健，朴实不绕弯,还要有能估量出牛、羊、鸡、猪价钱买卖的眼光,更要会做饭磨面、有一手好锅头,心善嘴善、稳重不伤人,庄稼人的老婆么,就算穷日子也要过得体面、地道有谋算,会持家,性格样貌还要对自己的心思脾气,是的,不错的。"其次,小说以写实为主,但也融进了魔幻主义的表现方法。比如,三寡妇目睹蛇梁坍塌事件之后,常陷于似真似幻的幻觉之中,老是说"蛇梁洞里有大蟒蛇";晚年失明的羊虎常常反复念叨"俺的人世,是从什么时候开始,打上死结的";敬老院的那只"撂蛋鸡"被老人们认为是银妮转世投胎的;等,作家以稍具魔幻色彩的笔法,更为艺术地表现了老年人内心隐秘的情绪、情感,展现了他们所经历的那些触目惊心的事件或刻骨铭心的情感历程,这种以虚写实,以幻映真的艺术手法,也更真实地表现了人物的心灵世界和精神动态。再次,小说嵌入多种文本,比如日记、书信、民歌等,形成了互文效应和复调特征,更好地呈现了文本内涵的复杂性和深刻性。比如,小说在第十一章中引入了五篇日记,其语言完全是知识分子腔调,风格典雅,语句流畅,且多为心理描写,这和正文本的朴野、滞涩的语言风格形成了鲜明的对比。两种风格的语言共同存在于一个文本中,其互文效应就给读者的阅读带来了陌生化的体验。日记作为正文本的一部分,详细记载了右派分子韩五类在被批判前后的精神动态,是对她最后走向"上吊自杀"结局的一个补充说明。这在叙述上填补了叙述人因囿于视角限制而形成的叙述盲区,即关于韩五类被批斗时的内心体验及精神动态,还必须由当事人来"自我指正"。唯其如此,小说才显得更具说服力。小说在第十三章嵌入了东明寄给北京教授的一封信,信的内容主要是向北京教授推荐厂长人选。这封信在正文本中的作用则是表现东明有识人、用人的眼光和才能,以烘托其英雄形象的高大。而民歌体的大量引入,能够和整个文本的内容、思想及叙述风格高度融为一体,增强了小说的文体魅力。

当然,《山川记》也不是十全十美之作,它在思想、艺术上也还有明显的缺陷。比如,小说在人物塑造上取得了很高的成就,二喜、羊虎、财旺、二喜娘、三寡妇等人物的塑造都没有简单化,而是以同情和理解的态度挖掘、呈现了其性格和人性的复杂性,因而都很有典型性。但是正面人物形象多多少少有些类型化和脸谱化,比如,东明的政治生活写得就比较简单,味道淡,情感内涵也少,小说对其内心挣扎、情感挣扎的刻意回避,不利于人物性格丰满性的呈现。再比如,小说对历史的反思和现实问题的反映也过于直接和简单,人物命运和历史进程的对应关系可以有更艺术化的呈现。不过,瑕不掩瑜,《山川记》无论是对王妹英的个人创作历程来说,还是对整个中国当代文学来说,都是一部值得重视的优秀作品。

《碧奴》"戴着镣铐跳舞"

显然,在"重述"孟姜女的故事时,苏童有着清醒的认识,他说:"一个家喻户晓的故事,永远是横在写作者面前的一道难题。"然而,苏童解决了这个"难题",他的《碧奴》让一个符号化的神话传说在文学的汁液里复活,让一个两千年前的形象在文学的疆域里栩栩如生,魅力无穷。

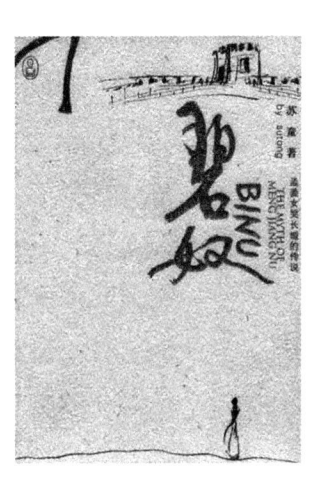

说实话，对于全球性"重述神话"计划，我是有顾虑和疑问的，这种"重述"对于异族文化来说有其积极的意义，它是神话这种古老的文化标本被异国文化了解、认同和接受的有效方式，但是对于神话诞生其中的本民族文化来说却有着巨大风险。这是因为，一方面神话的故事、意义早已经符码化地积淀为本民族文化心理结构的一部分，"重述"本质上无力挑战这种心理结构和符号结构；另一方面，"重述"如果着意于颠覆与解构，那么它与"神话"本身的关系就会变得不真实，人们就会把"重述"视为一次与"神话"本身无关的虚构或想象，而神话本身还是坚硬、原封不动地储存在人们的文化记忆中。因此，从这个角度来说，"重述"神话的目的似乎不应该是抢救记忆或文化遗产（神话本身就是不死的记忆和遗产），而应该是把它作为一种文学资源去发掘其中蕴藏的"文学性"，并通过作家的想象与再创造使其进一步形象化、"文学化"。这是"戴着镣铐"的高难度"舞蹈"，是对作家想象力与叙事能力的考验与挑战。显然，在"重述"孟姜女的故事时，苏童有着清醒的认识，他说："一个家喻户晓的故事，永远是横在写作者面前的一道难题。"然而，苏童解决了这个"难题"，他的《碧奴》让一个符号化的神话传说在文学的汁液里复活，让一个两千年前的形象在文学的疆域里栩栩如生，魅力无穷。

一、神话主体的诠释与重塑

孟姜女的故事在中国大地上流传了两千多年，孟姜女的形象更是家喻户晓，这是一个高度符号化的形象，人们对她的理解、阐释甚至寄寓的情感都是恒定的、代代相传的。这无疑是苏童"重述"其故事时面临的首要难题。如何让一个符号化的孟姜女变成一个有血有肉的孟姜女？如何让一个被集体记忆"凝固"了的孟姜女变成一个个性丰满的孟姜女？如何让一个作为话语对象的被动的、失语的、客体化的孟姜女变成一个主体性、拥有自己话语权力的孟姜女？在某种意义上，对孟姜女这个神话主体的重新诠释与重新塑造的成败也决定了苏童这部小说的成败。因为，无论如何孟姜女的形象都是这个神话传说文学性的核心与源头。

在这方面，《碧奴》的成功首先得力于对"孟姜女"的重新"命名"。"碧奴"是一个诗意而美丽的名字，这个名字也许并没有被赋予什么微文大意，却有着天然的文学性。更重要的是，取这个名字是一次陌生化的文学行为，它使得孟姜女这个抽象的符号至少在最表层的意义上开始具有了个体的生命性，因而也就唤起了读者对这个名字背后神秘、未知因素的文学性的好奇与热情，使得重述孟姜女（碧奴）的故事获得了合法性的起点。不过，说到底，"命名"的陌生化效果是有限的，"碧奴"仍然是一种符号，她能否从"孟姜女"的符号体系里突围而出，关键还在于作家能给她注入多少个性内涵。苏童说："每个人心中都有一个孟姜女，我对孟姜女的认识其实也是对一个性别的认识，对一颗纯朴的心的认识，对一种久违的情感的认识。我对孟姜女命运的认识其实是对苦难和生存的认识，孟姜女的故事是传奇，但也许那不是一个底层女子的传奇，是属于一个阶级的传奇。"事实上，"碧奴"最终能否成为一个丰满的艺术形象，也正依仗于作家对其"性别""情感""心""命运"等的诠释与表现。

在古老的传说里，孟姜女的性格其实也是先验的、预设的，对爱情的忠贞与执着以及坚忍不拔、九死不悔的毅力是其性格的核心。这种性格体现在"千里送寒衣"和"哭倒长城"这两个中心情节里，这与其说是一种现实性的性格，不如说是一种理想化的、超现实的寄托，是中国民间关于爱情力量以及个体力量的一种想象，这在某种程度上决定了孟姜女形象的脸谱化与符号化。《碧奴》的难度就在于如何把这种非现实的、理想化的、假定性的性格，改写成一种真实的、现实性的性格。为此，苏童巧妙地施展了他在人物刻画方面的绝活，他不从碧奴的整体形象入手，而是把她分解成一个个细节、一个个动作、一个个意象，力求全方位地展示碧奴之成为碧奴的"过程"。小说始终把艺术的聚焦点放在主人公的两个核心动作"哭"与"走"，以及围绕这两个动作而来的各种人生情境上。这种单纯而简单的面对世界的方式既是原始自然思维的体现,又是"举世皆浊我独清"的"纯洁"人格的象征;这既为碧奴创造了一个独立于孟姜女符号体系之外的真实"世界",又为碧奴真实而有生机的性格的"复活"搭建了舞台。

　　从"哭"的角度来说,碧奴无疑是一个"哭神","哭倒长城"是其眼泪力量的终极证明。但在苏童笔下,这个"哭神"不是先验的,而是被生活逐步"发现"和"塑造"出来的。从"哭的禁忌"到"哭的解放"的过程,也正是碧奴性格的形成过程。碧奴原先只能用头发流泪、哭泣,但在丈夫岂梁失踪的当天,她的手掌和脚趾也学会了哭泣,"手过之处,桑树叶上滚落下许多晶莹的水珠来""通往蚕室的小路在太阳底下水花四溅",可以说,是思念、爱、感伤、担心、牵挂、悲愤激发了她被压抑的哭泣本能。而一旦她踏上"千里送寒衣"的征途,"路上的风景"又不断地赋予其哭泣以新的内涵:鹿人对岂梁冬袍的瓜分,激发了她眼睛的哭泣潜能,那是从希望坠入绝望的呼号;当她被抢做芹素之妻而步入送葬的行列,当她遭遇无端的侮辱与欺凌时,泪水变成了泪箭,那是无声的抗议与反抗;被诬为刺客少器的同谋示众,她的冤屈、愤怒的泪从"脚底奔涌而出",成为唤醒良知与灵魂的巨大力量;长城脚下、断肠岩边,面对岂梁尸骨无存的绝望现实,她悲恸的哭泣终成锐利的武器,不仅感天动地,而且崩毁了长城。在小说中,苏童浓墨重彩地刻画了碧奴的九种哭泣方式,对碧奴来说,哭泣既是自然的人性与情感的发泄,又是对于绝望命运和黑暗世界的本能反应,既是对自我的保护、解放与拯救,又是对现实的反抗与控诉。在那样一个时代,那样一种命运中,哭泣也许是她唯一的生存方式与反应方式,是使她不至于崩溃的唯一抚慰剂,哭泣维系着她的尊严,也是她刺向世界的武器。她是一个弱者,一个孤独者,一个失语者,小说中多次隐喻性地描写了她发不出声的场景,但"眼泪"是她的语言,是"眼泪"使她摆脱了失语的境地,获得了与强大的世界对话的能力,也是眼泪使她最终成了与她生活的"世界"并峙而立的"主体"。

　　从"走"的角度来说,碧奴是九死不悔的"忍者",是孤独的"过客",是逐日的"夸父"。从桃村到长城,一千里的路程,对一个弱女子来说无疑是不可抵达的距离。但是,"一千里的路再辛苦,最后都是要熬到长城。我变成了一匹马,大家都在看我怎么把碧奴驮到长城去,我作为马驮着碧奴的这个姿势必须(好看),要靠这些去吸引读者"。苏童硬是让碧奴以千奇百怪的行走姿势,抵达了目的地。碧奴"走"路的过程,就是受难的过程,就是"世界"和"命运"逐步敞开与呈现的过程,是"黑暗"吞噬碧奴、折磨碧奴的过程。"走"在路上,碧奴收获了"眼泪",但失去了一切,除了盲眼的青蛙,她没有一个知音,最后她甚至丧失了行走的能力,只能爬着去长城,可即使爬,她也背负着一块石头,以求山神庇护她的岂梁。在这条一千里的路上,碧奴是一个不折不扣的"受虐者",但是"受虐"的过程也见证了她精神成长的过程,那种对于爱的信念、顽强的意志、承担的勇气、执着的毅力,不但使得"施虐者"不寒而栗,而且使象征着黑暗世界的坚固"长城"也终于在她面前崩毁,败下阵来。这里,苏童以他的极端而夸张的笔墨书写了一曲精神不死的寓言。

但是,就碧奴的形象而言,苏童还原了她性格的现实性与生命性,神话性与理想性却似乎丧失了。碧奴的痴情、单纯、朴实、韧性、顽强,对应的是她的愚笨、鲁钝、偏执、麻木、轻信、糊涂与怪异,美丽的、传奇性的神话主体似乎最终成了一个精神不正常的、病态的、扭曲的形象。未能保持碧奴的美丽,让美人成了女巫、疯子、狂人,这是苏童的遗憾,大概也是"重述"神话不得不付出的代价吧。

二、神话意义的发掘与增殖

有人问,孟姜女去长城的动力是什么?或者说是什么支撑着孟姜女完成了一个似乎不可能的壮举?这涉及的其实是神话的主题与意义问题。毫无疑问,爱情,对于丈夫的爱与思念是孟姜女"千里送寒衣"的基本行为动机和逻辑动力,也是神话的核心主题。与此相关,"哭倒长城"则有"爱恨交织"的双重含义:一仍然是爱情,是爱的力量的证明;二则是抗议与复仇,是对那个社会,那种制度的想象性的、乌托邦式的颠覆。从这个角度来说,复仇的主题只不过是爱情主题的衍生,或者说是爱情主题演绎的结果,它本身并不具备爱情主题在这则神话中的地位。苏童的《碧奴》对神话主题的诠释也是认同这种认识的。苏童的高明之处在于,他在围绕爱情主题构筑人物命运时,已经让复仇的因素渗入小说的纹理之中,这不仅为最后复仇主题的现实化积累了力量(眼泪功能的一步步渲染),也为小说两重主题的重合做了有效的铺垫。

当然,对《碧奴》来说,如何处理神话的"预设"意义,从神话固有的符号学与认识论模式中突围出来,赋予其新的意义,仍然是检验作家才能与小说艺术成色的重要因素。我们看到,苏童的艺术选择可谓匠心独运,他巧妙地悬置了爱情与复仇的主题,"爱情"甚至万岂梁都成为一种"幕后"的、未出场的存在,而笔墨则主要集中在对碧奴"受难"过程的展示上,并由此创造了神话意义的增殖。

首先,小说完成了对碧奴生活其中的历史的具象化。孟姜女传说中的"历史",本是一种抽象的"历史",是统治者压迫、奴役被统治者的"历史"。但在《碧奴》中,"历史"虽然没有改变其本质,但它情境化、具象化了,它与碧奴的命运有了直接的、有温度的联系。小说"楔子"中信桃君的故事以及眼泪的禁忌,就是整部小说的基调与隐喻,它让我们切实感受到了统治者的残忍与百姓命运的惨烈。其后,衡明君的骑猎以及与钦差的明争暗斗、詹刺史的荒谬"泪汤"、五谷城外国王的"黄金游船"和他的驾崩……无不显示了历史的荒诞与残酷,而碧奴正是在这样的"历史"中被"谋杀"的。苏童在接受《中国新闻周刊》采访时说:"中国封建社会奴役和被奴役都达到了登峰造极的地步,真正的底层是永远没有出路的",《碧奴》可以说是在碧奴形象的背景上向读者展示了这种"登峰造极"的"奴役史"。

其次,小说完成了对包围碧奴的"世道人心"的成功塑造。《碧奴》对人性中残忍、冷酷一面的批判是非常严厉的,这也是这部本应"乐观""温暖"的小说却有着阴冷、悲怆基调的原因。在小说中,这种批判不仅仅指向统治者,更指向芸芸众生，指向围绕在碧奴周围的那些底层被统治者。鹿人、马人的存在是统治者对人民"登峰造极"的奴役的证明——"成年人做马人，未成年人做鹿人，是暗指一种被奴役的形象""马人和鹿人是在用一种更惨烈的方式生存"，而他们的乐此不疲甚至争风吃醋，又让我们看到了人性被异化、被扭曲的严酷程度；门客们对芹素的"劝死"以及公孙禽的奇思妙想，让我们看到了"奴性"的深重以及同类相残的恐怖；芹素的棺材回乡，七里洞乡亲的拒绝让我们看到的是人性的冷漠与自私；五谷城"看客"们的狂热，让我们感受到的是集体的愚昧与麻木，和那个时代人心的死亡……碧奴是怀着一颗温暖的大爱之心踏上"千里送寒衣"之路的，但是她遭遇的是冰冷的，寒透入骨的"心墙"，一路上，她没有得到丝毫的精神呼应，得到的只是掠夺、嘲弄与讥笑。侄儿小琢是最初的掠夺者，而同村的姐妹们则是最初的嘲笑者，甚至连平常深爱自己丈夫的祁娘也"绝情"地拒绝了碧奴的"一路同行"的请求。其后，车夫无掌、小鹿人也无不是使碧奴命运雪上加霜的帮凶。在五谷城，当碧奴寒衣再次被抢并试图在沽衣街给岂梁买冬衣时，她遭遇的仍然是白眼与侮辱。即使是那位小女孩，当碧奴把染过的袍子放在高台上晾晒时，也对她表现出了对待"瘟神"一般的厌恶与冷漠。在百春台，男孩不再做她的掘墓人，而是出卖她，成了她的监视者，她被许配给死人，沦入了真正的人间地狱："他们劫掠了她的包裹，劫掠了她的身体，最后他们劫掠了她的悲伤、她的眼泪，甚至死的权利！"相比于统治者的残暴，普通百姓的这种整体的麻木、冷漠、自私、缺乏同情心才令碧奴更为绝望，她看到了"世道人心"的可怕，只能成为一个绝对的孤独者，走向一个绝望的结局。也许有人会说，盲眼青蛙、蝴蝶和金龟虫是碧奴的同行者，她并不孤独。我觉得，这些超验事物的存在恰恰是对"世道人心"黑暗的一种反证，是对碧奴孤独处境的一种强化。小说写碧奴眼泪之力量时，说她在百春台流的泪水使"所有的男孩几乎同时遭遇了罕见的悲伤的袭击，思乡病开始发作……"她在五谷城门口示众时的泪雨引来了众人的忏悔，简羊将军也在碧奴眼泪的诱发下萌生了对蒙古家乡的不可遏止的思念，这些无疑是人性复苏的片刻闪光，但对比于小说中弥漫的黑暗,这样的光亮毕竟太微弱了。

在我看来,《碧奴》中"历史"的形象和"世道人心"的形象其实就是"长城"的形象,这个被悬置到最后才出场的意象,具有高度的隐喻性与象征性,它既是坚固的实体之墙,又是人心之墙、世道之墙,它分解在碧奴生活的时代空气里,时刻伴随着碧奴,是碧奴爱情的真正刽子手。而碧奴最终哭倒的就是这样一堵似乎无法崩溃的"长城",这是《碧奴》对于"神话性"的复归,苏童借此完成了神话意义的增殖与升华。

三、叙事的难度与想象的极限

对一部小说来说,叙事可以说在任何时候都是第一位的,通过叙事,一个或几个完整的"故事"得以在小说中呈现。但对于《碧奴》来说,它的"叙事"却面临极大的难度。这首先是因为,通常的"故事"都是在从"未知"到"已知"的情节链条中逐步展开的,从"开端"到"结局"的过程既是故事空间的扩展和各种故事元素的现身过程,又是逻辑因果关系的必然推进过程,但孟姜女的"故事"却因所有故事元素都已被"预知",且故事的情节、走向与结局都已被先验地固定,而使小说"叙事"失去了天然的悬念与神秘性。其次,正如上文所说到的,孟姜女传说预设的人物关系以及符码化了的人物性格也使小说的情节关系变得单纯,在某种程度上限制了小说"故事"展开的向度与可能。

因此,对《碧奴》来说,如何使一个众所周知的单线条的情节既不突破固有的逻辑走向,又能变得丰满,变得出人意料,就是作家在叙事上要解决的问题。

首先,在《碧奴》中,苏童显示出了为单薄的故事"添油加醋"的非凡想象力。在小说中,碧奴"千里送寒衣"无疑是主要情节,但为赋予这个情节以完整的前因后果,作家不惜做了大量的铺陈渲染。信桃君的传说是小说的"楔子",但这个"楔子"却有多重的叙事学价值,隐含了其后贯穿小说的多条线索:它既隐喻性地揭示了碧奴生存环境、生存背景的严酷,预示了碧奴命运的走向与结局,又以"眼泪"的禁忌,开启了小说关于"眼泪"的神奇想象与叙说;它以统治者的互相倾轧和血腥屠杀为开端,从而在碧奴的故事背后展开了关于国王以及从衡明君到钦差到詹刺史到简羊将军等的发生在统治者内部的故事的线索;信桃君与村民的关系以及村民们在历史惨剧面前的众生相也为碧奴身边的"国民"的依次登场定下了基调,侄儿小琢、鹿人、马人、车夫无掌、泪人、小宝、小满等的故事与碧奴的故事相平行,构成了与碧奴交相辉映的另一条重要线索。可以说,正是由于有了这些内在的贯穿叙事线索,作家以碧奴的行踪为遭遇而引出的一个个"故事"才不但不游离于故事的主线外,还使得故事显得丰满且充满变数。

其次,在《碧奴》中,现实与超现实、经验与魔幻的杂糅也是小说情节得以旁逸斜出的原因。碧奴是小说的主人公,作者不惜笔墨,要向我们展示一个完整的碧奴形象,这既包括她现实的遭遇与处境,又包含着非现实的、魔幻的因素。小说想象地赋予了青云郡女子不同的前生后世,碧奴是葫芦的化身,岂梁是桑树的化身,葫芦绕桑树而生。从葫芦葬仪开始,碧奴的生命就与葫芦融为一体,变成了一个能与自然万物通灵的存在,这在某种意义上也为她眼泪的力量找到了根据,为她的孤独找到了出路,为青蛙、蝴蝶、金龟虫的追随埋下了伏笔,为她感天动地的悲剧渲染了气氛。与此同时,在碧奴孤独形象身边,作者还创造性地安排了另一条线索,那就是瞎眼老娘(盲蛙)寻子的传说故事。在回答《中华读书报》记者提问时苏童说:"我写那只青蛙,并不是为了渲染这部作品的诡异气氛,我是把这只青蛙当成一个人物来写。我在文字里强烈地暗示读者——这只青蛙就是那位寻找儿子的老妇人。一开始动笔的时候,我想过要设计一个寻找儿子的老女人形象跟寻夫的碧奴同行,可是我意识到这样会使整部作品的线索变得分散,对碧奴这个人物的塑造力量会失衡。写到发洪水的时候,我的脑海中浮现出青蛙的形象,觉得可以让一只青蛙来承载老妇人的灵魂。"正是有了这个"人性"的青蛙线索,碧奴的命运才更具有普遍性与"阶级性",小说的悲剧性与批判性也得到了强化。当然,对《碧奴》来说,眼泪的形象在小说中也是与碧奴始终相伴的中心形象,小说对千姿百态、神乎其神、超乎经验与现实的"眼泪"形象的塑造,充分显示和证明了苏童想象力的诡异与神奇。在某种意义上,眼泪也是这部小说的主体,它既是丰满碧奴形象的艺术手段,自身又具有美学独立性。此外,对大水、大火、大雾以及自然界各种奇异物象的大量描写与渲染也与人物命运具有某种呼应关系,这一方面反衬了碧奴在人世间的孤独,另一方面也使《碧奴》的空间景象铺陈得瑰丽而有魅力。

再次,空间想象与传奇性的结合也是《碧奴》叙事魅力的重要方面。孟姜女的故事是一个时间的故事,又是一个空间的故事。她走向长城的道路就是小说展开的空间,路的延伸就是故事的延伸,路上的风景就是故事的情节与场景。单纯的道路是很抽象的,但苏童长于营造凄迷而抒情的叙事情境,善于在梦幻而荒诞的艺术氛围中展开人物的命运,在从"北山"到长城的"千里长路"上,苏童想象了许多富有传奇性的空间:北山、桃村、蓝草涧、百春台、鹿王坟、树下、河湾、青云关、芳林驿、七里、官道、五谷城、十三里铺、长城。这些地名本身就富有诗意与情调,引人联想,使得"千里长路"变得具象而生动,同时,这每一个空间都是新的故事的舞台,而每一个新的故事、每一个新的人物都会带来新的传奇。我觉得,"奇人怪事"是小说叙事的基调,这既得力于传奇性的想象,又是对想象力的极端挖掘。正是因为有了传奇性做基色,苏童才敢于不断地延宕碧奴的行程,改变叙事的方向,叙述"别人"的故事,在百春台甚至抛下碧奴去大段描写衡明君与钦差的钩心斗角。可以说,正是"传奇性"使苏童把碧奴"驮到长城"之路变得"好看"而有吸引力。

当然,对于《碧奴》来说,诗性饱满而充满想象力的语言,富有视觉冲击力的描写,灵异而怪诞的感觉也是小说反抗单调与枯燥叙事的有效手段。这一点评论界已有很多论述,本文不再赘述。但是,就我的感觉来说,《碧奴》似乎仍有遗憾:既然小说叙事的难度在于克服叙事的单调,那么对万岂梁这条线索的悬置就很可惜。碧奴千里送寒衣是为了爱情,读者想知道万岂梁是如何对待这段爱情的,他是否配得上这段感天动地的爱情。在这个问题上,《碧奴》显然没给出答案。小说关于爱情的描写过于少,几乎没有,有也是碧奴单方面的，没有来自对方的呼应，这既削弱了爱情的温度、感染力与神话色彩，又多少减少了碧奴形象的逻辑力量。我以为，小说也许实写一条万岂梁在长城受难及思念碧奴的副线或者幻写一条两人在梦中、在幻觉中彼此召唤、爱恋的副线，似乎更能让这个故事丰满起来，现在的写法虽然有其优势，但似乎还是太写实了。而过于写实，在某种意义上又不能不是对神话性的反动。这是苏童的矛盾之处。

《后羿》
世俗语境里的『神话』

《后羿》分上、下两部，分别讲述后羿射日、嫦娥奔月的故事。后羿、嫦娥是小说的中心，小说展开的过程，既是后羿、嫦娥形象的塑造过程，又是两个神话中的符号性人物世俗化、性格化的过程。

叶兆言的《后羿》是"重述神话"计划在中国结出的第二枚果实。如果说苏童的《碧奴》作为第一枚果实因为满足了人们的好奇心和神秘期待而获得了更多的宽容与称许的话,那么《后羿》面临的将不仅是写作本身的困难,还有来自读者的更挑剔的眼光和更苛刻的质疑。事实上,《后羿》面世后的处境也正好证明了这一点:虽然销售情况良好,但批评和否定的声音似乎更多一些。不过,在我看来,《后羿》仍然是一次成功的写作。它的成功与《碧奴》完全不同,在《碧奴》中苏童依仗的是他的神奇的想象力以及对人物、细节的极端化处理,浪漫的、神性的、超现实的因素在小说的叙事链条上起着至为重要的作用,《后羿》则更重视故事本身的展开过程,它是"神话"的世俗化与现实化的还原,"神性"因素减退,而现实的、世俗的、人性的、欲望的因素成为影响小说叙事的重要逻辑力量。在某种意义上似乎可以这样说,《碧奴》更追求"神话"的原生性,而《后羿》则更热衷于对神话的改写与寓言化诠释,带有"反神话"的质素。

　　《后羿》所要重述的"后羿射日"和"嫦娥奔月"的故事本身就具有较强的"神话性"与超现实性,在代代相传的过程中,远古的创世史诗和爱情史诗的元素被反复渲染和强化着。因此,英雄与美人、创世与拯救、忠诚与背叛的主题可以说是神话本身"先验性地附着"的最为神秘、最具魅力,也最能刺激人们想象力的"意义代码"。对叶兆言来说,如何把这些"代码"转化成一部有头有尾的、血肉丰满的、符合逻辑和现实经验的传奇或故事是对他最大的考验。这种考验的实质来自"神话"与"小说"的矛盾:神话是超现实的、反逻辑的,小说追求的则是真实和逻辑;神话人物是类型化的,性格是定型的、始终不变的,小说人物则是变化的、发展的;神话的情节是天马行空,不受自然、历史和文化律令规范的,小说则要求情节、结构完整,并且要符合历史、文化与现实的逻辑……因此,当作家把《后羿》当作一部小说来写时,对世俗性原则的认同与对神话性原则的牺牲就成了一种不可避免的选择。

《后羿》分上、下两部,分别讲述后羿射日、嫦娥奔月的故事。后羿、嫦娥是小说的中心,小说展开的过程,既是后羿、嫦娥形象的塑造过程,又是两个神话中的符号性人物世俗化、性格化的过程。但从二人的关系来说,后羿无疑是小说的核心:"嫦娥再精彩也只是整个故事的润滑剂,她可以让故事变得更加灵动,更加鲜活,更能吸引人的注意。但她不可能成为整个故事的骨架,更不是核心。《后羿》归根到底讲述了一个神如何成为人、人如何变成神的过程。这部小说的上半部讲述的是后羿如何在嫦娥爱的关怀下从一个高高在上的神变成了活生生的人,小说的下半部则讲了后羿如何在嫦娥爱的怂恿下又从一个普通的人变成了一个被神化的独裁者,这里面有神性与人性的争斗、嬗变、交织,这些在嫦娥身上是无论如何都体现不出来的,说到底这是一部男人的小说,讲了一个男人的故事,男人才是它的骨架。"[1]小说开始于原始、史前时期——母系社会向父系社会转变的时期,十二岁的嫦娥作为一个灭亡了的母系氏族部落的俘虏,被有戎国抓回,又被瘸腿的小刀手吴刚选为第七个老婆,从此开始了她地位低下、前途未卜的世俗命运。但一次放野猪时遇到的突发的洪水,改变了她的人生。葫芦孩后羿的面世,使嫦娥具有了躲避灾难迫害的"保护神"和超世俗的"力量"。后羿成长的过程,也就是嫦娥的身份不断变化的过程,从母亲,到姐姐,到情人,再到母亲,后羿与嫦娥具有某种互相创造、互相拯救的关系。从嫦娥的角度来说,她是后羿的"教母",是她把后羿从天上带到了人间,是她塑造了后羿的世俗性格;从后羿的角度来说,他拯救和改变了嫦娥在现实中的悲惨命运,他给予了嫦娥与神联系的机会,并最终促使她奔月成仙。因此,如果说后羿的故事是"神变成人"的故事的话,那么嫦娥的故事则是"人变成神"的故事,正是在这个双向的过程中,叶兆言完成了对"英雄"和"爱情"的颠覆与解构。

叶兆言说,他想写这个小说有十多年了,"我很喜欢后羿的'后'字,从字面来看是一人一口,就是一个人说了算。我一直非常想写一个独裁者的故

---

[1] 参见《齐鲁晚报》2007年2月15日叶兆言访谈录。

事,写一个男人拥有至高无上的权力后会怎么样"[1]。在小说中,后羿是西王母派到人间的"救世神",是一个创世"英雄"。来到世俗人间后,他的英雄性格也是逐步被发现和塑造的。这其中包括几个过程:首先是傻子成为"英雄"的过程。后羿从葫芦中出生后是个不会说话、智商很低但长得飞快的小孩。被吴刚阉割后,他因调皮捣蛋以至于被孩子学校开除。回家后尿床以及调皮捣蛋的毛病不改,为此使得他和嫦娥都吃了不少苦。但他力大无比,是个天生的射手。在与打败了自己老师布的牛黎国射杀长狄的较量中,"在最危急的时候,羿挺身而出,凭着自己一个人的力量,扭转了乾坤,挽救了有戎国的命运",终于成了"有戎国的大英雄"。而随着最后"射日"使命的完成,小说对他救世"英雄"形象的塑造也最后完成。其次是阉人变成"男子汉"的过程。后羿本来是一个不解男女之情,也没有羞耻感的孩子,他被阉割后还到处给人看他阉割后的男根,他与嫦娥的关系也更多的是一种姐弟式、母子式的依恋关系。但西王母借嫦娥之身的托梦,让后羿知道了"云雨之情",使他成了真正的"男子汉"。"与过去相比,他似乎一下子变了一个人,变得更成熟了。后羿再也不是以往那个小男孩,而是一个实实在在的大男人。让嫦娥感到意外的,他不只是变得成熟,而且开始有了一点心机,开始知道明辨是非了。"这既是后羿"人化"的过程,也是小说英雄主题向爱情主题转化的契机。三是英雄成为"暴君"与"独裁者"的过程。当后羿成为救世英雄,并顺理成章地成了有戎国的国王之后,权力与欲望以及帝王文化开始了对后羿的改造与腐蚀。他开始变得残暴、残忍、独断专行,"他变得喜怒无常,变得乖悖违戾,动不动就想杀个人解气"。他成了一个标准的封建"帝王",也就彻底地远离了神性,成了一个世俗的、堕落的、昏聩无能的"人",一个荒淫无耻、疯狂追逐女色的昏君。对玄妻的沉溺,导致他众叛亲离,国家灭亡,自己也在"喝醉酒后",被玄妻和逢蒙"用一根桃木制成的大棒,将他生生地打死了"。在这样一个"英雄"的故事背后,叶兆言寄寓的其实是对人类和历史的寓言,对人性的无奈和感伤。

---

[1] 参见叶兆言在天涯网站的答网友问。

如果说,"英雄"的故事具有某种悲怆和绝望色调的话,那么"爱情"在《后羿》中同样没有呈现出唯美与浪漫的气息。在接受天涯网站访问时,叶兆言在谈到英雄与爱情的关系时说:"最初的动机应该是英雄史多一点,但在实际的操作过程中间,可能有点英雄气短、儿女情长。"[1]在小说中,后羿与嫦娥的爱情无疑是一条主线。从姐弟、母子亲情到爱情,后羿对嫦娥的迷恋和依赖曾经到了不顾一切的地步。为了和嫦娥厮守在一起,后羿放弃了重新登天成神的机会,把仙丹给嫦娥保管,"对自己的未来命运,羿已经做出了安排,他不愿意再回到天上去,他要永远和她在一起。他们永远也不分离"。他一度对成为首领、成为"国家的最高的统治者"不屑一顾,宣称"我要永远和你在一起"。而在登上王位的最初时期,后羿仍然单纯而执着地爱着嫦娥,在裸女国,当嫦娥面对男人感到脸红时,后羿却很坦然,"后羿一如既往地爱着嫦娥,对她一直怀着刻骨铭心的爱,他似乎从来不知道嫉妒。不管情况怎么变化,他始终是不折不扣地依恋着她。在后羿的脑子里,仿佛从来就没有出现过嫉妒这两个字"。然而,这样的"爱情"虽然纯洁、忠贞,却似乎仍然与浪漫、唯美无缘,也缺少那种震撼人心的情感的力量。这一方面是由于后羿的爱情是被动的,是与亲情混杂不分的,他是一个被"塑造"的情人,他的情商过低,不足以使爱情产生轰轰烈烈的力量,另一方面则是因为嫦娥的爱情是一种非常世俗的爱情,她的世俗形象与纯情、唯美的形象有较大的距离,同时,她的"教母"的身份也是促使他们的爱情变质的重要因素。在小说中,嫦娥的"世俗性"既表现在她的权力欲、报复欲、虚荣心等诸多方面,也表现在她对后羿"爱"和"教育"的不择手段上。在叶兆言笔下,嫦娥并不是一个守身如玉、冰清玉洁的女人,她与多个男人"有染",比如为了让造父替后羿造一把良好的弓,嫦娥就和造父发生了关系。而后羿的转变也与嫦娥有直接的关系,是她在后羿面前打开了"潘多拉的魔盒",她让末禧与自己一同陪后羿的举动,是后羿在女色问题上走向堕落的开始,是爱情由情向欲转变的开始。正如小说所说的:"末禧感到懊恼,是因为她不经意间,打开了一道闸门,把

---

[1] 参见叶兆言在天涯网站的答网友问。

藏在一个男人身上的恶魔，一股脑地都放了出来。后羿突然之间开了窍，他身上的某根神经被触动了，潜伏的欲念开始复活，立刻变成了一个好色的男人。如果说，嫦娥为后羿打开的第一道门，只是让他从神变成一个人，让他第一次面对活生生的异性世界，让他洞悉了男女私情，让他变成一个遵循一夫一妻规则的男子汉；末禧则是打开了第二道门，这道门一开，后羿身上残存的那些神的光环，从此不复存在。后羿开始堕落了，堕落成了一个真正的男人，堕落成了一个好色和喜欢淫乱的男人。"导致有戎国和后羿灭亡命运的玄妻之所以能最终留在后羿身边也是嫦娥亲自操作的。当然，在那个原始社会，爱情似乎并不那么狭隘和专制，也并不能用现在的标准去衡量，嫦娥与多人有染，以及让末禧伺候后羿的举动在那个时代里其实是与其文化风俗不相悖的，对爱情的专一与纯洁的想象更多的是现代文明的产物。在某种意义上说，嫦娥的行为也同样可解读为一种原始的爱的表达方式，如叶兆言所认为的："关于爱，有些事是不能解释的，有些事说不清楚。我常常也在想，嫦娥为什么会与很多男人有染？我没有觉得她恶俗，一点也没有。我只想嫦娥为了自己心爱的男人，会做出许多不可思议的事情来。为了后羿，她能做出一切牺牲，她能容忍后羿的一切毛病。这就是爱。这就是说不清楚的爱。"①在小说的后半部，嫦娥成了被冷落和放逐的对象，只是在国家即将灭亡的最后时刻，才作为敌国的人质与后羿见了最后一面。此时，后羿对嫦娥的爱被重新唤醒了，但他却用一句"朕不在乎"把嫦娥送上了奔月之路。嫦娥吃仙丹奔月，既是对爱的绝望，又是对自我的绝望，对人世的绝望，因为在很大程度上后羿正是她的"第二自我"，是她的创造物；而对后羿来说，他此时的爱才是爱的最后的表白，才是真正的觉醒了的爱，是后羿"人化"之后最纯正的爱的宣言。如果说这部小说对爱情的表现还有某种唯美与浪漫气息的话，那么这种唯美与浪漫只有到此时才得以真正呈现。正如叶兆言所说的那样："当后羿说他'不在乎'的时候，其实是在说'他在乎'，'他太在乎了'。他这么说，是想给嫦娥一个生的机会，因为他已经没有别的退路了，这是一个生

---

① 参见叶兆言在天涯网站的答网友问。

死关头。而嫦娥可以容忍后羿的一切毛病,容忍他与别的女人有染,容忍他的独裁,容忍他的滥杀无辜,甚至容忍他的亡国。但是,她就是容忍不了后羿对她说的一句话'朕不在乎你'。"[1]

《后羿》对于嫦娥与后羿故事的演绎,对其意义的挖掘当然不仅表现在英雄与爱情这两个母题上,有戎国内各种势力的明争暗斗、嫦娥对于造父和九牧的清洗、嫦娥与末禧的心理与精神较量、玄妻的复仇心机、逢蒙的背叛等情节背后都有着复杂的心理与人性内涵,更有着现实的寓意与历史的警示意味。而叙事上,整部小说风格简洁、粗犷,故事的推进速度很快,但是线条稍显粗糙,人物性格也不够丰满细腻。从神话的角度来说,小说立意似乎过于直接、外露,许多描写有用力过猛、过狠之嫌,小说的后半部在复仇母题之外似乎重新夸张地演绎了"女人是祸水"的命题,既缺乏含蓄、蕴藉的诗意,又使文风变得滞重,把神话本应有的神秘、空灵的味道写没了、写重了,这应该说是一个不小的遗憾吧。

---

[1] 参见叶兆言在天涯网站的答网友问。